堀江正之 著

IT保証の概念フレームワーク
―ITリスクからのアプローチ―

東京 森山書店 発行

To M, K&R

#　は　し　が　き

　本書は，ITを対象とした保証の概念フレームワークの確立を目的として書かれたものである。

　本書のタイトルに付されたIT（Information Technology）を直訳すれば「情報技術」である。この言葉を狭義にとれば，コンピュータと通信回線を中心とする情報処理通信機器という道具あるいは手段をさす。そうではあるが，道具や手段は，人や組織，そして戦略や活動と関係づけられてはじめて意味をもつ。そこで本書では，情報処理通信機器を工夫して運用するための方法，あるいはその仕組みやプロセスも含めて，ITという言葉を用いている。

　それゆえ，情報システムや情報通信ネットワークシステム，あるいはそれらの運用プロセスも，ここでいうITであり，もっとも代表的なものである。ITシステムあるいはITプロセスという言葉もあるが，それはITを「システムとして」あるいは「プロセスとして」把握したときに用いられるものである。

　またITは，コンピュータと通信回線という情報処理と通信の技術だけに限定されない。いわゆる「箱物」に関する技術だけでなく，コンテンツに関係する音声技術や画像技術，さらには生体や人の意思にかかわる人間工学の技術も含む。本書でいうITという言葉には，コンピュータと通信の技術を中心としつつも，その関連技術も含めている。関連技術を含めることにあえてこだわるのは，関連技術の進歩こそが，今後の情報システムや情報通信ネットワークシステムの大きな変革の鍵をにぎっているように思えてならないからである。

　以上要するに，本書で用いるITという言葉は，次の2つの点において，情報技術という一般的な訳語から想像する内容よりもかなり広い内容を意味している。第1は，コンピュータと通信回線を中心とする情報処理通信機器という道具あるいは手段だけでなく，その適用局面を含めており，むしろ適用局面に

重点を置いていることである。第2は，コンピュータと通信の技術だけでなく，コンテンツに関連する技術も含めていることである。

　本書のような研究では，技術の進展に振り回されてはいけないが，技術そのものが研究の主題の本質に及ぼしている影響を見落としてはならない。この点だけは気をつけてきたつもりである。

　ひるがえって，保証という概念について検討をくわえようとするとき，さまざまなスタンスの取り方がありうる。法的な意味に限定した保証概念（もっとも狭い意味の保証）についての議論が一方の極にあるとすれば，モノやコトを信じて自らを任せるという信頼構築としての保証（もっとも広い意味の保証）についての議論が他方の極にありそうである。その意味で間口はとてつもなく広い。本書がとったのは，信頼構築の手段としての保証概念を監査概念との関係でつかまえてみる，というスタンスである。

　このことは，私がこれまで監査論という領域に身を置いてきたことと関係している。ITシステムやプロセスを対象として，そこに組み込まれるITコントロールについての保証を，本書での議論展開の本流として位置づけた（位置づけざるをえなかった）のも，このような背景があるからだろう。保証をもって，監査によって付与される信頼として理解するにせよ，あるいは監査というサービスの拡張として理解するにせよ，監査概念との関係からみた保証概念を念頭に置いている。これが本書の特徴といえば特徴であり，限界であるといえば限界となっている。

　本書では，これまで理論的な立場からほとんど検討がくわえられることがなかった「IT保証」という新しい括りをつくってみた。その本質部分に迫り，全体像を明らかにするためには，まずもって概念枠をしっかりとしたものとする必要があるだろう。本書のタイトルを「概念フレームワーク」としたのは，そのような理由からである。IT保証を展開する上での鍵概念に着目して，できるだけ詳細な検討をくわえることによって得られたエッセンスを積み重ねてゆくことでフレームワークを構築してゆくというアプローチをとった。このような私の試みがどこまで成功したかは，読者諸賢の厳しい判断をまつしかな

い。

　今後は，本書で展開したIT保証の概念フレームワークをもとにして，IT保証についての一般理論を確立し，その一方で実務の世界で新たに起こる現象を丹念に拾い上げて分析し，それを再度，概念フレームワークの見直しに反映する必要がある。理論構築の作業に終わりはない。

　本書は，これまでの約10年間に書いてきた論文の総まとめとして提出した学位論文が下敷きになっている。まことに恥かしいことであるが，前著『システム監査の理論』を上梓して以来，10年以上も遅々とした研究活動を続けてきて，ようやく小さな一つの道筋をつけることができた。これが，一冊の本にまとめて世に問うてみたいと思った動機であり，また研究を続けてきた者の義務であると思った。本書はブレークスルーの結果ではない。そういう格好いいものではない。少し進んだかと思えば一度来た道を戻っていた，といったことの繰り返しであった。

　このような私をあたたかい目で見守ってくださったのが，大矢知浩司先生である。先生が私と同年代のときにされていた仕事には遠く及びもしないが，それでも今日まで不出来な一門下生として認めてくださった。本書の草稿にも丹念に目を通していただいた。私が大学院の学生だった頃とかわらず，細かなコメントが書かれた真っ赤な原稿が戻ってきた。恩師の有難さを身にしみて感じた。先生からはたくさんのことを教わったが，なかでも私がつよく影響を受けたのは，概念を厳密に考えることの大切さと，既成の殻を破る着想の斬新さであったように思う。このような教えが，本書での議論の展開に多少なりとも反映されていることを祈るばかりである。それゆえ，本書に，もし評価すべき点があるとすれば，それは先生のご指導のおかげである。

　本書が出来上がる過程では，勝山　進先生，五十嵐邦正先生に，大変お世話になった。また，常日頃よりご指導いただいている河﨑照行先生，櫻井通晴先生からは，全章の細部にまで目配りされた貴重なコメントをいただくことができた。感謝にたえない。

上にお名前をあげた先生方からは，とても私の能力では処理しきれないほど難しい問題点が指摘された。積み残した課題は今後の研究に少しでも反映してゆきたい。

大学や学会に籍を置かせてもらい，何不自由のない研究生活を送れるのは，私の学部時代の恩師園田平三郎先生をはじめ，多くの先輩，同輩，後輩のおかげである。ここでお一人おひとりのお名前をあげて感謝の意をあらわすことができない非礼を深くお詫び申し上げたい。

最後になってしまったが，思うように進まなかった本書の執筆作業を辛抱強く見守り，ときに励ましていただき，ともあれ無事に世に送り出していただいた，森山書店社長 菅田直文氏，編集部長 土屋貞敏氏に感謝したい。なお，本書の出版に際しては，日本大学商学部の出版助成を受けている。

2006年の春を迎えて

堀 江 正 之

* 信頼 CONFIANCE *
奇蹟をもたらすのは愛と信仰による最高の信頼だけである。なぜなら，そのような信頼は証拠を俟たないから。
［神谷幹夫訳『アラン 定義集』岩波文庫より］

目　次

はしがき

序　章　IT保証の概念フレームワーク構築へのアプローチ …… 1
1　監査概念と保証概念 ……………………………………………… 1
　　―なぜ保証の概念フレームワークか―
　　〈内郭的概念としての保証〉**(2)**
　　〈外郭的概念としての保証〉**(4)**
2　ITリスクと保証概念 …………………………………………… 9
　　―なぜリスクからの接近か―
3　IT保証の2つの展開方向 ……………………………………… 12
　　―内部主体による保証と外部主体による保証―
4　本書の構成 ……………………………………………………… 15

第1章　ITリスクの概念構造 …………………………………… 17
1.1　ITリスクの意義 ……………………………………………… 18
　　リスク概念―その予備的考察―**(18)**
　　管理を前提としたリスク概念**(21)**
　　リスクの発生メカニズム分析**(25)**
　　〈原因〉**(25)**
　　〈誘因〉**(29)**
　　〈帰結〉**(33)**
　　〈原因―誘因―帰結のつながり〉**(36)**
1.2　ITリスクの特質 ……………………………………………… 39

　　　　ITリスクの概念（**39**）

　　　　ITリスクとITセキュリティリスク（**41**）

　　　　ITリスクの本質を考えるときの2つの断面（**42**）

　1.3　ビジネスリスクとしてのITリスクの管理 ……………………………… 47

　　　　ITリスク管理の意義と特質（**47**）

　　　　統合的ビジネスリスク管理の3つの意味（**50**）

　1.4　ITリスクの相互依存関係モデル ……………………………………… 52

　　　　ITリスクの影響関係モデル（**52**）

　　　　ITリスクの事業活動への深層的影響―図の縦の関係―（**55**）

　　　　人的特性と技術的特性の連関―図の横の関係―（**58**）

　　　　影響関係モデルに基づくIT管理（**61**）

　1.5　ITリスクの管理プロセス ……………………………………………… 63

　　　　ITリスク管理方針の策定（**67**）

　　　　ITリスクの特定（**70**）

　　　　ITリスクの測定（**71**）

　　　　〈リスク値の表現モデル〉（**75**）

　　　　〈リスクマップモデル〉（**77**）

　　　　ITリスクの判定と処理方法の決定（**81**）

　　　　ITリスク処理の実行とフィードバック（**86**）

第2章　ITコントロールの概念構造 ……………………………… 89

　2.1　ITリスク管理とITコントロール ……………………………………… 90

　　　　伝統的なITコントロールの考え方（**90**）

　　　　ITリスクとITコントロール（**92**）

　　　　ITコントロールの意義と機能（**94**）

　　　　ITリスク管理におけるITコントロールの概念上の位置づけ（**99**）

　2.2　ITコントロールの理論モデル ………………………………………… 102

　　　　ITコントロールの2つの目的観（**102**）

ITコントロール目標の指標化（**104**）

ITコントロールの影響関係モデル（**108**）

2.3　ITコントロールの国際標準 …………………………………………… **112**

セキュリティ特化型標準（**112**）

事業目的の包括的達成型標準―その1―（**117**）

事業目的の包括的達成型標準―その2―（**121**）

2.4　ITコントロールの応用的展開 ………………………………………… **125**

ITコントロールの外部開示（**125**）

ITコントロールの事業継続への役立ち（**131**）

ITコントロールの成熟度評定（**134**）

ITコントロールの定量評価（**139**）

2.5　ITガバナンスの展開 …………………………………………………… **141**

ITガバナンスの定義（**142**）

ITガバナンスとコーポレートガバナンスの関係（**145**）

ITガバナンスの二層性（**147**）

ITガバナンスとIT管理の関係（**149**）

ITガバナンスとディスクロージャの関係（**152**）

ITガバナンスとモニタリングの関係（**157**）

第3章　内部主体によるIT保証の展開 …………………………… **159**

3.1　内部監査としてのIT監査の本質と職能 …………………………… **160**

内部監査の概念（**160**）

IT監査の2つの職能（**166**）

〈IT監査の保証職能〉（**166**）

〈IT監査の改善勧告職能〉（**169**）

IT監査の定義と本質要件（**172**）

〈独立性と専門性〉（**174**）

〈判断規準に照らした検証行為〉（**178**）

〈行為規範としての監査基準と倫理規則〉(**180**)
　　　　　IT 監査としての IT 保証の実施構造の特質(**184**)
3.2　IT 監査の発展過程からみた IT 保証の特質 ………………… **189**
　　　　　IT 監査の発展ステージ(**189**)
　　　　　〈第 1 ステージ：導入期〉(**190**)
　　　　　〈第 2 ステージ：成長期〉(**190**)
　　　　　〈第 3 ステージ：飛躍期〉(**192**)
　　　　　〈第 4 ステージへの分水嶺〉(**193**)
　　　　　戦略計画支援のための IT 監査(**194**)
　　　　　セキュリティ確保のための IT 監査(**197**)
3.3　IT リスク評価に基づくコントロールの保証 ………………… **201**
　　　　　IT リスク評価に基づく IT コントロールの保証(**201**)
　　　　　〈一つの概念モデル〉(**202**)
　　　　　本来リスクと残存リスクを評価する意味(**206**)
　　　　　IT リスクのマッピングに基づくコントロールの強度・機能判定(**207**)
　　　　　IT コントロールの強度判定(**209**)
　　　　　IT コントロールの機能判定(**210**)
3.4　IT リスク管理プロセス保証への展開可能性 ………………… **212**
　　　　　IT リスク評価に基づくコントロールの保証との違い(**212**)
　　　　　2 つの IT リスク管理プロセス保証(**214**)
　　　　　IT リスク管理プロセス保証の特質(**215**)
　　　　　〈IT リスク管理方針の妥当性の検証〉(**215**)
　　　　　〈IT リスク処理方法の妥当性の検証〉(**217**)
　　　　　新しい IT 監査に向けて(**219**)
3.5　CSA の展開と IT 保証 ………………………………………… **221**
　　　　　IT コントロール自己評価と IT 監査との関係(**221**)
　　　　　成熟度モデルを組み込んだ自己評価(**224**)
　　　　　CSA による IT コントロールの自己評価(**226**)

ワークショップ型 CSA の効果（**228**）

CSA が IT 保証の根源的役割に与える影響（**229**）

第 4 章　外部主体による IT 保証の展開 …………………………… **233**

4.1　会計情報システムの変容からみた IT 保証の展開 …………… **234**

AIS のモデル転換（**234**）

技術・運用の視点からみた AIS のモデル転換（**235**）

概念・設計の視点からみた AIS のモデル転換（**238**）

AIS のモデル転換による財務諸表監査への影響（**241**）

4.2　ディスクロージャの変容からみた IT 保証の展開 …………… **244**

IT の潜在的パワーが及ぼす情報開示への影響（**246**）

Web 開示によるディスクロージャモデルの変革（**248**）

開示内容軸の検討（**249**）

開示時間軸の検討（**251**）

Web 開示モデルによる情報の信頼性確保（**253**）

4.3　情報の信頼性保証とシステムの信頼性保証 ………………… **254**

システムの自律性と情報の信頼性（**254**）

情報の信頼性保証からシステムの信頼性保証へ（**257**）

連続的監査モデル（**259**）

4.4　電子商取引における IT 保証サービスの展開 ………………… **262**

電子商取引における保証のニーズ（**262**）

〈Web システムの信頼性の確保〉（**262**）

〈通信データの信頼性の確保〉（**263**）

Web システムの信頼性と IT システムの信頼性（**266**）

ネットワーク空間における信頼性の輪（**268**）

4.5　職業会計士による 2 つの IT 保証サービス ………………… **271**

SysTrust と WebTrust の相違点（**271**）

2 つのサービス原則の統合（**273**）

Trust サービスの基本的な仕組み（**278**）

Trust サービス原則に基づく保証報告書（**280**）

〈保証の期間〉（**282**）

〈Trust サービス原則の選択〉（**285**）

〈経営者のアサーションの入手とその検証〉（**287**）

Trust サービス提供の課題（**291**）

〈職業会計士の責任限定の論理〉（**291**）

〈専門的技術要件の確保と支援〉（**293**）

〈保証意見形成と保証技法開発の立ち遅れ〉（**294**）

第5章　IT保証の理論的基礎 …………………………………… **297**

5.1　IT保証の分析枠組み ……………………………………… **299**

IT保証サービスの意味と多様性（**299**）

電子商取引における信頼構築の段階（**301**）

IT保証の分析枠組み（**306**）

5.2　IT保証サービスの類型 …………………………………… **309**

Aタイプ保証：デジタル認証（**309**）

Bタイプ保証：プライバシーマーク認定（**312**）

Cタイプ保証：ISMS適合性評価（**313**）

5.3　IT保証サービスにおける監査概念の位置 ……………… **314**

デジタル認証にみる監査概念（**315**）

プライバシーマーク認定にみる監査概念（**317**）

ISMS適合性評価にみる監査概念（**319**）

5.4　ＩＴ保証の主題 …………………………………………… **321**

保証の主題と保証原則（**322**）

ITコントロール目標の多層性（**326**）

ITリスクと関連づけたITコントロール目標の層別把握（**328**）

保証の主題と保証結果の表明方法（**330**）

　　　　保証の主題の括り方 (**331**)
　5.5　ＩＴ保証の水準 ……………………………………………… **333**
　　　　保証水準を識別するための予備的な分析枠組み (**334**)
　　　　事実型保証と準拠型保証 (**336**)
　　　　画一水準型保証と段階水準型保証 (**338**)
　　　　〈保証手続による段階付け〉 (**339**)
　　　　〈保証対象と保証手続を対応づけた段階付け〉 (**340**)
　　　　段階水準型保証と判断尺度のゆらぎ (**344**)
　　　　ＩＴ保証水準の決定要因 (**346**)

結　章　総括と展望 ……………………………………………… **357**
　　　　ITリスクに基づくITコントロールの解明 (**357**)
　　　　内部主体によるIT保証の展開―内郭的概念としてのIT保証― (**362**)
　　　　外部主体によるIT保証の展開―外郭的概念としてのIT保証― (**365**)
　　　　IT保証の理論的基礎の構築に向けて (**368**)

参　考　文　献 (**375**)
索　　　引 (**399**)

序章

IT 保証の概念フレームワーク
構築へのアプローチ

1 監査概念と保証概念
　　―なぜ保証の概念フレームワークか―

　本書において，保証（assurance）とは，「モノやコトに依拠したり利用する人・組織が，モノやコト（あるいはそれらに対して責任をもつ人・組織）に抱く潜在的な不信感を取り除くために，当事者以外の第三者が専門的な立場からモノやコトの正否または適否を判定し，もって信用の基盤を提供すること」をいう。

　この定義は，第三者による専門的な立場からするモノやコトの正否・適否の判定が保証の重要な要素となることを明確にしようとした点において，監査（audit）という概念との関係を意識した保証概念となっている[1]。

　外部監査であれ内部監査であれ，監査概念と関係づけられて用いられる保証概念には，次の2つの意味がある。この2つの保証の意味は，ひとまず区別しておく必要がある。

- 監査という検証行為の結果として付与される保証
  ＝内郭的概念としての保証

---

(1) 代表的な国語辞典にみられる「大丈夫だ，確かだとうけあうこと」（『広辞苑』第3版，岩波書店）というのは，モノやコトに対する責任に重きを置いた理解といってよいであろう。これに対して，本書で示した保証の定義は，保証という行為の目的と要素ができるだけ明確になるように定義したものである。

2　序章　IT 保証の概念フレームワーク構築へのアプローチ

● 監査を含む各種評定・検証サービスを総称する概念としての保証
　＝外郭的概念としての保証

〈内郭的概念としての保証〉

　第1の意味は，監査という検証行為の結果として付与される信頼の程度を明らかにする概念としての保証である。

　監査をもって，検証の実施（インプット）と，その結果（アウトプット）とに分解的に考えれば，保証は検証行為の目的であり，検証行為の結果でもある。監査の職能や効果を表わすときに用いられる保証という言葉も，この第1の意味としての保証に含めて差し支えない。

　したがって監査概念と保証概念との関係を単純化して示せば，図 序-1 のように，監査概念のなかに保証概念が収まってしまうかたちになる。その意味で，監査概念からみれば，内郭的概念としての保証概念といってよいだろう。

　内郭的概念としての保証は，監査という検証行為を通じて，検証対象の適否を明らかにするというコンテクストで用いられる。「適否」というのであるから，「適切である——検証対象に欠陥や問題がない——」といった肯定的な意味でのお墨付きだけでなく，その逆，すなわち「適切でない——検証対象に欠

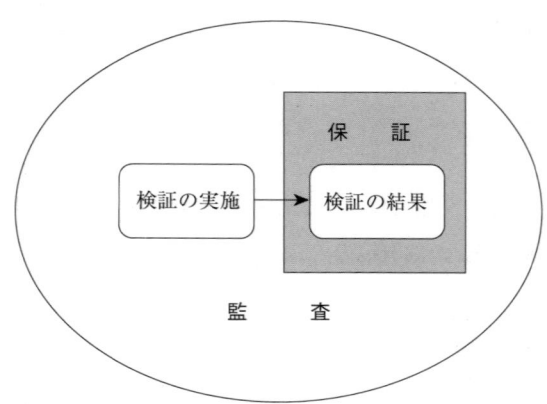

図 序-1　内郭的概念としての保証

陥や問題がある——」という否定的な結論もありうることになる。

　常識的に考えれば，欠陥や問題があれば保証は行われない。お墨付きを与えてはいけない。欠陥や問題が検証のプロセスで修正されればよいが，そうとは限らない。そこで，検証行為の結果としての保証に着目すれば，保証の本来の意味である「確かです」とか「大丈夫です」という請合いだけでなく，否定的な保証ということもありうるのである。

　監査では，検証行為の結果を「意見」(opinion) と呼ぶ。このことは，検証行為そのものに監査人の主観が入り込まざるをえないことにくわえて，「否定的なお墨付き」という奇妙なかたちの保証がありうることとも無関係ではないように思える。

　さらにややこしいのは，検証対象の「一部を除いて」適切であるという保証もありうることである。このようなかたちの保証となると，①全体のうちの一部分を保証し，残りの一部分を保証していないとみるか，あるいは②全体のうちの一部分に肯定的な保証を付与し，残りの一部分に否定的な保証を付与しているとみるか，さらには③欠陥や問題がある部分を含む緩い保証が全体として成立しているとみるかという議論もでてくる。

　このように，内郭的概念としての保証は，否定的な保証を含むこと，そして「一部を除いて」というかたちの保証も含むこと，これら2つの点において，日常生活で使われる保証という言葉がもつ意味との違いがある[2]。

　さまざまな監査のなかでもっとも代表的なものである公認会計士または監査法人（以下では，単に職業会計士という）による財務諸表の監査は，投資家等の利害関係者が意思決定を行うための判断材料として財務諸表が信頼できるものであるかどうかを，より確実にするための一つの社会的制度である。職業会計士

（2）　日常的な用法に合わせるという意味では，もっとも単純には，検証行為の結果として欠陥や問題が見つからなければ保証を付与し，欠陥や問題が見つかれば保証を付与しないと考えることであろう。しかし，欠陥や問題がないとする結論，逆に欠陥や問題があるとする結論，そして一部に欠陥や問題があるとする結論のいずれもが，同一の検証行為から導かれる結論であるということが，監査の内郭的概念としての保証概念の用法を難しくしているのである。

は，財務諸表およびそのもととなる会計処理の検証を通じて，財務諸表に重大な虚偽の表示がないかどうかを明らかにし，もって財務諸表の利用者に対して，財務諸表が信頼できること，あるいは信頼できないことを保証している。

　一方，事業体（business organizations）の内部監査人による監査でも，さまざまな業務活動が検証され，その結果として，欠陥や問題がなかったという保証が行われることがある。保証は，改善勧告と並んで，内部監査の基本的な職能の一つである。「監査の対象とした×××業務は，業務規程に従って適切に遂行されている」（太鼓判を押すかたちの積極的な表現による保証），あるいは「監査の対象とした×××業務には，業務規程に違反する事実は見当たらなかった」（確からしさの程度をやや弱める消極的な表現による保証）とする内部監査人の結論は，検証手続の厳格さから生ずる表現の違いがあるにせよ，いずれも保証を付与しているとみてよい。

　また，内部監査が複数の業務システムあるいは業務プロセスを対象とするように，広くその対象範囲がとられたときに，一部分のシステムやプロセスについては保証を付与し，残りの部分については改善勧告を行うという切り分けは，実務上も行われている。

　もちろん，職業会計士による財務諸表の監査と内部監査人による事業体の業務活動の監査とでは，同じく保証を提供するといっても，そもそも保証の目的が違い，また検証行為を担う主体の特性（専門技能や独立性）も違えば，検証の対象として取り上げられる主題の性質にも違いがある。内部監査として提供される保証と，職業会計士が付与する保証とでは，同じ保証であっても，保証によって生ずる効果も違えば，保証の水準にも違いが生ずると考えるのが普通であろう。

〈外郭的概念としての保証〉

　第2の意味での保証概念は，職業会計士による監査，およびそれと類似する各種の評定・検証サービスを総称する概念として用いられる保証である。これまで監査という名のもとに行われてきた検証サービスはもちろんのこと，それ

以外の各種の評定・検証サービスの全体を括るために保証という概念をあてるのである。

したがって，この第 2 の意味の保証は，監査概念の拡張を想起させる，外郭的概念としての保証概念といってよいだろう。あえて単純化して示せば，図序-2 のように，監査概念が保証概念のなかに含まれる関係になる。先に述べた第 1 の意味での監査概念と保証概念の関係とは逆の包含関係である。

このような監査の外郭的概念としての保証は，どのような背景のもとで登場したのかについて，簡単にみておこう。

監査との関係にみる保証サービスの展開は，職業会計士による財務諸表監査の拡張として議論されてきた。1994 年に米国公認会計士協会（AICPA）に設置された保証サービス特別委員会（委員長の名をとって，通称，エリオット委員会と呼ぶ）によって，青写真が描かれた[3]。ほぼ同時期にカナダ勅許会計士協会（CICA）でも，AICPA に同調する動きが起こり，その後の保証サービスの具

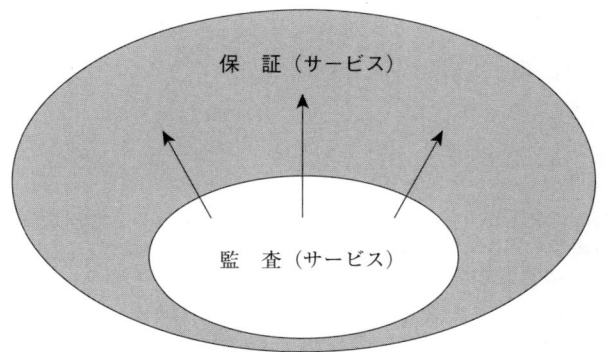

図 序-2 外郭的概念としての保証

---

(3) エリオット委員会の報告書では，ビジネスリスク評価の保証，事業業績測定の保証，情報システムの信頼性の保証，電子商取引の保証，ヘルスケアプロバイダーの業績測定の保証，高齢者ケアサービスの保証からなる 6 つの新たな保証サービスが提案されていた。これらの新しい保証サービスは，顧客の潜在的なニーズ，職業会計士の技能と経験，および予想される業務収入を考慮して提案されたものであるとされている（AICPA [1997] CD-ROM，および Elliott [1997], pp. 67-68.）。

体的な展開は AICPA と CICA が共同で行ってきた。1999 年には国際会計士連盟（IFAC）国際監査実務委員会が保証サービスに関する国際基準案を公表するに至り——その後数次の改訂を経つつ——，職業会計士が長年にわたって蓄積してきた経験と信用を生かして，中核的業務として担ってきた財務諸表監査の拡張として，保証サービスをとらえる考え方が広く定着するようになってきた[4]。

とはいえ，そもそも職業「会計士」という専門職が提供するサービスとしてみたときに違和感すらおぼえるような新しい保証サービスを展開することとなった背景にあったものは何であろうか。

その第 1 は，AICPA の『ジェンキンス委員会報告書』で示された「顧客指向の事業報告」に対する職業会計士の関与を明確にする，ということがあった。ジェンキンス委員会報告書で示された，将来情報，非財務情報（非会計情報），内部管理情報等を含めた新たな視点からする事業報告の概念モデルを前提として，未監査とされていた情報に対する保証はいかにあるべきかについての道筋を示す役割がエリオット委員会に与えられていた[5]。

そして第 2 は，職業会計士の職業領域の拡大である。この第 2 の理由がおそらく本音に近い。1990 年代に入ると大手会計事務所において，総収入に占める監査サービス収入の割合が頭打ちとなり，職業会計士の独占市場とされてき

（4） このような国際的な流れに即して，わが国においても，金融庁企業会計審議会から『財務情報等に係る保証業務の概念的枠組みに関する意見書』（2004 年）が公表されている。この意見書は，職業会計士による保証サービスを想定していることから，財務情報を中心としつつも，「非財務的な成果または状況」，「設備能力のような物理的特徴」，「内部統制や IT システムのようなシステムやプロセス」，「コーポレート・ガバナンスやコンプライアンスまたは人的資源管理のような行為」を保証の主題となりうる例としてあげて，財務情報以外にも広く適用できる保証サービスの枠組みが示されている。

（5） 『ジェンキンス委員会報告書』では，その第 7 章で，職業会計士に対する 4 つの勧告を行った。そのうちの一つ「新しく設置された AICPA の保証サービスに関する特別委員会は，利用者の情報ニーズに焦点を当てた本委員会のモデルの枠内で，監査報告書に記載される分析的コメントについて研究し，それに対する結論をまとめるべきである」とする勧告に基づく対応である。AICPA [1994], pp. 130-133. （八田・橋本訳 [2002], 196-200 ページ。）

た監査サービス市場の飽和化が懸念されるに及んだ[6]。そこで職業会計士が監査サービスを通じて培ってきた経験と信用を生かして，顧客の潜在的ニーズを発掘し，監査以外の新たなサービスを提供することができないものだろうかという期待が高まってきたのである。

エリオット委員会流のもっと強い言い方をすれば，旧来型の監査サービスに固執し，職業会計士に対する社会の役割期待を吸収できるだけの対応を怠っていると，職業会計士が提供するサービスと社会のニーズとの不適合すら生じかねず，職業会計士の存在基盤をも揺るがす事態になりかねないという危機感である。このような職業会計士の危機感をあおる論調と，新たなサービス展開という夢が交錯し，保証サービスをめぐる一連の議論がコマーシャリズムへの傾斜とみられたこともあった[7]。もちろん今日では，あくまでも保証という枠のなかで，財務諸表監査以外の保証サービスの展開を考えようとするスタンスが堅持されている。

このように，一般的に保証サービスといえば，職業会計士による財務諸表の

---

(6) 日本公認会計士協会［2000］，59-66ページで，AICPAの資料に基づいて，当時の実態が詳しく紹介されている。それによると，大手会計事務所の総収入に占める監査サービス収入の割合は，90年53％，91年52％，92年52％，93年51％，94年50％，95年44％，96年40％となっている。1990年代に入ってからの監査サービスへの依存割合の低下傾向がはっきりと見て取れる。

(7) 保証サービスの展開に端を発したコマーシャリズムへの傾斜を「会計プロフェッションとしてのプロフェッショナリズムの確保」という観点から警鐘を鳴らした代表的なものに次の論文がある。八田［1999］，68-81ページ。

八田論文と視点は異なるかもしれないが，コマーシャリズムへの傾斜ととられた大きな原因は，おそらく保証とコンサルティングとの線引きを曖昧にしてしまったことに，よくあらわれている。たとえばITシステムの信頼性保証サービスであるSysTrustでは，当初，コントロールの適否の判定に当たって用いられる判断尺度（SysTrust原則）をコンサルティングとしても使えるものとしていた。保証とコンサルティングとを混同していたわけではないが，判断尺度はコントロール目標としての性質もあわせもっていることから，保証サービスとしてだけではなくコンサルティングとしても利用できるという理屈である。しかし，これでは同一の事業体に対して一つの規準を使った保証とコンサルティングとの同時提供が可能となる。それゆえ，本来コンサルティングとして提供すべきサービスを保証サービスにすり替えたり，コンサルティングと保証との境界線を意図的に曖昧にしようとしているのではないかと勘ぐられるのである。

監査およびその延長線上にある各種評定・検証サービスを指すことが多い。予測情報や内部統制に対する保証などは，まさに財務諸表監査との関連で産声を上げた保証といってよいだろう。けれども，財務諸表監査とその延長線上にある保証は職業会計士が提供しうる一つの保証サービスにすぎず，保証という枠からはみ出さなければ，対象を狭く限定する必然性はないように思う。

さらに，職業会計士という保証主体の限定をはずせば，ITに関連する領域に限っても，「デジタル認証」（時刻認証，サイト認証，公開鍵認証など），「プライバシーマーク認定」，「ISMS適合性評価」などのように，伝統的な監査概念ではとても包みきれない保証サービスもある。認証，認定，適合性評価など，さまざまな監査類似概念が用いられているが，いずれも保証が付与されているとみてよい。ところが，このようなタイプの保証が，理論的な関心のもとに検討されたことはない。

保証の対象に着目してみれば，製品，情報，システム，さらにはプロセスやビヘイビアなど，形のあるものであれ形のないものであれ，人の行為に関するものであれ機械の作動に関するものであれ，さまざまなものがIT保証の対象として広がる可能性をもっている。

そこで本書では，ITを対象とした保証という限られた間口から入るアプローチではあるが，内部監査人によって行われるIT保証を取り上げて内郭的概念としての保証はいかにあるべきかを検討し，また外郭的概念としての保証については財務諸表監査の延長線でしか議論されない伝統的な枠に縛られない新しいIT保証のあり方を考察してみたいと思う。

保証とか保証サービスというと，職業会計士の職域拡大だけがクローズアップされがちである。しかし一歩引いて冷静に考えてみると，保証という概念には伝統的な監査概念にはない「何か」が見え隠れしている。伝統的な監査理論に縛られない，新しい保証の理論を構築するための鍵が隠されているように思えてならないのである。

2 ITリスクと保証概念
―なぜリスクからの接近か―

本書は,情報通信機器とその関連技術を工夫して運用する方法あるいは仕組みを意味するIT（information technology）を対象とした保証を取り扱う。情報通信システムを対象とした保証を中心としつつも,システムに関連する情報や製品の保証,さらにはデジタル認証なども対象に含めて考えている。そこで,「ITシステム保証」ではなく,「IT保証」という漠然とした括りをあえて措定した。IT保証の具体的な内容についての検討は少しずつ展開してゆくことになるが,さしあたってIT保証を広く解釈すれば,情報通信技術の利用環境のなかで行われるさまざまな信頼の付与である,といってよい。

本書ではまた,ITリスクからのアプローチにこだわった。単純に考えれば,IT保証が必要なのはITリスクがあるからである。リスクがなければ保証は必要ない。それにもかかわらず,ITリスクがIT保証にどのように反映されるかについての理論的な検討は,これまでほとんどなされてこなかった。

保証を前提として,ITリスクの問題を考えるとき,次の2つのポイントがあるように思う。

第1に,ITリスクの発生メカニズムをできる限り厳密につかまえることである。保証の対象にかかわるリスクの発生メカニズムがよくわからないまま,保証を与えることは危険である。理論的に大事なことは,「何を保証するのか」を限定するときに,リスクがどのように認識されているかを明確にすることである。

そこでまず,リスクは,原因となる事象が,特定の状況と結びついて,どのような帰結をもたらすかという,原因,誘因,帰結を区別しつつ,それらをつながりとして把握することである。そして次の段階として,このようなリスクの構成要素の何にどのように働きかければ,帰結を変動させることができるかをより明確にするため,「回避可能原因・回避不能原因」,「受動的誘因・能動

的誘因」,「有利な帰結・不利な帰結」といった細かな概念を区別しながら, ITリスクの発生メカニズムを明らかにする必要がある。

 第2に,ITリスクは,他のビジネスリスクへと連鎖する性質をもち,常に変動していることである。

 「原因―誘因―帰結」として特定されたリスクは,その帰結が別のリスクの原因となることがある。この特性をリスクの「連鎖性」と呼ぶ。またリスクをもって「原因―誘因―帰結」として把握すれば,原因または誘因,あるいは両者が変動すれば帰結も変わる。この特性をリスクの「変動性」と呼ぶ。このようなリスクの性質を正しくおさえておくことも,保証を前提としてITリスクを議論するときの重要なポイントである。

 ところで今日,事業体のITシステムやITプロセスを対象として行われる「ITリスク評価を組み込んだ保証」あるいは「ITリスク管理プロセスの保証」(この2つのアプローチを総称して「ITリスク指向保証」と呼ぶ)の重要性が強調されている。しかし上で述べたようなITリスクの発生メカニズムやITリスクの基本的な性質にまで踏み込んで説明されることはなかった。

 事業体のITシステムにかかわるITリスクは,日常的な業務活動とだけ結びつけられたリスクでもなければ,単なる技術のリスクでもない。もっと多面的で複合的な性質をもったリスクなのである。

 ITリスクをもって,
 〈1-A〉 戦略計画レベルで考慮すべきリスク
 〈1-B〉 日常的な業務活動レベルで考慮すべきリスク
とに切り分け,さらに見方をかえて,
 〈2-A〉 情報通信技術手段によって生ずるリスク
 〈2-B〉 技術を動かす人と組織のあり方によって生ずるリスク
とに切り分けると,その多面的な性質が浮かびあがってくる。

 このような分類の視点を使うと,ITリスクの性質は,次の2点に集約されるであろう。

- ITリスクは，業務活動レベルに限定されるわけではなく，戦略計画レベルでも考慮されなければならないこと。
- ITリスクの原因または誘因は，技術手段の特性（技術的特性）だけでなく，技術を実際に動かす人の技能，役割，倫理観（人的特性）にも求められること。

〈1-A〉および〈1-B〉に着目してみよう。ITリスクは，その多くが日々の業務活動のなかで生ずる。たとえば「ITシステムへの攻撃（原因）が，バックアップコンピュータの不備と結びついて（誘因），システム機能の停止をもたらす（帰結）」というITリスクは，直接的には業務活動のなかで生ずるリスクである。しかし，このような業務活動のなかで想定されるITリスクが，事業継続の中断や事業体の信用失墜といった戦略計画を脅かすリスクとなることもある。逆に，Webシステムの新規開発の失敗といった戦略計画そのものがかかえるリスクは，業務活動レベルのさまざまなリスクとして顕在化する可能性がある。

次に，〈2-A〉および〈2-B〉に着目してみよう。ITリスクには，まずもってハードウェアとソフトウェアからなる技術手段によって生ずるリスク，たとえば「停電（原因）が，バックアップ電源の不備（誘因）と結びついて，ハードウェアの機能が停止する（帰結）」というITリスクがある。それだけではない。技術を人や組織が動かす過程において生ずるITリスクもある。たとえば「不正アクセス（原因）が，担当者の役割分担の不明確さ（誘因）と結びついて，機密情報が盗用される（帰結）」というITリスクである。この2つは，リスクの源泉としてみたとき，まったく別のものである。

けれども両者の関係に着目してみると，一方のリスク要因（原因または誘因）の変化が他方のリスク要因に影響を与えることもありうる。また，技術手段のリスクとして把握された「帰結」が，事業体構成員の技能と役割にかかわるリスクの「原因」となって，リスクの連鎖が生ずるかもしれない。さらに，これらの原因や誘因は，何かのキッカケで変わることもある。たとえば「担当者の

役割分担」といっても，人が変われば能力や経験が異なってくるし，勤務時間が長くなれば注意力は散漫になりやすい。厳密にいえば，リスク要因は常に変動している。

このように「ITリスク指向保証」を考えるときには，〈1-A〉と〈1-B〉，〈2-A〉と〈2-B〉のディメンションをひとまず区別した上で，それらの関係から生ずるITリスクの連鎖性と変動性に着目することが，「ITリスク指向」ということの本当の意味であろう。

IT保証がITリスクの存在を前提として成り立つものである以上，ITリスクの本質を追い求める深い議論なくして，IT保証の概念フレームワークは構想できないであろう。

3 IT保証の2つの展開方向
―内部主体による保証と外部主体による保証―

保証という概念は，伝統的な監査概念との関係でみたとき，内郭的概念としての保証と外郭的概念としての保証とに区別されることはすでに述べたとおりである。

これとは別の切り口，すなわち保証の主体を事業体の内部者として措定するか，あるいは事業体の外部者として措定するかという区別を軸とした保証の分類もある。

事業体の内部主体（内部監査部，検査部等の事業体内部の部署）によって行われるIT保証は，一般に「IT監査」として行われている。内部主体によるIT保証は，IT監査の結果として付与される保証，すなわち内郭的概念としての保証と関連づけられるものであろう。

一方，事業体の外部主体によって行われるIT保証には，AICPAとCICAが共同で開発した「Trustサービス」のように，財務諸表の監査を担ってきた職業会計士がその専門資格に基づいて行う保証の他に，「プライバシーマーク認定」や「ISMS適合性評価」など，職業会計士以外の保証の専門家または専

門機関によって行われる保証もある。このような外部主体によるIT保証は，監査サービスの延長線，あるいは監査と類似するサービスとして位置づけられるものであるから，外郭的概念としての保証と関連づけられて議論されるべきものであろう。伝統的な監査概念の拡張が，論理を組み立てるときのベースラインとなる。

　もちろん，ITという限定をはずせば，内郭的概念としての保証は，内部主体による保証だけでなく，外部主体による保証とも関連づけられて議論されるべきものである。また，外郭的概念としての保証は，基本的には外部主体による保証が前提とされるものの，内部主体による保証を想定した展開も論理的には無理ではないように思える。

　本書では，ITを対象とした保証を取り扱うこともあり，とりあえず図 序-3のような結びつきを前提として議論を進めてゆきたいと思う。

　事業体の内部主体によるIT保証の実務を俯瞰してみると，ITリスク指向という評定・検証アプローチに基づく保証に傾斜しつつある。このことは先にも簡単にふれたとおりである。

　そもそもITリスクとは何か。どのような特質をもつリスクゆえ，どのように評価されるべきか。ITリスクの大きさに影響を及ぼすためには何にどのように働きかければよいか。

　このような議論を抜きにして，「ITリスク指向」だとか，「ITリスク評価を踏まえた」IT保証がどうあるべきかということをいくら論じてみても，その本質部分はみえてこないように思われる。くわえて，ITリスクの評価をいか

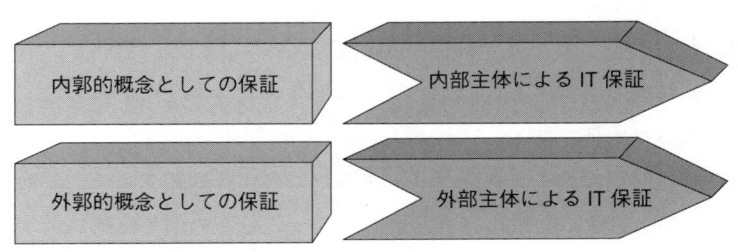

図 序-3　2つの保証概念と本書での展開

に精密に行っても，それが IT コントロールの設定と運用に結びつかなければ，何の意味もない。IT リスクの評価を内部監査としての IT 監査の検証手続に組み込むためには，IT リスクに基づいて IT コントロールがどのように設定され運用されるかについての理屈を明らかにしておかなければならない。

　IT リスク指向の保証が，IT 監査の結果として付与される保証としてどのような意味をもつか，じっくりと考えてみる必要がありそうである。IT リスクの連鎖性と変動性を踏まえた，この点についての洞察が必要なように思えてならないのである。

　ひるがえって，外部主体による IT 保証に目を向けてみると，どうであろうか。電子商取引（e コマース）をめぐるリスクは，事業体にとって，営業活動の混乱や停滞といった業務活動レベルにおけるリスクにとどまらない。ごく些細な事故が，リスクの連鎖を通じて，事業体の信用失墜を招き，戦略的競争基盤に重大な影響を及ぼす可能性がある。一方，電子商取引に参加する消費者も，詐欺や個人情報漏洩などのリスクにさらされている。そこで，事業体も消費者も共に安心して電子商取引に参加できることを客観的な立場から保証するための仕組みがあれば，電子商取引に対する信頼の基盤となりうるだろう。

　このような目的で，職業会計士が事業体の IT システムに一定の保証を与える「Trust サービス」が，AICPA と CICA との共同によって開発された。これは事業体の IT システムを対象とした保証である。より厳密にいうと，IT システムに組み込まれた IT コントロールが適切に設定され運用されているかどうかを専門的かつ客観的な立場から検証し，IT コントロールが適切であるかどうかを保証するサービスである。この外部主体による IT 保証には不特定多数の消費者保護という視点が盛り込まれている。この点において，もっぱら事業体の経営管理を目的として行われる内部主体による IT 保証とは，目的も効果も異なった保証である。

　今日では，財務諸表をアウトプットするための会計情報システムが他のアプリケーションシステムと統合され，会計システムとその他の業務システムとの境目がみえにくくなってきている。くわえて，Web 上でも非会計情報が広く

開示され，さまざまな意思決定のための情報として提供されるようになってきている。このことは，財務諸表監査という過去的で高度に集約された情報の保証に限定されない，新たな保証が展開される可能性を示唆している。そのような可能性を見据えた，包括的な保証の概念フレームワークを構想しておく必要があるように思われる。

さらに，職業会計士以外の人や専門機関が提供する保証サービスの展開に目を向けてみると，あらためて監査とは何か，ということを考え直してみなければならないように思える。先にあげた「デジタル認証」にしても「プライバシーマーク認定」にしても，さらには「ISMS適合性評価」にしても，何をどこまで保証しているのか，曖昧なところが少なくない。それゆえIT保証の包括的な理論を構築するためには，伝統的な監査概念に縛られない，新しい概念フレームワークを用意せざるをえないのである。

4 本書の構成

ITが事業体の活動はもとより，広く市民生活に浸透することに伴って，ITリスクをどのようにコントロールするかが大きな問題となってきている。また，ITリスクが多様化・複雑化すればするほど，ITリスクが適切にコントロールされていることを確かなものとするための保証のニーズは高まってくるであろう。

ITコントロールは，ITリスクの評価を受けて設定され運用されるものである。どのようなITコントロールが必要とされるかは，ITリスクによって決定される。したがって，ITコントロールが適切に機能しているかどうかもまた，ITリスクの大きさ（発生可能性と影響強度）を考慮して評定されるべき性質のものである。そこでまず，IT保証の大前提をなすITリスクの全体的な概念構造を明らかにし――第1章――，ITリスクの大きさに基づいて設定・運用されるITコントロールの概念構造の解明へと進んでゆく――第2章――。

その議論を踏まえて，事業体の内部主体によるIT保証の展開を，ITリス

ク指向の保証という論理のもとで考察し――第3章――，その一方で職業会計士によって展開されるIT保証の論理を，会計情報の処理システムと開示システムの質的転換とからめて検討してみたい――第4章――。

先に，保証概念は，内郭的概念としての保証と，外郭的概念としての保証とに区別されることを述べた。そこで第3章は，監査の結果として付与される保証概念（内郭的概念としての保証概念）を前提として接近してゆくことになる。対して第4章は，監査を含む各種評定・検証サービスを総称する概念としての保証概念（外郭的概念としての保証概念）を前提として接近してゆくことになる。

さらに進めて，内部監査人はもとより職業会計士以外の人や機関によって提供されるさまざまなIT保証にまで検討の範囲を広げ，保証の主題や保証の水準についての総括的な議論を展開してゆくことにしたい――第5章――。

認証，認定，適合性評価などの監査類似概念も含めた大きな括りでIT保証を考えると，伝統的な監査概念とはまた違った「顔」がみえてくる。その輪郭を第3章と第4章での議論と関連づけながら描いてみたいと考えている。

以上のように，本書は，図 序-4 のような組立てになっている。

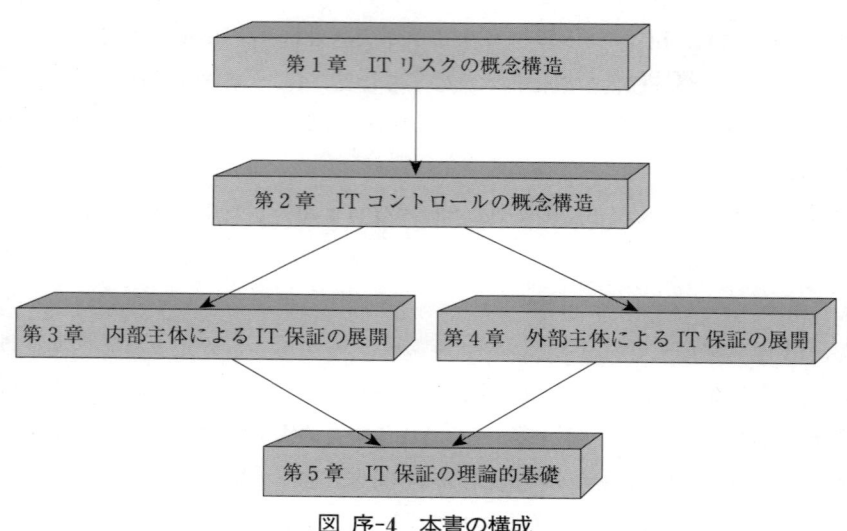

図 序-4　本書の構成

第1章

ITリスクの概念構造

　インターネットを介した通信ネットワークの進展によって，ITの利用に伴うリスクが事業体のあらゆる活動に影響を及ぼすようになってきた。

　ITリスクとは何か。ITリスクはどのような特質をもったリスクであって，それゆえどのように管理されるのだろうか。本章では，リスクの本質を見据えつつ，その管理という視点からITリスクの概念構造を明らかにしてみたい。

　ITリスクは，ITを駆使して構築されるシステム（以下では，ITシステムという）にかかわるリスクと定義してよいだろうか。ITという言葉から連想されるように，それは技術のリスクであろうか。

　さしあたってITリスクという概念は，リスクという言葉にITという限定をつけることで，ITシステムの目的達成を脅かすリスクとして，信用リスクや市場リスク等々の他のリスクとは区別される性質をもつリスクといってよいだろう。ところが見方をかえてみると，ITはいまや事業体の活動と密接不可分の関係にある。たとえばITシステムへの不正侵入によって，顧客情報が漏洩し事業体の信用にヒビが入る，あるいは営業が長時間にわたって滞るといったことが起こりうる。その意味で，ITリスクはビジネスリスク（事業活動に伴って生ずるリスク）としての側面ももっている。リスクの管理という視点からみたとき，ITリスクは単なる技術のリスクとしてではなく，事業活動のリスクとして捉える必要がある。

　ITリスクを技術のリスク，あるいはITシステムに固有のリスクという部分的・断面的なつかまえ方をすると，ITリスク管理の本質を見誤ってしまう可能性がある。ITリスクは，もっと複合的で多面的な性質をもったリスクなのである。

1.1 ITリスクの意義

リスク概念―その予備的考察―

　ITという限定を付けたリスクがいかなる性質をもつリスクであるかについては，本章を通じて少しずつ明らかにしてゆくことになるが，それに先立ってそもそもリスクとは何かについての予備的な考察からはじめよう。

　リスク (risk) という概念は，人によって，分野によって，さまざまな使われ方をする。日常生活においては，危険や恐れといった好ましくない状況を漠然と表わす言葉として使われることが多い[1]。リターンの裏返しとして「リスクをとる」という言い方もある[2]。さらにはリスクを定義するときに，その内容をきわめて限定することもある[3]。したがって，リスクという同じ言葉を使いながら，議論が嚙み合わないことがよくある。

　とはいえ，このようなリスク概念の多義性にも共通の下地はあるように思う。予想通り，期待通りにいかない。そのような不確かさとか，予測の難しさということの意味を，リスクという言葉に込めて用いることである。

　リスク概念は「将来の帰結に対する現在における予測」という見方が下敷き

（1）　*Webster's Third New International Dictionary* (1981) で risk を引いてみると，"the possibility of loss, injury, disadvantage, ～, the chance of loss, ～, the degree of probability of such loss" と書いてある。リスクという言葉の一般的な使い方として，将来時点を想定した意味を込めていること，そして好ましくない状況を前提していることがわかるであろう。

（2）　何らかの利得のためにリスクを負うという意味である。ファイナンスの領域などでは，リスクは期待リターンの変動の大きさ（期待値からのバラツキ）を意味する言葉として用いられる。このような言葉の使い方は，リスクをもってリターンの対概念としてみている。

（3）　たとえば，やや年代の古い『物理学事典』（培風館，1984年）でリスクを引いてみると，「放射線，放射性物質，化学的有害物質など，人体に有害な効果をもたらす因子の危険の程度を示す尺度のこと。通常は人間が今後1年間生命を維持し続ける確率の減少として定義される」と記述されている。この定義がどうこうということではなく，学問領域や時代によって，かなり限定的な意味で使われることもあることの一例として示した。

になっている。リスクは将来時点を想定する概念である。リスク概念が曖昧に映り，さまざまな解釈を生むのは，リスクという概念が将来時点を想定していることにあるように思う。人や組織は将来を合理的に予測しようとする。ところが未来のことゆえ，ある事象がどのような結果を生み，どのような影響をもたらすかを確実に知ることはできない。

　米国のある代表的なリスク管理の文献では，リスクをもって

「帰結の潜在的な変動[4]」

と，きわめて端的に定義している。すべての枝葉を切り落とした定義である。もちろんこの定義だけを引用して，その著者が考えるリスク概念の全体像を推し量ることは危険である。とはいえ，少なくともこの定義からいえることは，何かある事象がどのように帰結するかが確実にわかっていればリスクという概念は成立しないということである。このことをわかりやすい例で考えてみよう。

　破産が確実で返済の意思もない人に 1,000 万円の貸付けを行うことは，その資金回収のリスクはゼロである。貸付資金の回収が 100％ 見込めず，1,000 万円の損失発生が貸付けの時点ではっきりとわかっているからである。しかし通例，貸付けに伴うリスクは，貸付先の信用能力など，そのときどきの状況によ

（4）　Williams, Smith & Young [1998], pp. 4-5. 本書は 1964 年に初版が出版されて以来，版を重ねてきたリスク管理論の標準的なテキストの一つである。
　　　もう少し詳しく，かつ，限定的に，「リスクとは，期待するあるいは希望するところの望ましい帰結に対する負の逸脱（deviation）の可能性がある状態」（Vaughan 1997], p. 8) とする定義もある。さらに「リスクとは，機会に基礎を置く事象の起こりうる変動（variation）」（Dorfman [1998], p. 7) という定義もある。これ以上の例は挙げないが，みな同じようで違い，違うようで同じ。皮肉な言い方に聞こえるかもしれないが，これがリスクの定義の特徴である。
　　　亀井教授によれば，リスクの定義なり学説にはさまざまなものがあるが，主要なものは，①ハザード結合説，および②予想と結果の変動説であろうという。亀井 [1985], 25-29 ページ。また森宮教授によれば，①不確実性からのアプローチ，②損失の確率としてのアプローチ，③変動ないし偏差からのアプローチに大別されるという。森宮 [1985], 16-20 ページ。

って変わってくる。返済の可能性は0％（返済されない）か100％（返済される）かのいずれかであったとしても，一部返済という条件も含めると帰結としての損失は0円から1,000万円の間のどこかになる。けれども，もし将来を確実に見通すことができれば，返済の可能性が何％だとか，最終的にいかほどの未回収額が生ずるかといった議論はそもそも成り立たない。

　このようにリスクは将来の見通しの不確かさを前提とするものであるから，リスクは「不確実性」(uncertainty) のもとで生ずる，あるいは不確実性があるからリスクが生ずるといってよいだろう。リスク管理の文献によれば，古くより，リスクをどのように定義するかということと関連して，リスクと不確実性との関係なり違いといったことが論じられてきたようである。抽象的ではあるが，不確実性をもって「将来を予見する能力の疑わしさ[5]」と定義すれば，不確実性があるからリスクという概念が成立するといってよい。ある事象を原因とした将来の帰結を確実に見通せないからリスクが生ずるのである。

　「暴風雨のリスクに備える」と表現されることがある。ごく一般的な言葉の使い方である。人は，暴風雨によって，建物が損壊するかもしれない，帰宅時間が大幅に遅れるかもしれない，さらには人命に危害が及ぶかもしれないといったように，暴風雨という自然現象から生ずるかもしれないさまざまな事態を予想する。これらの事態がどれほどの可能性で生ずるか，あるいはどれほどの損害を及ぼすかは，暴風雨の強度と暴風雨が発生したときの状況によって，大きくもなり小さくもなる。

　リスクとは，この例を使っていえば，暴風雨による建物の損壊が，ある特定の状況のもとで，どれほどの可能性で生じ，どれほどの損害規模をもたらすかという観点から，その不確かさの程度を把握するときの概念である。したがって，リスクとは暴風雨によって何が起こるかわからないといった漠然とした不

（5）　不確実性をもって「将来を予見する能力の疑わしさ」と定義したときのリスクとの違いについて，リスクはその大きさを測定できる概念であって，その点で不確実性と区別されるとみる考え方がある。不確実性そのものは，人によって受け止め方が異なる主観的なものである。これに対してリスクは，客観的に把握されるものであるというのである。Williams, Smith & Young [1998], p. 10.

安や恐れとは違う。暴風雨自体がリスクではない。暴風雨に見舞われることもリスクではない。

　暴風雨の発生や強度を人為的に変えることができない以上，建物の損壊規模がどの程度になるかは，立地条件や建物の構造，あるいはもろもろの備えによって変わってくる。そこで暴風雨の到来という情報を知った時点で，立地条件や建物の構造を選択的に変更できないとすれば，暴風雨への備えによって損害規模を小さくしようとするだろう。暴風雨がそのときの条件のもとでどのような帰結をもたらすかを予測し，それに対するもっとも適切で合理的な備えを講ずるだろう。人や組織は，どのような備えをすればよいか，どのように行動すればよいかを考える。それが「リスクを管理する」ということである。

管理を前提としたリスク概念
　人や組織は，ある事象がどのように帰結するかの不確かさを認識すれば，それに対処するかしないか，もし対処するとしたら具体的に何をすべきかを考えるだろう。そのためには，不確かさの程度，すなわちリスクが明確なかたちで認識されていなければならない。このような切り口からリスクを一般的に定義しようとすれば，次のようになるであろう。

　　「リスクとは，原因となる事象がそのときの状況と結びついて生ずる帰結の不確かさの程度を定性的または定量的に表わしたものをいう。」

　リスク概念は，その管理という観点からみたときに，どのように理解されるべきであろうか。上の定義をもとにして，もう少し具体的に考えてみよう。
　第1に，リスクとは，何らかの原因事象がそのときの状況と結びついて，帰結をもたらすという，その因果関係を明確に意識したときの概念である。上に示したリスクの定義のなかで，

- 事象（これは原因を意味する）
- 状況（これは誘因を意味する）

● 帰結（これは結果を意味する）

という3つの言葉を意識的に区別して使ったのはそのためである。原因となる事象（events）が，特定の状況（または特定の状況下におけるある要因）と結びついて，最終的にどのような帰結をもたらすかという意味での「原因―誘因―帰結」というつながりを把握して，はじめて管理を前提としたリスク概念が成り立つように思う。

先の例でいえば，暴風雨という事象が認識されると，それが建物の強度や地盤の強弱，あるいは防災設備の状況と結びついて，もろもろの被害の可能性が予測され，同時にそのときの損害規模は無被害から壊滅的被害までの間のどこかに帰結するだろう。暴風雨が「原因」，建物の強度や防災設備の状況が「誘因」，建物の損壊などのさまざまな被害が「帰結」である。原因となる事象を人為的に取り除くことができるかどうか，もしできなければそのときの状況に働きかけて，どこまで災害損失を抑えることができるかが想定できるようなかたちでリスクを把握できなければ，リスクを管理することはできないだろう。

単に「リスクがある」というだけでは，管理のしようがない。原因となる事象が人や組織の活動とどのように作用しあい，それによっていかなる帰結が想定されるかということが，明確に意識されなければならないのではないだろうか。

したがって第2に，リスク管理という観点からすれば，原因となる事象がどう帰結するかを想定し，その不確かさの程度を測ることができなければならない。

リスクの大きさは，発生可能性（likelihood）と影響強度（impact）という2つの尺度を組み合わせて，定性的または定量的に測られる[6]。上の例でいえ

（6） ここでは，発生可能性と影響強度を「組み合わせる」（combine）という表現をしたが，「発生可能性×影響強度」として表わすこともできる。ただしこのように表現したときの掛け算は，定性評価もありうるから，常に数学的な意味をもつとは限らない。

また一つの考え方として，リスクをビジネスリスクに限定した場合，リスクの大きさは「影響強度」で測定されるべきであるという考え方もあながち否定できない。

ば，暴風雨を原因として建物が損壊する可能性と，そのときの被災規模を組み合わせて，リスクの大きさとする。

　発生可能性と影響強度という2つの測定尺度でリスクの大きさをつかまえる考え方は，リスク管理という観点からみたときにそれなりの合理性がある。ある事象を原因とした帰結がどれほどの確率または頻度で発生するかということと，そのときの影響強度は別のものであるから，ひとまず発生可能性と影響強度という2つの尺度を区別してみると管理の仕方に大きな違いが出てくる可能性があるからである。100年に一度しか発生しないが，ひとたび発生すれば壊滅的な損害が生ずるリスクと，1回当りの損害はごく小さいが，毎日何度も繰り返し発生するリスクとで，同じリスク管理の手法が用いられることはないであろう。リスクへの対処の仕方が最初から違ってくるかもしれない。

　第3に，あるリスクが他のリスクへと連鎖し，リスクは常に変動しているという性質を認識しておくことである。上に示したリスクの定義のなかで，あえて「不確かさ」という言葉を使ったが，そこに間接的ながらも連鎖性と変動性という意味を込めている。

　図1-1に示すように，ある事象の帰結が別のリスクの原因となり，その帰結がまた別のリスクの原因となることがある。

　事故が起きたときに，それが引き金となって玉突き式にいろいろなことが起こり，あるリスクがまったく想定もしなかったリスクへとつながってくる。このような現象が起こることは珍しくない。これをリスクの「連鎖性」と呼ぶこ

　　個々のリスクがどれほどの確率や頻度で発生するかではなく，どれほどの利得または損失が予想されるかで測られれば十分であると考えるのである。
　　このように，リスクの大きさをどのように測定すべきかは，個々のリスクの性質と，リスク管理の目的によって決定されると考えるのが合理的である。極端な例ではあるが，株式投資のリスクと自然災害のリスクとで，この2つのリスクの大きさを合算したり，同一の尺度で比較する必要がない限り，同じ測定方法によらなければならない積極的根拠はないだろう。ただ最近では，事業体の活動によって生ずるもろもろのリスクを網羅することで，管理上の大きな漏れが生じないようにするという視点が強調される傾向がみられる。そのように考えれば，種類の異なったリスクの大きさを比較するために，理想的には同一の測定方法をとるべきだということになる。

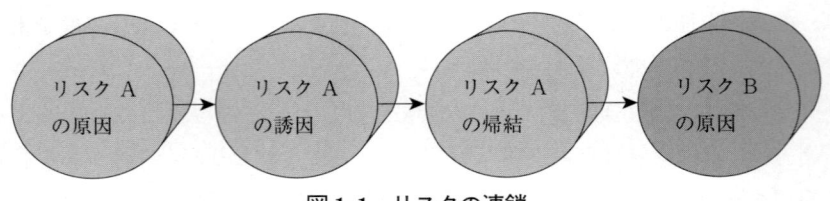

リスクA の原因 → リスクA の誘因 → リスクA の帰結 → リスクB の原因

図1-1　リスクの連鎖

とにする。

　さらに，リスクはあくまでも将来の予測であるから，原因となる事象が変わり，それを取り巻く状況が変化すれば，リスクの大きさ（発生可能性と影響強度）は変わる。リスクをもって「原因―誘因―帰結」として把握すれば，原因と誘因のいずれかまたは双方が変われば，帰結も変わってくる。原因が同じであっても，誘因となるその時々の状況は時の経過とともに変化し常に一定とは限らないから，ある原因から導かれる帰結といっても，その発生可能性と影響強度は同一ではありえない。よってリスクは厳密には常に変動している。これをリスクの「変動性」と呼ぶことにする[7]。

（7）　リスクの変動性（厳密には，原因または誘因の変動性）には，リスクを帰結の潜在的変動と定義することから生ずる変動性という意味の他にも，次のような意味がある。

　すなわち第1に，戦略計画，事業体構成員の技能と役割，情報技術手段，そして業務活動がお互いに影響し合うことから生ずるリスクの変動性である。そして第2に，社会環境，経済環境，技術環境，自然環境といった外的環境条件の変化に伴うリスクの変動性である。このような意味での変動性については，本章1.3で検討する。

　誤解がないように言い添えておくと，第2の意味の変動性を，事業体にとってコントロール不可能なリスクとして切り捨てるわけではない。ITリスクを例にとっていえば，あるWebシステムの導入直後に急激な技術革新が起きて当該システムの有効性が一気に低下してしまうことがある。また，コンピュータウィルスやシステム侵入技術も日々高度化しており，現時点において想像もつかないような攻撃に見舞われる可能性もないわけではない。もちろん，社会環境，経済環境，技術環境，自然環境は，それを直接にコントロールすることはできないし，いわんや想定できないリスクを管理することはできない。しかしリスク発生の因果関係や，あるリスクが別のリスクへとつながってゆくリスクの連鎖に着目して，ある可能性から別の可能性を推測し，可能なかぎりリスクを網羅的に特定し，必要な手当てを講ずる。それがリスク管理の本旨であり，また難しいところでもある。

リスク管理とその保証を議論するとき，リスク概念が内包する，この「連鎖性」と「変動性」という2つの性質はきわめて重要な意味をもってくる．

リスクの発生メカニズム分析

リスクとは，「原因―誘因―帰結」として認識される概念である．まず「原因」となる何らかの事象があり，そのときの状況すなわち「誘因」と結びついて，さまざまな「帰結」の発生可能性と影響強度を決定する．

原因，誘因，帰結．この3つがリスクを把握するときに必要な構成要素であって，リスクという概念をその発生メカニズムに着目して分解的にみたときに抽出される要素である．このうち原因と帰結こそ，リスクの内容と大きさを決定づける要因と考えられるため，この2つをとくに「リスク要因」と呼ぶことにする．

〈原　　因〉

リスクが認識されるとき，かならず原因となる事象がある．しかしリスクの原因となる事象と一口にいっても，そこでいう事象をどのようにとらえるかというきわめて厄介な問題がある．この点に関連して，原因となる事象をつかまえるときに，概念上，整理しておくべきことが2つある．

第1は，リスクの原因となる事象には，天災などのように好むと好まざるとにかかわらず受け入れざるをえない自然現象だけでなく，人や組織の主体的な行為または選択的な意思決定を事象としてとらえることもできることである[8]．すなわち，人や組織があらかじめ意識的に回避できない事象と，回避できる事象がある．このようにリスクの原因となる事象には，「回避不能原因」

---

(8) このようなリスクの原因となる事象は，リスク管理論の領域ではペリル（peril）と呼ばれることがある．ペリルをもって端的に「損失原因（cause of loss）」として定義すれば，好むと好まざるとにかかわらず受け入れざるをえない事象だけでなく，人や組織の主体的な行為または選択的な意思決定も含むことになるだろう．しかし，ペリルといった場合，通例，前者のような受動的な事象を想定した原因を指す概念として用いられることが多いようである．

と「回避可能原因」がある。

　天災は人や組織の意思決定によるものでもなければ，人為的に起こせるものでもない。ところが「ITシステム導入の外部委託」という事象をリスクの原因ととらえると，どうなるだろうか。外部委託は，委託先との間の契約にかかわる意思決定とそれに基づく経済取引という事象である。事象をもってこのようなとらえ方をすると，リスクが生ずる原因そのものをあらかじめ回避できることになる。「情報漏洩のおそれがあるから，わが社では情報処理業務の外部委託をしない」という経営者の方針はそのひとつの例であろう。これに対して天災は，それを人為的に取り除くことができない。地震であれば，その発生をおさえ，震度を変えることができない（すなわち原因となる事象そのものを人為的に変化させることができない）から，耐震設備を整えておき，また地震保険に加入するなど，帰結としての損害規模をできるだけ小さくするような対策を立てて対応するしかない。

　このように，原因となる事象を回避不能原因と回避可能原因とに分けるのは，天災のような事象と，人や組織の主体的な行為または選択的な意思決定による事象とでは，最初からリスクへの対処の仕方に違いが出てくるからである[9]。

　第2に，リスクの原因には，そもそも不利な帰結にしか結びつきえないものと，不利にも有利にも帰結するものがあらかじめ区別されることである。このことは，ある事象が存在し，それが人や組織によって「脅威」(threat) または

（9）　原因事象をもって，回避不能原因と回避可能原因に区別したとき，Webシステムへの外部攻撃というのは，回避不能原因であろうか，回避可能原因であろうか。これは，攻撃が行われる以前に，「攻撃をしない」というように，攻撃主体の意思を変えることができない以上，回避不能原因である。ファイアーウォールを設置すること（つまり対策を講ずること）によって攻撃を回避する，あるいは回避できたというのは，システム攻撃という「原因となる事象そのものを取り除いた」わけではない。それは対策の効果であり，結果である。

　このように，原因事象をもって回避不能原因と回避可能原因とに区別する考え方は，原因事象そのものをあらかじめ取り除くことができるかどうか，あるいは原因事象そのものを意識的に避けることができるかどうかという点に着目して，原因となる事象を認識したものである。

「機会」(opportunity) として知覚されると，そこではじめて管理の対象となるリスクの原因が特定される，と言い換えてもよいだろう[10]。

天災の例でいえば，暴風雨という事象（自然現象）が，まずリスクの原因となる脅威として知覚され，結果として建物の損壊などの損失発生という負の帰結が想定される。暴風雨という事象を機会として知覚するのは，防災用品の販売などを手がける企業か，いわゆる焼け太りを期待すること以外にはないだろう。

しかし，ここでいう事象の認識の仕方（知覚）によっては，脅威と機会が合わせ鏡になることもある。リスクの原因となる事象には人や組織の意思決定によるものもある。そこで「新規のWebシステムの開発」という原因事象（経済的意思決定）を考えてみよう。

そうすると，開発されたWebシステムがうまく稼働し，潜在的な顧客層の発掘や新たな販売経路の開拓という機会が知覚される一方で，開発の遅延やWebシステムへの外部からの侵入などの脅威があわせて知覚される。けれども，Webシステムを開発しなければこのような機会も脅威も知覚されない。そしてWebシステムを開発し導入したときに，機会または脅威が発生する可能性やその影響の大きさが，当該システムの開発と運用の状況によって左右されることを想定し，注文増による利得の発生またはWebシステムの機能停止による損失発生としての帰結を把握する。

もともと不利にしか帰結しない原因事象に対しては，損害の発生をいかに抑

---

[10] 脅威，機会という用語の使い方も，人によってさまざまである。ここではリスクの原因となる事象を不利な帰結（損害）とだけ結びつけて知覚したときの原因事象を「脅威」と呼び，リスクの原因となる事象を有利に帰結（利得）する可能性をもつものとして知覚したときの原因事象を「機会」と呼ぶことにする。

したがって本書では，脅威または機会という概念を，リスクの原因となる事象の認識ないしは把握の仕方を区別するための概念として理解している。つまりリスクの「原因」に着目したときの概念である。

なお，後で，不利にしか帰結しない純粋リスクと，不利にも有利にも帰結する投機リスクという概念をとり上げるが，純粋リスクと投機リスクというのは，そもそもリスクの「帰結」に着目したときの概念である。いろいろな理解がありうるだろうが，本書ではこのように整理して使うことにする。

えるかという視点から管理するしかない。それに対して，不利にも有利に帰結する原因事象に対しては，経営上の重要成功要因としてリスクを識別して，その管理を考えるか，あるいは帰結（目標値）からの乖離をできるだけ小さくするための管理を考える。ここに，リスクの原因を特定する段階で，不利な帰結にしか結びつかない原因事象と，有利な帰結にも不利な帰結にも結びつく原因事象とを区別する意味がある。

　上で述べた2つのことに関連して，原因となる事象をつかまえるときに生ずる原因事象の多面性について簡単に言及しておこう。このことは，つまるところ何をもってリスクの原因事象として把握するかという，素朴ではあるが，難しい問題である。

　なぜ難しいか。それは第1に，単に原因といっても，ある事象として認識される行為や現象だけではなく，手段としても，さらには目的や意図としても把握することができるからである。たとえば，ハードウェアまたはソフトウェアの破壊という事象のつかまえ方は，破壊という事象の「行為」としての側面をみている。また天災が及ぼすもろもろの事象は，その「現象」面をみている。そしてコンピュータウィルスという事象のつかまえ方は，リスクの原因を「手段」として把握している。さらに，報復，いやがらせといったことをリスクの原因として把握することもできるが，それはリスクの原因を「目的または意図」として把握したものである。

　リスクの原因となる脅威を例示し，その体系的な整理を試みようとした文献の多くに，まったく次元の異なった脅威がリストアップされ，違和感をおぼえるのは，行為，現象，手段，目的といったさまざまな観点が混在しているためである。

　しかし見方はどうあれ，原因―誘因―帰結として把握できれば，リスクを一つひとつ識別することができる。その意味では，原因として表現される事象の性質，または原因となる事象の表現の仕方は，それを，誘因，そして帰結へと結びつけることができれば，事象を表現する観点は混在していてもかまわない

であろう。
　何をもって原因事象として認識するかの難しさの第2は，ある原因が他の原因の引き金となるといったように，原因としての事象そのものが鎖状態でつながっていることがありうることである[11]。
　単純な例で説明してみよう。落雷によって停電が起こることがある。このような言い方をすれば，落雷が原因であって，停電は結果である。しかしこの場合は，落雷も停電も，リスクの原因となる事象として把握される。なぜならば，落雷や停電それ自体が損失となるわけではなく，それを起因とするさまざまな被害が帰結として認識されるからである。落雷や停電があっても，その事実だけではITシステムに何の障害が起こらないかもしれない。逆に，ITシステムが長時間にわたって停止し，多大な損害が生ずるかもしれない。この違いは，バックアップ電源装置があるかどうか，それが正しく作動するかどうかにかかっている。したがって，このバックアップの状況が誘因である。
　落雷による停電がバックアップ電源の有無と結びついてはじめて何らかの帰結（ITシステムの機能停止）が決定され，その予想される帰結の大きさがリスクの大きさとして把握されるのである。したがって帰結からみたときに，その直接的な引き金となる事象（この場合であれば停電）をリスクの原因となる事象として把握することになる。もちろん落雷と停電を一つにまとめて「落雷による停電」という原因事象の把握または表現の仕方でもよいだろう。

〈誘　　因〉

　このようにリスクの発生メカニズムを分解的にみてゆくと，原因と帰結との間に挟まれて，帰結の大きさに作用する誘因があることに気づく。
　誘因は，ある特定の原因とそれに対応する特定の帰結を結びつける過程にお

---

(11)　これは，先に述べたリスクの連鎖性とは異なる。リスクの連鎖とは，原因―誘因―帰結として把握された一つのリスクが，別のリスクへとつながることをいう。しかし，ここでいっているのは，別のリスクへの連鎖ではなくて，リスクの「原因事象」自体の連鎖である。

いて，帰結の発生可能性（発生確率または頻度）と影響強度を決定づける要因のことである。同じ原因事象であっても，そのときどきの状況によって，帰結は大きくもなりまた小さくもなる。原因となる事象が脅威と機会の二面性をもつ場合には，利益の獲得といった有利な帰結となるか，損失の発生といった不利な帰結となるかを決定づけることがあるかもしれない。その意味で，誘因とは，ある原因となる事象が特定の帰結へと導かれる「作用要因」としての性質をもつ。

たとえば，地震という原因事象と，建物の損壊という帰結を結びつけると，地盤の強弱や耐震設備の状況が，ここでいう誘因である。地震という自然現象が，地盤の強弱という誘因と結びついて，建物損壊の発生可能性とその損害規模が決定される。リスクの管理という観点からみたとき，この誘因を明確にすることは，重要な意味をもっている。リスク管理として行われる「リスク（発生可能性または影響強度，あるいはその双方）を小さくするための活動」は，この例でいえば，誘因を制御する活動である。地震という原因事象そのものを制御するのではない。また，建物が損壊するかどうかと，その損壊規模としての帰結は，見方をかえれば制御の結果である。

このような意味での誘因を深く考えてゆくと，2種類の誘因が明らかになる。すなわちリスクの原因となる特定の事象の存在を想定したときに，その事象を取り巻く現況（circumstance）だけではなく，何らかの選択（choice）も，事象と結びつく誘因となりうるということである[12]。

---

(12) このような意味での誘因は，リスク管理論の領域ではハザード（hazard）と呼ばれることもある。ハザードをもって，端的に「損失を誘発する要因」と定義すれば，「現況」といった受動的な要因だけでなく，「選択」といった能動的な要因も含まれるだろう。しかし通例，ハザードといえば，受動的な要因を指す用語として使われているように思われる。

また，ITリスクに関連して脆弱性（vulnerability）という用語が使われることがある。脆弱性とは「情報資産がもつ脆さあるいは弱さ」である。ハザードとニュアンスは異なるが，リスクの原因事象と結びつく誘因という意味では違いがない。脆弱性という用語は，「脅威（原因）が，脆弱性をついて，リスクを増幅する」というコンテクストで使われる（ISO/IEC TR 13335-1 [1996], p. 16.)。

1.1 ITリスクの意義　31

　第1に,「現況」とは,リスクの原因と結びつけられる誘因を,仮定形ではなく,現実としてみたときの,ありのままの状況をいう。地震という事象を想定したときに,それとあわせて認識される地盤の強さまたは弱さ,耐震設備の状況という誘因は,ここでいう現況である。注意しなければならない点は,地盤の強さまたは弱さという誘因は人または組織がコントロールできない誘因であり,耐震設備の状況という誘因はコントロール可能な誘因である[13]。

　リスクは将来のことゆえ,原因といっても,それはあくまでも想定にすぎない。ところが,特定の原因事象から特定の帰結を導出する過程で認識される誘因は,現実のありさまをそのまま誘因としてとらえることができる。このように誘因をもって,そのときの現況として把握する場合,原因となる事象を想定したときに,コントロールできるものとできないものがあるが,いずれにせよリスクの原因事象が認識されたときに,ひとまずそのまま受け入れざるをえないという意味で「受動的誘因」と呼ぶことができるだろう。

　第2に,「選択」とは,リスクの原因となる事象を想定したときに,それを取り巻く条件を当事者の意思に基づいて何らかの決定をくだすことを仮定する場合の誘因である[14]。要員の急病といったようにリスクの原因となる事象の

---

(13) 現況として例示した地盤の強弱という誘因であっても,それに基づいて何らかの意思決定を行い,状況をコントロールできる場合がないわけではない。理屈の上では,ある現況を「あるがまま」の状態として認識することと,それを人為的に制御できるかどうかということは別の問題である。地盤の弱さを嫌ってすぐさま引越しするというのは,現実的ではないかもしれない。そうではあるが,建物損壊の発生可能性と損害規模という帰結の大きさを想定したときに,とりうる選択肢の一つではある。

(14) 選択という概念を,リスクの発生メカニズムのなかで,どのように位置づけるかについては,本書の理解とは同一ではないが,不確実性下における事象(event)または状況(circumstance)に対する意思決定あるいは選択いかんによって有利な帰結または不利な帰結が想定されるものとし,リスクの帰結はまさに「選択」によって決定づけられるとする考え方は次の文献にみられる。CICA [1998], p. 4.

　　なお,このCICAの文献を手掛かりに,河﨑教授は,リスクの本質を「選択の結果」とみることの意味を網羅的に整理されているが,その主だったものを引用すれば次のようになる。古賀・河﨑 [2003], 19-20ページ。
・リスクは盲目的な運命の産物ではないことを明らかにできること。
・リスクの帰結としての破局に至るには,何らかの選択が求められる決定的瞬間または転換点があることを浮き彫りにできること。　　　（次ページにつづく）

把握の仕方によっては，そこで行われる何らかの選択が誘因となることもありうる。要員の急病があったときに，専任要員の補充という選択が行われたときと，業務の外部委託という選択がなされたときでは，想定される帰結が大きく異なる可能性がある。外部委託という選択がなされたとき，専任要員の補充という選択に比べて，人件費は相対的に低く抑えられたとしても，提供される業務の品質が低くなるかもしれない。

　これが帰結の大きさを決定づける誘因として作用する理由は，同じ原因事象であっても，結果からみたときに常に正しい選択がなされるとは限らないからである。すなわち，行われた選択いかんによって，帰結は大きくもなり，逆に小さくもなる。よく「意思決定には常にリスクが伴う」といわれることがある。このような言い回しは，ある意思決定をリスクの原因事象としてとらえること以外に，誘因としての選択のことを指していることもある。このように，特定の事象が想定されたときに，人または組織によって行われる意思決定を誘因として認識する場合，原因となる事象に主体的に働きかけるという意味で「能動的誘因」と呼ぶことができるだろう。

　リスクというのはあくまでも将来を想定したときの概念であるから，原因と帰結を結びつけて「あるリスク」を特定する際に，その帰結の大きさを決定づける誘因は，現実のありのまま（現況）として現在形で把握することもできるし，ある選択が行われたとしたとき（選択）というように仮定形で把握することもできる。

　誘因には，現況と選択があることは上で述べたとおりである。このうち選択という種類の誘因についてさらに深く考えてゆくと，込み入った問題に行きあたる。先に，リスクの原因として想定される事象には，人や組織の主体的行為または意思決定がある，と述べた。リスクの原因となる事象として把握される意思決定と，誘因としての選択との違いはいったいどこにあるか，という問題

- リスクの帰結は，「行為をする選択」だけでなく，「行為をしない選択」によっても生ずることを認識できること。
- リスクの帰結を生んだ選択について説明責任があることを認識できること。

である。

　すっきりとした説明を与えようとすれば，誘因としての選択は，想定される事象を与件とした上で，それを前提として行われる第2段階目の意思決定ということである。原因事象そのものとなる，あるいは原因事象を規定する選択ではない。実際にはこのような区別が難しいかもしれない。さらにいえば，原因事象としての意思決定と，誘因としての選択にねじれが生じてしまって，うまく判別できないということがあるかもしれない。

　それでもなお，概念上，この2つの区別は必要だろう。それはリスクの管理という視点からみたとき，リスクの誘因となる選択，つまり第2段階目の意思決定では，リスクの大きさ（帰結の発生可能性と影響強度）を制御するコントロールという要素が関係してくるからである。

　コントロールするのは，厳密には，原因となる事象そのものではなくて，誘因としての現況であり選択である。コントロールの種類や水準を変えることによって，選択そのものに影響を与える。これが選択のコントロールである。先の要員の急病という原因事象が想定された場合でいえば，要員の急病そのものをコントロールするのではなくて，いくつかの選択肢の中からよりよい選択ができるようにし，一旦ある選択が行われたならばその選択をより望ましい方向にもってゆくことなのである。

　議論がやや込み入ってきたので，リスクの大きさを決定づける誘因たる「現況」と「選択」を区別することの意義を，ここで整理しておこう。順序が逆になるが，まず選択という誘因に対しては，基本的にコントロールを通じて影響を及ぼすことができる。選択というのはコントロール可能な誘因である。一方，誘因としての現況は，コントロールを通じて変動させることができる場合もあれば，できない場合もあるということになる。

〈帰　　結〉

　原因となる事象が想定されると，それがある誘因と結びついて，特定の帰結が想定される。リスクというのは，この原因と誘因を結びつけて，特定の帰結

の発生可能性と影響強度を定性的または定量的に把握するための概念である。

　帰結は，単に経済的利益または損失（収益の変動，コストの変動，キャッシュフローの変動など）として想定されるだけではない。顧客層の拡大や喪失，あるいは会社の社会的認知度や株主価値の増減といった帰結として想定されることもある。最悪の危機的シナリオを想定すれば，事業破綻が最終帰結であろう。

　帰結は，原因と誘因との結びつきによって，さまざまなかたちをとる。たとえば，暴風雨という自然現象を原因とした建物の損壊という帰結を考えてみよう。建物の損壊というのは，暴風雨から想定される一つの帰結にすぎない。営業時間の短縮，帰宅時間の大幅な遅れ，さらには人命への危害も，同じく帰結である。このように，一つの原因事象から想定される帰結はただ一つとは限らない。

　けれども，「あるリスク」を特定するときには，「ある原因」が「ある誘因」と結びついて「ある帰結」をもたらすメカニズムとして把握されなければならない。そして，その原因事象に対応する帰結が，発生可能性（確率または頻度）と影響強度として測定される。推定されるその帰結の大きさは，ゼロから極限値までの間のどこかになる。発生確率でいえば0から1，損失量でいえば0から当該資産価値までのどこかに帰着する。なお帰結の把握の仕方によっては，当該資産価値の逸失価値だけにとどまらず，機会損失や顧客満足度の喪失といった追加的な損失が含まれることもある。

　帰結は，管理の対象として認識できるものでなければならず，しかも発生可能性と影響強度が測定できる対象として認識されなければならない。地震という事象を帰結として想定して，その発生可能性と影響強度を測定しても，管理上ほとんど意味はない。

　リスク管理論の領域では，リスクの帰結に着目して，不利にしか帰結しないリスクを純粋リスク（pure risk），不利にも有利にも帰結するリスクを投機リスク（speculative risk）と呼んで区別することが多いようである[15]。そうではあるが，すでに述べたように，リスクの原因となる事象をどのように想定するか（回避可能原因か回避不能原因か）によって，いずれの種類のリスクかはあらかじ

め区別されてしまう。すなわちリスクの原因事象を，人または組織が脅威として知覚したときに純粋リスクという概念が成り立ち，リスクの原因事象を機会（あるいは機会と脅威の合わせ鏡）として知覚したときに投機リスクという概念が成り立つという関係にあると考えられる。ただし投機リスクは，その帰結に着目すると，原因事象を機会として知覚しても，結果としてマイナスの帰結を生むことがある。

事業体の経営活動や業務活動に伴って生ずるリスクの管理（ビジネスリスクの管理）では，このような投機リスグという概念への注目が大切であろう。もちろんデリバティブのポートフォーリオ管理，設備投資の管理，従業員の安全管理，日常の業務管理，天災を想定した危機管理でまったく同じ管理が行われることはない。管理手法も違えば，管理上の重点の置き方も同じではない。リスクの種類によっては，さまざまな経営資源に積極的に働きかける管理であることもあるし，逆に行為の規制を重視する管理がとられるかもしれない。

とはいえ，事業体の活動に伴って生ずるさまざまなリスクの統合的な管理を

---

(15) 純粋リスクと投機リスクという概念の関係について，投機リスクは純粋リスクを含む概念ではないことに注意されたい。この2種類のリスクは，「帰結の方向性」に着目したときにリスクの性質を規定する概念である。すなわち，その性質として，そもそも不利な方向（損失）にしか向かないリスクが純粋リスクであって，不利（損失）にも有利（利得）にも向かうというのが投機リスクである。

なお，帰結が損失と結びつく場合だけを「リスク」と呼び，利得と結びつく場合を「チャンス」または「リターン」と呼ぶこともある。このような理解に立つと，投機リスクという概念はそもそも成立しないことになる。

やや横道に逸れるが，リスクの問題を歴史科学として取り扱った Bernstein 氏によれば，リスクという言葉はもともとイタリア語の "risicare" に由来し，「勇気をもって試みる (to dare)」ことを意味するという。Bernstein [1998], p. 8.（青山訳 [1998], 23 ページ。）

このように，リスクというのは，その語源においても，帰結の二面性を前提としている。「リスクを冒す」という表現があるが，「あえて試みる」という意味が込められている。また，最近好んで用いられる「リスクをとる」といった表現も，このような帰結の二面性を意識した言葉の使い方といってよいだろう。このような歴史的背景なり意味がどこまで反映されているかどうかはわからないが，ビジネスリスクをはじめとする最近のリスク管理の議論は，その多くが損失と利得という帰結の二面性を前提とした考え方に傾斜していることは間違いない。

指向する観点からは,「個々のリスクによる損失を可能な限り抑えつつ,全体として最大の利得を目指す」という図式が,管理の基本となるのではないかと思われる。投機リスクという概念は,帰結がアップサイド（有利な方向）にもダウンサイド（不利な方向）にも向かうという単純な理解ではなく,このような構図でつかまえる必要があるだろう。

〈原因―誘因―帰結のつながり〉

　原因―誘因―帰結の因果関係における最終部分をどのように確定するか。比喩的にいえば,あるリスクを特定する過程で,終着駅にたどり着いたつもりが,途中駅だったということが起こりうる。ある一つのリスクは,原因―誘因―帰結として把握されるが,そのかたまりの最後にある帰結が別のリスクの原因となって,また原因―誘因―帰結というつながりが生ずることがあるからである。これが先にも述べたリスクの連鎖性である。

　そうではあるが,一つのリスクは,原因―誘因―帰結として把握されることが原則である。リスク測定の前提となるべき帰結は途中駅でもかまわない。リスクの大きさ,すなわち発生可能性なり影響強度が測定できる対象として「ある原因に基づくある帰結」が確定できればよいのである。したがって,リスクを特定するときには,原因：誘因：帰結は,1：1：1の関係として表現される必要がある[16]。

　ITの運用を脅かすリスクとして,ハードウェアの故障,ネットワークを介した不正侵入,バックアップの不備,ファイアーウォールの不備,システムの機能停止,情報の無断持出し……といった具合に,原因,誘因,帰結の関係を無視してリストアップしていっても,それはITリスクを特定したことにはな

---

(16) ある原因による帰結を想定したとき,実際には,1（原因）：1（誘因）：1（帰結）となるとは限らず,1：n：1となることもあろう。しかし,ここでいうn（誘因）を1個1個分解して認識することにリスクを特定することの意味があると思う。すなわち,リスクを1：n：1として特定してしまうと,もしnの間に相互に影響を与え合う関係がみられるとき,何にどのように働きかければ帰結の変動幅を小さくすることができるかの判別ができなくなるからである。

らない。

　ハードウェアの故障というリスクを考えてみよう。よくよく考えると，この事実だけを取り出して，その発生可能性と影響強度を明らかにしたところで，リスクの管理という観点からはほとんど意味がないように思うのである。仮に「ハードウェアの故障の発生可能性が高く，かつその影響強度がきわめて強い」というリスク測定の結果が得られたとしよう。このリスク測定の結果が意味するところは，他のリスクと比べたときに，ハードウェアの故障によるリスクが相対的に大きいことがわかるだけである。何にどのように働きかけてどうすればよいかは，このリスク測定の結果だけではわからない。

　そこで「ハードウェアの故障」という原因が「バックアップ（機器と回線）の整備状況」という誘因と結びついて，「システムの機能停止」という帰結が予想されるといった関連づけを認識して，はじめてリスク管理の道筋がみえてくる。

　リスクは発生可能性と影響強度で測られなければならないから，この例でいえばハードウェアの故障（原因）とバックアップの欠如（誘因）が結びついて，システムの機能停止（帰結）が生ずる可能性とそのときの影響がリスクの大きさとして測定されることになる。ハードウェアの故障（原因）が起きたとしても，適切なバックアップ機器の作動（誘因）によって，システムの機能停止（帰結）は，停止回避から全面停止までのどこかになる。同じ原因であっても，誘因によって，帰結は大きくもなり小さくもなる。

　したがってリスクというのは，厳密には「ハードウェアの故障が，バックアップ機器の不備によって，システムの機能を停止させるリスク」と表現される必要があるだろう。もし誘因の部分が明確にならない場合には，すくなくとも「ハードウェアの故障によるシステムの機能停止のリスク」というように，原因と帰結の関係として表現されることが望ましい。これは単に表現上の問題だけでなく，後で論ずるが，一つひとつのリスクを特定し，リストアップする作業において，あるリスクと別のリスクとのつながりを明らかにするために役に立つ。リスクの原因だけ，あるいは帰結だけを断片的に取り出して，その大き

さをいかに精密に測定しても、リスクの管理という観点からは意味がない。

リスクが、原因―誘因―帰結―原因……というように連綿とつながっていたとしても、とりあえず「原因―誘因―帰結」として区切ってつかまえることが、リスクの管理という観点からは重要なのである[17]。

ここまでの議論を踏まえて、原因―誘因―帰結の関係を示せば、図1-2のようになるだろう。

リスク概念を分解的に検討しながら長々と論じてきたのは、リスク管理という視点からみたとき、まずもって「原因―誘因―帰結」というリスクの発生メカニズムへの着目が重要な意味をもつからに他ならない。リスクとは何か。リスクをコントロールするという場合、何をコントロールすべきかを多少なりとも厳密に考えてみたかったからである。

このようなリスク概念の把握によって、リスクの原因自体を取り除くことができるかどうか、もしできないとすれば今度は誘因に働きかけて帰結に影響を与えることができるかどうかについての道筋を明らかにすることができるからである。

---

(17) 社会システム論の立場からするリスク概念の分析では、本書のようにリスクをもって原因―誘因―帰結のつながりとして理解する立場は、「過剰な線形性の想定」として反論を受けるかもしれない。たとえば次のような指摘がそれに当たる。「……原因と結果とを、一義的に、しかもうまくすれば未来に向けてさえ認定することができるような均質な時間の流れを想定して過剰な因果帰属を行っているのである。そうした見方は、事故の危険をはらんだ技術装置がごくまれにしか線形的システムではない、ということを理解していない。(途中略)事故の起こりうる装置においては常に複雑なシステムが問題になっている。そうしたシステムにおいては、複数の線形的な出来事の連鎖が同時並行的に生起し、そうした出来事の諸連鎖は、まさにその同時性ゆえに因果論的関係としては観察することができない。」土方・ナヒセ[2002]、21-22ページ。

けれども、リスクの管理という視点からみれば、リスクの「もと」がどこにあり、それがある特定の状況（現況または選択）と結びついたときに、どのような帰結が想定されるかという見方（あくまでも一つの見方にしかすぎないかもしれないが）をすることで、何にどう働きかければリスクに対処することができるかを考えるための手掛かりが得られるのではないかと思う。

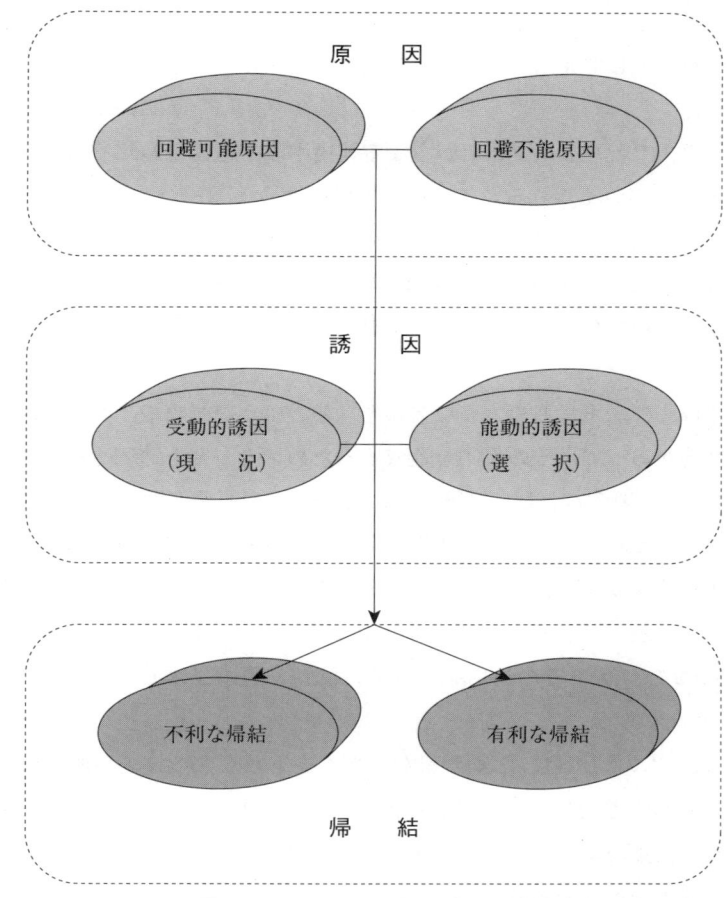

図1-2 リスクの原因―誘因―帰結

1.2 ITリスクの特質

ITリスクの概念

　IT（情報技術）という言葉は，1990年代に入ってから米国を中心に爆発的に普及した。この言葉は人によっていろいろな使われ方をするが，狭義には情報

処理通信機器とその関連技術そのものを指し，広義には当該機器および関連技術とそれを工夫して運用するための方法あるいは仕組みを含めた意味で使われる[18]。

ハードウェアとソフトウェアからなる技術手段を組み合わせて情報ネットワークシステムがつくられる。このような情報ネットワークシステムは，ITシステムと呼んでいいだろう。ITシステムは，情報を収集・加工・伝達するために使われるものであり，人や組織によって運用される。その意味で，ITというのは，処理される情報や，人・組織と結びつけられてはじめて意味をもつ概念である。

筋からいえば，まずどのような情報を，どのような業務で，どう使いたいかという目的があって，その目的を達成するためにもっとも適切な技術手段が選択されてITシステムとして構築され，それを人や組織が動かす。技術を生かすも殺すも，それは適用の仕方次第であって，技術とその適用が結びつけられてはじめて意味がある。そこで本書では，ITをもって，技術手段とその適用局面を一旦区別した上で，その両者を含む概念として用いている。情報通信技術（関連技術を含む）とその適用を，特定の目的と関連づけて一体化したものがITシステムである。

ITシステムの利用は，さまざまなリスクをもたらす。技術手段の機能および性能の欠陥や劣化が，リスク要因となることもある。技術を適用する局面においても，自然現象，人の悪意，あるいは意図しない誤謬によって，さまざまなリスク要因を識別できる。

さしあたってITリスクを定義すれば，次のようになるであろう。

---

(18) 櫻井教授によれば，「情報技術（IT）というときの"技術"という訳語からは，コンピュータやワークステーションあるいはディスクなど，ハードを連想しがちである。しかし，現実には情報技術でいうところの"技術"はツール，利用技術，手順といった意味で用いられており，広義の情報技術には，コンピュータなどのハードウェアのほか，インターネット，ソフトウェア，情報通信なども含まれる」と説明されている。また，その本質的側面に着目してみると，経営資源（ヒト，モノ，カネ，情報につぐ第5の経営資源）としての側面と，ツールとしての側面の2つがあるという。櫻井［2001］，290-291ページ。筆者も同様の立場である。

「ITリスクとは，コンピュータと通信を中心とした技術手段と，当該技術手段の適用局面において，特定の事象がそのときの状況と結びついて生ずる帰結の不確かさの程度を定性的または定量的に表わしたものをいう。」

ITリスクとITセキュリティリスク

昨今，コンピュータデータベースに記録された個人情報の漏洩や，コンピュータウィルスなど，ITシステムの安全な運用を阻害するリスクが大きな社会問題となっている。このようなITシステムの安全性を損なうリスクを，とくにITセキュリティリスクとよぶ。ITセキュリティとは「コンピュータと通信を中心とした技術手段と，その適用局面を，安全で不安のない状態」に置くことである[19]。

---

(19) セキュリティとは，人やモノを安全で不安のない状態に置くことを意味する。とはいえ，これではあまりに漠然としすぎるので，具体的にどのような要件によってセキュリティが実現されるのかという考え方をしてみると，どうであろうか。次の6つの要件が，とりあえず網羅的で説得的であるように思える。日本工業標準調査会『TR X 0036-1』(なお，括弧書きの箇所は筆者が加筆した。)

- confidentiality 機密性：許可されていない個人，エンティティまたはプロセスに対して情報を使用できないようにし，または開示しないという特性。
- integrity 完全性：許可されない方法でデータが改ざんまたは破壊されておらず（データの完全性），かつシステムが意図的または偶発的な不正の操作から妨害されることなく，本来果たすべき機能を滞りなく実行するという特性（システムの完全性）。
- availability 可用性：データまたはシステムが許可されたエンティティによって要求されたときにアクセスと使用が可能な特性。
- accountability 責任追跡性：あるエンティティの動作が，そのエンティティに対して一意に追跡できることを確実にする特性。
- authenticity 真正性：対象または資源が要求されているものと同一であることの識別を確実にする特性。
- reliability 信頼性：意図した行動と結果の間に矛盾がないという特性。

このような要件なり属性を挙げるときに問題となるのが，要件の必要十分性と，要件の間に階層関係を認めるかどうかということである。筆者の理解によれば，上記の6つは，程度の差はあっても，すべてが揃わなければならない必要条件と考えるのが至当であるように思われる。ただ，最初の3つの要件（機密性・完全性・可用性）は，セキュリティの「状態面」に着目した要件であり，後者の3つの要件（責任追跡性・真正性・信頼性）は，どちらかといえば　　　　　　　（次ページにつづく）

ITリスクはITの利用に伴って生ずるリスクであるから，ITセキュリティリスクはITリスクに含まれる関係にある。しかしITリスクには，ITセキュリティリスクだけでなく，ITの戦略的，効果的，効率的な活用に関するリスクもある。IT投資のリスクやITの戦略活用のリスクは，ITリスクではあるが，ITセキュリティリスクではない。

しかし，ITリスクをもって，ITセキュリティリスクと，その他のリスクからなるというように平面的に理解してはならない。ITの戦略的，効果的，効率的な活用にとってITセキュリティの確保は必要不可欠な前提であるからである。そのような意味で，図1-3に示すように，ITセキュリティリスクは，ITリスクの中核となるリスクとして位置づけることができるのである[20]。

ITリスクの本質を考えるときの2つの断面

ITリスクの本質を見極めるためには，図1-4に示すように，2つの断面を区別して，上下，左右それぞれの対応関係として考えるとわかりやすいかもしれない。

上下の断面は，戦略計画と，それを実行に移すための具体的な業務活動を切り分けるための面である。つまり，戦略計画レベルで考慮すべきリスクと，日常的な業務活動レベルで考慮すべきリスクを切り分けるための断面である。

そして左右の断面は，情報通信技術手段によって生ずるリスクと，それを動かす人と組織のあり方によって生ずるリスクを切り分けるための面である。こ

「動作面」に着目した要件としての特徴をもっているようにみえる。その意味において，単純に並列することに問題がないわけではないかもしれない。

(20) ITセキュリティリスクは，事業体の戦略計画および業務活動に，決定的に重要な，ときには致命的ともいえる影響を及ぼすことがある。金融機関におけるオンラインの長時間にわたる機能停止は，窓口業務やバックオフィスの事務作業の停滞にとどまらない。金融機関の信用失墜，ひいては金融不安にまで発展しかねないのである。インターネットを主に使って事業展開を行う，金融機関をはじめとする事業体においては，なおさらであろう。この例からもある程度わかるように，ITセキュリティリスクは，業務活動レベルだけでなく，戦略計画にも影響を及ぼす可能性がある。この点の認識が重要である。

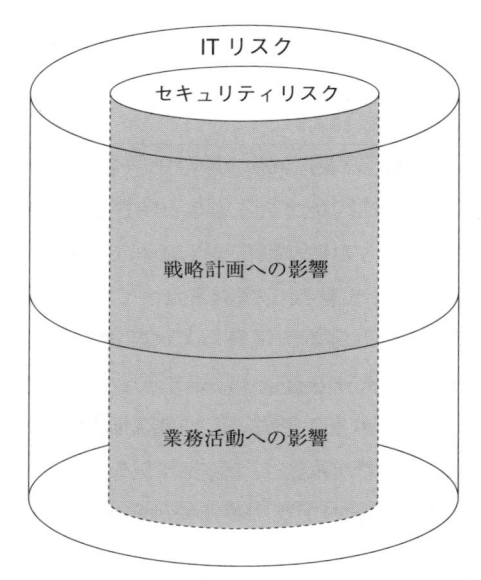

図1-3　ITリスクとITセキュリティリスクの関係

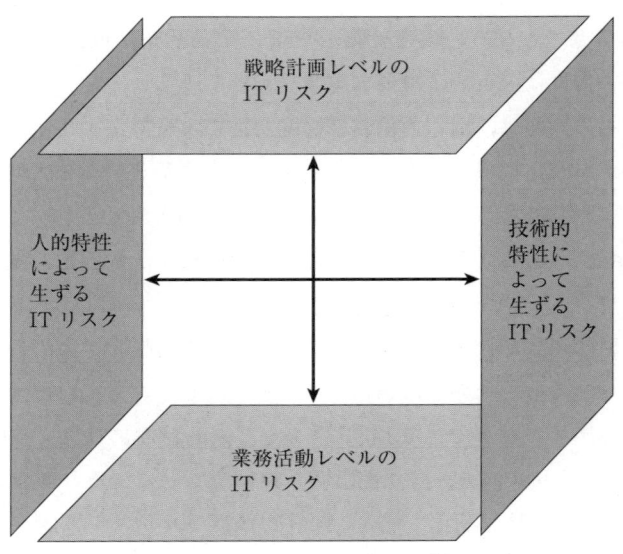

図1-4　ITリスクの2つの断面

れは，ITリスクのリスク要因（リスクの原因および誘因）に着目したときの断面である。

　上下の断面からみてみよう。ITがもつ競争手段としての役割に着目すれば，競争力の創出についての長期的かつ全体的な方向性を定める戦略計画，それに基づく新たな製品やサービスの供給戦略などのような事業範囲に関する戦略計画の立案においても，ITが重要な役割を果たすことが多い。それゆえITリスクは事業体の戦略計画の立案および実行と無関係ではない。ITがもつ競争能力に着目した戦略の策定において，ITリスクを考慮しないということはありえないだろう。インターネットを核とした事業展開の戦略にとって，ITリスクはときに事業存続に影響を及ぼすこともありうるからである。
　ITリスクはまた，戦略計画を実現するための業務活動とも無関係ではない。ITリスクの多くは，業務活動と関連づけられたリスクである。ITリスクは業務活動のITへの依存度，そして業務活動がどのように組み立てられ，どのように動かされているかによって，ITリスクの種類も異なれば，リスクの大きさも異なったものとなる。戦略計画を受けて業務活動が展開されると考えれば，両者の整合性は決定的に重要な意味をもってくる。
　次に，左右の断面は，情報通信の技術的特性によって生ずるリスクと，技術手段を動かす事業体構成員の人的特性によって生ずるリスクを区別したものである。ITリスクの原因事象または誘因が，技術手段それ自体のもつ機能なり性能にある場合があるとともに，事業体構成員の技能，倫理観，役割にある場合もある。
　リスクの原因事象が技術的特性にあって，リスクの誘因が人的特性にある，ということもある——その逆の場合もある——。したがって，技術的特性にリスク要因を見出すことができるITリスクと，人的特性にリスク要因を見出すことができるITリスクを，概念上，切り分けることにはそれなりの意味がある。ITリスクを原因，誘因，帰結に分解的にみて，リスク要因（リスクの原因と誘因）が技術にあるのか人にあるのか，またそれがどのようにつながってい

るかを知ることができるからである。それによって、何を、どう管理すればよいかをより厳密に考えることができる。

　ハードウェアの故障やバックアップ施設の不備など、技術手段それ自体にリスク要因を求めることもできる。しかし多くの場合、作為または誤謬として、人が技術手段を具体的に動かす局面にITリスク要因が存在する。また、技術手段を誰がどのように動かすかによって、予想されるITリスクの種類や性質も異なり、その発生可能性と影響強度は大きくもなり小さくもなる。技術手段は人が動かし、人が使うものであるから、事業体構成員たる個々人がもつそれぞれの技能と役割、そして倫理観といった要素によってITリスクは異なったものとなる。

　このように考えると、ITリスクは、戦略計画レベルで対処すべきリスクであるとともに業務活動レベルで対処すべきリスクという2つの側面をもっており、またITの技術的特性だけでなくITを運用する上での人的特性にリスク要因を求めることができるといえよう[21]。リスク管理という観点からみたとき、このようなITリスクの多面性を意識した捉え方が重要である。この点についての詳しい議論は本章の1.4で行う。

　ここまでの議論を踏まえて、ITリスクをその管理という角度からみたときの主要な論点を要約すれば、次のようになる。

---

(21)　情報技術手段は、戦略計画、業務活動、事業体構成員の人的特性（技能や役割など）と密接な関係にあることが、1990年代に入ってから徐々に認識されるようになってきた。この点についての集約された研究成果については、MIT（マサチューセッツ工科大学）グループを中心とする研究成果『1990年代の企業』Morton［1991］（宮川・上田監訳［1992］）、およびその研究を発展させたAllen & Morton［1994］、（富士総合研究所訳［1995］）がわかりやすく、理論的な分析もしっかりとしている。
　とりわけ前者の研究成果は、本書のなかでITリスクの多面的な性質を考えるときに大いに参考とし、また強く影響を受けた。この文献では、「管理プロセス」、「戦略」、「組織構造」、「個人と役割」、「技術」という5つの要因を抽出し、全体としての動的均衡のなかでITが及ぼす影響が明らかにされている。Morton教授が執筆した第1章にその全体像が描かれている。Morton［1991］, pp. 3-23.（宮川・上田監訳［1992］, 21-59ページ。）

- ITリスクは，業務活動レベルに限定されるわけではなく，戦略計画レベルでも考慮されなければならないこと。
- ITリスクの原因または誘因は，技術手段の特性（技術的特性）だけでなく，技術を実際に動かす人の技能，役割，倫理観（人的特性）にも求められること。

ITリスクのこの2つの特質は，ITリスクをもって，技術のリスク，業務活動レベルにのみ関係するリスクという狭い捉え方をしてはいけないことを意味している。また，ITリスクはどのような要因によって生じ，それゆえ事業体の活動のなかでどのように位置づけられるべきかを多少なりとも厳密に考える場合の手掛りを与えてくれる。

違った角度からみてみよう。ITリスクには，次の2つの基本的な性質がある。

- ITリスク要因の連鎖性
- ITリスク要因の変動性

このITリスクの基本的性質は，ITリスク管理の理論的な骨格を組み立てる場合の鍵概念となる。ITリスクがもつ連鎖性。あるITリスクは他のITリスクだけでなく，他のもろもろのビジネスリスクへと連鎖してゆくことがあるということである。このことは，ITリスクの管理をビジネスリスクの管理と切り離した特別な管理として位置づけないこと，位置づけてはいけないことを意味している。次にITリスクがもつ変動性。ITリスクは常に変動しているという，この基本的性質は，「IT管理」と呼ばれてきた旧来型の管理との決定的な違いとして，ITリスク管理の概念モデルのなかで明確に反映されなければならない。

ITシステムの処理プロセスやITの技術的な側面をピンポイントでつかまえて，ITリスクの性質と，その管理を議論する時代は終わった。そのようにいえると思う。

1.3　ビジネスリスクとしての IT リスクの管理

IT リスク管理の意義と特質

　事業体はさまざまなリスクにさらされているが，経営者層によって行われる戦略計画の立案から従業員層によって行われるもろもろの業務活動に至るまで，広く事業活動にリスク要因（原因事象・誘因）を求めることのできるリスクを，ビジネスリスクと呼ぶことにする。したがって，日常定型的な業務活動，しかも事務的な活動を対象としたリスクという意味で通例用いられる業務リスク（operational risk）という概念よりも広い。

　事業活動にとって基本となる資源に着目すれば，ビジネスリスクは，人的リスク（ヒトに関係するリスク），資産リスク（モノに関係するリスク），資金リスク（カネに関係するリスク）などとして分類できるかもしれない。また事業活動のレベルに着目すれば，戦略計画リスクと業務活動リスクに分けることができるだろう。

　リスクの種類としてみれば，財務リスク，法務リスク，信用リスク，市場リスク，風評リスク……等々，いずれもビジネスリスクである。IT リスクも，もちろんビジネスリスクの一つである。

　これらのうち信用リスクや市場リスクなどは，精密な定量測定に基づくリスク管理の精緻化が図られている。その一方で最近では，事業体全体としてのリスクを網羅的につかまえてリスクの統合的な管理を目指すあり方が模索されている。

　IT リスク管理は，次のように定義できるであろう。

　「IT リスク管理とは，ビジネスリスク管理の一環として行われるものであって，IT の利用に伴って生ずる事業体への不利益を最小化しつつ，IT の利用に伴う事業機会がもたらす利得を最大化するために，リスクに対処するための全体方針に基づいて計画を立案し，コントロールし，必要な是正措置を

講ずる体系的なプロセスである。」

　この定義のなかでも示したように，ITリスク管理は，ITの利用に伴って生ずる事業体への「不利益を最小化」しつつ，「事業機会がもたらす利益を最大化」することを目的とした管理である。

　ITリスクのなかでもITセキュリティリスクに限定すれば，ITの安全性を脅かすリスクの管理を目的とすることから，基本的には損失の最小化（ダウンサイド）に限定したリスクの管理となる。利益獲得に直結したリスク管理ではない。しかしIT投資にかかわるリスク管理という視点からすれば，利得の最大化（アップサイド）を目指す管理ということになる。

　このように考えてくると，ITセキュリティリスクの管理のように損失を抑えることに主眼を置く管理と，IT投資リスクの管理やITの有効活用リスクの管理などのように損失と利得を合わせ鏡としてみた管理というITリスク管理の2つの側面がみえてくる。けれども，いずれの側面であっても，ITリスクをうまくコントロールすることで損失を抑えつつ，もって結果として利得の極大化を目指すという考え方となるだろう。

　また，ITリスクの管理も，事業体で採用される管理の一つである以上，「計画（P）―実施（D）―コントロール（C）―是正（A）」というサイクルに従って管理が行われる。

　ここで重要な点は，「コントロール―是正」の段階において，リスクの原因または誘因の変化に伴う適時なコントロールと是正を強く意識しなければならないことである。事業体が採用している技術手段やその適用方法に変化がなくとも，ITリスク要因（ITリスクの原因と誘因）は変化する。このリスク要因の変化が，計画と実施との差異としてコントロールという活動を通じて認識され，必要な是正措置が講じられなければならない。

　また，技術手段に起因するリスクが業務活動のリスクとなり，それが戦略計画のリスクへと連鎖してゆくこともある。そのため，継続的なモニタリングと風通しの良いコミュニケーションが確立されていなければならない。そのよう

な意味で，ITリスク管理には次のような特質がある[22]。

- 管理の目標値，到達値の頻繁な期中変動を前提とせざるをえないこと。
- したがって，継続的かつ適時な是正措置が必要となること。

ITリスクをサイクルに従って管理することの意味としておさえておくべき重要な点として，是正措置が再び計画の見直しへと振り戻されることを明確に意識することである。計画と実行との差異がコントロールを通じて検出され，それに基づいてとられた是正措置が，再び計画の見直しへとフィードバックされる。これによって，「計画(a)→実行(a)→コントロール(a)→是正(a)→計画(b)→実行(b)→コントロール(b)→是正(b)」というつながりが生ずる。結

---

[22] 本書とは見方が異なるが，さまざまな経営管理の職能のなかにおけるリスク管理の位置づけを明らかにするために，下図のような整理を試みる見解がある。Williams, Smith & Young［1998］, pp 27-29.

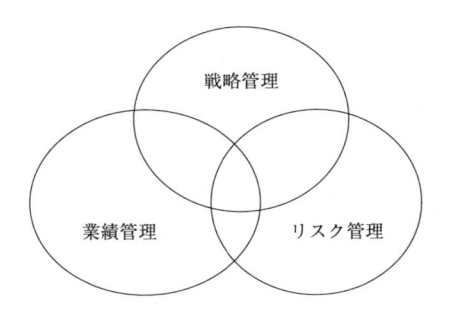

戦略管理／業績管理／リスク管理（3つの円が交差するベン図）

　上記の文献では，戦略管理の職能を「組織の使命，目的および目標，戦略的計画を明らかにし，組織使命（mission）の達成度を測定するための評価過程」とみる。また業務管理の職能をもって「組織使命の達成に向けて組織を実際に動かしてゆく管理活動」と理解する。さらにリスク管理の職能は「組織使命のもっとも直接的な達成を支援する管理活動」であるという。
　実のところ上の説明もわかりにくく，かつ，上の図で円が交差する関係も不明であるが，ここで紹介した考え方は，リスク管理と，戦略管理および業務管理との関係にスポットを当てて，リスク管理をもって「第3の経営管理職能」として位置づけることに主眼が置かれている。したがって，3つの管理職能をそれぞれ別個の職能とした上で，3つの管理職能の間に，重複を含む密接な関係を認めるという点にポイントがありそうである。

果として，よりよい計画と実行が行われるようなスパイラルアップが起こる。ITリスクの変動性と連鎖性に応じて，管理プロセスを弾力的に運営し，もって管理プロセスを成長させてゆくのである。

統合的ビジネスリスク管理の3つの意味

　ITリスクの管理は，ビジネスリスク管理の一環として，それに組み込まれて行われる管理である。とりわけリスクの鍵概念である連鎖性という特性をITリスク管理の基本的な枠組みのなかで明確に位置づけようとする場合には，ITリスクの管理をビジネスリスク管理との関係においてどのように理解すべきかということを検討しておく必要があるだろう。

　ビジネスリスク管理を論ずる場合に強調される視点は，ビジネスリスク管理に「統合的」(integrated) という形容詞を付すことにある。この形容には次の3つの意味が込められている。

　第1の意味は，事業体の活動に伴って生ずるリスクの全体的な管理に焦点を当てるということである。逆の言い方をすれば，ITリスクの管理，業務活動リスクの管理，災害リスクの管理，法令順守リスクの管理，市場リスクの管理，信用リスクの管理……といったように，リスクの種別ごとの個別的な管理を強調するのではないということである。

　このような考え方は，個々のビジネスリスクの管理，あるいは特定の事業リスクの管理だけをいかにしっかりとしたものとしたとしても，管理の外に置かれたリスクが事業体に致命的な影響を与えてしまうというのでは，個別の管理をいかに厳密に行っても意味がないという考え方が下敷きとなっている。たとえば，信用リスクを数理計測モデルによって測定しその管理をいかに精密に行っても，これとはまったく別のリスク，たとえば重大な法令違反によって事業体の屋台骨が揺さぶられるようなことがあっては，事業体全体としてみたときにリスク管理は失敗となってしまうということである。

　「統合的」という形容詞を付す第2の意味は，各業務部門や各業務活動をまたぐリスクの管理に焦点を当てるということである。ビジネスリスクの管理

は，部門ごとあるいは業務活動ごとに縦割りで行うのではなく，むしろ部門横断的あるいは業務横断的に行われなければならない。これをITリスク管理との関係でいえば，ITリスクはIT部門だけで管理されるリスクではなく，広くユーザ部門や経営者層によっても管理されなければならないことをいう。

ビジネスリスク管理を有効かつ効率的ならしめるための組織として，リスク管理担当役員を置き，その下にリスク管理職能を担う専属部署を設置する事業体が出てきた。このような組織上の工夫は，単にビジネスリスクを専門の部署で集中的に管理するのではなく，むしろ部門横断的あるいは業務横断的に連鎖するビジネスリスクの全体を把握し，管理するという点に本来の意味がなければならないように思う。

「統合的」という形容詞を付す第3の意味は，ビジネスリスク管理に損失とのみ結びつくリスク（純粋リスク）だけでなく，利得と損失の両面をもつリスク（投機リスク）も含めた管理を行うことである。事業体に不利な影響を及ぼすリスクだけでなく，有利にも不利にも帰結しうるリスクを含めた管理を強調することに，「統合的」という意味をもたせるのである。これをITリスク管理に当てはめていえば，ITシステムの故障や誤動作によって予め定められた機能を正しく実行できないといった脅威だけに着目するのではなく，ITを活用した新市場開拓などの機会をもあわせみることによって，はじめて統合的なリスク管理が行われると考えるのである。

ビジネスリスク管理をさまざまな障害防止と消極的に捉えるのではなく，事業体の業績を改善し，さらには株主価値の向上を意図した積極的なビジネスリスク管理への重心移行を強調する。「統合的」という形容詞には，単に個々のビジネスリスクを寄せ集めた管理といったこと以上の意味が込められているのである[23]。

---

(23) 本書と視点は異なるが，統合的なリスク管理のアプローチの特質を次の4つに整理する見解がある。IFAC [1999], p. 26.（中央青山監査法人訳・解説 [2000]，84ページ。）
 ① リスクを回避すべき脅威と捉えるのではなく，事業機会として捉えること。
 ② 重要成功要因に着目することや，業務管理を　　　　　　（次ページにつづく）

1.4 ITリスクの相互依存関係モデル

　ITリスクが他のビジネスリスクへと連鎖すること（リスクの連鎖性）を見極めるためには，上で述べた「統合的ビジネスリスク管理」という概念が有効である。しかしそれだけでは，ITリスク管理がビジネスリスク管理との関係においてどのような意味をもっているかが明らかではない。また統合的ビジネスリスク管理という概念だけは，ITリスクのもう一つの特性，すなわちリスクの変動性という特性をうまく取り込めないきらいがある。さらには，事業体外部の社会的，経済的，技術的，自然的環境要因による影響関係が明確にならないということもある。

　それでは，事業体の外的な環境要因による影響関係を取り込み，ITリスク要因の「連鎖性」と「変動性」という特質をITリスク管理にうまく反映させたモデルを描くことはできないものだろうか。

ITリスクの影響関係モデル

　そこで次のような「ITリスクの影響関係モデル」を考えてみよう。図1-5は，事業体と外部環境との境界線を大きな楕円で描き，事業体の活動を支える

　　　　　　改善することによって競争優位性を向上させること。
　　　③　ダウンサイドのリスクによる悪影響を減少させながら，アップサイドの事業機
　　　　　会の潜在的可能性を最大化することによって，株主価値を向上させること。
　　　④　財務に関するリスクに焦点を当てるのではなく，組織の活動すべてに焦点を当
　　　　　てること。
　　上記の②と④が，本書でいう「統合的」の第1の意味に該当し，①と③が第3の意味に該当するとみてよい。
　　なおIFACの報告書は，ビジネスリスク管理をもって，単なる予防・牽制活動にとどまらず，事業目的達成に対する方向づけを与え，それが最終的に株主価値の向上に資するという論理を下敷きとしている。したがって，この報告書でいう「統合的」リスク管理ということの意味は，リスク管理の焦点を「予防活動→企業業績の改善→企業価値の向上」という発展的段階として捉えることと無関係に理解されるべきではないだろう。企業業績，株主価値の向上のためには，上記①から④でいう統合的なアプローチが必要となってくるとみるのである。

4つの基本的な構成要素（内側の菱形）と，それに対応するリスク（菱形の影），さらにはそれらの間の影響関係に基づいてITリスクを位置づけることができることを表わしたものである[24]。本章の1.2で述べた「ITリスクの本質を考えるときの2つの断面」を使って，ITリスクの多面性を描いたものである。

図1-5では，ITリスクの多面性を分解的にみるための上下の断面として，戦略計画と業務活動を対置している。また左右の断面として，技術手段と事業体構成員の技能と役割を対置している（図のなかで，影で示されている部分がそれぞれに対応するリスクである）。

事業体の活動は，戦略計画に基づいて行われる。戦略計画は，事業体構成員の人的特性（とくに技能と役割），そして利用する技術手段を考慮して立案される。戦略計画を具体的な実行に移す局面が業務活動（調達・生産・販売等々）であるが，それも事業体構成員の技能と役割，そして利用する技術手段を考慮して組み立てられる。このように，戦略計画，業務活動，技能と役割，および技術手段が有機的に結びつけられて事業体の活動は行われる。

くわえて，事業体の活動は，外部環境との関係を切断しては成り立たない。社会的，経済的，技術的，自然的環境要因が，戦略立案に影響を与え，それを通じて業務活動に影響を及ぼすこともある。外部環境要因は，事業体構成員の人的特性に影響を及ぼし，また事業体が採用する（あるいは採用できる）技術手

---

[24] 事業活動の構成要素ということであるから，どのような切り口から要素を抽出するか，何に重点を置いて抽出するかによって，抽出される構成要素は異なったものとなることはいたしかたない。本書で識別した4つの要素以外にも，たとえば組織構造，企業文化といった構成要素が抽出されるかもしれない。

　ただし，ここに上記4つの構成要素とは明らかに次元が異なるコントロール（コントロールリスク）を含めてはいけない。なぜならば，戦略計画リスク，業務活動リスク，技能・役割リスク（人的特性リスク），技術手段リスク（技術的特性リスク）は，何らかのコントロールを前提としなくても発生するリスクだからである。これに対してコントロールは，これら各構成要素とそれらの整序にかかわる活動であるから，直接的であるかどうかは別にして，それ自体が結果としてリスクを制御する活動となる。つまり，コントロールという活動に伴って生ずるリスク（コントロールリスク）というのは，コントロールによっても制御できないリスク，すなわち残存リスクを意味することになってしまうからである。

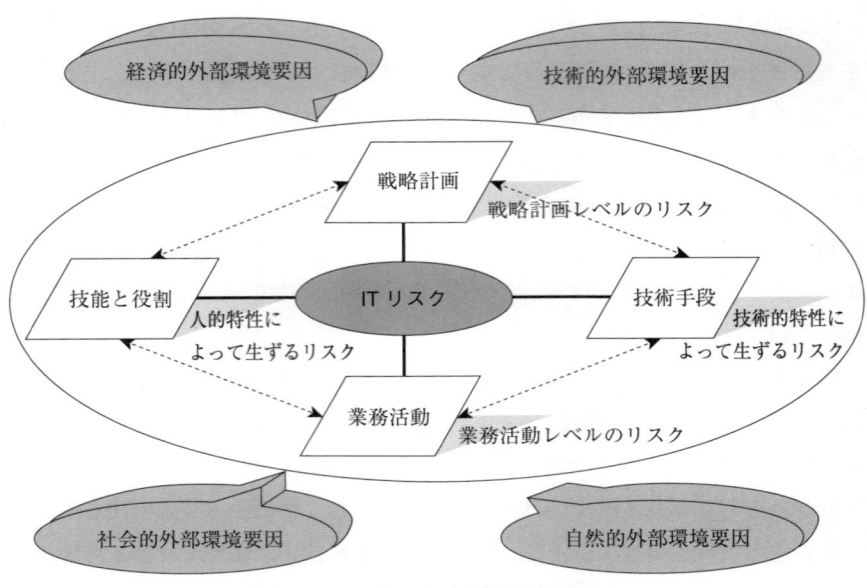

図 1-5　IT リスクの影響関係モデル

段を規定することもありうる。天災，政情不安，テロ，景気変動，新技術の開発，社会道徳の変化といった外部環境要因に IT リスクの原因事象があって，それが事業体構成員の人的特性や事業体が採用する技術手段の脆弱性という誘因と結びつく，ということもあるだろう。

　このような影響関係が認識されれば，それぞれに対応づけられるリスク（図1-5 で影として示した部分）もまた相互依存的な関係として認識されることになる。相互依存的関係というのは，一方が他方の存立基盤となっているとともに，一方が変われば他方も変わらざるをえないということである。これがリスクの連鎖性と変動性の源となっている。たとえば，人の不注意や技能の欠如，あるいは役割分担の不明確さによって作業上のミスが頻発すれば，それは業務活動の停滞につながる可能性がある――連鎖性――。また，人の不注意にリスクの原因を求めるならば，同一人物が業務を行っていても，それは日々同じではない――変動性――。

ITリスクは，概念的には，このような事業活動を支える要素間の相互依存関係，および外部環境要因との影響関係のなかで位置づけられなければならない。ITリスクの連鎖性と変動性という特性は，事業体の活動を支える要素間にみられる相互依存関係と外部環境要因による影響によって生ずるからである。

以下では，これらの影響関係に着目して，ITリスクが事業体の活動との関係においてどのような意味をもっているかについて，もう少し詳しく考えてみよう。

ITリスクの事業活動への深層的影響—図の縦の関係—

まず図1-5の縦の関係（戦略計画と業務活動）に着目してみてみよう。事業体の活動を，「戦略計画」と，それを実行に移すための具体的・個別的な「業務活動」のレベルに分けて，ITリスクの概念上の位置づけを検討してみたい。

ITリスクは，その多くが日々の業務活動のなかで生ずる。たとえば「ITシステムへの攻撃（原因）が，バックアップの不備と結びついて（誘因），システム機能の停止をもたらす（帰結）」というITリスクは，直接的には業務活動のなかで生ずるリスクである。しかし，このような業務活動のなかで想定されるITリスク（厳密にはリスクの帰結）が，事業体の信用失墜や事業継続の長時間にわたる中断といった戦略計画を脅かすリスク（厳密にはリスクの原因）となることがある。

このように業務活動のなかでごく日常的に起こるコンピュータウィルス，システムへの不正アクセス，コンピュータプログラムのエラーといった原因事象が，事業体の信用失墜や事業存続の危機に結びつくことがあり，戦略計画の大幅な見直しへとつながってくることがないわけではない。またWebシステムの新規開発の失敗といった戦略計画そのものがかかえるリスクは，業務活動のリスクとしてさまざまなかたちで顕在化する可能性がある。

さらには，戦略計画が変更されれば，それに伴って業務活動にかかわるリスクも変わり，逆に業務活動にかかわるリスクがもとで戦略計画の見直しが行わ

れることもあるだろう。

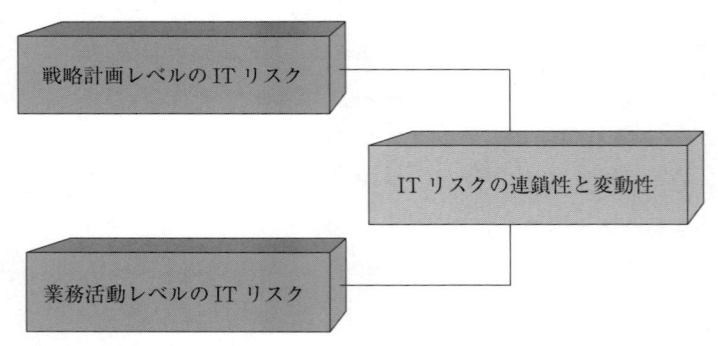

そこで図1-6に示すように，戦略計画レベルのITリスクと，業務活動レベルのITリスクを一旦区別した上で，両者の間にみられる連鎖（ITリスク要因の連鎖性）と変動（ITリスク要因の変動性）に着目することが重要となってくる。

戦略計画レベルのITリスクとは，ITの導入と運用が，事業体の舵取りを大きく左右したり，事業の存続を脅かすほどにまで決定的な影響を与えうるリスクという意味である。例をあげれば，次のような原因と帰結とのつながりをもったリスクである[25]。

・IT導入の遅延や陳腐化によって，事業体の競争基盤が不利になる。
・一定のITセキュリティ技術を導入しないことで，取引に参加できない。
・新たなITの導入が，訴訟や規制をもたらす。

図1-6　戦略計画レベルのITリスクと業務活動レベルのITリスク

---

(25) Applegate教授らは，情報システムの「成功」を脅かすリスクとして，次のようなリスクを例示している。Applegate, McFarlan & McKenney [1999], pp. 59-63. これらはいずれも，戦略計画レベルで対処すべきリスクといってよいだろう。
・競争上の基盤を会社の不利になるように変更してしまうシステム
・参入障壁を低くしてしまうシステム
・訴訟や規制をもたらすシステム
・事業変革を妨げるまでに顧客や供給業者の力を強めてしまうシステム
・IT導入のタイミングのズレによって効果がでないこと
・合理性をもたないか，効果が長続きしないIT投資
・複数のマーケットセグメントをまたぐ購買力学をうまく反映できないこと
・文化的遅延や力関係の変化を反映できないこと

1.4 ITリスクの相互依存関係モデル

・ITの不適切な運用によって，社会的信用が失墜する。

また，業務活動レベルにおけるITリスクとは，特定の業務（調達，製造，販売など）に関連して日々の業務活動のなかで生ずるリスクという意味である。たとえば，次のような原因と帰結とのつながりをもったリスクである。

・コンピュータウィルスによって，重要なファイルが損壊する。
・システムの不正操作によって，機密情報が外部に流出する。
・プログラムのエラーによって，システム機能が停止する。
・取引相手の悪意によって，取引の成立が事後的に否認される。

戦略計画レベルのリスクと業務活動レベルのリスクの区別は，次の3つの意味をもっている。

第1は，事業体の戦略計画の修正と関連づけられて考慮されなければならないリスクと，業務活動の日常的なコントロールの運用として考慮されなければならないリスクの区別ということである。

第2は，システム的にみた場合であって，戦略計画レベルのリスクは，事業体全体としてのIT基盤に着目した場合のリスクであって，一方，業務活動レベルのリスクは個々の業務システムに着目した場合のリスクとして位置づけられることである。

この第1および第2の意味は，経営者および取締役会のレベルで大所高所から対処すべきITリスクと，ITの運用に直接従事する管理者および従業員のレベルで日常的に対処すべきITリスクとを区別することにつながってくる。

より重要なことは，次の第3の意味である。すなわち，ITリスクを特定する過程において，業務活動レベルで「原因―誘因―帰結」として認識されたITリスクの帰結が，戦略計画レベルのITリスクの原因として特定されることがあることである。また，リスクのつかまえ方によっては，原因と誘因が業務活動レベルと対応づけられ，帰結が戦略計画レベルと対応づけられることがあるかもしれない。いずれにせよ事業体の経営にとって怖いのは，システムの不正利用でも，コンピュータウィルスでもない。それが原因となって事業体の信用問題や訴訟問題に発展することであろう。ネットビジネスと称する，もっ

ぱらインターネットを介して事業活動を展開する事業体にあっては、ITリスクが事業の存続にかかわる致命傷ともなりかねない。

戦略計画レベルのITリスクと業務活動レベルのITリスクとを二層的に把握した上で、その影響関係に着目することは、とりもなおさずITリスクの連鎖性と変動性という特質を明確に意識することに他ならない。ITリスク管理の計画という観点からみたとき、業務活動レベルでのITリスクを適切に管理することは、結果として戦略計画レベルのITリスクを受容可能な水準に維持する上で役立つということがあるだろう。逆に、戦略計画レベルにおけるITリスクの受容可能水準に基づいて、重点的に管理すべき業務活動レベルのITリスクを判別するという関係も認識できるであろう。

人的特性と技術的特性の連関―図の横の関係―

次に、図1-5の横の関係（事業体構成員の技能と役割、および技術手段）に着目してみよう。ここでは、ITを運用するための事業体構成員の技能と役割にリスクの原因または誘因を求めることのできる「人的特性によって生ずるITリスク」と、技術手段そのものにリスクの原因または誘因を求めることのできる「技術的特性によって生ずるITリスク」とが対置されることに着目されたい。

ITリスクは、ハードウェアとソフトウェアからなる技術手段によって生ずるリスクと、それを人や組織が動かす過程において生ずるリスクからなる。そこでまず、「技術的特性によって生ずるITリスク」に着目してみると、たとえば「停電（原因）が、バックアップ電源の不備（誘因）と結びついて、ハードウェアの機能停止をもたらす（帰結）」というリスクがある。ハードウェアやソフトウェアの故障あるいは機能不全にかかわるリスクの原因と帰結は、それを動かす事業体構成員の技能や役割と、概念的には切り離されたところでも生ずる。

これに対して、「人的特性によって生ずるITリスク」は、事業体構成員の技能と役割、さらには倫理観といった人や組織の特性と関連づけられるリスクである。「操作ミス（原因）が、担当者の技能不足（誘因）と結びついて、重要なファイル破壊をもたらす（帰結）」、あるいは「不正アクセス（原因）が、担当

者の役割分担の不明確さ（誘因）と結びついて，機密情報が盗用される（帰結）」といったリスクがある。前者の例は過失によるリスクであり，後者の例は故意によるリスクである。

　このように，技術的特性によって生ずるITリスクと人的特性によって生ずるITリスクとは，リスクの源泉としてみたとき，基本的にはまったく別のリスクである。

　しかし両者の関係に着目してみるとどうなるだろうか。技術手段が変われば，それに応じて担当者には新しい技能と役割が要求されるだろう。逆に，担当者に求められる技能と役割が変われば，技術手段の適用に影響を及ぼすだろう。このように一方の変化が他方の変化をもたらす。

　また，技術手段のリスクとして把握される「帰結」が，事業体構成員の技能と役割にかかわるリスクの「原因」となって，両者の間にリスクの連鎖が生ずることがある。たとえば「停電（技術的特性リスクとしての原因）→バックアップ電源の不備（技術的特性リスクとしての誘因）→ハードウェアの機能停止（技術的特性リスクとしての帰結）→ハードウェアの機能停止（人的特性リスクとしての原因）→担当者の任務と責任の不徹底（人的特性リスクとしての誘因）→営業活動の長時間にわたる停止」というつながりである。このように，技術的特性によって生ずるリスクと人的特性によって生ずるリスクとの間で連鎖が生ずることがある。

　さらには，技術的特性がリスクの原因となって，それが人的特性を誘因として，ある帰結をもたらすという関係があるかもしれない。たとえば「コンピュータウィルス（技術的特性リスクとしての原因）が，担当者の技能不足（人的特性リスクとしての誘因）と結びついて，ファイルの大規模な損壊が生ずる」というリスクである。このITリスクは，担当者がウィルス感染発見後の適切な対応（たとえばネットワークの切断）をとれば，ファイルの損壊規模を小さくできる可能性がある。

　そこで図1-7に示すように，技術的特性によって生ずるITリスクと，人的特性によって生ずるITリスクを一旦区別した上で，両者の間にみられる連鎖（ITリスク要因の連鎖性）と変動（ITリスク要因の変動性）に着目することが大切な

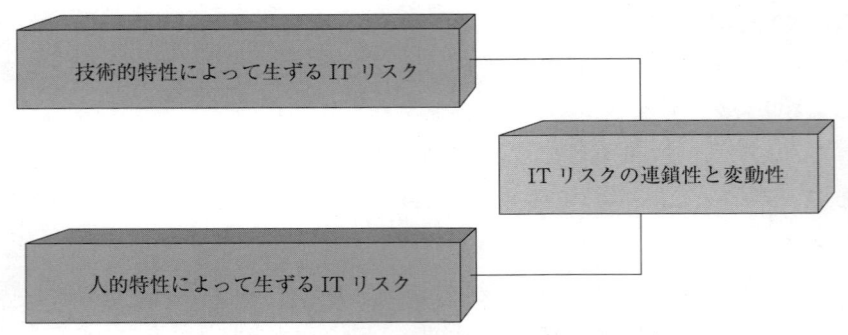

図1-7 技術的特性によるITリスクと人的特性によるITリスク

のである。

　このように，技術手段によって生ずるリスクと，技術を動かす人や組織の特性によって生ずるリスクとは，ITリスクの連鎖性と変動性として関連づけられるのである。

　これまでもITリスクの管理を論ずるときに，このような人的側面にかかわるリスクが軽視されてきたわけではない。けれども，ITリスクがもつ人的特性なり人的側面を，人が行う「手続」として平面的にみてしまったことに大きな問題があったように思う。

　人の行動の本質的な部分に少しでも踏み込もうとすると，違った見方が出てくる。その第1は，事業体構成員の行動様式は，戦略計画といった形式的なものだけで規定されるわけではないことである。行き着くところ「人」であれば，一人ひとりは，その考え方も違えば，価値観も違う。感情もある。この点を無視してしまうと，いくらしっかりとした業務プロセスを整え，しっかりとしたコントロールの体制や手続を整えたところで，砂上の楼閣となってしまうであろう[26]。

---

(26)　このような観点から，事業体構成員の行動様式をもって，具体的なコントロール活動に重要な影響を及ぼし，すべてのコントロール活動の土台となるものとして明確に位置づけたのが，COSOの『内部統制の統合的フレームワーク』であろう。コントロール環境という概念を内部統制の土台に据え，事業体の気風を決定し，内部統制の他

そして第2に，人は「学習」という活動を通じて成長してゆくということである。学習によって個々人の技能が磨かれ，自らの役割を自らが見直すということがある。学習によって，リスクが適切にコントロールできるようになるだけでなく，新たな事業機会が認識されることもあるだろう。次の引用などは，なるほど勘所を言い当てている[27]。

「人々は，不適切な行為のリスクを管理する間に，各自の判断力および想像力を働かせることができる。
　人々は，既知のリスクに取り組む間に，変化に対応する柔軟さを身につける。」

影響関係モデルに基づくIT管理

ITリスクは，戦略計画レベルで考慮すべきリスクと，業務活動レベルで考慮すべきリスク，視点を変えれば，技術的特性によって生ずるリスクと，事業体構成員の技能や役割といった人的特性によって生ずるリスクとして，分解的に把握することができる。

そして，図1-5で示した戦略計画，業務活動，技能と役割，そして技術手段という4つの要素間の相互関係を意識して，上下，左右の断面を合わせみるこ

のすべての構成要素に対する規律と構造を提供するものとして，事業体構成員の誠実性，倫理的価値観，能力，経営者の哲学，行動様式などが含まれるものとした。COSO [1994], Framework, Chap. 2.（鳥羽・八田・高田訳 [1996]，第2章）
　この考え方は，『内部統制の統合的フレームワーク』をリスク管理という観点から拡張的に捉え直した『事業リスク管理の統合的フレームワーク』でも，そのまま引き継がれている。従来の「コントロール環境」という用語を「内部環境」に変更し，新たにリスク管理哲学やリスク選好といった要素を，内部環境に追加しているが，その基本的な考え方と内容に本質的な違いはない。COSO [2004], Framework, Chap. 2.
(27) CICA [1995], p. 1 (§2).（八田・橋本訳 [1997]，285ページ。）ここで引用したカナダのCoCoが公表した『コントロール・ガイダンス』は，事業体が採用するコントロールの人的側面に焦点を当てて，それをコントロールの基本構造に取り込もうとした。先に述べた米国のCOSOとはまったく異なった構造でコントロールを規定しようとしたのである。とはいえ，CoCoは，「学習」をもって「監視活動」とセットで捉えてしまい，しかも事業体構成員の「取り組み」や「可能性」と切り離してしまったことから，コントロールという活動のなかで「学習」がどのように生かされるかが明確になっていないところがある。

とで，はじめて IT リスクがもつ多面的な性質が明らかになる。これが先に述べた「IT リスクの影響関係モデル」である。

それでは IT リスクの影響関係モデルは，IT リスクの管理にどのように生かされるだろうか。結論から先にいえば，影響関係モデルは，具体的なリスクの特定（識別），およびそれに基づくコントロールの設定と運用という点で重要な意味をもってくる。

まず IT リスクを特定するときには，戦略計画，業務活動，技能と役割，そして技術手段との関係こそが明確に意識されなければならない。このことは，IT リスクとして特定すべきリスクに漏れがないようにするというだけではない。IT リスクをもって，原因─誘因─帰結として把握したとき，戦略計画，業務活動，技能と役割，そして技術手段が，リスク要因（原因と誘因）としてお互いに関連し合っていることを明らかにすることができる。

それによって，IT リスクは事業体の活動にさまざまな影響（ときに複合的な影響）をもたらすことを明らかにすることができるのである。このことは，IT リスクの特定に当たって，IT リスクの連鎖性を明らかにすることに他ならない。さらに戦略計画，業務活動，技能と役割，そして技術手段との間の相互影響関係には，ある一つの要素が変わったとき，それに連動して他の要素が変わらざるをえないということもある。このことは，IT リスクの特定に IT リスク要因の連鎖性を反映することを意味する。

IT リスクに基づいて具体的なコントロールを設定し運用する場合にも，戦略計画，業務活動，技能と役割，技術手段とが相互に影響し合う関係がつよく意識されなければならない。コントロールは業務活動に組み込まれて機能するものであるが，戦略計画と無関係ではありえない。また事業体構成員の技能と役割，そして技術手段との関係を切断して考えることもできない。

個々の IT リスクを取り出して，それに対応するコントロールを設定し運用するときに陥りやすい罠は，リスクの変動性が考慮されず，コントロールを固定的に運用してしまうことであろう。技術手段に起因する IT リスクに変化がなくても，戦略計画，業務活動，そして事業体構成員の技能と役割が変われ

1.5 ITリスクの管理プロセス

ば，ITリスクの誘因は変わってくる。そこで，ITリスクの影響関係モデルを用いれば，リスク要因の変動性により敏感に反応できる管理ができるようになるであろう。

1.5 ITリスクの管理プロセス

ITリスクの管理プロセスは，基本的には次の要素から構成される[28]。

---

[28] ITリスク管理に限らず，リスク管理のプロセスをどのように構成するか，そして管理プロセスのそれぞれの構成要素についての語法は，文献によって違いがみられ，統一されているわけではない。けれども，いずれも基本的には「リスク管理計画の策定→リスクの特定と大きさの決定→リスクのコントロール→是正」というプロセスに従って組み立てられることが多い。本書もこのような一般的な理解に則って，ITリスク管理プロセスを組み立てている。

また，リスクの所在を明らかにし，その大きさを決定するプロセスにおいて，identification, estimation, evaluation, analysis, assessment などの用語が使われるが，それらの使い方も文献によってまちまちである。ちなみに，国際標準化機構（ISO）/国際電気標準会議（IEC），Guide 73, *Risk Management — Vocabulary — Guidelines for use in standards,* 2002 では，次のように区別している。「リスクの特定（risk identification）とは，リスク要素を発見し，整理し，特質を明らかにするプロセスをいう。」「リスクの見積り・測定（risk estimation）とは，リスクの発生可能性と影響強度に値を付すためのプロセスをいう。」「リスクの判定（risk evaluation）とは，リスクの重大さを決定するために，あらかじめ設定したリスク判定規準と，算定されたリスク値を比較するプロセスをいう。」

本書では，この3つの概念上の区別に着目して，リスクの特定，リスクの測定，リスクの判定を，それぞれ別個のステップとして区別した。

なお，ISO/IEC Guide 73 では，これら以外に，risk analysis と risk assessment という用語の定義が示されている。リスク分析（risk analysis）とは，「リスクの源泉を特定し，リスクを測定するための情報の系統的な利用をいう」とされている。上記のリスクの「特定」と「見積り・測定」に関連づけられて使われる概念であることは間違いないが，その内容はこの定義からだけでは判然としない。またリスク評価（risk assessment）は，「リスク分析とリスク判定のすべてのプロセスをいう」と定義されており，上記のリスク分析とリスク判定を含めた概念であることが明らかにされている。

したがって，これらの定義に基づいて，各用語間の包含関係をあえて整理しようとすれば，「リスク評価」がもっとも広い概念であり，リスクの特定，リスクの見積り・測定，およびリスクの判定からなる一連のプロセスを指す。これらのうち，リスクの特定とリスクの見積り・測定をあわせて「リスク分析」という。

① ITリスク管理方針の策定
② ITリスクの特定
③ ITリスクの測定
④ ITリスクの判定と処理方法の決定
⑤ ITリスク処理（コントロール）の実行
⑥ コミュニケーション（情報伝達と意思疎通）およびモニタリング

　図1-8は，ITリスクの管理プロセスを示したものである[29]。

　①から⑤までの一連の流れについては後で詳しく説明するが，この図で見落としてはならない点は，右端の長方形で示した「モニタリング」と「コミュニケーション」である。

　ITリスク管理の要諦は，繰り返し述べているように，ITリスクの連鎖性と変動性を明確に意識した管理を行うことにある。

　そこでまず，適時なフィードバックを促す継続的かつ組織的なモニタリング体制の構築が不可欠である。ITリスク要因の連鎖と変動を把握するためには，リスクが発生する現場での監視がまずもって重要であろう。またビジネスリスクの集中的な管理という観点から，いわゆるリスク管理委員会（またはリスク管理部など）といった特別な組織，あるいは現場の管理者によるモニタリングも有効である。そして最終的には，経営者による鳥瞰的なモニタリングも必要である。内部監査の職能を，このITリスク管理プロセスのモニタリング機能にシフトさせることも有効かもしれない。

　ITリスク管理の主たるプロセスである「ITリスク管理方針の策定」，「ITリスクの特定」，「ITリスクの測定」，「ITリスクの判定」，「ITリスク処理の実行」の段階ごとに，このモニタリング機能が対応づけられ，フィードバックの仕組み（図の矢印）が組み込まれているのはそのためである。

---

(29) この図——とりわけ，モニタリングとコミュニケーションをリスク管理プロセスの主たるプロセスから「外出し」するアイデア——は，オーストラリア・ニュージーランドのリスク管理規格 AS/NZS 4360 [1999], p.8 の図をもとにしている。

1.5 ITリスクの管理プロセス　**65**

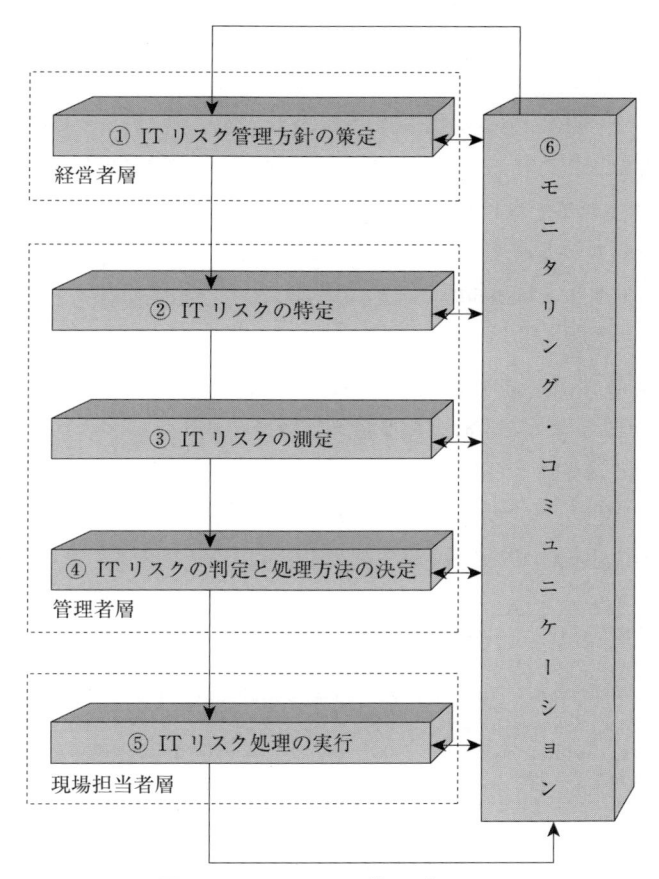

```
        ┌──────────────────────────┐
        │  ① ITリスク管理方針の策定  │ ◄─►  ⑥
        └──────────────────────────┘      モ
          経営者層                         ニ
                                          タ
        ┌──────────────────────────┐      リ
        │  ② ITリスクの特定         │ ◄─►  ン
        └──────────────────────────┘      グ
                                          ・
        ┌──────────────────────────┐      コ
        │  ③ ITリスクの測定         │ ◄─►  ミ
        └──────────────────────────┘      ュ
                                          ニ
        ┌──────────────────────────┐      ケ
        │ ④ ITリスクの判定と処理方法の決定 │◄─►  ー
        └──────────────────────────┘      シ
          管理者層                         ョ
                                          ン
        ┌──────────────────────────┐
        │  ⑤ ITリスク処理の実行     │ ◄─►
        └──────────────────────────┘
          現場担当者層
```

図1-8　**ITリスクの管理プロセス**

　ITリスク管理が管理プロセスとしてうまく機能するためには，コミュニケーションシステムの構築も欠かせない。コミュニケーションは，公式的に行われる場合もあるし非公式な場合もある。とはいえ，単に，組織の風通しのよさだけで管理がうまく運ぶことはない[30]。何よりITリスク要因の連鎖性と変

---

(30)　本書では，事業体内部におけるコミュニケーション（内部コミュニケーション）を主に想定しているが，コーポレートガバナンスという　　　　（次ページにつづく）

動性に関する情報は，正確かつ適時に，適切な措置を講ずることができる立場の人たちに伝達されなければならない。すなわち，経営者層，管理者層，現場担当者層という縦のライン，および各層ごとの横のつながりを意識した公式的かつ体系的なリスクコミュニケーションシステム（ITを活用するかどうかは問わない）が構築されていなければ，ITリスク管理プロセスはうまく機能しないということである[31]。それゆえリスクコミュニケーションシステムは，伝達される情報の正確性と適時性にくわえ，情報へのアクセス容易性というシステム属性の確保が重要となってくる。

　ITリスク管理プロセスはリスク処理の実行をもって終結するのではなく，ITリスク管理プロセスに沿ったモニタリングとコミュニケーションを通して必要な是正措置が講じられ，ITリスク管理方針の修正へと折り返される。またITリスク管理プロセスの各段階でもモニタリングとコミュニケーションを通じて，常に見直しが求められる。このように，ITリスクの管理プロセスは，

　　視点を取り込むと，事業体の外部利害関係者とのコミュニケーション（外部コミュニケーション）もあわせて強調されることになるだろう。この点に関連して，「利害関係者との間の外部コミュニケーションは，事業体組織の枠組みと統合されることが望ましい。内部コミュニケーションは，外部コミュニケーションと統合されることが望ましい」（Robbins & Smith［2000］, p. 24.）という指摘は，一般論としてはなるほど首肯しえる——ただし，その具体的な内容は必ずしも明らかではない——。

　　最近注目されているリスク情報の開示は，この外部コミュニケーションの問題である。しかし，「情報開示」ではなくあえて「コミュニケーション」というのであるから，外部利害関係者との間のキャッチボールという視点を含めた理論的な検討が必要であろう。

(31)　リスクコミュニケーションとは，ISO/IEC, Guide 73［2002］によれば「意思決定者と他の利害関係者との間におけるリスクについての情報の交換または共有」と定義されている。また，扱う情報の内容をより明確にした定義として，カナダ規格がある。そこでは，リスクコミュニケーションをもって「リスクの存在，性質，種類，重大さ，あるいは受容可能性に関する利害関係者間における双方向コミュニケーション」（CAN/CSA-Q 850［1997］, p. 3）と定義されている。

　　なお，わが国のJIS Q 2001『リスクマネジメントシステム構築のための指針』（2001年）では，リスクコミュニケーションについての明確な定義はない。しかし，その目的として①リスクの発見およびリスク特定のための情報収集，②関係者との間の誤解または理解不足に基づくリスクの顕在化の防止，③関係者に及ぼす可能性のある被害の回避および低減の3つをあげている（§3.8.3）。

①から⑤までの段階ごとに行われるフィードバックを伴うサイクルとなっている[32]。

IT リスク管理方針の策定（第 1 段階）

　IT リスク管理の第 1 段階は，IT リスク管理の基本方針を策定する段階である[33]。

　この段階では経営者の積極的な参画が求められる。IT リスク管理に対する経営者の基本的な考え方や取り組み姿勢を，「IT リスク管理方針」として明確にする。管理方針は経営者（または取締役会）名で文書化し，事業体内部に知らしめる必要がある。

　IT リスクの原因となる事象は，脅威としてだけでなく，機会として知覚されることもある。リスクの原因事象を機会として知覚して積極的にリスクをとりにゆこうとするかどうかは，たぶんに経営者の経営哲学なり経営姿勢に依存する。決して冒険をせず，とにかくリスクを避けるというのも一つの経営哲学であり経営姿勢であろう。IT リスクは，業務活動レベルのリスクにとどまら

---

[32] リスク管理（IT リスク管理に限定されない）を「サイクル」として把握する考え方を強調しているものに，上記 JIS Q 2001 がある。そこでは，リスク管理システムを「リスク管理方針→リスク管理に関する計画策定→リスク管理の実施→リスク管理パフォーマンス評価およびリスク管理システムの有効性評価→リスク管理システムに関する是正・改善の実施→組織の最高経営者によるレビュー」という構成要素に分けて，この一連のプロセスが「継続的な改善」を通じてスパイラルアップするイメージで捉えている。

　このようなスパイラルアップを伴うサイクルとしてリスク管理をとらえる考え方は，事業体にリスク管理を確実に根付かせるということだけではないだろう。より重要なことは，リスク要因の連鎖性と変動性に基づく適時なフィードバックメカニズムを通じて，「継続的な改善」が図られることにあるように思う。

[33] IT リスク管理方針の策定に当たっては，その前提として，次のような IT リスク管理のパラメータとなるものを暫定的に定義しておく必要があるという指摘もある。AS/NZS 4360 [1999], pp. 9-10.
　・事業体の強みと弱み
　・IT 資産の種類
　・利害関係者の範囲
　・リスク受容値（リスク規準値）

ず，戦略計画レベルのリスクでもある。このような意味において，経営者の積極的な関与はいくら強調してもしすぎるということはない。

また，IT リスクは，戦略計画，業務活動，技能と役割，そして技術手段のダイナミックな影響関係のなかで生ずる多面的な性質をもったリスクでもある。そして，原因—誘因—帰結として認識された IT リスクは，他の IT リスクや他のビジネスリスクへと連鎖し，リスク要因の変化によって常に変動する。このことは事業体全体としての戦略に基づく業務横断的な管理が必要となることを意味し，それゆえ経営者の強いリーダーシップと関与が求められるのである。

さらに，IT リスク管理を一つのシステムとしてみたとき，そこに一箇所でも弱いところがあると，事業体全体としての IT リスク管理の水準は大幅に下がってしまう[34]。譬えていえば，家の防犯対策として，守るべき資産の多寡を考慮しないで玄関や窓の鍵をこれでもかといわんばかりに厳重にして，小路に面した裏手の通用口を施錠しないという事態を避けることが肝要なのである。それゆえ，IT リスク管理は，現場での個別的な対応に任せておけばよいというものではなく，大局的な観点からする経営者の関与が大切である。

IT リスク管理の具体的な対策を事業体内に周知徹底するために「IT リスク管理規則」や「IT リスク管理細則」が策定されることがあるが，それらは経営者によって示された「IT リスク管理方針」に基づくものでなければならない。IT リスク管理のための具体的な対策がうまく機能するか，あるいは形骸

---

[34] この点について，たとえば 10 個の管理手段（コントロールと言い換えてもよい）が採用されており，それらに 10 点満点で評点を付けたとする。そのとき，9 個の管理手段がいずれも 10 点満点で，一つだけ 2 点と評価された管理手段があったと仮定する。その場合，全体としての管理手段の強度は，単純合計評点の 92 点とはならないだろう。最低の管理手段の水準である 2 点が全体としての評定値になるというのは極端にしても——理論値としてはありうる——，大幅に低下することは確実であろう。

　もう一歩踏み込んでみよう。10 個の管理手段のうち 9 個が 10 点満点であり残りの一つが 2 点と評価された場合（合計評定値 92 点）と，10 個の管理手段すべてが 7 点と評価された場合（合計評定値 70 点）とを比べたとき，前者の方が管理手段の強度が高いといえるかどうか，議論のあるところである。

化するかは，経営者によって示されたITリスク管理の基本方針が明確になっているかどうか，それがどれだけ事業体内の隅々まで周知徹底されているかどうかにかかっている[35]。

また，ITリスクは常に変動することから，「ITリスク管理方針」といえども弾力的な見直しが必要である。具体的な規則や細則のレベルで修正すればよいと考えるのではなく，常に全体方針，基本方針から見直されなければならない。この点が，ITリスク管理方針と，他の事業管理にかかわる方針との大きな違いでもある。

第2章以降の議論のために若干の補足をしておくと，経営者がITリスク管理に果たす役割と責任は，経営者の強い関与によって直接または間接的に日々のITリスク管理活動のモニタリングを十分に機能させることだけではない。経営者がITリスク管理の方針を明確にしているかどうか，さらにはITリスク管理に対する経営者の取り組み姿勢を評価するための仕組みがなくてはならないだろう。経営者の取り組み姿勢は，日常的なコントロールが適切に機能するための土台だからである。図1-8のなかで，「ITリスク管理方針の策定」に

---

[35] 以下は，ある日系企業の中期事業計画の一つとして設定されたリスク管理目標（基本方針）の実例である（インターリスク総研編著［2002］，30ページより引用）。下記3番目の目標からもわかるように，基本的な方針に基づいて具体的な規則が策定されるべきことが定められている。
- 全世界にある当社企業グループのリスクに関して，本社サイドで把握している。
- すべてのリスクに関して，統一的な分析・評価指標に基づく，各々のリスクが経営に与えるインパクトを把握し，対応の優先順位が客観的に明確化されている。
- 重要リスクに関するリスク予防・軽減策について，新規物件取得時，または新規事業進出時などにおいても迅速に対策を講じることが可能なガイドラインが規定されている。
- 重要リスクが顕在化（事故・災害が発生）した際に，各従業員がとるべき緊急対応が明確化されている。
- リスク管理を所管する組織と，その権限・責任が明確化され，組織変更や社会環境変化等に応じて随時見直されている。

上記のリスク管理目標は，形式面に着目すると，いわゆる緊急時対応（危機管理）をリスク管理に含めていること，そして内容面に着目すると，事業体構成員のリスクに対する取り組み姿勢の重要性といった精神論を説くのではなく，事業体として「何をすべきか」という視点から記述されていることが特徴である。

も，あえて「モニタリングとコミュニケーション」を対応づけているのは，このような理由からである。繰り返し述べているように，ITリスクは業務活動レベルのリスクにとどまらず，戦略計画レベルのリスクともなっていることに着目するとき，経営者層に対するモニタリング機能，ガバナンス機構はとても重い意味をもっている。

ITリスクの特定（第2段階）

次の段階は，管理すべきITリスクを特定する段階である。どこにどのようなITリスクの原因事象と誘因が存在するか，そして原因と誘因がどのようなかたちでつながって，どのような帰結を生むかを明らかにすることをいう。この段階における鍵は，ITリスクの原因事象と誘因を漏れなく特定することである。重要な原因または誘因がこの段階で埋もれてしまうと，以降のリスク分析をいかに精密に進めても意味がない。またITリスクの原因や誘因は常に変化するため，リスクの特定は継続的なモニタリングとコミュニケーションに基づいて常に見直しが行われなければならない。

ITリスクは，原因―誘因―帰結のつながりがわかるように特定されなければならない。ITリスクの特定とは，ITリスクの発生メカニズムをシナリオとして描く段階である[36]。ITリスクの特定に当たっては，過去の資料（事故データ）や経験に基づく判断，ヒアリング，アンケート，ブレーンストーミング，システムエンジニアリングなどの手法が組み合わされて用いられる。しかし，部門横断的にITリスクの原因－誘因－帰結を漏れなく特定するには，第

---

[36] シナリオを描く手法としては，前進法と逆進法の2つの思考法が区別できる。前進法とは，文字通り，原因から帰結へと，原因→誘因→帰結という流れに従ってITリスク発生のシナリオを描く。イベントツリー法と呼ばれる手法は，この前進法の代表的な形態といってよいだろう。これに対して逆進法とは，帰結から原因へと逆の流れに従ってITリスク発生のシナリオを描く手法である。フォルトツリー法と呼ばれる手法は，この逆進法の代表的な形態とみてよいだろう。前進法は系統的にITリスク発生のメカニズムを描くことができる。しかしその反面，想定の過程において漏れが生ずることもあるので，逆進法の思考を組み合わせて実施するのが効果的であると思われる。

3章で議論するワークショップ型の自己評価手法が有効である。

そして，原因―誘因―帰結で結びつけられたかたちで描いたシナリオを，一つのリスクとするのである。原因―誘因―帰結を1：1：1の単純な並列構造で結びつけてみるのである。図1-9に示したように，複数の原因，誘因，帰結が複雑に絡み合っているという前提で，さまざまな結びつきを想定し，一つひとつの原因―誘因―帰結として特定してゆくことになる。

ITリスクの測定（第3段階）

ITリスクの測定とは，リスクの大きさ，すなわち何らかの原因事象がそのときの誘因と結びついて特定の帰結をもたらす，その発生可能性と影響強度を決定する段階である。この段階の目的は，重点的に管理すべきITリスクとそうでないリスクを判別し，かつ採用すべきITリスク処理に役立つ情報を提供することにある。

ITリスクの大きさは，他の種類のリスクと同様に，基本的には「発生可能性」と「影響強度」を組み合わせて表現できる[37]。

　　　　リスクの大きさ＝発生可能性×影響強度

このように測定されたリスクの大きさを「リスク値」という。

ITリスク値は定量的に測定される場合もあれば，定性的に測定される場合もある。

定量測定とは，経験データに基づいて発生可能性と影響強度を数値データと

---

(37) このような測定方法の他にも，いろいろな測定方法が考えられる。その一例として英国規格 BS 7799 などは，リスクの大きさに情報資産の価値を反映する方法を使う。そこでは，リスク値は「情報資産の価値×脅威の値×脆弱性の値」として算出される。3つの変数は，いずれも定性評価値である。ちなみに，情報資産の価値に1～4，脅威の値に1～5，脆弱性の値に1～5といったスコアを与えれば，リスク値の最大は100となる。ITセキュリティに特化したリスク管理という観点からすれば，保護すべき情報資産の価値をリスク測定に明確なかたちで取り込むことができるという利点がある――しかし情報資産の価値に限っていえば，本書で展開している2要素モデルでも，「影響強度」として結果的に取り込んでいることになる――。

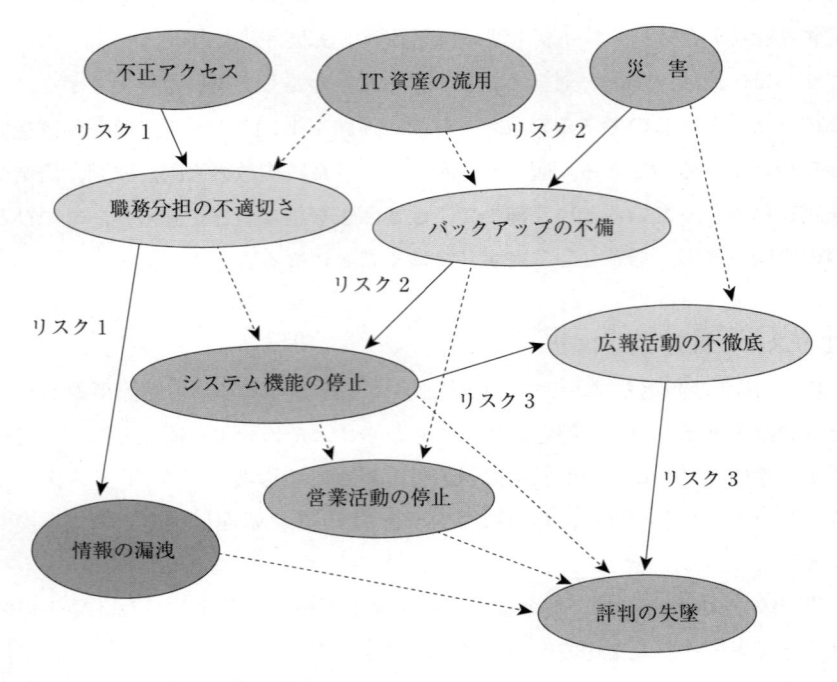

72 第1章 ITリスクの概念構造

- ●リスク1：〈原　因〉　不正アクセス
　　　　　　〈誘　因〉　職務分担の不適切さ
　　　　　　〈帰　結〉　情報の漏洩
- ●リスク2：〈原　因〉　災害
　　　　　　〈誘　因〉　バックアップの不備
　　　　　　〈帰　結〉　システム機能の停止
- ●リスク3：〈原　因〉　システム機能の停止
　　　　　　〈誘　因〉　広報活動の不徹底
　　　　　　〈帰　結〉　評判の失墜

図1-9　ITリスクの原因ー誘因ー帰結の特定

して推測する手法をいう。ITリスク値を客観的な数値として計測できることから，より精密なリスク管理が求められる場合に用いられる。さまざまな種類のリスクを同一のものさしで比較することができるという利点もある。

　リスクを発生可能性と影響強度でとらえれば，基本的には，経験データから

1.5 ITリスクの管理プロセス

その発生可能性と影響強度を計測することになる。発生可能性は，単純には確率または頻度として表現されるが，一定期間における発生件数の総取引件数に対する比率といった変則的な値で表わすこともできないわけではない。また影響強度は，多くの場合に金額で表わされるが，取引高やIT資産に対して何％といった測定も可能であろう。

ITリスクの定量測定では，通例，発生可能性の分布や影響強度の分布を統計的な手法によってモデル化することによって，リスク値を求めることになる[38]。しかしITリスクは，影響金額（損失額等）としての測定が困難なものも多く，また技術的要因と人的要因が複雑に絡み合っていたりすると，分析用データのとり方と測定モデル（相関分析など）において相当な工夫が必要となる。

なによりも，数学的・統計的に意味のあるリスク値が算定されても，それがリスク処理手段の選定，許容リスクの判定，コントロールの水準決定などに具体的に使えるものでなければ意味がない。

そこでITリスクの測定では，より現実的な方法として定性測定が広く使われている。定性測定とは，言葉や説明的な目安を用いてITリスクの発生可能性と影響強度を推測する手法をいう。高い（大きい），中間（中位），低い（小さい）といった表現による測定は，もっとも代表的なものである。この定性表現

---

[38] Arthur Andersen [1998], pp. 137-140.（アーサーアンダーセン訳 [2001]，301-307ページ。）この文献には，ごく基本的なモデルとして，ポアソン分布を用いた発生可能性モデルと，ワイブル分布を用いた影響強度モデルについての具体的な説明がある。

　ITリスクもビジネスリスクの一つであるが，ビジネスリスク一般への定量評価（統計的計測）の試みは金融機関を中心になされている。

　そのもっとも基本的な統計的計測法の考え方は，業務ごとまたは事故の種別ごとに，①発生回数の確率分布と，②1回当たりの損失額の確率分布を想定し，モンテカルロシュミレーションを用いて，発生可能性と影響強度を組み合わせる手法である——この手法によれば，加工されていないデータをそのまま使うよりも推測精度は格段に高まるが，計算上の負荷がきわめて大きくなる——。この他にも，シナリオを作成して損失額を推計する手法や，ベイジアンネットワークを使った手法など，いくつかの手法が紹介されている。金融情報システムセンター [2001]，8-14ページ。

に1, 2, 3といったスコア（点数）を当てはめることもある。定性測定は，原因事象と誘因との結びつきから，帰結の大きさを過去のデータや経験，ブレーンストーミングなどに基づいて推定する。そのため主観的測定モデルともいう。定性測定は，事故の経験がなく統計的な数値データの利用がそもそもできない場合，あるいは定量測定のための費用や労力をかけることが妥当でない場合などに妥当する。

定量測定と定性測定はかならずしも二者択一的なものではなく，まず定性測定で全体のスクリーニングをかけて，より精度な測定が必要と判断されたリスクについて定量測定を行うというゆき方もあるであろう[39]。

なお，ITリスクの測定に当たって，既存のコントロールを考慮して発生可能性と影響強度を測定するかどうかということがある。そもそもコントロールがすでに存在する場合とそうでない場合がある。またコントロールが存在する場合であっても，それを考慮して発生可能性と影響強度の組み合わせをつくる場合と，コントロールが存在しないと仮定した場合の発生可能性と影響強度の

---

(39) リスク分析の基本戦略を，①ベースラインアプローチ，②インフォーマルアプローチ，③詳細リスク分析アプローチ，④組み合わせアプローチに大別する考え方がある。

①は，あらかじめ公表されている標準的なセキュリティ対策のガイドラインを，実際のITシステムに当てはめてみるアプローチである。費用をかけないで手軽に行える利点がある。しかし厳密には，リスクの分析すなわちリスク値を決定する手法ではない。②は，特定の個人が知識や経験を頼りに行う，非公式的なリスク分析のアプローチをいう。リスク測定の迅速さが要求される場合に適合する。③は，情報資産の綿密な洗出しを行い，形式化された手法によって脅威と脆弱性を定量的または定性的に評価するアプローチである。

本書が想定しているのは，上記でいえば③のアプローチである。このように①→②→③の順で，より厳密なリスク測定を試みることになる。しかし，すべてのITシステムに対して③を適用することは費用対効果の観点から望ましくないこともある。そこでITシステムの事業戦略上の価値といった重要な要因に着目して，ITシステム全体のスクリーニングをかけることによって，③を適用すべきITシステムを特定し，残りは①を適用するといったように複数のアプローチを組み合わせる手法（④）もありうる。ISO/IEC TR 13335-3 [1998], pp. 7–12. ④がもっとも望ましいことはいうまでもないが，ITシステムの規模や特性によっては，①または②といった簡便法が選択されることもありうるだろう。

1.5 ITリスクの管理プロセス　75

組み合わせをつくることがある。

　さらに，ITリスクを純粋リスク（ITセキュリティリスクなどマイナスの帰結しか生じないリスク）に限定しないで，IT投資のリスクなど広くITリスクを考えると，リスクの原因事象は，脅威としてだけでなく機会としても知覚されることになる。したがってこのような場合には，不利にしか帰結しないリスクと，有利にも不利にも帰結するリスクの2つをあらかじめ分けて測定する必要がある[40]。

〈リスク値の表現モデル〉

　それでは，具体的な定性測定の手法を検討してみよう。定性測定といえども，個々のITリスクの大きさを他のそれと比較したり，リスク値を積算できるように工夫する必要がある。定性測定に，そのような工夫を取り入れたものの一つにスコアリングモデルがある[41]。

　その基本的な考え方は，発生可能性と影響強度のそれぞれに段階的なスコア（たとえば1～3の3段階とか1～5の5段階）を与え，リスク値を表現するモデルである[42]。すでに述べたように，リスク値（R）は次のモデルによって測定され

---

[40] 前者のように不利にしか帰結しないリスクだけを取り上げてその発生可能性と影響強度を測定する場合を「シングルベースの測定」と呼ぶことがある。一方，有利にも不利にも帰結する二面性をもつリスクを対象にその発生可能性と影響強度を測定する場合が「デュアルベースの測定」と呼ばれる。

[41] Deloach氏は，数あるリスク測定の手法（定量測定および定性測定の両者を含む）をその洗練度（手法としての客観性の程度）でランクづけしている。それによれば，「統計分析手法」がリスク測定手法としての洗練度がもっとも高く，次に洗練度として高いのが「シナリオ分析/シミュレーション法」であるという。逆に，リスク測定の手法としてもっとも洗練度が低いのが「個人が行う定性的な自己評価手法」であり，次いで「グループミーティング方式で行われる定性的な優先順位づけ手法」が低いという。

　ここで展開するスコアリング手法は，データなり情報に基づくものであれば，リスク測定手法の洗練度としては中間よりもやや低いところに位置づけられている。しかし氏も言うように，リスク測定手法の選択は，測定対象となるリスクの性質，測定手法自体の複雑さ，データの入手可能性，経営者層が望むリスク管理能力のレベル，測定コストなどの影響を受けることを考え合わせると，洗練度の高低がそのままリスク測定手法としての有用性を規定するわけではないだろう。Deloach [2000], p. 128.

る。

$$R = P \times I$$

ここで，Pは発生可能性，Iは潜在的な影響強度である。

リスクの種類ごとに，PおよびIのそれぞれに，たとえば以下のような5段階のスコアを当てはめてゆく——実務的には，3〜5段階程度のモデルが使いやすいようである——。5段階スコアであれば，個々のリスク値を1〜25の値で表現できる[43]。

 P（発生可能性）の例
  1＝ほとんどない
  2＝まれにしかない
  3＝しばしば
  4＝頻繁に
  5＝きわめて頻繁に

---

[42] リスク値のスコアリングに使うモデルとして，ここで示した発生可能性（P）と影響強度（I）という2つのパラメータを使う2要素モデルをより精密化しようとする3要素モデルもある——ただし負の帰結しかもたらさないシングルベースの測定にしか使えない——。
 2要素モデルにおける発生可能性をEとPとの独立したパラメータに分解し，R＝I×E×Pとしてスコアリングする。ここでIは現行のコントロールを前提とした場合の潜在的な影響強度，Eはハザードにさらされている頻度または期間，Pはハザードが事故に結びつく可能性である。それぞれを5段階でスコアリングすれば，1〜125のスコアでリスク値を表現できる。Waring & Glendon [1998], pp. 27-28.

[43] プロジェクトリスクなどのように，リスクの種類によっては，PとIのそれぞれで使われるスコアの定義をかなり精密にできることもある。たとえば，Pのスコアに「発生確率」を当てはめて，0-10％をスコア1，10-20％をスコア2，20-30％をスコア3，30-40％をスコア4，40-50％をスコア5とする。また，Iのスコアには「スケジュール遅延月数」を当てはめて，1ヶ月以下をスコア1，1-2ヶ月をスコア2，3-4ヶ月をスコア3，4-6ヶ月をスコア4，6ヶ月以上をスコア5とし，さらにIのスコアに「コスト増比率」を当てはめて，5％以下をスコア1，5-10％をスコア2，10-15％をスコア3，15-30％をスコア4，30％以上をスコア5とする。Vose [2001], p. 8. このように，PとIにそれぞれ当てはめるスコアの定義には，工夫の余地がないわけではない。

I（影響強度）の例
　　1＝ほとんどない
　　2＝小さい
　　3＝ある程度大きい
　　4＝かなり重大
　　5＝きわめて重大

　このモデルは，その単純性から，既存のコントロールを前提とした測定でも，既存のコントロールがないと仮定した場合の測定でも使える。また，不利にしか帰結しないリスクを前提とした測定でも，不利にも有利にも帰結するリスクを前提とした測定においても使うことができる。不利にも有利にも帰結するリスクを前提とした測定では，有利な影響強度をプラス値で，逆に不利な影響強度をマイナス値でとればよい[44]。

　このようなスコアリングモデルを利用するときに注意しなければならないことがある。それは性質の異なったパラメータを単純に乗算するときに生ずるもので，たとえばP(5)×I(1)のケースと，P(1)×I(5)のケースとが同一のスコアとなってしまうことである。このスコアリングモデルを計算モデルとして使ってしまうと，リスク値の結果を具体的なコントロールの設計に役立てることができなくなる。

〈リスクマップモデル〉

　そこでスコアリングモデルを計算モデルとしてではなく，視覚モデルとして工夫するのである。これが「リスクマトリクス」であり，「リスクマップ（リスク地図）」と呼ばれるものである。

　図1-10は，リスクマトリクスの一例である。「コントロールが存在しないと仮定した場合」と「コントロールが存在する場合」とに分けて，発生可能性と影響強度を，それぞれ高，中，低（括弧内の数字がスコアを表わす）という3段階

---

(44)　Vose [2001], pp. 30-31.

78 第1章 IT リスクの概念構造

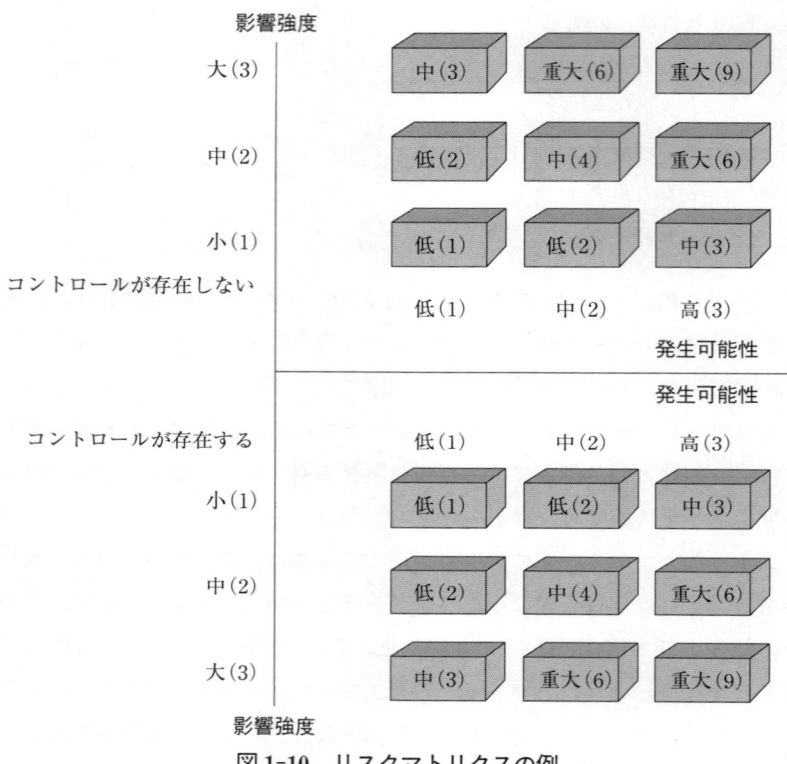

```
                影響強度
         大(3)   中(3)    重大(6)   重大(9)

         中(2)   低(2)    中(4)    重大(6)

         小(1)   低(1)    低(2)    中(3)
コントロールが存在しない
                 低(1)    中(2)    高(3)
                                 発生可能性
─────────────────────────────────────────
                                 発生可能性
コントロールが存在する  低(1)    中(2)    高(3)

         小(1)   低(1)    低(2)    中(3)

         中(2)   低(2)    中(4)    重大(6)

         大(3)   中(3)    重大(6)   重大(9)
        影響強度
```

図 1-10 リスクマトリクスの例

で測定したものである。

このように個々の IT リスクをマトリックスで表示すれば，たとえば重大リスクとして経営者主導で最優先に対策を講ずべきリスク，中程度リスクとして管理者層によって管理すべきリスク，そして低リスクとして定常的手続のなかで現場の担当者が対処すべきリスクといった区別を明らかにすることができる。

けれども，このリスクマトリクスだと，コントロールが存在しないと仮定した場合とコントロールが存在する場合とを切り分けて作成しなければならない煩わしさがある。また，IT リスクの大きさをすっきりと整理できる反面，

1.5 ITリスクの管理プロセス

個々のITリスクごとにどのようなITコントロールが必要かを考えるときに限界がある。

これらの限界を補うためのものが，リスクマップである。図1-11は，横軸に発生可能性（ここでは，高，中，低の3段階でとっている）を，縦軸に影響強度（これも，大，中，小の3段階）をとり，個々のITリスクを座標上に貼り付けてゆくリスクマップである——なお，この図は，不利にしか帰結しないリスクの測定を前提としたマッピングを示している——。図1-11は，単にリスクだけでなく，それに対応するコントロールも表現することから，正確には「リスク－コントロールマップ」と呼ぶべきかもしれない。

図1-11は，ITリスクの大きさを単純に貼り付けてゆく普通のリスクマップにはみられない，いくつかの工夫を取り入れている。

第1に，リスクの測定に続くリスクの判定においては，あらかじめ定められたリスクの許容水準と測定されたリスクの大きさとの比較が行われるため，図

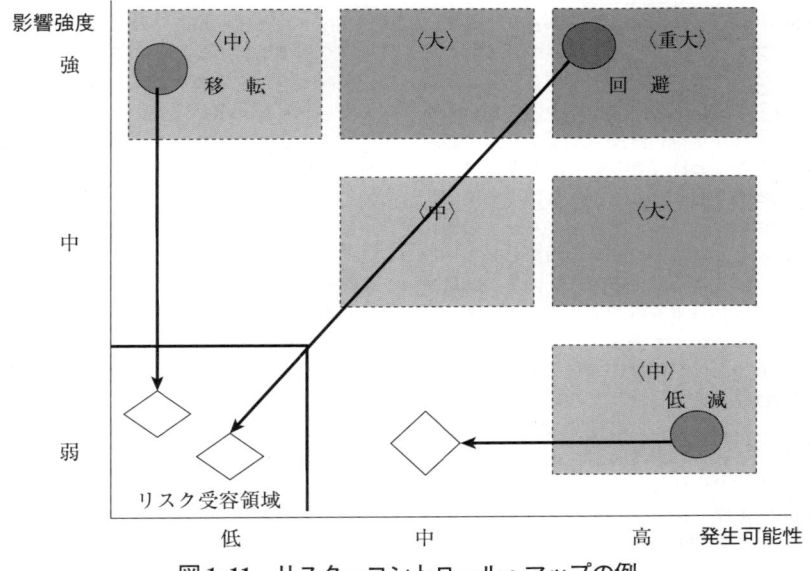

図1-11　リスク－コントロール・マップの例

1-11中，枠で囲んだ任意の領域（網掛けの部分）がリスクの受容領域を表わすようにしてある。第2に，コントロールがないと仮定した場合のリスク（本来リスク inherent risk という）の大きさを丸印で表わし，コントロールが働いていてもなお残るリスク（残存リスク residual risk という[45]）の大きさを菱形で表わしている。したがって第3に，図中，丸印と菱形を結ぶ矢印の「長さ」がコントロールの強さを示すようにしてある[46]。

このようにコントロールという要素を含めたリスクマップを用いれば，「本来リスク」の位置関係とそれに対応する「コントロール」との関係を描くことができる。これによって，第1に，リスクごとにそれに対応するコントロールの機能水準を明らかにすることができる。そして第2に，それぞれの本来リスクの位置によって，発生可能性のコントロールに重点を置くべきか，影響強度のコントロールに重点を置くべきか，あるいはその双方が考慮されなければならないかを判別することができる。

---

[45] 残存リスクは，コントロールリスク（統制リスク）と言い換えられることもある。コントロールの目的は，いうまでもなくリスクを引き下げることにある。けれども，リスクは，その原因事象を完全に回避しない限りゼロにすることはできない。リスクを完全に回避しない以上，いかに厳重なコントロールを採用しても，リスクはかならず残存する。費用対効果から，すべてのITリスクをコントロールの対象として網羅することはできないし，完璧なコントロールを構築し運用することもできない。かならず「漏れ」は生ずるものである。

このように，①コントロールの弱点をついてリスクが残存する場合もあるし，②もともとコントロールの対象としていないところでリスクが残存することもある。

よくよく考えると，この①と②はまったく意味が違う。①のようにコントロールの弱点から生ずるリスクが，本来のコントロールリスクであろう。これに対して②は，はじめから本来リスクを引き下げないことを選択した結果である。コントロールそのものとは無関係に本来リスクの大きさのまま残るリスクである。その意味で，厳密には「コントロール」リスクとは呼べないのである。

このように，残存リスクとコントロールリスクは本来区別して使われるべきものであるように思えるが，本書では，より広い概念である残存リスクという用語を使うことにしている。

[46] 矢印を使うと，その「長さ」によってコントロールの強さを表わすことができ，かつ，矢印の「方向」によって，発生可能性をコントロールしているか，影響強度をコントロールしているかを表現できる。

IT リスクの判定と処理方法の決定（第 4 段階）

　この段階では，IT リスクの大きさを比較検討して，いかなるリスク処理方法を採用するかの決定を行う。まず，「IT リスク管理方針」に基づいてリスク受容値（リスク規準値と呼ばれることもある）を決定する。リスク受容値とは，個々のリスクごとにそれを許容するかどうかを判別するための仕切り値である（図 1-11 のリスクマップで示した網掛け部分の囲いがリスク受容値であり，その範囲をリスク受容領域と呼ぶ）。

　リスク受容値に基づいて行われるリスク処理のための意思決定を「リスクの判定」という。特定されたリスクのうち，「どのリスクを許容し，どのリスクを許容しないか」を判定するのである[47]。

① 　リスク受容値 ≧ 測定されたリスク値
② 　リスク受容値 ＜ 測定されたリスク値

　上記①の場合には，IT リスクの大きさを受容可能と判断し，原則として継続的なモニタリングは行われるものの，当該 IT リスクに対しは特別な対策は講じない。しかし，リスク要因は変化するため，モニタリングを通じて受容可能と判断された IT リスクでも，それが許容範囲内にあるかどうか定期的に確認される必要がある。

---

(47) 　リスクが定量的に測定されている場合には，事業体の総資産額や利益額などの数値に照らして任意のリスク受容値が決定されることになる。また，リスクが定性的にしか把握されていない場合には，定性評価表現をスコアに置き換えてリスク受容値を決定することになるだろう。たとえば「スコアの最大値の 20％」といった決定の仕方になる。
　　このように，リスクを定量的に測定しようが，定性的に測定しようが，そこで使われる受容値というのは，主観的で，暫定的なものでしかない。リスク受容値（受容領域）を小さくすることは，それだけ処理の対象とすべきリスクの範囲を広げ，リスク処理を徹底することになる。逆に，リスク受容値（受容領域）を大きく設定することは，処理の対象とすべきリスクの範囲を狭め，重大なリスクへの対処にリスク処理の焦点を絞ることを意味する。このようにリスク受容値を大きく設定することは，リスクの処理を行わないか，リスク処理を先送りする，リスク忌避（risk aversion）という後ろ向きの経営姿勢につながってくる可能性が高い。

上記②の場合は，何らかのリスク処理が必要と判定された場合であるから具体的なリスク処理方法の決定へと進む。

リスク処理方法は，次の3つに整理できる[48]。

● リスク回避（risk avoidance）
● リスク移転（risk transfer）
● リスク制御（risk control）

これらのリスク処理方法は，排他的な選択肢とされるわけではない。リスク

---

(48) リスク処理の種類は，文献によってまちまちである。リスク管理論の文献をサーベイしてみても，それぞれのリスク処理の方法の一つひとつの定義の仕方と，リスクそのものの考え方ないし捉え方の違いもあって，リスク処理の種類を整理することは困難を極める。リスク管理の文献を当たってみると，回避，予防，低減，保有，共有，移転といったリスク処理方法の種類がみられ，なかには分割，結合といったものもある。

これらを分類しようとする場合，まずもって「リスクコントロール」と「リスク財務手当」に大別した上で，前者の範疇に回避，予防，低減などを含めて整理されることが多いようである。けれども，このリスクコントロールとリスク財務手当という区分もそれほど厳密なものではなく，保険加入などは移転というリスクコントロールとして分類されることもあれば，リスク財務手当に分類されることもある。

なお，COSOが公表した『事業リスク管理の統合的フレームワーク』では（COSO [2004], Framework, p. 55），リスク処理方法が次の4つに整理されている。すなわち回避（avoidance），低減（reduction），共有（sharing），および受容（acceptance）である。回避とは「リスクが生ずる活動から退出すること」，低減とは「リスクの発生可能性または影響強度，あるいはその双方を小さくする行動をとること」，共有とは「リスクの移転によって発生可能性または影響強度を小さくすること，またはリスクの一部分を共有すること」，そして受容とは「発生可能性と影響強度に作用する行動をとらないこと」と，それぞれ定義されている。

このうち，回避，低減，共有（COSOは共有と移転を含む概念としてsharingという言葉を使っており，内容的には保険加入，ヘッジ契約，外部委託が例示されていることから，本書でいう移転と同じ内容である）は，基本的には本書の定義と同一である。ただ，COSOの上記報告書で示されている「受容」については，本書ではこれをリスク処理方法から除外している。何ら対策をとらないということであるから，それをリスク処理方法として含めるには抵抗があるからである。「何もしない」というのも，ややこじつけのそしりを免れないが，広い意味では「リスクへの対応」に違いないから，「リスク受容」をリスク処理の方法に含めるかどうかは，ひとえに考え方の違い（とりわけリスク対応およびリスク処理という用語の定義の仕方の違い）であろう。

1.5 ITリスクの管理プロセス

回避とリスク移転，リスク移転とリスク制御，リスク回避とリスク制御といった組み合わせも，もちろん可能である。

また，このようなリスク処理を行っても，残存リスクは生ずるので，財務上の手当が必要となることがある。これを「リスク財務手当」(risk finance) という。リスク財務手当には，補填資金の借入による手当，保険加入による手当，そして引当金の設定などの会計上の手当がある。リスク財務手当は，リスクの大きさに直接働きかけるものではなく，また残存リスクに対する手当という意味であるから，リスク回避，リスク転移，リスク制御と並置していない。

「リスク回避」とは，リスクが発生する原因そのものを意識的に避けることをいう。たとえば「ネットワークを介した Web システムへの不正侵入」をリスクの原因事象としてとらえたとき，外部ネットワークとの接続を遮断することをいう。リスク回避というリスク処理方法は，リスクの原因となる事象そのものが発生しないようにしたり，原因となる事象を取り除いたり，あるいは遮断することを意味するから，IT リスクに限定する以上，きわめて例外的なリスク処理方法といえるだろう。

「リスク移転」とは，リスクが発生する原因を他者に転嫁することをいう。たとえば，IT 業務の外部委託，他の事業者との間の特別な契約による損害の共有，そしてリスク移転を広く解釈すれば損害保険への加入も含まれる。このリスク移転という対処方法も，IT 業務の外部委託や損害保険への加入を除けば，あまり一般的とはいえないだろう。

これらに対して「リスク制御」とは，IT リスクの誘因に何らかの働きかけをすることによって発生可能性と影響強度に影響を与えることをいう。リスクコントロールとは，狭義には，このリスク制御を指す[49]。リスク制御は，発

---

(49) ここであえて「狭義」といったのは，リスク処理方法をリスクコントロールとリスク財務手当にまず大別し，前者のリスクコントロールを，さらにリスク回避，リスク低減（本書では，この用語に代えてリスク制御という用語をあてる），リスク移転に細分する考え方がリスク管理論の領域において広くみられるからである。コントロールをもって「ある対象がその目的をよりよく達成するように制御し，何らかの影響を及ぼすこと」と広義に理解すれば，回避も低減も移転も　　　（次ページにつづく）

生可能性と影響強度に影響を及ぼすこと，または潜在的変動幅を小さくすることを目的とした物理的，技術的，組織的，および手続的なコントロール活動からなっている。リスクの原因事象が脅威として知覚されたときには，発生可能性と影響強度を軽減するためのコントロールが採用され，リスクの原因事象が機会として知覚されたときには，期待値と実績値の潜在的変動幅を小さくするためのコントロールが採用されることになる。リスク制御は，通例，最初にその採用を考えるリスク処理方法であろう。

図1-12は，リスクの大きさを発生可能性と影響強度の組み合わせとして表わした場合に，採用されうるリスク処理方法の基本形の「一つ」を示したものである。

図1-12が表わしているのは，影響強度と発生可能性の組み合わせによって，リスク処理方法選択のインセンティブが異なりうるということを，あくまでも一つの例として示したものである[50]。

先にも述べたように，ITリスク処理方法の基本となるのはリスクの制御で

コントロールであるように思える。しかし回避と移転は，単発的に行われる意思決定であり，しかもその多くが経営者層によって行われるものであるから，少なくとも定型業務を対象とした日常的なコントロールではない。

　本書では，リスクの「低減」（risk reduction）という用語を使わず，「制御」という用語を使っている。これはリスクをどのように定義するかとも関係するのであるが，リスクの低減というと，リスクの誘因に働きかけて発生可能性と影響強度を「小さく」することを意味してしまうからである。ITリスクの原因となる事象が脅威として知覚されれば，このような理解でよい——すでに述べたようにITリスクの中核にあるのはITセキュリティリスクであるから，このような前提でも多くの場合，不都合はない——。しかしITリスクの原因事象が機会として知覚されるときに，リスク低減という用語を使うと，機会の可能性と影響を小さくしてしまうことになる。そこで「リスク低減」という用語に代えて「リスク制御」という用語を使っている。本章の冒頭で示したリスクの定義のなかでいう「帰結の不確かさの程度」を「帰結（利得または損失）の潜在的変動（potential variation）」として捉えると，リスクの原因事象が機会として知覚されたときでも，あらかじめ想定される帰結との間の変動幅を「小さく」する管理を考えればよいのであるから，リスクの低減という用語でも不都合はないように思われるが，誤解を招かないようにリスクの低減という用語を避けている。

(50)　この基本形をもとにしたバリエーションがありうることについては本書第3章3.4で詳しく議論する。

1.5 ITリスクの管理プロセス　85

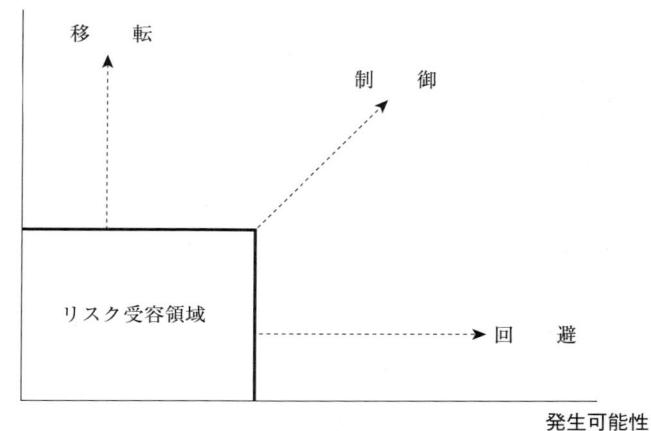

図1-12　リスク処理方法の基本形の一つ

ある。しかし，影響強度や発生可能性が極端な場合には，リスク移転またはリスク回避という選択に対するインセンティブが働くことがある。つまり発生可能性は低いがひとたび発生すれば莫大な影響が生ずるリスクでは，ITリスク処理方法の採用に当たってリスク移転という選択へのインセンティブが強く働くだろうと考えられる。また，影響強度は小さいがきわめて頻繁に発生する場合にはリスク回避という選択へのインセンティブが強く働くことがある。

とりわけ大規模な震災，大規模テロといった原因事象のように発生可能性はきわめて低いが，ひとたび発生するとその損害規模が莫大で，事業体の存続をも脅かすリスクとして認識された場合には，特別な対応が必要である[51]。こ

---

(51) 発生可能性はきわめて低いが，ひとたび発生するとその損害規模が莫大となるリスクの管理を，とくに危機管理（crisis management）と呼んで，リスク管理のなかでも特別な管理として位置づけられることがある。もちろん，リスクと危機，あるいはリスク管理と危機管理をどのように定義するかによっていろいろな議論が成り立つが，本書では「危機管理はリスク管理に含まれる」ものとして理解している。
　なお，武井教授は，①時系列的にみたときに，危機管理はリスク管理のなかでも，損失発生の直前・発生中・発生直後の緊急事態対応として位置づけられ，また②技術的にみたときには，リスク管理のさまざまな技術　　　　　（次ページにつづく）

のような場合,「緊急事態計画」と呼ばれる特別な対処方法が「リスク移転」とともにとられることが通例であろう。緊急事態計画を策定したうえで,保険への加入による事後的な手当を考える。

このような緊急事態を想定したとき,初期対応の用意が重要である。原因となる事象が発生した時点で,スムーズに危機管理体制に移行できるかどうかが,損害規模をどこまで抑えられるかどうかの分かれ目となるからである。したがって具体的には,災害の認識・通報手段,人員の保護と安全確認手段,災害の拡大・二次災害の防止手段,応急手当としての代替手段(手作業への切り替え,相互バックアップ協定の締結,共同バックアップ施設の利用など),より早期な復旧体制の確立が重要となってくる。

ITリスク処理方法を決定する際にいま一つ考慮しておかなければならないことがある。それは,何らかのリスク対処を行うかどうかは,対処にかかるコストとの関係において決定されることである。リスク値とリスク低減コストとの釣り合いから,ITリスクの低減効果がそれを上回らないコストで実現できる場合には,その方法を採用すべきである。予想最大損失必要以上にコストをかけてリスク値を引き下げることは不経済である。

ITリスク処理の実行とフィードバック（第5段階）

以上のように,ITリスク処理の方法が決定されたら,それに従ったリスク処理が実行される。ITリスク管理プロセスの段階ごとに,段階に応じたモニタリングとそれに基づく見直しが必要であると述べたが,ITリスク処理の実行段階におけるモニタリングはとくに重要である。いうまでもなくITリスク要因(原因と誘因)の変動が認識されるのは,多くの場合この段階においてであるからである。

また,スムーズな意思疎通と適切な伝達方法の確立(コミュニケーション)は,

（本書でいうリスク処理方法）のうちとくに損失の規模を軽減するためのロスコントロールの一手段として危機管理が位置づけられるとしている。武井［2002］,27-28ページ。

1.5 ITリスクの管理プロセス

ITリスク管理プロセスのすべての段階において，ITリスクの変動性を反映した見直しが必要となることから重要な意味をもっている。スムーズな意思疎通と必要な情報を入手し伝達するためのルートの確立は，ITリスク要因の連鎖と変動に応じた正確かつ適時なフィードバックの基礎となる。

ITリスク要因のモニタリングとコミュニケーションは，リスク処理方法のなかでも主にリスク制御の一環として行われる。リスク制御は，業務活動に組み込まれて経常的に行われるものだからである。これに対して，リスク回避，およびリスク移転の多くは，一旦その方法が選択されれば，当該リスク処理が業務活動に組み込まれて実行されるという性質のものではない。とはいえ，リスク回避やリスク移転であっても，ITリスク要因の変動によっては，採用されたリスク処理方法の見直しが必要となってくることもある。そこで，継続的で体系的なモニタリングとコミュニケーションが必要とされるのである。

ここまで，長々とITリスクの概念とITリスクの管理について議論してきた。一見すると無駄な概念の遊戯と映るかもしれない。けれども，ITリスクという概念がかかえている，込み入っていて，判然としない部分に光を当て，さらに進んでITリスク管理の輪郭を明らかにしておくことは，ITリスクをベースとした保証の意味の意味を深く考え，その理論を模索するためにはどうしても避けて通れないように思う。

第3章以降で展開するさまざまなIT保証に関連して，「ITリスク」という用語が多用されるが，その意味が深く検討されたことはない。

まずもって，なぜIT保証という議論が出てくるのかを考えるとき，ITリスクという概念をきちんと検討しておく必要があるだろう。端的にいえば，ITリスクがあるからITリスクの管理という議論が出てくる。とはいえ，ITリスクの管理が適切に遂行されているかどうかは，また別の問題である。そこにIT保証のニーズが出てくる。

事業体の内部主体によって行われるIT保証であれ，外部主体によって行われるIT保証であれ，保証の主たる対象はITリスク管理の中核をなすITコ

ントロール（ITリスク処理の実行と，モニタリングおよびコミュニケーション）である。ITリスクの特定・測定・判定，あるいはその前提となるITリスク管理方針そのものに保証が付与されるわけではない。そこで，つづく第2章で，ITコントロールの概念構造の議論を進めることにしよう。

第2章

ITコントロールの概念構造

　ITリスク処理方法の基本は，リスク制御，リスク回避，リスク移転である。この3つの処理方法は排他的なものではない。ITリスクの原因と帰結が「外部委託（原因）による顧客情報の流出（帰結）」，「コンピュータウィルス（原因）によるファイルの破壊（帰結）」，「停電（原因）によるシステム機能の停止（帰結）」として知覚されたとしよう。このとき外部委託による顧客情報の流出というリスクは「回避」し，コンピュータウィルスによるファイルの破壊のリスクは「制御」し，停電によるシステム機能停止のリスクは「移転」する，といったITリスク処理方法の組み合わせがありうる。また，停電によるシステム機能の停止は，バックアップ設備の定期点検を強化することでリスクを制御し，既設のバックアップ設備で対応できない長時間にわたる停電についてはリスク移転で補うといった段階を踏んだ選択もありうる。

　リスク制御とは，ITリスクの誘因に働きかけることによって発生可能性と影響強度に影響を与える活動である。リスク制御は，ITシステムに組み込まれて日常的なコントロールとして機能する。またITリスクの原因事象によっては，リスク回避やリスク移転というリスク処理方法が採用されることもあるが，ITリスクの連鎖と変動を適時に把握するためのモニタリングとフィードバック情報が関係者の間で共有できるコミュニケーションが不可欠である。このモニタリングとコミュニケーションという活動も，コントロールの構成要素である。

　ITリスクの制御活動として行われるITコントロールとは，何をどのようにコントロールするのであろうか。「ITコントロールは技術的なコントロールとは限らない」というのはどのような意味であろうか。このような観点から，

ITコントロールの基本構造を明らかにするのが，本章の主題である。

2.1 ITリスク管理とITコントロール

伝統的なITコントロールの考え方

　今ではほとんど見聞きすることがなくなったが，「EDPコントロール」，「コンピュータコントロール」という用語があった。これらの用語は，コンピュータ処理に特有の技術色の強いコントロールを表わすものであった[1]。

　最近ではEDPコントロールやコンピュータコントロールが，「ITコントロール」という用語にとってかわったが，それでもなお技術的側面が強調される傾向が強い。また，今でこそITリスクに基づくITコントロールの設計が当然のように考えられているが，1990年代に入るまでリスクとの関係はぼんやりと意識されながらも，ITコントロールの設計にリスクという概念を明確なかたちでは取り込めなかった[2]。その結果として，ITコントロールが戦略計画や業務活動とどのように関係しているかという視点がなおざりにされ，技術的なコントロールに焦点を当ててきたのである。

　このことは，ITコントロールを議論する際に，多くの論者が何らかのかたちで言及してきたITコントロールの種別についての説明にもっとも端的に表われているとみてよいだろう。これまでなされてきた代表的なITコントロールを分類すれば，次のようになる。

---

(1)　EDPコントロールまたはコンピュータコントロールをもって，その技術的側面に極端に傾斜した定義は，手作業によるコントロールと対置し，デジタル処理に特有のコントロールをもってEDPコントロールまたはコンピュータコントロールとする考え方である。最近の文献ではほとんどみられなくなったが，古くはたとえば次の文献にそのような理解がみられる。Roberts［1983］, p. 2・3.

(2)　コンピュータコントロールまたはITコントロールを論じたさまざまな文献をサーベイしてみる限り，COSOの『内部統制の統合的フレームワーク』の公表（1992年）を境にして，その後，「リスクに基づくITコントロールの設計」が広く定着するようになってきたようである。

〈コントロールの目的に着目した種類〉
① 安全性のコントロール，機密性のコントロール，完全性のコントロール，可用性のコントロール，信頼性のコントロール など

〈コントロールの機能に着目した種類〉
② 予防的コントロール，発見的コントロール，訂正的コントロール など
③ 経常的コントロールと非経常的コントロール

〈コントロールの対象に着目した種類〉
④ 全般コントロールと適用業務コントロール
⑤ 入力コントロール，処理コントロール，出力コントロール
⑥ 企画段階のコントロール，開発段階のコントロール，運用段階のコントロール，保守段階のコントロール

〈コントロールの手段に着目した種類〉
⑦ 物理的コントロールと論理的コントロール
⑧ 組織上のコントロールと手続上のコントロール
⑨ 手作業コントロールと自動化コントロール

上にあげた種別を一つひとつ取り上げてみてみると，そもそもこのような種別にどのような意味があるか疑問がわくかもしれない。それでもなお，複数の種別を体系的に整理してみると，ITコントロールがもつ多面的な特質がわかる。

ところが，これらのコントロールの分類に共通する欠陥は，ITリスクとの関係，そして戦略計画および業務活動との関係を完全に遮断してしまっている点にある。

たとえば先に示した種別のなかに，入力コントロール，処理コントロール，出力コントロールという分類がある。ここでは入力と出力の部分をどのように解釈するかが論点になるが，入力コントロールを「すべての入力データが承認済みであり，かつ漏れがなく正確であることを確保すること」，そして出力コ

ントロールを「出力結果が承認済みであり，かつ漏れなく正確であること」として平面的に考えてしまうと，戦略計画および業務活動との関係，そしてそれに伴うリスクとの関係が遮断されてしまう。戦略計画および業務活動に伴って生ずるリスクという観点からは，入力コントロールではデータソースを業務活動のなかでいかに捕捉するかが重視されるべきであり，出力のコントロールでは情報活用のコントロールに目が向けられるべきであろう。

IT リスクと IT コントロール

　IT リスクに限らず，リスクの原因事象が機会または脅威として知覚されると，人や組織はそれに対処するためにコントロールという手段の採用を検討するだろう。次の引用は，IT を主題としたものではないが，事業活動に伴って生ずるリスクとコントロールとの関係をきわめて鮮明に描いている。やや長いが，そのまま引用してみよう。

> 「19 世紀において炭鉱夫の事業目的は，石炭の採掘高をできる限り増やすことだった。採掘高の増加は収入の増加を意味していた。不幸にも彼らには，採掘場が倒壊して採掘作業に遅れが生じたり，死亡には至らずともけが人が出る危険が常に隣り合わせだった。これが，炭鉱夫にとって目的を脅かしていたリスクである。幸い，炭鉱夫は倒壊リスクをコントロールないしは管理するための坑道支柱を利用することができた。
>
> 　これらの炭鉱夫にとってリスク管理を成功させる秘訣とは，適切な数のコントロール手続を活用することによって採炭切羽にできるだけ長時間滞在できるようにすることであった。支柱の数が多すぎる場合（過剰コントロールの場合）には，支柱の設営に時間が奪われ，採掘時間が殆どなくなってしまう。一方，支柱の数が少な過ぎる場合（過少コントロールの場合）には，事故を招く恐れが高まることになる。[3]」

（3）　KPMG Review [1999], p. 16.（八田監訳 [2002], 21 ページ。）

この引用から読み取るべき点は，次の2点にある。

第1は，リスクのコントロールは，事業目的（上の引用では石炭の採掘）に関連づけられたものでなければならず，事業目的の達成という観点からするリスク（上の引用では炭鉱の崩壊）に応じて設定され運用されなければならないことである。炭鉱夫のリスク管理の目的は，事故を避けつついかに採掘量を多くするかということであるから，コントロールはその目的の達成を支援するためのものでなければならない。

したがって第2に，コントロールの仕方が事業目的の達成を左右することである。支柱の設営というコントロールを厳重にすればそれだけ炭鉱夫の人命が危険にさらされる度合いは減少する。しかし，コントロールによる炭鉱夫の安全確保を尊重すればするほど，採掘量は減少する。すなわち，コントロールは，リスクをどこまで引き下げるかという観点から考慮されなければならないことを意味しているのである。

「リスクの大きさに基づいてコントロールを設定する」

このような言い方が広く受け入れられるのは，リスクの大きい領域に重点的にコントロール資源を配分することが事業目的の達成にとって，もっとも合理的とされるからに他ならない。

第1章で定義したように，ITリスクとは「コンピュータと通信を中心とした技術手段と，当該技術手段の適用局面において，特定の事象がそのときの状況と結びついて生ずる帰結の不確かさの程度を定性的または定量的に表わしたもの」である。ITリスクには，その原因となる事象があり，誘因によって，帰結は大きくもなり小さくもなる。ITリスクの原因となる事象には，天災などのように人為的に取り除くことができない事象もあれば，新システムの開発投資などのようにそれ自体が人または組織の主体的な意思決定による事象もある。しかし事象を取り巻く誘因がうまく制御できれば，何らの制御も行わなかった場合に比べて，災害規模や新規顧客の開拓といったリスクの帰結は大きく異なったものとなる。

帰結の大きさを決定づけるリスクの誘因に何らかの影響を与えることによって，帰結を変動させるための仕掛けがコントロールである。ITシステムを対象として，ITシステムの目的達成を阻害する要因を取り除いたり，ITシステムの目的達成の鍵となる要因に積極的に働きかけることによって，最終的に事業目的の達成を支援するためにコントロールが設定されるのである。

ITコントロールの意義と機能

事業体のさまざまな活動に伴って生ずるビジネスリスクは，特定の事業目的（事業戦略）の達成を考えるときに認識されるものであって，コントロールはその事業目的をよりよく達成するために設定されるものである。ITコントロールも例外ではない。

コントロールという概念も，リスクと同じように，さまざまな立場からするさまざまな解釈があるが[4]，ここでは次のように定義しておきたい。

---

(4) 古い考え方になるかもしれないが，「計画（planning）→組織化（organizing）→人事（staffing）→指揮（leading）→統制（control）」という管理職能の一要素としてコントロール（統制）を捉える考え方は，とてもわかりやすい。Koonts, O'Donnell & Weihrich［1984］, p. 19.［なおKoonts教授とO'Donnell教授との共著になる1976年版の邦訳では，高宮監修［1979］, 3ページ。］このような理解の仕方は，管理という職能のなかでコントロールがどのように位置づけられているかを，平面的ながらも明確に把握できる利点がある。けれどもその反面，事業体の戦略達成というコントロールの目的がややぼやけてしまう感がある。

コントロール概念をもって，事業体の戦略と，より直接的に関連づける代表的な考え方は，おそらくAnthonyとSimonsの両教授であろう。広く知られているようにAnthony教授は，経営管理の活動を，戦略計画，マネジメントコントロール（経営管理者層によるコントロール），およびタスクコントロール（現場担当者層によるコントロール）からなる3つの階層構造で捉えることで，戦略とコントロールとの関係を描いた。Anthony, Dearden & Govindarajan［1998］, pp. 6-14.［なおこの3階層モデルは，もともとはAnthony教授の単著（Anthony［1965］）で提起されたものである。］またSimons教授は，インプット，プロセス，アウトプットの整合性に着目して（サイバネティクス・アプローチ），事業体の戦略を達成するために使われる情報提供のシステムとしてコントロールを把握する。Simons［2000］, pp. 207-229.（伊藤監訳［2003］, 73-97ページ。）

Simons教授のような捉え方に関連して，木嶋教授によれば，"systemsity" すなわち何らかの対象をシステムとしてとらえたときの特質（システムのシステムたるゆえ

「コントロールとは，事業体の活動が，その目的をよりよくかつ効率的に達成できるように，人の活動や機器の作動，またはそのシステムやプロセスに対して，意味のある影響を及ぼす体系的な活動をいう。」

これはきわめて広い定義であるが，コントロールには，特定の行為をその目的達成と関連づけてみること，すなわち事業体の活動がどれほど目的を達成しているかという見方が含まれる。コントロールは，ある行為がその目的達成と関連づけられてはじめて意味をもつ。

実際のコントロールは，業務活動やITシステムに組み込まれて作動する。けれどもコントロールがなくとも業務の遂行は可能であるし，システムは動く。たとえば在庫管理システムにおいて，出荷指図書を手作業で検証するかまたはシステムによって自動検証して，指図書の内容に承認を与えるというのは，コントロールである。コントロールがなくても出荷という行為は可能である。ただ，もし出荷指図書の出荷品目に誤りがあったとき，コントロールがあるとそれが発見され，訂正のための情報が提供される。またコントロールがあれば，商品の横流しといった不正行為に対する牽制も働くだろう。商品を扱う担当者に不正が見つかるかもしれないという心理的ブレーキがかかるからである。

このようにコントロールというのは，それがもつ牽制作用を別にすれば，行為の結果からみたときにそれが有効に働いていたかどうかが確定するという性質をもつ。もし出荷指図書に誤りがなければ，結果としてコントロールはあってもなくても同じである。さらに，コントロールを行おうとすれば余計な負荷がかかり，しかもコントロールの限界（この例であれば，検証担当者の不注意による誤りの見落とし）から常に正常に機能するとは限らない。

上記の前提と限界をかかえつつもコントロールが必要とされるのは，コント

ん）として，全体性，オープン性，階層性，創発性にくわえて，コントロールとコミュニケーションをあげている。木嶋・出口［1998］，6-8ページ。なお本書では，コミュニケーションをもってコントロールが機能するために不可欠な要素とみて，概念上はコントロールに含めて考えている。

ロールにかかるコストを負担してでも，事業目的がよりよく達成できるという期待があるからである。したがって理論的には，コントロールの最適水準というのは，もっとも少ないコストで事業目的の達成を損なうリスクを最大限引き下げることができる水準ということになる。

次に，コントロールの機能について考えてゆこう。

コントロールとは，特定の行為をその目的達成と関連づけ，行為に影響を与えることであるから，その目的から乖離することを未然に防止し，もし乖離した場合にはそれを発見し，訂正のための情報を提供する機能がなければならない[5]。

すなわちコントロールには，
・制御活動を通じた予防機能
・モニタリング活動を通じた発見機能
・コミュニケーション活動を通じたフィードバック情報の提供・共有機能
という3の機能が含まれる。

図2-1は，コントロールの3つの機能と処理のシステムとの関係を表わしたものである。

---

[5] コントロールの機能として何を抽出するかは，コントロールをどのように定義するかにかかってくるだろう。「予防・発見・訂正」という3つの機能を抽出する見解は，内部監査についてのもっとも代表的かつ標準的なテキストの一つであるMoeller & Witt [1999], p. 2-6などにもみられるところであるが，本書では，コントロールの手段と機能を対応づけて，できる限り厳密にコントロールの機能を規定できるように整理し直している。

なお，コントロールのフィードバック機能に関連して，フィードバックに基づく「是正」措置をコントロールの構成要素ないしは機能要件とみるかどうかは議論のあるところである。概念的には，COSOの『内部統制の統合的フレームワーク』にみられる理解のように，フィードバックに基づく是正は，コントロールの結果として行われる，経営者または経営管理者による意思決定そのものであることから，コントロールに含まれないとみることが厳密であろう。COSO [1992], p. 21. (鳥羽・八田・高田訳 [1996], 30ページ。)

本書ではこのような概念上の区別を尊重し，是正措置そのものはコントロールに含めていない。しかし，リスク管理という観点からみたとき，リスクの変動に基づく「適時な是正」が何より重要であることから，コントロールに基づく適時な是正措置の実行が重要となってきている。

2.1 ITリスク管理とコントロール　97

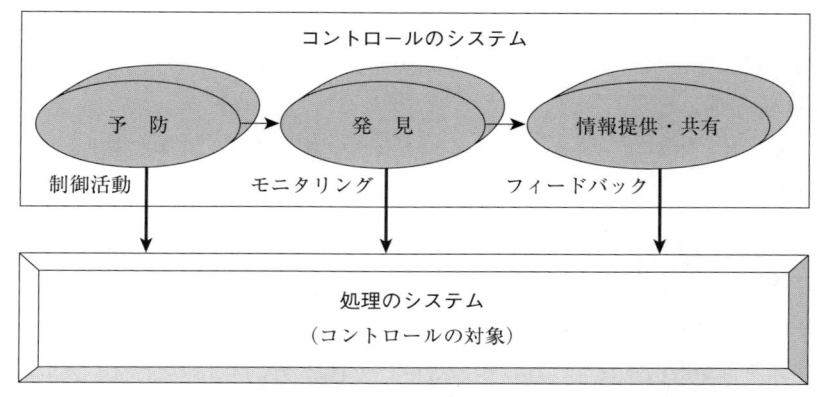

図2-1　コントロールの3機能と処理のシステム

　コントロール機能の基本は，制御活動による予防である。ここでいう制御活動には，規制，命令，調整，褒章，動機付けなどがある。まずもって制御活動をうまく機能させ，目的からの乖離を未然に防ぐことである。予防がうまくゆけば，発見もフィードバックも必要ないからである。その意味で，制御活動による予防機能は，コントロールの第一次機能といってよいだろう。リスクをコントロールするということは，狭い意味では，この制御活動による予防機能をさす。

　ところがコントロールといえども人が運用するものである限り，万全を期すことはできない。コントロールは，それに要する費用を度外視して設定することもできないだろう。コントロールは目的の完全達成を保証するものではなく，あくまでも目的の達成を支援するものにすぎない。しかも目的が効率的に達成されることを確保するものである。そこでもし，特定の行為が目的から乖離したときには，それが適時に発見されなければならない。そのためには，目的と実績とのズレを把握するための継続的で体系的なモニタリングが必要となる。

　モニタリングには，行為の遂行と同時並行的に行われる監視もあれば，一定期間ごとに行われる定期的な監視もある。また，自動化された監視もあれば，人手による監視もある。さらには，行為の当事者を監督する立場による人（管

理者）によって行われる直接的な監視活動（感知としてのモニタリング）もあれば，内部監査部などが独立の立場で行う間接的な監視活動（点検としてのモニタリング）もある[6]。

　モニタリングを通じてある行為が目的から乖離している事実が適時に発見されても，それを是正するための措置がとられなければ意味がない。そこで，コミュニケーションを通じたフィードバック情報の関係者への伝達と，関係者間での情報の共有が必要となる。

　適切な是正措置を講ずることができる権限をもっている人に適時にフィードバック情報が提供されなければならない。それだけではない。適切な是正措置が講ぜられるためには，コントロールの対象となった行為に関係する人々に，フィードバック情報が広く共有されなければならない[7]。単にフィードバック情報が伝達されればそれでよいのではなく，組織をまたがった合意や調整，意思疎通を含むコミュニケーションという活動が必要とされる所以である。

　ある行為のプロセスを，インプット，プロセス，アウトプットに分解すれば，アウトプットから，インプットやプロセスへの差戻しが継続的に行われる仕組みが確保されていなければならない。その機能を担うのが，コミュニケーションを通じたフィードバック情報の伝達・共有というコントロールの機能に他ならない。リスクの連鎖性に着目するとき，コミュニケーションに基づくフ

（6）　国際会計士連盟（IFAC）のITガイドラインでは，経営者層のためのモニタリング手段として，赤・黄・青の色づけを使った状況報告書（traffic reports）やバランスト・スコアカード（BSC）など，いくつか方法を紹介しているが，そのなかに，本章 2.4 で検討する成熟度モデルを使ったベンチマーキング手法が含まれているのが注目される。ITコントロール，ITリスク管理，IT業務を成熟度として把握し，あるべき水準と達成度との乖離をはかるためのベンチマーキングの手法である。IFAC [2002] pp. 14-18.

（7）　このことは，車両故障等のアクシデントによる高速道路の渋滞の緩和を考えるとわかりやすいかもしれない。車の流れをスムーズに維持するためには，アクシデントの現場またはその近くに居合わせた車だけがアクシデントに関する情報を共有していても意味はない。高速道路に入っている車（後続車両）の全体に，当該アクシデントに関する情報が適時に伝わることが大切である。フィードバック情報がコントロールの対象となった行為に関係する人々に広く共有されなければならないというのは，このようなことなのである。

ィードバック情報の伝達と共有がより重視される必要がある。

IT リスク管理における IT コントロールの概念上の位置づけ

これまで IT コントロール，IT リスク管理という言葉を用いてきた。IT コントロールと IT リスク管理は，どのような関係にあるのだろうか[8]。

---

(8) 注(4)でコントロールに関するいくつかの見方を簡単に紹介したが，そもそも「コントロール」と「管理（マネジメント）」との関係をどうみるかは，議論のあるところであろう。監査に関係する領域ではどうみているだろうか。

たとえばカナダの CoCo の報告書は，コントロールとマネジメントとの間にきわめて単純な仕切線を入れる。両者の関係は次のように説明されている。「コントロールは，振り返ってみたときに，正しくないという戦略上および業務上の意思決定の採用を防止することはできない。措置を講じるべきかどうか，またいかなる措置を講じるべきかについての意思決定は，コントロールの埒外にあるマネジメントの側面である。」CICA・CoCo［1995］, p. 5.（八田・橋本訳［1997］, 291 ページ。）「マネジメント＝意思決定＋コントロール」と断定しているわけではないが，そのように読める。

また，米国の COSO（『内部統制の統合的フレームワーク』）は，以下に示すように，経営者の活動のなかでコントロールに該当するものとそうでないものを識別している。COSO［1992］, p. 21.（鳥羽・八田・高田訳［1996］, 30 ページ。）

経営者の活動（マネジメント）	内部統制（コントロール）
事業体レベルの目的設定	
戦略的経営計画	
コントロール環境要因の設定	☑
活動レベルの目的設定	
リスクの識別と分析	☑
リスク管理	
コントロール活動の実施	☑
情報の識別・捕捉・伝達	☑
モニタリング	☑
是正措置	

これは，マネジメントという活動のうち「どれがコントロールに該当し，どれを除くか」という論理でみるのではなく，むしろマネジメント活動を構成する要素にはどのようなものがあって，それらがコントロールという活動とどのように関係しているか，という視点で捉えるべきものであろう。

ここで注目すべき点は，「リスク管理」をきわめて狭義に解釈し，コントロール（内部統制）の構成要素から除外していることである。リスクの識別と分析，およびリスク管理の実行プロセスに組み込まれる手続は，コントロール活動に含める。しかし，リスクに対処するための管理計画およびリスクに対処するための行動（リスク管理）は，経営者がとる行動そのものであってコントロールではない，という理解である。COSO［1992］, p. 43.（鳥羽・八田・高田訳［1996］, 70 ページ。）

100　第2章　ITコントロールの概念構造

　図2-2は，第1章でITリスク管理プロセスを示した図1-8を，ITコントロールとの概念的な関係を明らかにするために，簡略化して再掲したものである。

　すでに述べたように，ITコントロールには，制御活動を通じた予防，モニタリング活動を通じた発見，そしてコミュニケーション活動を通じたフィードバック情報の提供・共有という3機能がある。この3つの機能に着目してITリスク管理におけるITコントロールがどのような位置づけにあるかをみてみるとどうなるだろうか。

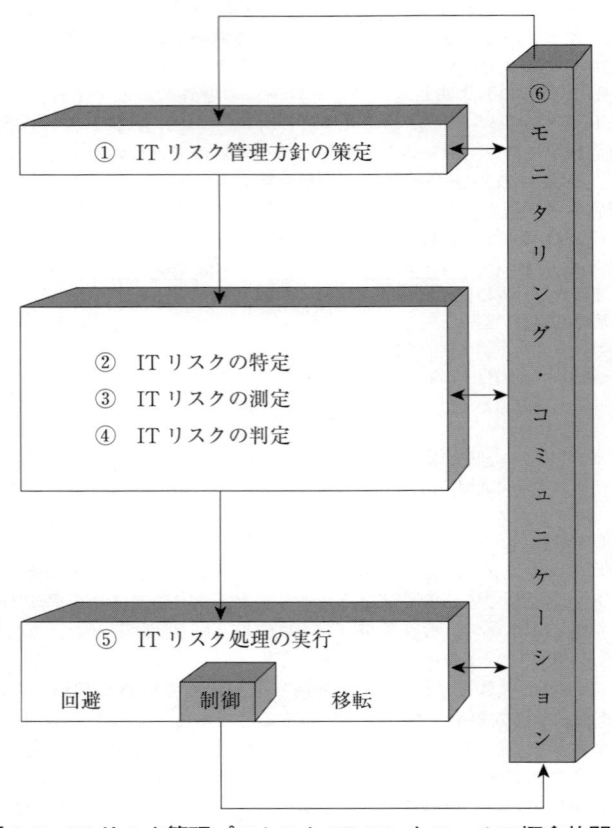

図2-2　ITリスク管理プロセスとITコントロールの概念的関係

2.1 ITリスク管理とコントロール

　図2-2のなかで網掛けとして示した箇所，すなわち「リスク制御」，「モニタリング」，そして「コミュニケーション」が，概念的にはITリスク管理のうちITコントロールと呼ばれる部分に該当する。

　リスク制御は，ITリスクの発生可能性と影響強度に影響を与える活動として行われる。しかもITシステムに組み込まれて日常的に行われる活動である。したがってこれは，コントロールの第一の機能とされる「制御活動を通じた予防機能」に該当する。

　ITリスク管理の①から⑤までの一連のプロセスは，常にモニタリングされなければならない。コントロールの第2の機能である「モニタリングを通じた発見機能」である。

　とりわけITリスクの発生可能性と影響強度を制御する活動（⑤）は，それが有効かつ効率的に運用されているかどうか継続的にモニタリングされなければならない。ITシステムに組み込まれて日常的に行われるモニタリングというコントロールの一機能が，これである。モニタリングを狭い意味に理解すれば，⑤の段階のみを対象としたモニタリングをさす。⑤の段階でも「リスク制御」のみを対象としたモニタリングである。

　しかし，リスク回避やリスク移転というリスク処理方法の選択が行われた場合であっても，ITリスクの変動性に着目したとき，ITリスクの原因事象に変化がないかどうか，原因事象をとりまく誘因に変化がないかどうかが常にモニタリングされなければならない。一旦はリスク移転という選択が行われたとしても，それがリスク要因の変化によって，リスク制御やリスク回避という方法に変更されなければならないこともありうるからである。

　それでは，①から④までのプロセスはモニタリングされなくてよいかといえば，そうではない。戦略計画の見直しによるITシステムの変更と，それに伴うITリスクの変動があったときには，リスクの特定（②），リスクの測定（③），リスクの判定（④）へと適時にフィードバックされなければならず，場合によってはリスク管理方針（①）そのものの見直しが必要となるかもしれない。したがって，①から④までのプロセスは，それ自体がコントロールの構成

要素とはならないが，モニタリングによって，リスク要因の変化が適時に発見されなければならない。コントロールのモニタリング機能を広い意味に解釈すると，このように①から④までのプロセスのモニタリングをも含むことになる。

さらにITリスク管理の①から⑤までのプロセスは，コミュニケーションを通じたフィードバック情報の提供と共有というコントロールの第三の機能によってはじめて有効かつ効率的に行うことができる。コントロールがもつコミュニケーション活動は，モニタリング活動と同様に，ITリスクの発生可能性と影響強度を制御する活動（⑤）だけに関連づけられるものではなく，①から⑤のすべてのプロセスにおいて発揮されなければならない。①から⑤までのプロセスのそれぞれにおいて，適切な是正措置が講じられるためには，フィードバック情報が適切な関係者に伝達，共有され，意思疎通が図られなければならないからである。

2.2　ITコントロールの理論モデル

ITコントロールの2つの目的観

　ITコントロールの目的を考えるとき大切な点は，コントロールは，ある行為に何らかの影響を与えるものではあるが，それは行為の働きを弱めるものばかりではないということである。比喩的にいえば，車の運転で，ブレーキを踏むことだけがコントロールではない。ときにアクセルを踏むことも必要である。コントロールは，ブレーキとアクセルの組み合わせからなっている。

　目的地まで車を運転することを考えてみよう。このとき概念的には2つの目的が識別できる。一つは目的地までもっとも少ない時間とコストで運行するという目的である。そしていま一つは，事故を起こさないという目的である。前者の目的地まで合理的に運行するというのが前向きの目的であって，事故を起こさないように運行するというのが後向きの目的である[9]。

　後向きの目的とは，ITシステムにかかわる不正や誤謬の予防および発見な

ど，ITシステムの活動を制限したり制約をくわえることによって，目的からの乖離を防ぐことをいう。ブレーキをかけるコントロールの目的観である。ITシステムに組み込まれた承認手続，データの整合性や限界値の検証，アクセス認証などは，いずれも後向きの目的観に基づくコントロールである。リスクの原因事象を脅威として知覚したとき，コントロールはこのような後向きの目的観となる。

これに対して前向きの目的とは，ITシステムを活用した新規顧客の開拓，ITシステムの利用者満足度の向上など，ITシステムの活動を強めたり推進することによって戦略の達成に貢献しようとすることをいう。戦略の達成が強く意識される。アクセルを踏むコントロールの目的観である。「顧客ニーズに応じた製品情報を，携帯端末を通じて販売担当者がいつでもどこからでも入手できるようにすること」は，前向きのコントロール目的である。販売活動はこのようなコントロールがなくても行うことができる。しかし顧客サービスの向上と，それに基づく売上げの増加という目的をよりよく達成するためには，このようなコントロールが役に立つ。リスクの原因事象を機会として知覚したとき，コントロールはこのような前向きの目的観となる。

（9） COSOの『内部統制の統合的フレームワーク』は，コントロールの前向きの目的観も取り込んでいることが読み取れる。そのExecutive Summaryの冒頭に，次のような記述がある。「内部統制は，企業の収益性に関する目標と企業の使命の達成に向けて企業を適時に方向づけるため，―略― 経済環境および競争環境の急激な変化，顧客ニーズや選好順位の変化に適切に対応すること，および将来の成長に向けて企業のリストラに取り組むことを可能とする。」COSO [1992], p.3.（鳥羽・八田・高田訳 [1996]，3ページ。）

コントロールの前向き・後向きという2つの目的観は，リスクの帰結が利得の発生と損失の発生と表裏一体となっているということと重なる。たとえば「適正な財務報告目的」であるが，これは財務諸表の重要な虚偽表示の原因となる不正および誤謬を予防し摘発するというセーブ面だけに目が向きがちである。しかしそれは裏返してみてみると，信頼しうる財務諸表の提供によって，資金調達が容易になったり，取引先との関係をより円満なものとすることができるというプラス面もある。

ITコントロール目標の指標化

　ITコントロールの本質は、ITシステムをその目的から乖離しないように影響を及ぼすことにある。したがってコントロールの前提として、まずもってITシステムの目的が明確でなければならない。この目的は、事業体の使命（ミッション）や戦略から演繹的に導出される。目的は一つとは限らないし、ある目的からより下位の目的が導出されることもあるだろう。このように目的には、抽象度の高い目的から具体的な目的までいくつかの階層ができることがある。

　目的に向けてITシステムをコントロールするためには、ITシステムの目的達成度合いが具体的に把握できなければならない。ITシステムが達成すべき目的を具体的な指標（数値あるいは比率）として表現したものをKGI(Key Goal Indicators：重要目標達成指標) という。これはITシステムが達成すべき目標値そのものである。「何を達成すべきか」に焦点を当てた指標である。たとえば、次のような事項が指標化される[10]。

- 生産性の向上
- 業務活動の標準化
- 売上の増大
- 新規顧客の獲得

　また、目的からの乖離があった場合には、それが適時に発見され、適切なフィードバック情報が関係者に伝達され共有されなければならない。そのために必要なITシステムの達成度合いを指標（数値あるいは比率）化したものをKPI (Key Performance Indicators：重要成果達成指標) という。ITシステムがどの程度良好に機能しているかを表わす。「いかに達成すべきか」に焦点を当てた指標である。したがってこの指標は将来の成功または失敗の可能性を予測する指標ともなり、目標が達成されなかった場合の影響として把握されることもある。たとえば、次のような事項が指標化される[11]。

---

(10) COBIT Steering Committee & IT Governance Institute [2000], p. 19.
(11) Ibid, pp. 20-21.

2.2 IT コントロールの理論モデル

- 開発におけるライフサイクル時間の短縮
- サービス提供水準や応答時間
- 利害関係者の満足度（苦情の数など）
- エラー数

これらの2つの異なった観点からする指標は，図2-3に示すように，経営者がもっとも重要と考えるCSF（Critical Success Factors：重要成功要因）に基づいて設定される。

「IT投資の管理」を例にとってみると，次のようになる[12]。

〈CSFの例〉
- 投資の意思決定プロセスが定められ，戦略への貢献度，効果の実現可能性，当該投資による短期的または長期的な影響などが検討されていること
- IT予算やIT投資の金額は，IT戦略計画と整合性がとられていること

〈KGIの例〉
- 投資利益率とユーザ満足度に基づいて算出される，期待効果に見合った（あるいはそれを上回る）IT投資

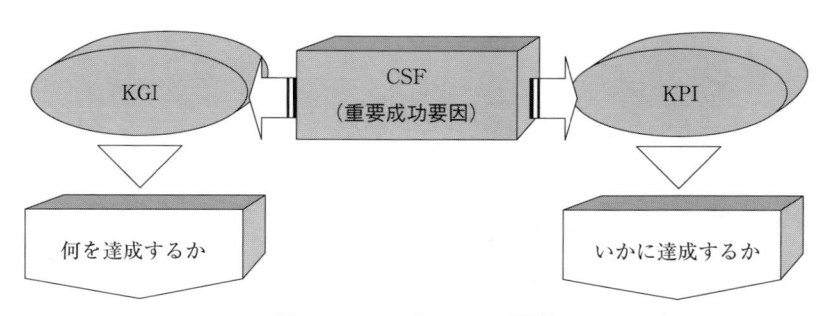

図2-3　KGIとKPIの関係

---

[12] Ibid, pp. 32-33. COBITはその第3版から，ITコントロールのプロセスとして識別されたプロセスごとにそれぞれのCSFを示し，それに関連づけられたKGIとKPIという2つの指標を導入した。KGIとKPIは，コントロールの目標をより具体的に示すために，数値（比率を含む）目標を含むことがある。

- 事業体の総費用に占める IT コストの割合
- 投資の意思決定の遅延や資金不足によるプロジェクトの遅延の回避

〈KPI の例〉
- 効果が事後的に検証されていないプロジェクトの件数
- 承認後に IT 投資や IT 資源の競合が明らかになったプロジェクトの件数
- IT 予算からの乖離が生じてから報告がなされるまでの時間

このように「何を達成するか」を表わす目標達成指標と,「いかに達成するか」を表わす成果達成指標を組み合わせて使うことによって, IT コントロールの有効性を具体的に把握することができる。

さて, ここで想定しているような業績結果が事前に設定した業績水準からどれだけ乖離しているかを, いわばトップダウン式にモニタリングするためのコントロールシステムは, Simons 教授の言葉でいえば「診断型コントロールシステム」(diagnostic control system) と呼ばれるものである[13]。

しかし, 診断型コントロールシステムを使うときに注意しなければならないのは, 目標値と成果値との乖離はうまく検出できても, 全体として進んでいる方向が正しいとは限らないことである。あまりに目標値の達成だけを重視されると, 人はそれだけに専念しがちになる。当初の目的自体が少しずつズレてもそれに気づかないということが起こりうる。また, コントロールは人が運用するものであるという前提をなおざりにすると, 目標値の達成率を高めるために, はじめから低い目標値を設定したり, 目標値の運用を弾力的にしてしまうということもありえないわけではないだろう。これでは, いくら目標値と成果

---

(13) 診断型コントロールシステムとは, 目標からの乖離に焦点を当てたコントロールシステムである。Simons 教授によれば, ①事前に目標を設定できること, ②結果が計測できること, ③目標と実績の乖離が計測できること, ④乖離があるときに, 事前に設定した業績水準に戻すためのインプットやプロセスの変更が可能であること, という要件を満たせば, どのようなコントロールシステムでも, 診断型コントロールシステムとして使うことができるという。Simons [1995], pp. 59-90. (中村・黒田・浦島共訳 [1998], 125-174 ページ。), および Simons [2000], pp. 208-214. (伊藤監訳 [2003], 261-269 ページ。)

値との乖離を厳密に測定し制御しても,コントロールはうまく機能しない。

そこで,診断型コントロールシステムの欠陥を補うために,経営者および管理者が常に戦略の不確実性に目を向け,それについて頻繁に現場担当者と直接対話し議論することによって,そのこと自体を部下への重要なシグナリングとする,いわばボトムアップ型のコントロールシステムが必要となってくるのである[14]。Simons教授はこのようなボトムアップ型のコントロールシステムを「双方向型(対話型)コントロールシステム」(interactive control system)と名づけ,診断型コントロールシステムとの併用の重要性を強調している。

ボトムアップ型のコントロールシステムを用いれば,部下は上司の考え方に反応する必要な行動をとり,また学習効果を生むことで,新たな情報が上層部へと向かい,戦略の見直しや新たな戦略の創発へとつながる。Simons教授の言葉を借りれば,「将来ビジョンの達成方法をかえてしまう前提の変化は何か」という観点から,「新しい戦略の試みと発掘」に焦点をあわせる。つまり経営環境の変化が常に戦略計画の修正や新たな戦略計画の立案へと反映されるのである。

ITリスクの本質的な特性として変動性と連鎖性がある。また,ITリスクの管理は戦略計画のレベルでの管理と,業務活動レベルでの管理とがうまく結びつけられていなければならない。これらの点に着目すると,ITコントロールは「診断型コントロールシステム」としてだけでなく,「双方向型コントロールシステム」として構築され運用されることが望ましい。

---

(14) 双方向型(対話型)コントロールシステムとは,経営者または管理者が,直接対話を通じて,部下の決断に直接関与するものであって,「上司が注目することには部下も注目する」という単純な真理を使ったものであるという。Simons教授によれば,①情報が簡単に理解できること,②戦略の不確実性に関する情報を提供すること,③組織のあらゆるレベルで使われること,④新しいアクションプランを生み出すこと,という要件を満たせば,どのようなコントロールシステムでも,双方向型コントロールシステムとして使うことができるという。Simons [1995], pp. 214-226.(中村・黒田・浦島訳 [1998],175-234ページ。),およびSimons [2000], pp. 214-226.(伊藤監訳 [2003],269-283ページ。)

ITコントロールの影響関係モデル

ITコントロールは，ITシステムがその目的を達成することを支援するための手段である。ITシステムはそれを運用してゆく過程のなかで，さまざまなITリスクにさらされる。ITリスクをうまくコントロールすることで，ITシステムはその目的をよりよく達成することができる。したがってITコントロールは，ITリスクに応じたコントロールでなければならない。ITリスクの大きさに応じて，コントロールの種類，設定場所，コントロールの水準（強さ・弱さ）を決定する。これがITリスクに基づくITコントロールの設定である。

くわえて，もっと大切なことは，ITリスクの連鎖性と変動性に基づくコントロールの運用である。それは，あるITリスクが他のITリスクまたはビジネスリスクへと連鎖したときに，それが適時に発見されなければならないこと，そしてITリスクが変動したときにそれが適時に発見されなければならないことを意味し，それに基づいて適切な是正措置がとられなければならないということである。

ITリスクは業務活動レベルのリスクとは限らない。戦略レベルで対処すべきリスクとなることもある。またITリスクは，技術手段に起因するリスクであるとともに，事業体構成員の技能と役割に生ずるリスクでもある。これがITリスクのもつ多面的な性質である。ITコントロールは，ITリスクの多面的な性質を反映したものでなければならい。

ITリスクはこのような多面的な性質をもつものであるがゆえに，ITコントロールをもってITシステムに組み込まれた制御機能と狭く捉える理解の仕方は，誤りではないが，ITコントロールの本質をつかまえているとは言い難い。

ITコントロールは，戦略実行のためのコントロールあるいは業務活動のコントロールと無関係ではありえない。ITと人間との接点を無視してITコントロールを考えることもできない。このような影響関係に基づく特質を反映したITコントロールの理論枠組みとは，どのようなものだろうか[15]。

---

(15) これまでのITコントロールをめぐる議論の多くは，先にも述べたとおり，一つひとつのITコントロールの中身を詳しく説明し，せいぜい体系化するレベルにとど

2.2 ITコントロールの理論モデル

　図2-4は，第1章で展開した「ITリスクの影響関係モデル」を「ITコントロールの影響関係モデル」として書き直したものである。

　まず，「技術手段のコントロール」と「技能と役割のコントロール」という左右の断面からみてみよう。ITコントロールは技術手段に依存する。どのようなハードウェア，ソフトウェアをどのように使うかによってITコントロールは異なったものとなる。また見方をかえれば，アクセス認証や暗号技術をはじめとするITコントロールのほとんどは，技術手段のコントロールとして機能する。そえゆえITコントロールといえば技術手段のコントロールを思い浮かべ，技術的に堅牢なコントロールをいかにして構築すべきかの議論に傾斜しがちになる。

　しかしITコントロールを実際に動かすのは，人であり組織である。ITコントロールは，ITを使う人々の技能や役割にも大きく依存する[16]。いかに頑

まっていたように思われる。
　しかし，ITコントロールはいかなる要因の影響を受け，またITシステムのなかでどのように位置づけられるべきかについての理論的な考察がなされてこなかったわけではない。ITコントロールをもってオペレーショナルなレベルにおける技術的なコントロールという狭い枠から解放したかどうかは別にして，ITコントロールといえども事業環境や事業体の組織形態を無視しては有効なコントロールとはなりえないとする指摘はかなり古くからあった。
　たとえば当時のITコントロールとIT監査の議論を先導していたDavis教授とWeber教授は，「ストレスモデル」という概念を使ってこの問題に迫ろうとした（Davis & Weber［1983］, pp. 34-38.）。このモデルは，まずもって「外部・内部の環境要因」が，「事業体の組織」に影響を及ぼし，それが「データ処理組織」を規定する。その「データ処理組織」に基づいて「コンピュータデータ処理サブシステム」が構築され，それを適切に運用するための仕組みとして「コントロール」が要請されるというように，影響関係を段階的に落とし込んでゆく概念モデルである。当時は新鮮に映ったようであるが，このモデルは1：1のつながりを前提としたいわばウォーターフォール型の直線モデルであった。それゆえ，要素間の複合的な影響関係を反映できないこと，上から下への一方通行的関係であって，下が上に影響を及ぼすという関係を考慮していないという欠陥があった。
(16)　Davenport氏は，このような観点から人間中心のIT管理を主張した。氏がいう「人間中心のアプローチ」はさまざまな意味をもっているが，なかでも「広範な情報のタイプに焦点を当てること」，「言葉の意味は複合的であることを前提とする」といったことは，ITシステムの戦略的な構築を理論的な角度から分析する際に興味深い。Davenport［1994］, pp. 119-131.（八原訳［1994］, 82-94ページ。）

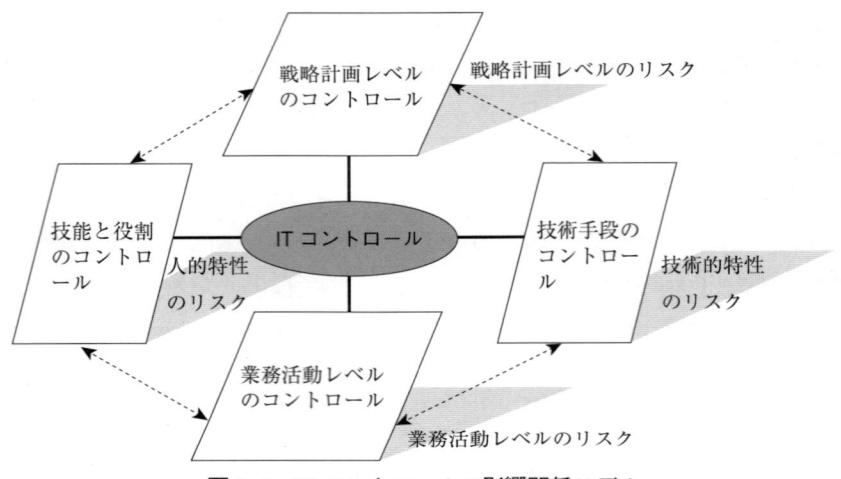

図2-4 ITコントロールの影響関係モデル

丈なITコントロールを設定しても，人が介在すればコントロールの無視ということが起こりうる。またITコントロールの種類によっては，それを適切に運用するための特殊な技能が必要となることもあり，ITコントロールが人の技能や役割に影響を及ぼすということもありうる。このように，ITコントロールは，技術手段に対するコントロールと，それを動かす人の技能と役割に対するコントロールが相まってはじめてうまく機能する。

このような人的側面は，ITコントロールの設定に当たってどのように反映されるべきものだろうか。カナダ勅許会計士協会（CICA）の『ITコントロールのガイドライン』は，「コントロール文化」の確立という観点からこの問題に迫った[17]。事業体構成員に共有される倫理的価値観によって規定される

---

(17) CICA［1998］．このガイドラインの考え方は，おそらくカナダのCoCoが公表した『コントロールに関するガイダンス』と呼ばれる報告書が描くコントロールモデルが基礎となっている。当該ガイダンスによれば，有効なコントロールは，「目的」，「取り組み」，「可能性」，「監視活動と学習」という4つの要素がループを描くように関連づけられなければならないという。コントロール文化という概念は，次のようなコントロール目的に端的に表われている。「誠実性を含む倫理的価値観の共有を組織全体

「コントロール文化」は，ITリスクが適切に管理されるかどうかにきわめて重要な影響を与えるという。しっかりとしたコントロール文化があれば，事業体の目的やITリスクに応じたITコントロールが期待できる。しかし脆弱なコントロール文化しかもたなければ，結果として過剰なコントロールとなってしまったり，逆にITリスクが十分にコントロールできないという事態になる，というのである。当たり前のことではあるが，意外と見落しがちなことでもある。

次に，「戦略計画レベルのコントロール」と「業務活動レベルのコントロール」という上下の断面をみてみよう。ITコントロールは，戦略実行のためのコントロールであって，業務活動に組み込まれて機能する。しかし，新規システムの開発やそれに伴う組織変更など，戦略計画策定の裏返しとして生ずる戦略計画レベルのリスクは，経営者層が直接にコントロールすべきものである。また，ITシステムへの不正侵入による顧客の個人情報漏洩などのリスクの原因事象といえども，事業体の経営基盤をも揺るがす危機へと発展する可能性があることから，戦略計画の策定に当たって考慮すべきリスクとなるかどうかの見極めが必要となる。このことは，ITコントロールは業務活動だけでなく，戦略計画とも密接に関連づけられなければならないことを意味する。

IT戦略と呼ばれる戦略計画が立案されることがあるが，それだけを取り出して当該戦略を実行するためのコントロールを考えるのではなく，むしろIT戦略が他の戦略とどのように影響し合っているか，業務活動との整合性はどうか，といった点にこそ注意が払われるべきであろう。そうすることで，ITリスクの連鎖性と変動性を踏まえたコントロールを設計できるのである[18]。

にわたって確立し，伝達し，かつ実行しなければならない。」「人々の間の情報の流れおよび組織の目的達成に向けての彼らの有効な業務を支援するために，相互の信頼感を促進しなければならない。」CICA・CoCo [1995], pp. 14-15, および p. 17. [八田・橋本訳 [1997], 304-306 ページ，および 308 ページ。]

米国の COSO が公表した『内部統制の統合的フレームワーク』では，内部統制における人的側面をコントロール環境として内部統制の構成要素の土台に位置づけ，いわば構造的な仕組みのなかで描こうとしているのに対して，カナダの CoCo は人的な側面をコントロールのプロセスに組み込んで描ききっている点で対照的である。

2.3　ITコントロールの国際標準

　ITコントロールは，事業体の特性にあわせて事業体自らの責任において設定すべきものである。ITリスク管理方針に従って，ITリスクを網羅的に特定し，ITリスクの測定および判定の結果として設定される。

　その際に，どの領域にどのようなコントロールを設定すべきかのベストプラクティスあるいはベンチマークとなるものがあれば便利であろう。

　このようなITコントロールの規範を記述した国際標準には，大別して，セキュリティに特化したものと，事業目的の包括的達成を意図したものがある。

セキュリティ特化型標準

　セキュリティに特化した標準として今日もっとも広く普及しているのは，ISO 17799である[19]。ISO 17799は，情報セキュリティを確保するためのコン

---

(18) 半田氏が事業戦略とITとのミッシングリンクとして指摘した次の失敗事例などは，戦略計画と業務活動との整合性を考慮したITコントロールの重要性を考える際のよい教訓となるかもしれない。「ある消費財メーカは資材等を納入する協力会社とネットワークを組み，最前線のPOS情報を共有していたが，SCMを実行するに当たって月次の生産計画を週次に変えた途端に頓挫してしまった。―略― 実は，協力会社のほうでは詳細なPOSデータ分析を行っておらず，生産体制を変更したりして月次の生産計画に対応していたのである。さすがに週次では対応できない状態となり，いくら最新のPOSデータがあったところでどうにもならなかった。」半田［2000］，30ページ。

(19) 正確にはISO/IEC 17799という。セキュリティ管理の国際規格化を推し進めるためのきっかけは，通信ネットワークのボーダレス化に求められるであろう。ネットワークの綻びは，セキュリティが緩いサイトの部分的な脆弱性が始点となって全体へと波及してゆくからである。そのような観点から，国際標準化機構ISOと国際電気標準会議IECが共同で組織した委員会によって，2000年に，英国規格BS 7799パート1（BS 7799-1：1999）を基にして，情報セキュリティ管理の国際標準ISO/IEC 17799：2000が策定・公表された。わが国では2002年に，ISO 17799の内容を変更することなく翻訳して，日本工業規格JIS X 5080：2002『情報技術―情報セキュリティマネジメントの実践のための規範』として公表されている。ISO 17799は，2005年に改訂され，現在は，ISO/IEC 17799：2005（*Information technology—Security techniques—Code of practice for information security management*）となっている。

トロール目標とそれを実現するための具体的なコントロールを定めた模範的実践集である。

セキュリティの管理というと，とかく技術的手段が強調される傾向にある。ましてやその「規格」というのであるから，技術的機能要件を微に入り細に入り規定した内容を想像しがちである。しかし以下の体系をみてもわかるように，ISO 17799 は，情報セキュリティの組織的・人的・技術的・物理的な視点からする管理を，バランスよく網羅している。

> ・セキュリティ方針
> ・情報セキュリティの組織
> ・資産管理
> ・人的資源のセキュリティ
> ・物理的および環境的セキュリティ
> ・通信および運用管理
> ・アクセスコントロール
> ・情報システムの取得，開発および保守
> ・情報セキュリティ事故管理
> ・事業継続管理
> ・コンプライアンス

経営者の関与を必要とするセキュリティ方針の策定から始まっていることからも明らかなように，この国際規格は，事業目的を反映したセキュリティにかかわる基本方針，目的および活動を重要成功要因（CSF）として位置づけ，事業目的の達成を意識したセキュリティ管理を目指している点に特徴がある。

また，管理の対象となる資産は，IT システムで処理されるデータや情報，コンピュータやネットワーク機器などのハードウェア資産，およびシステムソフトウェアや適用業務ソフトなどのソフトウェア資産に限定されない。各種のユーティリティを含むサービス，人的資源，事業体の評判といった無形資産なども，セキュリティ管理の対象としている。この点も留意すべき特徴の一つといってよいだろう。

このような表面的な特徴ではなく，より本質的な部分に踏み込んでみると，リスクの大きさを反映したコントロールの設定が考慮されていること，そして

管理の対象となるべき資産の重要性判断が取り込まれていることが注目される。

まず,リスクの大きさを反映したコントロールの設定というのは,リスクの大きさによって,規格として示されているコントロールを選択するかしないかという判断である。もちろん,それとは別に,あるコントロールを選択した上でその強さを上下させるという判断もある。

コントロールが存在しないと仮定したときのリスク値があらかじめ設定されたリスク受容領域に収まっていれば,当該リスクを制御するためのコントロールは当初より棄却される。逆に,あるリスク値がリスク受容領域に収まっていないときには,当該リスクを制御するためのコントロールが採択される。そして,リスク受容領域に収まるよう,リスクの誘因に働きかけて,発生可能性と影響強度のいずれか,または双方を制御することになる。これが筋である。その意味で,この国際規格で示されているコントロールはあくまでも例示にすぎないとみるべきである。その意味において,理論的には,規格として示されたすべてのコントロールが一つのまとまりのあるセットとして機能するわけではない[20]。

---

(20) 「規格として示されたすべてのコントロールが一つのまとまりのあるセットとして機能するわけではない」ということは,この国際規格を保証サービスの判断尺度として使おうとするときに問題となる。

ISO 17799 は,もともと,模範的実践集としての英国規格 BS 7799 パート1(BS 7799-1)に内容の修正を加えることなく,国際規格として採用されたものである。そこで,ISO 17799 は,そのまま第三者保証のための判断尺度として用いることはできないものとされている。第三者保証で使われるのは,BS 7799 パート1とセットとなっている BS 7799 パート2(BS 7799-2)である。そのため,ISO 17799 で示される個々のコントロールは,主体の意思によらず他の力による強制を想起させる shall ではなく,推奨を意図して should という助動詞を使って表現されている。

しかし,ISO 17799 をもって,保証の判断尺度として使えるかどうかということは,表現が強制型であるか推奨型であるかといったような単純な問題ではない。ISO 17799 は,全体として一つのまとまりあるコントロールの規範となっている。それゆえ,ISO 17799 の全体をセットとみなさない限り,保証の判断尺度とはなりえないように思える。仮に ISO 17799 の一部分(たとえば,物理的および環境的セキュリティにかかわるコントロール)を取り出して保証の判断尺度としたとしても,他のコントロール(たとえば,アクセスコントロールなど)との重複,あるいは影響関係も

また，この国際規格には，管理の対象となる資産の重要性を組み込む考え方が盛り込まれていることも，理論的には興味あるところである。コントロールの適用に当たって，ところどころで重要性の判断が求められるようになっている。資産の重要性が異なれば，必要とされるコントロールの種類も水準も異なるはずである。

ある特定のファイルへのアクセスコントロールを例にとって，わかりやすい例で説明してみよう。当該ファイルが「商品一覧ファイル」であった場合と，「顧客の個人情報ファイル」であった場合とで，資産としての重要性を同一に考える経営者や管理者はいないだろう。そこで，販売担当者が外出先からインターネットを通じてこれらのファイルにアクセスできる環境を想定してみよう。そうすると，当該ファイルは改変されるかもしれないし，暴露されるかもしれない。そこで，重要性の低い商品一覧ファイルは暗号化せず，IDとパスワードというコントロールだけを採用し，他方，重要性の高い個人情報ファイルは当該ファイルおよび通信経路を暗号化し，その上でワンタイムパスワードというコントロールを採用する，ということがありうる。

ここで資産の重要性とリスクとの関係をどのように考えるかという問題が出てくる。あるリスクをもって，資産が盗難や暴露にさらされている状態（exposureという）という側面からみれば，資産の盗難や暴露の可能性と，資産自体の重要性はまったく別のものとなる。単純な例でいえば，顧客ファイルとPC消耗品がそれぞれ盗難にあう可能性と，各々がもつ資産価値の大きさは別である。顧客ファイルの方が資産価値は高いが，盗難にあう可能性は消耗品の方が高いかもしれない。

このように，「損失にさらされている状態」という側面からリスクをみると，資産の重要性とリスクとは別の概念として把握される。けれども，リスクの大きさ（リスク値）を「発生可能性と影響強度の組み合わせ」として測定することにすると，影響強度に資産の重要性が取り込まれ，リスク値に反映されるこ

あり，「ISO 17799に従って（あるいは準拠して）」というかたちの保証を付与することはできないだろう。

とになる。本書が前提としているリスク測定は，この考え方に基づいている。管理の対象とすべき資産の重要性を評価しながら資産をもれなく把握することをリスク測定の目的に含めるならば，資産の重要性を別途測定することに意味があるが，リスクの大きさが測定できればよいと考えるならば，資産の重要性を影響強度に含めても差しつかえないだろう。

なお，この国際規格が前提とする情報セキュリティの要件（コントロール目標）として，次の3つが想定されている[21]。

- 機密性（confidentiality）：アクセスを許可された者だけが情報にアクセスできることを確実にすること
- 完全性（integrity）：情報が正確であることおよび漏れがないことを確実にすること
- 可用性（availability）：許可された利用者が必要なときに情報にアクセス

---

[21] ISO 17799にある用語の定義では，これらは厳密には，情報の機密性，完全性，可用性である。「情報の」という限定がつく。また，この3つ以外に，信憑性（authenticity），責任追跡性（accountability），非否認性（non-repudiation），信頼性（reliability）が追加されることもある。

なお，機密性，完全性，可用性 等々として表現される「×××性」という性質をどう呼ぶべきか。本書では，主にコントロール目標と呼んでいるが，それ以外にも，システム属性または情報属性，要請規準，要求特性，評価規準，保証規準など，この言葉が用いられる局面ごとにさまざまな用語を当てることができる。これらは，そもそも，システム，プロセスまたは情報が，当然に備えるべき，または備えることが望ましい特性あるいは属性である。より端的に「品質要件」といってよいかもしれない。したがって，たとえば「機密性」といっても，見方によって，あるいはその言葉を使う局面によってさまざまな捉え方がでてくるのである。システムが備えるべき属性とみればそれは「システム属性」であり，コントロールの評定を前提としてコントロールによって達成すべき目標としてみれば「コントロール目標」であり，さらに第三者保証のための判断尺度としてみれば「保証規準」としての性質をもつことになる。

ITコントロールやその保証を巡る領域では，3個から多くても7個程度の属性しか登場しないが，ソフトウェアの品質保証の領域では，6個の品質特性，その副特性が21個，さらに内部特性と称する40個の特性があげられることもある。保田[1998]，231-245ページ。もちろん，それぞれの特性は一応独立的に定義されるのであるが，さすがにこれだけの数の特性ともなると，階層関係や対応関係に基づいて整理されることが多い。

できることを確実にすること

　ただ，ISO 17799 では，このような意味でのコントロール目標がかならずしも明確でない——規格として示された各々のコントロールにコントロール目標が対応づけられていない——。このことは，この国際規格は，あくまでも模範的実践集にすぎないものであって，そのままでは保証のための判断規準（判断尺度）として使えないことを意味する。保証の対象と，その属性（ここではコントロール目標）が明確にならない限り，「何を保証するか」を特定できないからである。

事業目的の包括的達成型標準—その1—

　セキュリティを含めた事業目的の包括的達成型標準には，IT ガバナンス協会（ITGI）の「COBIT」と，内部監査人協会（IIA）の「eSAC」がある。

　COBIT は，IT コントロールと監査のための包括的なガイドラインである[22]。ここで「包括的」といった意味は，ISO 17799 にみられるセキュリティ確保に限定された機密性，完全性，安全性というコントロール目標だけでなく，有効性や効率性など事業目的の達成に直接関係する目標を含めているからである。

　内容的には，IT コントロールの技術的特性と，戦略実現および業務活動のためのコントロール特性をうまく結びつけた IT コントロールのセットが提供されている。「技術指向の IT コントロール」と「事業目的指向の IT コントロール」との調和化が図られていることも，COBIT の大きな特徴の一つといってよいだろう。

　IT コントロールは，次の3つの視点を立体的に組み合わせてつくられている。

---

[22] COBIT は，経営者，システム利用者，そして監査人のための IT コントロールと監査に関するガイドラインとして1994年にその初版が公表された。その後，1998年に第2版が，2000年には第3版が公表され，2005年には第4版が公表されている。版を重ねるごとに技術指向から事業目的達成指向を少しずつ強めているようにみえる。

- IT プロセス
- IT 資源
- IT コントロール目標

この関係は，図2-5のように描かれている。

　ITプロセスは，「適用領域（ドメイン）→個々のプロセス→個別活動」という階層関係として把握される。矢印の方向に向かってより具体的なものへと落とし込まれる――個別活動を帰納的に束ねることで，一つひとつのプロセスが構成され，それをさらに束ねてゆくことでドメインが定義されるという理解でもよいだろう――。

　個々のプロセスを束ねるドメインは，次の4つからなる[23]。

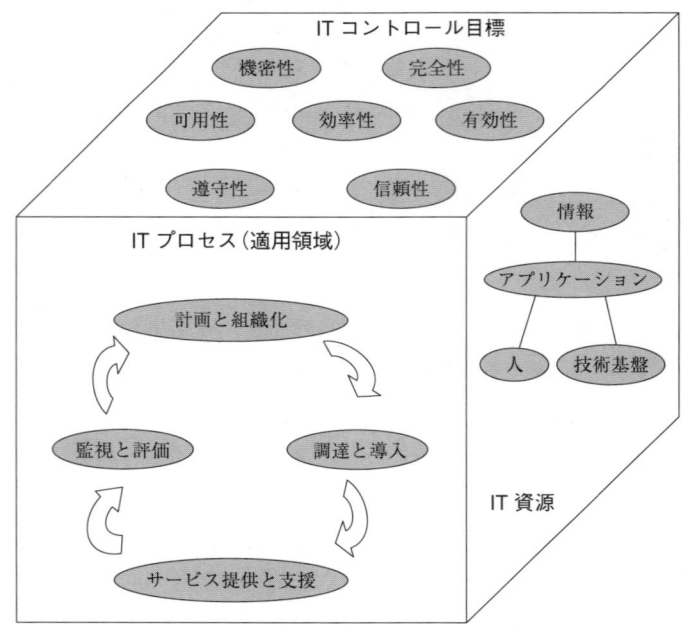

[出所：IT Governance Institute [2005]，COBIT, p.23を若干修正の上転載]

図2-5　COBITのITコントロールモデル

---

(23) IT Governance Institute [2005], pp.13-14.

- 計画と組織化：戦略と戦術に焦点を当て，事業目的の達成に向けてもっとも効果的な IT の利用方法を計画し，組織化するドメインである。
- 調達と導入：IT 戦略を実現するために必要な IT ソリューションを識別，開発，または調達し，業務プロセスに導入し統合するドメインである。既存システムの変更，保守も含む。
- サービス提供と支援：業務システムの情報処理などのサービスを実際に提供し，それに付随して生ずる必要な支援の提供にかかわるドメインである。セキュリティや事業継続性の管理等に関するサービスの提供なども含む。
- 監視と評価：IT プロセスの品質や遵守を定期的に評価するドメインである。

また，IT 資源は，人，アプリケーション，技術基盤，情報からなる。それぞれ，次のように説明されている。

- 人：情報システムやサービスを，計画し，組織し，調達し，提供し，支援し，監視し，評価するために必要な要員をいう。内部者，外部委託先，随時契約社員を問わない。
- アプリケーション：情報を処理するための自動化されたユーザシステムと手作業による手続をいう。
- 技術基盤：アプリケーションの処理を行うための技術と設備をいう。ハードウェア，オペレーティングシステム，データベースマネジメントシステム，ネットワーク，マルチメディア等，およびこれらの設備を備えてサポートする環境を含む。
- 情報：事業活動で使われる情報システムの入力・処理・出力形式のすべてのデータをいう。

IT 保証との関係でもっとも重要な意味をもつ IT コントロール目標は，次の 7 つである[24]。定義として曖昧なところ，不完全なところも少なからずあ

るが，そのまま示せば次のようになる。

- 機密性（confidentiality）：無許可の開示から重要な情報を保護すること。
- 完全性（integrity）：情報が正確で漏れのないこと，そして事業上の価値と期待に照らして情報が妥当なものであること。
- 可用性（availability）：業務プロセスで必要とされる情報が現在および将来において利用できること。また，そのために必要な資源や能力の保護にも関係する。
- 効率性（efficiency）：資源を最適に（もっとも生産的かつ経済的に）利用して情報を提供すること。
- 有効性（effectiveness）：該当する業務プロセスと関連のある有用な情報を扱うこと。また，適時に，正確に，首尾一貫しており，使いやすいかたちで提供されること。
- 遵守性（compliance）：業務プロセスが従わなければならない法律，規則，契約条項を遵守すること。すなわち，内部方針，および外部から課せられている業務上の規準である。
- 信頼性（reliability）：経営者層が事業体を運営し，受託責任とガバナンスの責任を果たす上で，適切な情報を提供すること[25]。

---

(24) ITコントロール目標は，COBITでは「情報規準」であり，「業務上の要求規準」であるともされている。IT Governance Institute [2005], p. 11. ITコントロール目標は，その性質に着目すると，①品質規準（操作品質，コスト，納期），②受託規準（業務の有効性と効率性，情報の信頼性，法令の遵守），③セキュリティ規準（機密性，完全性，可用性）という3つの範疇に分けられるという。やや荒っぽい見方をすれば，「品質管理」，「内部統制」，「セキュリティ管理」といった領域であげられる規準をとりあえず網羅しようとする意図がうかがえる。

ただ，品質規準のうちの「操作品質」は受託規準としての「有効性」と，また「納期」はセキュリティ規準としての「可用性」とそれぞれ重なり，さらに「コスト」は受託規準としての「効率性」によってカバーされていると考えられることから，これらの重複関係を整理すると，ここに示した7つのコントロール目標となるという。

(25) ここでいう信頼性は，「情報の信頼性」（reliability of information）という意味で使われている。システムの信頼性ではない。

事業目的の包括的達成型標準—その2—

　もう一つの包括的な事業目的達成型標準は，内部監査人協会（IIA）の「eSAC」である[26]。その全体像は，図2-6のように表わされている。

　図2-6は，きわめて複雑なかたちをしているが，次のように読む。まず，図の中央の大きなボックスがコントロールの構成要素である。その具体的な内容の検討に入る前に，ボックスの左右に注目されたい。

　左端に書かれた「使命・価値観・戦略・目的」は，いわばコントロールの前提であり，インプットであるという。コントロールは事業体の価値向上と結びつけられた戦略と目的の確立を通じて事業体の使命を追求するものでなければならない。一方，右端に書かれた「成果・評判・学習」がコントロールの結果であり，アウトプットであるという。コントロールが適切に機能すれば，事業体の名声を高め，事業体の構成員に対していかにして業績を改善すべきかについての学習効果をもたらす。

　図中央に描かれた大きなボックス，すなわちコントロールの構成要素の中身についてみてみよう。コントロールの構成要素を表わすボックスは次の3つのブロックに分けられている。

- 業務，報告，準拠および保全（ボックス上）
- 可用性，可能性，機能性，保全性，明責性（ボックス中間）
- 人，技術，プロセス，投資，コミュニケーション（ボックス下）

---

[26] 内部監査人の国際団体IIAは，1977年にSAC(Systems Auditability & Control)報告書を公表している（これは1991年および1994年にIIA調査研究財団によって改訂された）。SAC報告書は，ITコントロールのための標準的なガイドラインとして認められ，長年にわたって多くの文献で引用・参照されてきた。
　eSAC(*Electronic Systems Assurance and Control*) は，ITコントロールとIT保証に関連する最新動向を反映させ，これまでのSAC報告書にかわるものとして，全面的に装いを新たにしたものである。SAC報告書はITコントロールを設定するための実務指針としての性格が強かったのに対して，eSACはむしろITコントロールとIT保証の包括的な枠組みを確立することに照準が合わせられているようである。なお，本文での説明は，eSACのなかの"eSAC Model"というモジュール（分冊）に基づいている。

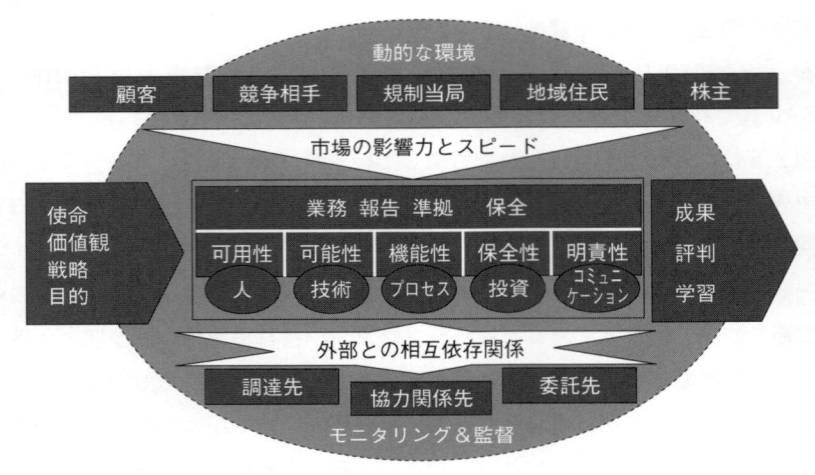

[出所：IIA, eSAC Model, p.1 より転載]
図2-6　eSACの概念モデル

　一番上に書かれた「業務，報告，準拠および保全」は，COSOの『内部統制の統合的フレームワーク』で示されたコントロールの目標を，敷衍しつつ援用したものである。すべてのコントロール目標は，つまるところ，業務目的，報告目的，そして準拠および保全目的の3つに集約されるとみる。
　中間に書かれた「可用性，可能性，機能性，保全性，明責性」が，ITを使った事業展開に必要なコントロール目標を示している。eSACは，もともとITシステムの保証にも利用することが意図されており，その際にこの5つのコントロール目標が用いられる。
　コントロール目標は，それぞれ次のように定義されている。

- 可用性（availability）：いつでも必要に応じて（24時間/365日）トランザクションの受入・処理・立証を可能とすること。
- 可能性（capability）：すべてのトランザクションが一貫して信頼でき，適時に処理を完了し，要求事項を満たすこと。
- 機能性（functionality）：システムが，ユーザの要求と期待に合致する使

い勝手のよさ，制御の容易さ，そして利用の容易さを備えていること。
● 保全性（protectability）：論理的および物理的セキュリティコントロールが，サーバ，アプリケーション，情報資産に対して，承認されたアクセスだけを受付け，未承認アクセスを拒絶すること。
● 明責性[27]（accountability）：トランザクション処理が正確，完全で，事後否認できないこと。

上記5つのコントロール目標を達成するためには，適切なIT基盤，資源，組織上の適切なコミットメントを必要とするだろう。そのために必要な要件が，コントロール目標の下に書かれている「人，技術，プロセス，投資，コミュニケーション」である。

ここまでがITコントロールの内容を規定する核心部分であるが，残念ながらイメージとしての把握が先行してしまい，概念的な結びつき（たとえばコントロール目標の達成を，人や技術などがどのように支えているかといったことなど）についての説得力ある説明がない。

最後に，図をとりまく大きな楕円は，ITコントロールが動的な環境変化のなかで，事業体の外的要因と依存しあいながら機能することをイメージしている（楕円の一番上）。事業体の活動が，「顧客，競争相手，規制当局」による市場を通じた影響や，「地域住民，株主」の圧力を無視して存在しえないのと同様，コントロールもこれらの外的な影響を受け，相互依存の関係にあるとみる。しかもその関係は変化しつづけ，スピードも速い。

その一方で，「調達先，協力関係先，委託先」などとのネットワーク化によって，取引相手方との関係を無視してコントロールはうまく機能しない。

---

[27] eSACの査読委員の一人である山本氏によれば，accountabilityという用語に関するe-SACの説明のなかで，「個人の役割，行為，責務を明らかにするものである」としている点に着目し，「国語辞典には載っていない語だが」と断った上で，「明責性」という造語を当てている。本書では日本工業標準調査会の訳語に従って「責任追跡性」という用語を使ったが，ここではeSACで使われているaccountabilityの意味内容をできる限り正しく伝えるために，「明責性」という山本氏の訳語を使わせてもらった。山本［2002］，78ページ。

このように，コントロールが外的な影響を受け，また外部主体と相互依存の関係にあるからこそ，コントロールを継続的かつ体系的に「モニタリングし，監督」（楕円の一番下）することが重要となってくるのである。

eSAC は，顧客や競争相手などの影響による市場環境の変化といった動的環境が IT コントロールに与える影響を前提としている。したがって，IT コントロールをもって事業体内の閉鎖的プロセスとみるのではなく，調達先や協力関係先などとの相互依存関係を IT コントロールの設定と運用に当たって前向きに組み込むことを前提とする点に，COBIT にはない特徴が指摘できるであろう。

その一方で，eSAC で示されている IT コントロール目標は，COBIT と同様，IT コントロールをもって技術的コントロールという狭い枠に閉じ込めないで，より広く事業活動のコントロールとしての色彩を強くしている。この点に共通しているところもある。

本書が主たる関心事としている IT コントロール目標に着目してみると，ここまで検討してきた ISO 17799，COBIT，eSAC で示されたコントロール目標は表 2-1 のように対応している。ISO 17799 はセキュリティ特化型であるからこれは別にしても，eSAC で示されている 5 つのコントロール目標と COBIT で示されている 7 つのコントロール目標では，用いられている概念と

表 2-1　IT コントロール目標の対比表

ISO 17799	COBIT	eSAC	対応するリスク要因
機密性	機密性	保全性	情報資産の喪失
完全性	完全性	可能性	記録の誤り
可用性	可用性	可用性	事業活動の中断
	効率性		コスト増につながる運用
	有効性	機能性	顧客ニーズの取りこぼし
	遵守性		法的制裁
	信頼性	明責性	虚偽の報告

［eSAC Model, 付録 A をもとに作成］

その定義に微妙な違いはあるものの，本質的な違いがあるわけではない[28]。

2.4　ITコントロールの応用的展開

ITコントロールは，今日，いろいろな応用的展開をみせている。以下では，次の4つをとりあげて，ITコントロールの応用的展開について検討してみよう。

- ITコントロールの外部開示
- ITコントロールの事業継続への役立ち
- ITコントロールの成熟度評定
- ITコントロールの定量評価

このうち前半の2つは，ITコントロールがどのように変わりつつあるかの議論に関係するものである。これに対して後半の2つは，新しいITコントロールの評定アプローチを模索するための議論に関係する。

ITコントロールの外部開示

多くの事業体で「ITセキュリティポリシー」（単にセキュリティポリシーまたは情報セキュリティポリシーと呼ばれることもある）が作成されている。ITセキュリティポリシーとは，次のように定義できるであろう。

「ITシステムの機密性，完全性および可用性を確保するために，ITリスク管理方針に基づいて，経営者自らが，または経営者が先導して，事業体全体としての基本的な取り組み姿勢を文書化したものをいい，ITセキュリテ

---

(28) eSAC Model, 付録Aでは，COBITでいう「効率性」はeSACの「可能性」に，そしてCOBITでいう「遵守性」はeSACの「明責性」に含めることができるかのように書かれている——すなわちeSACの5つの規準はCOBITの7つの規準をすべて包含しうるという理解——。しかし，それぞれの定義を照らし合わせてみる限り，このような理解には相当な無理がある。

ィ規定やITセキュリティ手続のベースとなるものをいう。」

　第1章で，ITリスク管理の基本方針の重要性について言及したが，ITセキュリティ管理をITリスク管理の一側面とみれば，ITセキュリティポリシーはITリスク管理方針に基づいて作成されることが筋である[29]。ITセキュリティポリシーとはITリスク管理方針のなかでセキュリティに関する方針だけを抜き出したもの，という言い方でもよいかもしれない。

　図2-7のように，「ITセキュリティ根本原則」（principlesの階層）→「ITセ

```
ITリスク管理方針
　ITセキュリティポリシー
　（セキュリティに関する方針）

principles層　根本原則　　経営者による事業体全体としての取
　　　　　　　　　　　　組み姿勢を文書化したもの
standards層　基本規定　　根本原則に基づくセキュリティ水準
　　　　　　　　　　　　を達成するための基本規定
procedures層　手続書　　セキュリティ手続を現場で運用する
　　　　　　　または　　ための具体的な手続書・手順書
　　　　　　　手順書
```

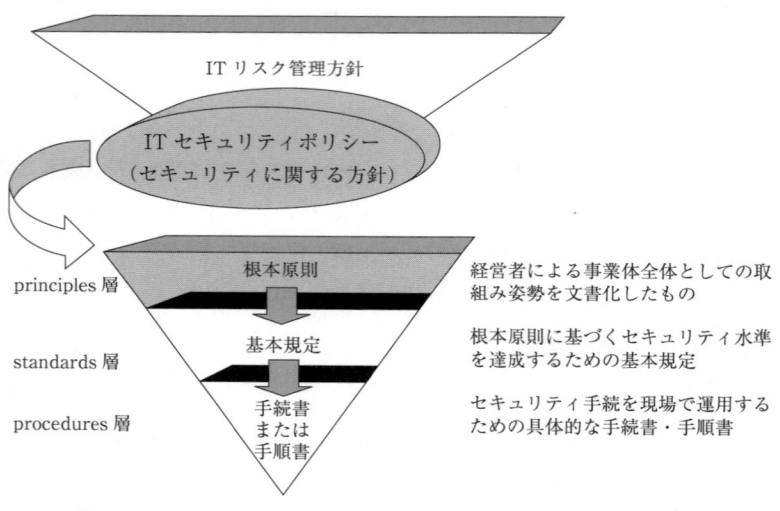

図2-7　ITセキュリティポリシーとITリスク管理方針の関係

---

(29)　ITセキュリティポリシーは，実務上は，ITリスクの特定と測定の結果を受けて策定される場合が一般的なようである。島田・榎木・満塩［2000］，38-48ページ。「情報資産の洗い出し→リスクの特定と測定→セキュリティポリシーの策定→セキュリティ基準の策定」という流れが，あくまでも基本となるようである。しかし，具体的な規定類を積み上げ，そこでの共通項を拾ってゆくことでポリシーを帰納的に策定したり，暫定的なポリシーをとりあえず策定しそれを利用過程で洗練してゆく，あるいは特定の領域（ネットビジネス用など）のポリシーをまず策定し，それを他の領域にも敷衍してゆく方法などもありうる。金融情報システムセンター［1999］，12-14ページ。

2.4 IT コントロールの応用的展開

キュリティ基本規定」(standards の階層)→「IT セキュリティ手続書または手順書」(procedures の階層)へと具体的に落とし込んでいった場合，IT セキュリティポリシーは，上の定義からすれば，最上位の階層に位置づけられる「根本原則」に当たる。

ただ，IT セキュリティポリシーについての通例の理解はもっと広く，「IT セキュリティ基本規定」まで含めることが多い[30]。principles 層と standards 層の仕切り線は，前者が事業体全体としての取組み姿勢を経営者が表明するものであり，後者はそれを達成するために必要な基本要件を抽出して作成された包括規定であって，個別・具体的な手続書や手順書の拠り所となる全体規定である，という点に求めている。その意味で，principles 層と standards 層の仕切りを単純に抽象度の問題としてしまうと，経営者の基本方針がどこまで具体的に記述されているかで区別されることになる[31]。

---

[30] たとえば，ISO 17799 では，IT セキュリティポリシー（情報セキュリティポリシー）に最低限含めるべき事項として，①情報セキュリティの定義，②情報セキュリティの目標および原則を支持する経営者の意思声明書（statement of management intent），③リスク評価とリスク管理の構造を含む，コントロールの目標と具体的なコントロール手続を設定するための基本的な枠組み，④事業体にとってとくに重要なセキュリティ方針，原則，基準，および準拠が要求される事項についての簡潔な説明，⑤セキュリティ事故の報告を含む情報セキュリティ管理に関する一般的な責任および特定の責任についての定義，⑥セキュリティ方針を具体的に支える参照文書類をあげている（§5.1.1）。

このうちの④からも明らかなように，本書でいう「IT セキュリティ根本原則」だけでなく，「IT セキュリティ基本規定」まで含んでいるものと理解できるだろう。さらに⑥を拡大解釈すれば，「IT セキュリティ手続書または手順書」まで含むことになる。

[31] 業種，規模，リスクを問わず，IT セキュリティを確保し，それを浸透させるための普遍的な「セキュリティ原則」（principles）が，OECD 理事会勧告『情報システムとネットワークのセキュリティガイドライン』（OECD [2002]）のなかで示されている。

そこで示されているセキュリティ原則とは，「セキュリティ認識（awareness）の原則」，「責任負担（responsibility）の原則」，「適切な対応（response）の原則」，「倫理遵守（ethics）の原則」，「民主主義適合性（democracy）の原則」，「リスク評価（risk assessment）の原則」，「セキュリティ設計・実装（security design and implementation）の原則」，「包括的セキュリティ　　　　　　　（次ページにつづく）

しかし，ITセキュリティポリシーの本質は，その規定内容の抽象度にあるわけではない。何を規定するかということにあるわけでもない。ITセキュリティポリシーと呼びうるためには，次の3つの条件を満たしている必要がある。

- 事業体としての取組み姿勢を明示したものであること
- 経営者自らが表明するか，先導すること
- 基本規定レベルにブレークダウンできる体系性を有していること

ITセキュリティポリシーはスローガンではない。戦略計画を踏まえたITリスク管理方針から演繹的に導き出されたものでなければならず，その意味で事業体の戦略計画の特性や事業体としてのリスク管理に対する経営者の基本方針を踏まえたものであることが本来のあり方である。

ところで，ITセキュリティポリシーと似て非なるものに「ITセキュリティ声明書」（IT security statement）がある。両者は混同されるケースが多いが，明らかに目的を異にする。

「ITセキュリティポリシー」は，事業体内でのITセキュリティ対策の出発点であり，事業体の構成員すべてが遵守すべき対策の基礎として，ITセキュリティに関する事業体全体としての方向性を規定するものである。原則として事業体の外に開示されることはない。ITセキュリティポリシーはきわめて抽象的な記述であるから，事業体の外部に開示しても構わないということにはならないはずである。

これに対して「ITセキュリティ声明書」とは，不特定多数の外部者に対し

管理（security management）の原則」，そして「再評価（reassessment）の原則」の9つである。

　事業体への具体的な適用となるとやや抽象的に過ぎる原則も含まれてはいるが，根本原則としては網羅的であるから，この9原則を規範にして，事業体としての特性を加味した原則として描き，それをITセキュリティポリシーとするというあり方もあるだろう。

て，事業体としての IT セキュリティへの取組み姿勢または採用している IT セキュリティ対策の概要を伝達するための文書である。ホームページなどに開示される。多くのホームページ上で「セキュリティポリシー」と称した文書が開示されているが，これは厳密には「IT セキュリティ声明書」と呼ばれるべきものである。

今日ではまた，プライバシー保護への関心の高まりから，ホームページ上に「プライバシーポリシー」という名称の文書を開示する事業体が多い——これも，上で述べた「ポリシー」(policy) と「声明書」(statement) の区別に従い，厳密には「プライバシー声明書」と呼ぶべきである——。

「プライバシーポリシー」は，事業体内でのプライバシー保護対策の出発点であり，事業体の構成員すべてが遵守すべき対策の基礎として，プライバシー保護に関する事業体全体としての方向性を規定したものである。したがって非開示が原則である。

これに対して「プライバシー声明書」とは，事業体が不特定多数の外部者に対して，個人情報の取扱いについての事業体としての基本的な取組み姿勢を伝達するための文書をいう[32]。「プライバシーポリシー」とは逆に，外部開示用の文書である[33]。個人情報の収集上の制限事項，第三者への開示制限，顧客

---

[32] JIS Q 15001『個人情報保護に関するコンプライアンス・プログラムの要求事項』では，「個人情報保護方針」（本書でいう「プライバシーポリシー」と同義）の記載事項として，次の4項目を要求している。
　① 事業の内容および規模を考慮した適切な個人情報の収集，利用および提供に関すること。
　② 個人情報への不正アクセス，個人情報の紛失，破壊，改ざん，および漏洩などの予防ならびに是正に関すること。
　③ 個人情報に関する法令およびその他の規範の遵守に関すること。
　④ コンプライアンス・プログラムの継続的改善に関すること。
[33] 本文でも述べたように，事業体外部への非開示を原則とする「ポリシー」と，外部開示を前提とする「声明書（ステートメント）」は明確に区別されるべきである。しかし JIS Q 15001 では，「個人情報保護方針」は「一般の人が入手可能な措置を講じなくてはならない」としており，本書のような区別はとられていない。これはおそらく，プライバシー保護というのは，対外部者との関係があってはじめて意味をもつものであることから，その基本方針は外部者にも開示される　　（次ページにつづく）

からの申し出による個人情報の照会および修正対応等が記載されることが多い。

　わが国の場合，個人情報保護法で対応が求められている事項をベースとしてプライバシー声明書を作成し，開示する傾向に収斂しつつあるようにみえる。そうではあるが，記載事項の詳細さの程度において，Webサイトを運営する事業体によって大きなバラツキがあるのも事実である。最近のプライバシー保護への関心の高まりからプライバシー声明書だけを開示する例が多い。ところが，なかにはプライバシー声明書とセキュリティ声明書の2種類を開示する例もある[34]。

　これらプライバシー声明書とセキュリティ声明書は，そもそもITコントロールの開示という性質をもっている。

　ITコントロールの開示という観点からみたとき，事業体が作成し公開するプライバシー声明書の記載項目の標準化と，消費者側のブラウザによる自動決定機能をサポートする「P3P」(Platform for Privacy Preferences Project) と呼ばれる技術が注目される[35]。この技術仕様に基づくP3Pポリシー生成ソフト

　　　べきである，というのがその論拠となっているように思える。この理屈はまったくその通りである。しかし，用語の混乱を避けるためには，外部に開示される文書とそうでない文書の区別は必要なように思えるのだが。

(34)　プライバシーにかかわる情報は，ITによって処理・蓄積されているとは限らない。手作業による処理や手書きの記録も含む。プライバシーという用語を使うときには，この点が強調されることが多い。それゆえ，本書でも「プライバシー声明書」というように，ITという限定をあえて付けていない。「プライバシー声明書」と「ITセキュリティ声明書」の2つを開示することは，一方には「IT」という限定が付き，一方には付かないという違和感は残るが，理屈として矛盾するものではないだろう。そうはいっても，本書ではいうまでもなくITの利用を前提としたプライバシー保護に焦点がある。

　　　また，プライバシー保護をもって，セキュリティ保護の構成要素，ないしは一側面とみれば，「プライバシー声明書」は「セキュリティ声明書」に含まれる関係になる。もし「プライバシー声明書」をもって，ITの利用を前提としたプライバシー保護にかかわる声明書というように限定して考えれば，概念的には，「ITプライバシー声明書」は「ITセキュリティ声明書」に含まれる関係になる。

(35)　P3Pとは，国際的なWeb技術標準化団体W3C (World Wide Web Consortium) によって勧告されている技術仕様である。

を使えば，タグ画面に必要事項を記入することによって手軽に XML（マークアップ言語のメタ語）で記述されたプライバシー声明書を作成できる。

このことは，事業体の側からみたときに，プライバシー声明書の記載事項の標準化を意味する。一方，消費者側からみたときには，事業体の Web サーバから送信されてきたプライバシー声明書を，あらかじめ消費者がブラウザに与えておいた条件（プリファレンスという）と自動的に照合し，合致しているかどうか，さらにはプライバシー声明書の要求事項を受け入れるかどうかを自動的に判別する[36]。

P3P は，消費者側が，事業体側による「コントロールを選好する」という発想で作られている。理論的に面白いのはこの点にある。従来，コントロールは事業体の自治の問題として，事業体外部者との関係をあえて切り離して議論されることが通例であった――事業体が採用すべきコントロールは，外部ユーザのニーズをいちいち反映すべきものではないし，また現実にできるものでもない。あくまでも事業体の責任において事業体の特性にマッチするように設定すべきものであるということ――。しかし P3P によれば，事業体と消費者との間において，事業体が適用すべきコントロールについての合意を得，または事業体が消費者ごとに個別的にコントロール手続を適用するという，これまでにはなかったコントロールの考え方を実現することができるからである。

IT コントロールの事業継続への役立ち

事業体がインターネットを介して対消費者（この取引形態を BtoC という），対企業（BtoB という），あるいは対政府・自治体（BtoG という）との間で電子商取引を行う場合，電子取引の特性に起因するリスク要因が知覚される。取引データの改ざん，盗み見，なりすまし，事後否認等々，である。しかし，よくよく

---

[36] なおここで注意しなければならない点は，P3P は，事業体が運営する Web サイトがホームページ上で開示している「プライバシー声明書（すでに述べたように，多くは「プライバシーポリシー」と称して開示されている）」を遵守していることまで保証する仕組みをもっているわけではないことである。

考えてみると，これらはいずれも通信ネットワークを介して行われる取引に特有のリスク要因というわけではない。対面取引でもありうる。公開鍵暗号によるデジタル署名を適切に使いさえすれば，上に挙げたリスク要因は対面取引よりも確実に防げる。

電子商取引に特有のリスク要因がもたらす影響の本質に迫るためには，ITシステム処理へのリスク要因がもたらす事業活動への直接的な影響と，取引データの改ざん等が事業体の信用失墜へとつながってゆく連鎖的影響にこそ着目することが重要である。

営業用の店舗をもたず，インターネットを利用して取引を行ういわゆるネット企業では，取引の受付処理を行うWebサーバの機能停止は事業継続の停止に直結する。また一般の事業体においても，事業活動のITシステムへの依存度が高まるにつれて，ITシステム処理にかかわるリスク要因が事業継続にも影響を与える事態を想定せざるをえなくなってきている。

従来，事業継続への影響という観点からは，もっぱら緊急時対応計画（contingency plan）あるいは災害復旧計画（disaster recovery plan）というITシステムの危機管理が議論されてきた。大規模な自然災害など，発生可能性はきわめて低いがひとたび発生した場合の予想損失額が事業存続に影響を与えるほどに莫大となるような事態を想定したきわめて特殊な管理計画である。事業の特性やITシステムへの依存度によって異なりうるが，基本的には，危機管理計画は，災害に備えた「事前計画」，災害発生時の「初期対応計画」，および災害発生後の「復旧計画」に分けることができる。危機管理は，図2-8で示す領域（影響強度：強　発生可能性：低）を対象としたITリスク管理である。

したがって，ITシステムにかかわる危機管理は概念的にはITリスク管理に含まれるが，日常の業務活動に直接的に組み込まれて行われるものではないこと，二次災害の防止や大掛りな修復計画を含む点で，日常的に発生するITリスクのコントロールを前提とするITリスク管理活動とは，かなり異質な位置づけにある[37]。

しかしいわゆるネット企業にとっては，Webサーバの機能停止を狙った

2.4 IT コントロールの応用的展開　　133

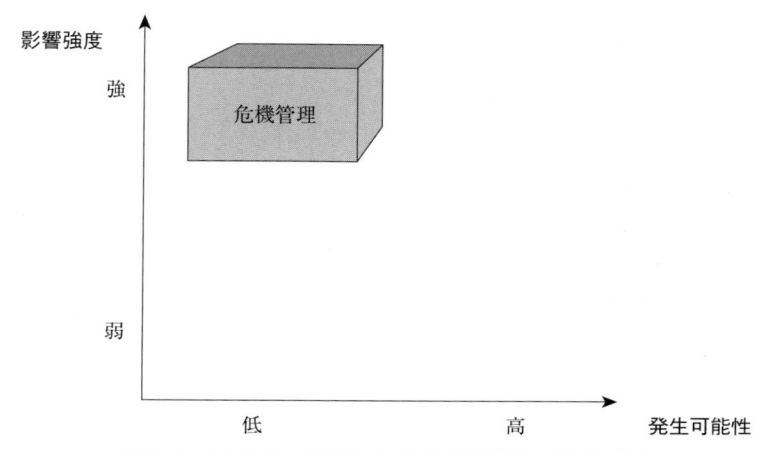

図 2-8　IT リスク管理における危機管理の位置づけ

Dos 攻撃などが，事業継続にとっての致命傷となる可能性がある。そこで，日常的にも発生しうるリスクとかかわらせた事業継続管理（business continuity management：BCM）が注目されるようになってきた。

　事業継続管理とは，業務活動の中断を未然に防止し，仮に中断せざるを得ない状況に陥ったときに，中断時間をできる限り短くし，その復旧をすみやかに行うための管理活動である。もちろん大規模な災害を想定した緊急時対応や災害復旧も事業継続管理には違いない。

　事業継続管理は，文字通り，事業活動を中断させないための管理であるが，その本質において「事業存続」（事業継続ではない）としての観点が色濃く反映されている点を見落としてはならないだろう。IT システムに対する攻撃や妨害がシステム機能を阻害し，そのときの対応を誤ったことによって，結果として

---

(37) 発生の可能性はきわめて低いが，ひとたび発生すると莫大な損害が予想される領域を対象としたリスク管理では，リスクの処理方法として「リスク移転」が選択され，とくに日常的な管理は行わず，損害は保険によって補填するという意思決定が行われることが多いように思われる。それゆえ，概念的には危機管理はリスク管理に含まれるが，緊急時対応のリスク管理だけをとくに取りあげて危機管理として特別な注意を向けることには意味がある。

事業活動の長時間にわたる停止，そして事業体の評判の失墜にまでITリスクが連鎖する可能性があるからである。

このように事業継続管理は，単にITシステムを止めないようにするためにはどうすればよいかということではなくて，ITシステムの機能停止などの脅威が，戦略計画の達成を阻害し，最悪の場合には事業破綻にまでつながる可能性があることを想定した管理なのである。事業継続管理の本質は，ITリスクの連鎖性という観点から捉えられるべきであろう。

また，事業継続管理をもって，緊急時対応や災害復旧との違いをより鮮明にするためには，ITシステムの機能が阻害されたときに，許容できるサービス水準が提供できるかどうかという観点で考える管理こそ，事業継続管理であるという点が強調されるべきであろう。事故や災害によってITシステムの機能が阻害されれば，もともとのサービス水準を提供することはできない。しかし，サービス水準の低下をどこまで許容するかをあらかじめ決定し，それに基づいたコントロールを設定することが重要となるのである。

ITコントロールの成熟度評定

ITコントロールは継続的に維持改善が図られなければならない。ここでいう「維持改善」には，次の2つの意味がある。

第1に，ITコントロールは，戦略計画の変更，組織構造の再構築，取引環境の変化，新たな攻撃手段の出現，あるいはそれらに伴うITリスクの変動を反映したものでなければならないという意味での維持改善である。これがうまくゆけば，結果としてコントロールの効果が高められる。与件変化に伴う改善であるから，どちらかといえばITコントロールの特定の水準（この水準が適正水準であるとは限らない）を想定し，その水準を「維持する」というニュアンスが強くなる。

第2は，現在のITコントロールの水準を，理想的な水準に向けて，段階的に高めてゆくという意味での維持改善である。かならずしも経営環境の与件変化を前提としないこと，そして目標としてのITコントロールの水準が明示的

2.4 IT コントロールの応用的展開

に想定されている（数量水準として把握されるわけではないが）という点で，第1の意味と区別される。現在の IT コントロールの水準を，あるべき IT コントロールの水準に向けて高めてゆくという意味で，どちらかといえば「改善する」というニュアンスが強くなる。

IT リスクの大きさに基づいて IT コントロールを設計すれば，第1の意味における IT コントロールの維持改善という考え方は取り込まれる。しかし第2の意味，すなわち IT コントロールの水準を高めてゆくという発想は IT リスクの大きさに基づいた IT コントロールの設計とは，概念的にはまったく別のものである。

これまで電子商取引の経験がない小規模な事業体が，Web 技術を使った新たな事業展開をしようとするとき，いきなり高度で包括的な IT コントロールの設定を求められても，現実にはとても対応しきれるものではない。むしろ IT コントロールの水準を段階的に引き上げてゆく方が現実的な場合がほとんどであろう。事業体の規模，利用する技術手段とそれが戦略計画や業務活動に及ぼす影響を無視して，いきなり高水準の IT コントロールの設定を求めても，現実には不可能であったり，仮に形だけ設定しても機能しないことが多いだろう。

そこで IT コントロールをレベル分けすることによって，現在の IT コントロールの水準を知り，また目標とすべき水準との乖離を知るために役立つ考え方が，IT コントロールの「成熟度モデル」(maturity model) である[38]。

---

(38) ここで示したモデルは，ソフトウェア開発プロセスの能力評価のための成熟度モデル（Software Engineering Institute [1993]），およびそれをシステムのセキュリティエンジニアリングに援用した技術仕様「SSE-CMM」(Information Systems Security Engineering Association [1999]) で用いられる5段階モデルを参考にしている。
　ちなみに SSE-CMM は，それぞれの成熟度段階と，それに対応する要求特質を次のように定義している。Information Systems Security Engineering Association [1999], pp. 6-7.

- 非公式な段階
  - 最低限の主要な手続を実施している
- 計画と追跡がある段階
  - 手続の実施を計画している

(次ページにつづく)

136　第2章　ITコントロールの概念構造

レベル1 (とりあえず実施)	レベル2 (計画して実施)	レベル3 (標準化して実施)	レベル4 (定量的に実施)	レベル5 (継続的に改善)
最低限のITコントロールが場当たり的に実施されている	ITコントロールは計画され、結果が追跡されている	ITコントロールのプロセスが標準化され、周知徹底されている	定量的なITコントロール目標が設定されている	ITコントロールが事業体の価値向上に結びつくように継続的に改善されている

図2-9　ITコントロールの成熟度モデル

　図2-9はITコントロールの成熟度モデルの基本的な考え方を描いたものである。図の上段は，ITコントロールが段階を追って成熟してゆくイメージを表わしている。図の後段は，レベルごとに要求される特質である。

　レベルごとに要求特質を定義し，それが達成されていることをもって，ITコントロールの水準がどの段階にあるかを判別する。成熟度のレベルが上がってゆくに従って要求特質も高度になる。いうまでもなく上位の段階は，それよ

　　　・手続の実施を訓練している
　　　・実施結果を追跡している
　　　・実施結果を点検している
　● プロセスを標準化している段階
　　　・手続の標準を定義している
　　　・標準となるプロセスがある
　　　・定義されたプロセスを実施している
　● 定量的なコントロールがある段階
　　　・測定可能な品質目標を設定している
　　　・客観的な業績管理を行っている
　● 継続的に改善している段階
　　　・組織能力を改善している
　　　・プロセスの効果を改善している

2.4 ITコントロールの応用的展開

りも下位の要求特質を満たしていなければならない。もし各レベルの要求特質を複数の特質からなるものとして定義すれば，そのうちの一つでも満たされなければ，それより一つ下の段階として判別されることになる。

このように，成熟度モデルをより客観性の高いものとするためには，成熟度のレベルごとの要求特質をどれだけ厳密に定義できるかにかかっている。その一方で，成熟度のレベルをあまり細かくしすぎると，実際の判別で使いにくくなる。段階の区切りと，それぞれの段階での要求特質の厳密さの程度は，成熟度モデルをどのような目的に使うかにかかっている[39]。

使い道によっては，次のような3段階のモデルでもよいだろう。

- レベル1：必要かつ十分なITコントロールがなく，最低限のコントロールが場当たり的に適用されている段階
- レベル2：必要かつ十分なITコントロールが，規定として整備されている段階
- レベル3：必要かつ十分なITコントロールが，規定に従って実際に運用されている段階

それでは，成熟度モデルはどのような目的に利用できるだろうか。それは次の4つに要約できそうである。

---

[39] 要求特質をどのような観点から定義するかは，それほど簡単なことではない。要求特質として定義すべき対象を「プロセス」とみるか「手続」とみるか，あるいは「管理特質」とみるか「技術特質」とみるかによって，定義される要求特質はかなりニュアンスが異なったものとなるだろう。したがって，少なくとも定義の視点なり，切り口を統一する必要がある。

とはいえ，エンジニアリングへの適用など，その利用対象を技術的領域に限定しない限り，要求特質の定義の厳密さの追及には限界がある。たとえばレベルごとの要求特質として「エラー率xx％」といった定量的な定義が使えれば，それだけ段階の区切りを厳密にできるが，到底すべてのITコントロールに適用することはできない。かといって，あまりにラフな定義ではレベルの判別に支障をきたす。ここに要求特質の定義の難しさがある。また，成熟度モデルをコントロールという，抽象的で，さまざまな側面をもつ対象に適用するとき，そもそもその「水準」というものをどのように考え，どのように定義するかというより根本的な問題がある。

- ITコントロールがまったくない状態からITコントロールが最適な状態までの幅のなかで，現在，どの段階にあるかを知ることができる。現状把握のための評価指標として使うことができる。たとえば，個々の業務システム（または業務プロセス）ごとのITコントロールの成熟度をレーダーチャートで表わせば，業務システムごとのコントロール水準のデコボコが一目でわかる。また，国際標準や業界標準とされるベンチマークがわかれば，それとの比較も可能となる。
- ITコントロールの目標水準を明確にし，それを達成するためにはどのような要件が必要かを明らかにすることができる。事業活動のITへの依存度やITリスクなどを考慮して，目標として選択したレベルを達成するために，現状で不足している点，改善すべき点を明らかにすることができる——ただし，そのためには要求特質を細かく定義する必要がある——。
- 自己評価の手段として利用することによって，段階を追ってITコントロールの水準を上げてゆくときの道しるべとなる。ユーザ部門に対してITコントロールの実行責任を明確に意識させ，経営者層への説明責任を果たす手段とすることができる。
- ITコントロールの評定における判定のランク付けとして利用できる。これまでのようにコントロールが「適切である」あるいは「適切でない」という白か黒かの評定ではなく，コントロールが「××段階にあること」といったこれまでにはない評価が可能となる。

　成熟度モデルの本質を考えるとき，ITコントロールの水準を段階的に引き上げてゆくということ以外に，もう一つ大事なことがある。それは，成熟度モデルというのは，それ自体，ITコントロールの「評定」をすでに織り込んでいることである。ITコントロールの評定を行わなければ，どの成熟段階にあるかを把握することはできない。すでに述べたように，成熟度モデルはITコントロールの自己評価としても，また第三者評価としても利用できるというのは，このことをいっている。

表 2-2　IT コントロール目標と成熟度との対応

	レベル 1	レベル 2	レベル 3	レベル 4	レベル 5
機密性のコントロール		×			
完全性のコントロール				×	
可用性のコントロール				×	
効率性のコントロール			×		
有効性のコントロール			×		
⋮					

　ところが，この問題を突き詰めて考えてゆくと，各段階での「要求特質」と「IT コントロール目標」との関係をどう考えるかという，厄介な問題に行き当たる。もし IT コントロールの現状把握として自己評価を行うために，目指すべき目標を設定しようとすれば，「IT コントロール目標」と成熟度を規定する「要求特質」の区別はいきおい曖昧なものとなる。ともに IT コントロールの目標であり，かつ評価規準に違いないからである。あえて区別しようとすれば，IT コントロール目標は IT コントロールによって達成すべき IT システムや IT プロセスの品質を規定する尺度（先行尺度）であって，一方，成熟度の要求特質は IT コントロールの目標達成度を測定するための尺度（遅行尺度）であるとして，見方を切り離すしかない。

　ちなみに先にみた COBIT では，IT プロセスが満たすべき 7 つの IT コントロール目標を IT コントロール規準として掲げているが，これと 5 段階からなる成熟度の要求特質とが概念的には完全に切断されてしまっている。あえていえば，各 IT コントロール目標の達成度を全体としてみて，それを成熟度ごとにランク分けする考え方がとられているように思える。

　そこで，「IT コントロール目標」ごとに「成熟度」を対応づけようとすれば，表 2-2 のような工夫ができるであろう。

IT コントロールの定量評価

　事業体が電子商取引を展開しようとする場合，独自に機器や人材を手配する

手間を省き，またセキュリティ上の不安を軽減するために，データ処理やネットワーク処理を外部の処理センター（データセンター）に委託することがある。

このような外部委託は，ITリスクの処理方法の一つである「リスク移転」として使うこともできる。自前でITシステムを運用することによるリスクを第三者に転嫁，または第三者との間で分有することになるからである。

データセンターのサービスは多様で，機器スペースを提供するハウジングサービス，サーバを提供するホスティングサービス，大容量の記憶装置を提供するストレージサービス，さらにはそれらの基幹サービスに付随してあるいは別個にITセキュリティ対策等の専門サービスが提供されている[40]。

ハウジングサービス，ホスティングサービス，ストレージサービスを利用するということは，契約として明記されていると否とにかかわらず，結果としてITコントロールを事業体外部のデータセンターに任せることになる。またITシステムは基本的には自前で構築し運用するが，特別なITセキュリティ対策のみをデータセンターに委託するというあり方もあるだろう。いずれにせよ，データセンターを利用するということは，ITコントロールの整備と運用の一部またはすべてがデータセンターの管理体制に依存することを意味する。

そこでとくに，ファイアーウォールの運用，不正アクセス監視，コンピュータウィルス対策などの情報セキュリティサービスをデータセンターから受ける場合，その契約の中に，サービスレベル合意（service level agreement：SLA）を含めることが多い。

サービスレベル合意とは，受託側（データセンター）が達成すべきサービスの水準を委託側との間で取り決めておくことをいい，通例，そのサービス水準は

---

[40] IDCイニシアティブ次世代基盤検討部会では，インターネットデータセンターを「セキュリティが高い環境を，低コストで利用でき，即座にネットワークビジネスが始められるように，災害に強く監視体制も整備された建物で，顧客のサーバ等のコンピューター一式を預かったり必要なハードウェア・ソフトウェアを貸し出したりするビジネス拠点」（IDCイニシアティブ次世代基盤検討部会［2002］，Ⅰ−1ページ）と説明している。データセンターを活用することで，単なるデータ処理やネットワーク処理の代行のみならず，高度な専門サービスを受けることができるので，マクロ的にみたとき，このような事業者がeビジネス展開の鍵を握る可能性がある。

「数値」を使って表現される。その合意内容を文書化したものをサービスレベル合意書という。

次のようなIT コントロールについての合意事項が定量的に定義される。

- 不正アクセス監視：24 時間 365 日
- 公開サーバへの攻撃報告の提出：攻撃発見時より 10 分以内
- フォイアーウォールログの確認：1 回/12 時間
- コンピュータウィルス検索：1 回/1 日

　サービスレベル合意書を取り交わすことで，IT システムの運用が外部委託される場合においてとかく不透明となりがちな受託側によって提供されるIT コントロールのサービスレベルを，委託側において明確に把握することができる。

　このようにサービスレベル合意とは，端的にいえば，IT コントロールに対して数値に基づく目標管理の考え方を取り入れたものである。その意味において，サービスレベル合意は，目標数値を基準とした IT コントロールの定量評価の可能性を示唆している。

　たとえば，フォイアーウォールログの確認という IT コントロールの目標値を「12 時間ごとに1 回」としたとき，実際に「24 時間ごとに1 回」しかログ確認が行われていなければ，そのサービスレベルの達成度は 50%となる。もしこのコントロールのサービスレベルをコントロールの機能レベルと単純に置き換えてみれば，「IT コントロールの機能レベルは 50%」と表現することができるからである。このような IT コントロールの定量評価モデルは，すでに述べた IT コントロールの外部開示，事業継続管理，成熟度評価への応用が期待できる。

2.5　IT ガバナンスの展開

　最近，あちこちで「IT ガバナンス」という言葉が登場する。コーポレート

ガバナンスという言葉を参考としたであろうことは容易に想像がつく。

ITガバナンスとは何か。それは「ITをガバナンスする」のか，あるいは「ITを使ったコーポレートガバナンス」なのか，それともまた「ITと経営との関係，あるいはITと戦略計画との関係をガバナンスという観点から見詰め直す」といった程度の意味なのか。そもそもこのような新しい言葉を使うことの積極的な理由はどこにあるのだろうか。これまで使われてきたIT管理という言葉ではいけないのか。

このような問題意識に基づいて，ITガバナンスとは何か，なぜこのような概念が必要とされるかを考えてみたい。

ITガバナンスの定義

コーポレートガバナンスについての議論の多相性は，つまるところgovernという行為に対するアプローチの仕方，すなわち誰がgovernするのか，何をgovernするのか，どのようにgovernするのかについて，論者によって，その見方や重点の置きどころが異なっているところからきているように思う。

たとえば「株主が配当を高めるために，議決権の行使を通じて，より有能な経営者への交替を求める」という言い方がすっきりと受け入れられるのは，少なくともgovernの目的，主体，対象，方法が明確に伝わってくるからである。

しかし経営者層を規律づけ，影響を及ぼすのは株主だけではない。また事業体は経営者だけで動いているわけでもない。もし株主が経営者に対して何らかの影響力を及ぼすことがあれば，それは経営者層の経営意思決定や監督活動の内容を左右し，それが管理者層によって行われる管理活動や従業員の日常業務や動機付けにまで何らかの作用を及ぼすことになるだろう。

このような影響の波及をどのように捉え，どこで線引きするか。すなわち，どこまでがガバナンスで，どこからがガバナンスでないか。何がガバナンスに含まれ，何が含まれないか。この仕切線の未整理が，コーポレートガバナンスについて広狭さまざまな定義を生み，ガバナンス論の多相性となってあらわれ

ているように思えるのである。

　ところで，IT をガバナンスと絡めて議論しようとするとき，そもそも IT は単なる手段に過ぎないのではないか，あるいは IT というのはそれをどのように動かすかというオペレーショナルなものではないか，という考え方が依然として強固に立ちはだかっていることを考慮しなければならない。多くの人達が IT とガバナンス論との結びつきに違和感をもつのは，おそらくこの立ちはだかっている壁にある。

　IT ガバナンスという概念が登場した背景を一言で表現しようとすれば，この壁をいかにして乗り越えるか，すなわち事業戦略と IT との関連づけをいかにして効果的に実現するための仕組みを整えるかにあったといっても過言ではない[41]。

　以下で取りあげる IT ガバナンスのいくつかの定義をみるとわかるように，何よりも事業戦略と IT との関連づけが強く意識され，それを事業目的達成のための IT 戦略として事業体全体にいかにして浸透させるか，その点にこそ焦点を当てようとしているのである。

　IT ガバナンスに関する主だった定義として，次のものがある。

① 「企業が競争優位性構築を目的に，IT（情報技術）戦略の策定・実行をコントロールし，あるべき方向へ導く組織能力[42]」

---

(41) 本書では，「戦略」という用語をたびたび使ってきた。戦略をどのように定義し，分類するかは本書が主題とするところではないが，いま仮に，戦略を，corporate strategy 企業戦略（複数の事業の相互関係とポートフォーリオを思案すること），business strategy 事業戦略（市場競争における最善の特徴的優位の最大化を思案すること），functional strategy 機能戦略（特定の機能に割り当てられた資源の効果的な配分を思案すること）という 3 つの階層に分けたとき，IT についての戦略は従来より機能戦略のレベルに位置づけられるものと理解されてきたといってよいであろう。Allen & Morton [1994], p. 203.（富士総合研究所訳 [1995]，208 ページ。）

　しかし最近では，IT の戦略的位置づけは，機能戦略の一段上にある「事業戦略」のレベルに焦点を合わせるようになってきているようにみえる。そこで，ここではあえて「事業戦略と IT のリンク」という言い方をした。いわゆるネットビジネスでは，IT 戦略を企業戦略そのものと考えざるをえないだろう。

(42) この定義は，通商産業省（現 経済産業省）が公表した　　　　　（次ページにつづく）

② 「ITガバナンスとは，ITとITプロセスについてのリスクとリターンとの整合性を確保しながら価値を付加することによって，事業体がめざす目的を達成するために，事業体を指揮しコントロールする相互関連とプロセスの構造である。(43)」

③ 「ITガバナンスとは，主にIT化により新たに生じるリスクの極小化と的確な投資判断に基づく経営効率の最大化，すなわち，リスクマネジメントとパフォーマンスマネジメントであり，さらに，このリスクとパフォーマンスのマネジメントを実施するに当たっての，健全性確保のためのコンプライアンスマネジメントの確立である。(44)」

④ 「ITガバナンスは，取締役会および上級経営者の責任である。ITガバナンスとは，事業体のガバナンスの主要部分であり，ITが組織の戦略と目的をうまく達成し，さらなる展開を確実にするための指揮系統，組織構造，およびプロセスからなる。(45)」

⑤ 「ITガバナンスはIT戦略の一環であり，IT戦略の策定から実現までの一連の活動をコントロールし，ITのあるべき姿の実現に向けたITマネジメントプロセス，IT標準およびIT体制を構築する組織だった活動のことである。(46)」

『企業のITガバナンス向上に向けて—情報化レベル自己診断スコアカードの活用—』と題する報告書において示されたものである（通商産業省 [1999]）。その副題が示すように，ITガバナンスがどの程度有効に機能しているかを診断するための道具を提供するもので，ITガバナンスについての概念的な検討を行ったものではない。

(43) この定義は，情報システム監査・コントロール協会（ISACA）のCOBIT運営委員会およびITガバナンス協会によって公表されたCOBIT第3版において示されたものである（COBIT Steering Committee & IT Governance Institute [2000]）。

(44) この定義は，日本監査役協会が，「IT活用に伴う経営の変化への監査対応」の検討を目的にITガバナンス委員会を組織してまとめた『ITガバナンスにおける監査役の役割』と題する報告書（日本監査役協会 [2001] 所収）で示されたものである。

(45) この定義は，ISACAが設立したITガバナンス協会によって公表された『ITガバナンスに関する取締役会のための簡潔な説明』（*Board Briefing on IT Governance*）と題する報告書のなかで示されたものである（IT Governance Institute [2003]）。ISACAによって設立された機関の報告書であるから，基本的な考え方はCOBIT第3版のそれをそのまま引き継ぐものであるが，ITガバナンスを正面から捉え，その構造とあり方を描こうとしている。

これら5つの定義に共通の特質といってよいのは，繰り返しになるが，ITと事業戦略との関連づけをいかに図るかという視点でITガバナンスを構想しようとしていることである。そして，経営者層への規律づけに焦点を合わせつつも，ITと事業戦略とのリンクによって生まれるIT戦略をいかに組織全体にうまく浸透させるか，という視点を取り込もうとしていることであろう。

このような視点を尊重しつつ，本書での定義を示してみよう。

「ITガバナンスとは，コーポレートガバナンスの一側面であって，事業体の目的達成を効果的に方向づけるために，IT戦略の実現とITの運営を対象とした，事業体の内部および外部からする経営者層に対する規律づけと影響力の行使をいう。」

以下では，この定義をもとに，ITガバナンスの輪郭を描くための作業を進めてゆくことにしよう。

ITガバナンスとコーポレートガバナンスの関係

コーポレートガバナンスの定義や理解の仕方はさまざまであるが，より一般的に「経営者層を規律づけ，影響を与えることによって，事業経営の方向づけを行うこと」と理解することにすると，コーポレートガバナンスとITガバナンスはどのような関係として理解されるべきであろうか。

COBIT（第3版）は，コーポレートガバナンスとITガバナンスとを一応切り離して別の概念としてみるが[47]，両者には密接な相互依存関係があるとい

---

(46) この定義は，「必ずしもITが事業戦略とうまく結合されて使われていない」あるいは「ITの潜在的能力が十分に引き出されず，むしろ不適切な使われ方すらないわけではない」という現場の実務感覚からITガバナンスの確立を提唱した文献（甲賀・林口・外村［2002年］）で示されたものである。

(47) COBITでは "Enterprise Governance" という言葉が用いられているが，これはコーポレートガバナンスと同義と考えてよいであろう。Corporate Governance と Enterprise Governance は，概念的に区別できないわけではないように思える。しかし，少なくとも本書での議論においては，この違いを詮索してみても意味はない。

う理解の仕方をしている。すなわち，コーポレートガバナンスはITガバナンスのあり方を規定し，その一方でITガバナンスはコーポレートガバナンスに影響を与えるという関係である。COBITがとる立場は，コーポレートガバナンスとITガバナンスとは密接不可分の関係にあるが，概念的には両者は別のものである，というものである。一方が他方に含まれたりとか，あるいはこの2つの概念が上下関係をもって認識されるという見方をしていない。

しかし本当にそうだろうか。コーポレートガバナンスを先のように経営者層への規律づけを通じた事業経営の方向づけと理解するとき，ITガバナンスはコーポレートガバナンスの一側面を表わしている，とみる方が自然なように思えてならない。2002年春にわが国で起こったある大銀行の合併に伴う大きなオンライントラブルで，経営者層のリーダーシップや規律づけの機能不全が根本原因の一つとみられたこと[48]を考えても，本書のような理解の方が受け入れられやすいように思える。さらに，事業戦略へのITの組み込み，別の言い方をすればITリスクが事業戦略レベルのリスクとなってきていることにITガバナンス提唱のキッカケを求めるならば，コーポレートガバナンスの一側面としてITガバナンスを理解する方がやはり無理のないように思える[49]。

COBITと同じ系統と考えてよいITガバナンス協会の定義では，コーポレートガバナンスとITガバナンスとの関係についてのCOBIT（第3版）の理解

---

(48) 日経コンピュータ[2002]，24-32ページ。

(49) ここであえて「一側面」といっているのは，いうまでもなく経営者はITだけを戦略策定の要としているわけではないからである。しかし，戦略策定においてITが占める重みが徐々に増えてきていることは事実であろう。その意味で，「事業戦略としてのIT戦略」という場合，事業戦略として示されるもののうち，どこまでがIT戦略で，何がIT戦略に含まれないのかという境界線が見えにくくなってきているように思える。

ITガバナンスだけでなく「情報セキュリティガバナンス」という用語まで登場した。IT Governance Institute [2003]．この文献では，情報セキュリティガバナンスの定義は明らかではないが，経営者層における戦略策定において情報セキュリティへの対処がきわめて重要となってきたこと，したがって情報セキュリティに対する取締役会および経営者の積極的な関与が重要となってきたことが背景としてあるようである。概念的には，ITガバナンスの「一側面」（ITセキュリティ面）を強調したものと考えてよいだろう。

の仕方に修正をくわえた。ITガバナンス協会の定義では，ITガバナンスがコーポレートガバナンス（エンタープライズガバナンス）のなかに組み込まれるものであることを明確にしたのである。コーポレートガバナンスをうまく機能させるためにはITガバナンスがどうしても欠かせない，とみるのである。このようにITガバナンスはコーポレートガバナンスから切り離して考えるのではなく，ITという視点からコーポレートガバナンスをみたのがITガバナンスであると考えられるのである。

　甲賀氏らによれば，ITガバナンスは「ITマネジメントプロセス」，「IT標準」，「IT体制（組織）」から構成されるものとされている。ここでいうIT標準などは，まさにITという独自の視点からするガバナンスの典型例と理解してよいだろう。わけてもIT標準を例として用いるのは，ITの固有領域を明確にしやすいからである。IT標準については，ネットワークのオープン化によって，セキュリティ標準の設定をこれまで以上に厳格にせざるをえなくなってきており，その一方でデータインテリジェンス技術の進展によって細かな統一化が不要になってきている領域もある。このことはITに特有の問題であるが，どのような水準で統一化を図るかは事業戦略や事業組織と関係づけて全体のバランスのなかで決定されなければならず，そこにこそ標準化の成否の鍵がある。だからIT標準はコーポレートガバナンスの一側面としてのITガバナンスを指しているものと理解できるのである。

ITガバナンスの二層性

　経済産業省の報告書にみるITガバナンスの定義では，ガバナンスをもって「組織能力」と考えている。その際に，取締役会，CEO（最高経営責任者），CIO（情報技術統括役員）がITに対して果たすべき役割（これを当該報告書では「経営トップの意思決定構造」と呼んでいる）と，それを支援するIT部門を中心としたスタッフ機能（これを当該報告書では「スタッフ機能のパフォーマンス」と呼んでいる）という，2つの階層における組織能力を区別するのである。つまり，経営者層レベルにおける組織能力と，それを支援するためのスタッフ職能レベルにおける

組織能力である。

　ここでいう経営者層レベルの組織能力とは何か。それは，ITを差別化戦略のための用具として使って事業戦略を立案できるだけの能力をもったCIOが任命され，彼の使命や権限が明確にされるとともに，彼の意思決定や指示の適切性が取締役会でチェックされるような仕組みをつくり，それをうまく動かすことである。高度なIT能力をもったCIOが任命される仕組み，CIOの使命と権限の明確化，そしてCIOの仕事をチェックするための仕組み。この3つを整えることがITガバナンスということになるだろう。

　また，スタッフ職能レベルの組織能力とは何か。これは次のような例を考えればよいだろう。すなわちIT部門は，社内のIT活用能力を見極めたうえで，経営者の戦略立案に際して複数の戦略オプションを提示でき，そのための全社的教育を行えるだけの支援機能をもたせることである。

　このようにITガバナンスに2つの階層を区別するとき，各階層はバラバラに機能するものではないだろう。経済産業省の報告書でも，経営者層の意思決定構造に重点を置きつつ，経営者層のスタッフ職能をもつIT部門（IT戦略部門）が果たす役割の重要性が指摘されている。

　これと類似する考え方をとるのがITガバナンス協会の報告書である。この報告書では，ITガバナンスの成否が，執行者たる経営者とその監督機関たる取締役会の役割と責任にかかっていることが繰り返し強調される。その上で，ITガバナンスは組織階層のさまざまなレベルで機能すべきだという。すなわち，規律づけられた経営者層の方針やそれによって形成される組織風土が，組織の末端にまで確実に浸透することによって，はじめて事業体全体としてガバナンスがうまく機能する。このようなITガバナンスの浸透メカニズムは，コントロールの構成要素としてのコミュニケーションを通じて達成されるというのである。

　たとえば，業務の現場責任者は，彼らの直接の上司たる管理者から指示を受け，また管理者に対して業務の結果を報告しなければならない。その管理者は経営者から指示を受けつつ業務報告を上げ，経営者はさらに取締役会からの指

示を受けて報告するという情報伝達の仕組みである。もちろん階層ごとの横のつながりにおける情報伝達も必要である。

　ガバナンスの目的が事業活動の方向づけにある以上，経営者層への規律づけの結果が事業体組織の末端に至る業務活動にまで浸透しなければならない。IT戦略に焦点を合わせた経営者層に対する規律づけがITガバナンスの核心である。その上でITガバナンスの実効を確かなものとするためには，事業戦略とITとのリンクから生まれたIT戦略を，業務活動や組織構造に反映させ，業務活動と組織構造をうまくコントロールしなければならないのである。ITガバナンスを二層的に把握しようとする議論は，実のところ，このようなIT戦略の事業体全体への浸透という考え方が下敷きとなっている。

ITガバナンスとIT管理の関係

　上で述べたITガバナンスの二層性のうちの下層部分，すなわちIT戦略の事業体全体への浸透という点をクローズアップすると，1980年代から1990年代にわたって盛んに議論された事業戦略とIT戦略との統合を目指す，「戦略」，「IT」，「業務活動」そして「組織構造」のベクトル合わせの管理の議論と重なってみえる。ITガバナンスが，IT管理（ITマネジメント）の姿をかえた蒸し返しとして映ることがあるのはそのためである。また先に引用した日本監査役協会や甲賀氏らの定義のなかに「マネジメント」という言葉が登場することからもわかるように，そもそもITガバナンスとIT管理との区別はつきにくいということもいえるであろう。

　IT管理の核心は，端的にいえば，ITを対象とした経営者による「目標設定」と，その「コントロール」のプロセスにある。事業体における組織階層のなかで，管理者層や従業員層は，経営者層によって指揮される。IT管理は，基本的には，経営者層による管理者層への影響力の行使であり，管理者層による従業員層への影響力の行使である。それでは，経営者に対する牽制は誰がどのように行えばよいか。経営者の誤ったIT戦略の策定を防止し是正するにはどうすればよいか。経営者の弛みによる事業活動への影響をどのように排除す

ればよいか。ITガバナンスは，これらの問題への解を求める議論であるように思う。ITガバナンスは，このような経営者に対する影響力の行使と規律づけこそを問題とするのである[50]。

ITガバナンスとIT管理との違いについて，別の見方をしてみよう。ITガバナンスには，これまでのIT管理でほとんど議論されなかった固有の領域がある。それは，クライアント指向のシステム構築からくるコントロール責任の分散問題への対処ということである。IT部門によって情報やシステムが一括して管理されることがほとんどなくなってきている現状では，数段階の業務プロセスを経て作成された情報であって各部門に分散されている情報のオーナーは誰かという問題や，個々のクライアントシステムのコントロールに誰が責任を負うのか，ということが新たな問題となっている。

事業体全体としてのIT管理の求心力を求める動きが活発になってきているのはそのためである。CEOまたはCIOによる署名を求めるITセキュリティポリシーなどは，そのもっとも代表的な例といってよいだろう。そこで取締役会には，有能なCIOの任命とその使命の明確化，そしてITセキュリティポリシーに承認を与えることなどを通じて，ITガバナンスの機能を発揮することが求められるのである。

ITガバナンスとIT管理との違いついてのもう一つの違った見方は，事業体外部からの影響力の行使をどのように考えるかということである。ITガバナンスは，外部利害関係者の直接的あるいは間接的な影響力の行使という視点を明確なかたちで取り込む。より一般的な言い方をすれば，事業体外部の利害関係者（プリンシパル）と経営者層（エージェント）との間のエイジェンシー関係

---

(50) 伊丹教授の本のなかに，コーポレートガバナンスとマネジメントとの違いについて述べているくだりがある。次のようにいう。「コーポレートガバナンスは，企業のマネジメントとはちがう。企業のマネジメントは，経営者をはじめとする経営管理者層によって行われる，事業活動の制御行為である。その制御行為を，企業の市民権者は経営管理者層に託している。その制御行為の担当者たる経営層，とくに経営者に対するチェックが，コーポレートガバナンスなのである。」伊丹［2000］，18ページ。本書で展開しているガバナンスとマネジメントとの違いについての議論は，教授のこのような考え方を援用させてもらっている。

を前提とした影響力の行使である。エイジェンシー関係を広く解釈すれば，経営者層と管理者層，管理者層と従業員層との間にも，この関係を認めることができる。

しかしITガバナンスは，外部利害関係者と経営者層との間の関係に焦点を当てるのである。したがって，株主が自らの株主価値の最大化を経営者層に対して要求し，それに従わない場合には何らかの制御・制裁行為が課されることは，外部からの影響力の行使の代表的な例であろう。またIT業務の外部委託で，委託側が受託側に対して，一定水準以上のセキュリティ対策を要求するといったことも含めてよいだろう。IT管理でも，もちろん外部環境との関係は考慮する。しかしIT管理というのは，外部利害関係者からの経営への直接介入を前提としない。ここにITガバナンスとIT管理との決定的ともいえる違いがあるのである。

すでに述べたITガバナンスについての定義のほとんどで，ITガバナンスとIT管理との区別がつきにくく映るのは，事業体の外側からの影響力の行使あるいは規律づけという要素をITガバナンスに含めていないことにあるように思う。

図2-10は，ここまでの議論を踏まえて，ITガバナンスとIT管理（マネジメント）との違いがわかるように，その関係を描いたものである。ITガバナンスとIT管理との違いは，組織上の階層関係を念頭に置いて考えると，わかりやすい。

すでに述べたように，ITガバナンスは，経営者層に対していかに影響力を行使し，いかに規律づけるかということである。したがって，取締役会を監視機関として位置づけるとき，取締役会が経営者に対して，IT戦略の方向づけを行い，それを監視し，必要に応じて是正措置をとることがITガバナンスの第一の機能といってよいだろう。図2-10のなかで事業体の組織内における太線として示した上から下への影響関係である。

これに対してIT管理とは，経営者（とりわけCIO）が管理者層（とりわけIT

152 第2章 IT コントロールの概念構造

```
                    経営者層                    戦略計画レベル
                         取締役会
  IT 戦略の方向づけ・監督・是正 ────→    ←──── 外部利害関係者
                         経営者
  IT 活動の目標設定・制御 ────→
                                   IT リスクと運用についての
                                   情報開示要求
  管理者および
  従業員層                管 理 者
                                         業務活動レベル
  IT 活動の目標設定・
  制御          ────→
                         業 務 担 当 者


        ←────  （太線）  ガバナンス
        ←────  （細線）  管理（マネジメント）
```

図 2-10　IT ガバナンスと IT 管理の関係

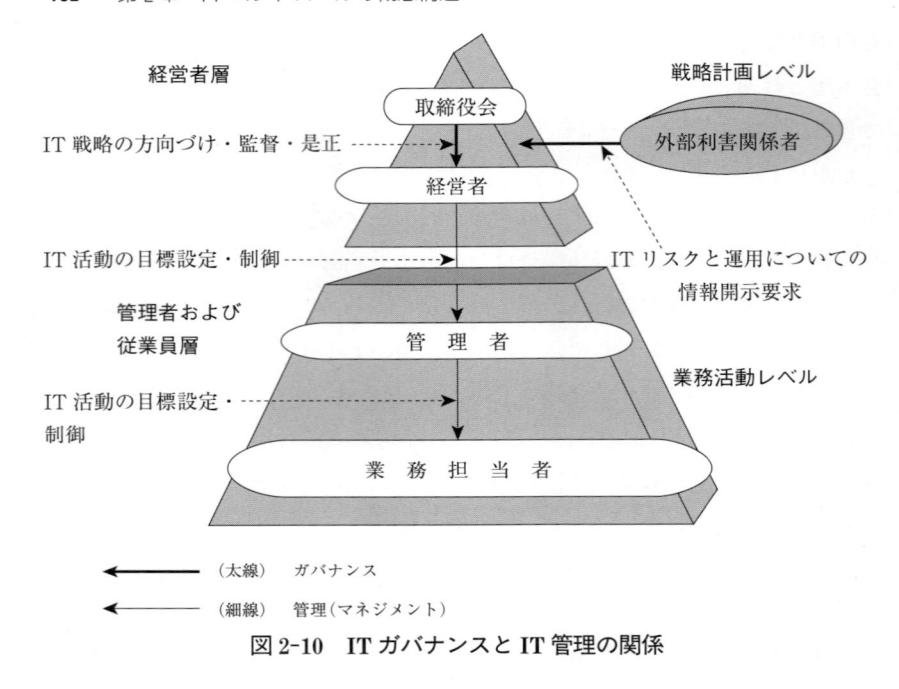

管理者）に対して戦略達成のための具体的な目標を設定しその達成に向けたコントロールを行い，さらに管理者層が従業員層（とりわけ IT 部門員，ユーザ部門員）に対して目標を設定しコントロールするプロセスとしてとらえることができる。図 2-10 のなかで事業体の組織内における細線で示した上から下への影響関係である。

　このように，IT ガバナンスと IT 管理との違いは，組織階層という視点から捉えると，事業体の内部組織におけるどの段階での影響力の行使か，として認識できる。

IT ガバナンスとディスクロージャの関係

　しかしすでに述べたように，IT ガバナンスはこのような事業体内部における影響力の行使だけではない。図 2-10 のなかで，事業体の組織構造の外側に，

2.5 IT ガバナンスの展開

利害関係者との関係として太線（横線）で示した矢印がある。

IT 管理は事業体の自治にかかわる問題である。外から，とやかく言われる筋合いのものではない。しかし IT ガバナンスはそうではない。IT ガバナンスは事業体外部からの影響力の行使を含むからである。そこで，IT 管理と区別される概念として IT ガバナンスを考えるとき，IT ガバナンスの重要な機能としてディスクロージャを明確に位置づけておく必要があるのである[51]。

今日，事業活動の重要な手段として Web システムが広く使われている。Web システムに大きく依存する事業では，サイトを安全かつ安定的に運用することが事業体の戦略上重要な制約的要因となってきている。不特定多数の外部ユーザからのアクセスを受け付けるような Web システムでは，同業他社と比べてきわめて脆弱なセキュリティ対策しか採用されていなかったり，システムの安定度が低い場合，ユーザは他の事業体のサービスに乗り換える可能性が高い。もし料金と内容が違わないインターネット上で提供されるサービスが 2 つあり，一方は個人情報保護対策が手薄なことが知られ，一方はその対策が手厚いことが知られたとする。そのとき，消費者は個人情報保護対策が手厚いサービスを選好するであろうことは容易に想像がつく。

ここに情報開示のインセンティブが経営者に対して働くのである。つまり不特定多数の外部ユーザは，事業体の実態（IT セキュリティ対策の整備・運用状況）についての情報を十分にもつことができないことから，事業体のサービスを選別するための手掛りとなる情報が開示されているかどうか，また開示されている情報の内容によって，どのサービスを選択するかを決定するという理屈であ

---

[51] 事業体のガバナンスにおいて，ディスクロージャが必要不可欠の要件となることは，ガバナンス原則と称されるものにはかならずといってよいほど含まれている。有名な OECD の「コーポレートガバナンス原則」では，「情報開示と透明性（disclosure and transparency）の原則」があげられている。ちなみに，そこでは開示の対象となるべき重要情報の一つに「予測できるリスク要素（foreseeable risk factors）に関する情報」が含まれている。OECD [2004], p. 11. また，日本コーポレート・ガバナンス・フォーラムの「コーポレートガバナンス原則」でも，「ディスクロージャの原則」があげられている。日本コーポレート・ガバナンス・フォーラム [2001]，21-22 ページ。

る。

　情報を積極的に開示しないのは何か問題があるに違いないと判断され，情報開示が不十分な事業体に対して悪い評判がたつようなことがあれば，法によって開示が強制されなくても，経営者には情報開示のインセンティブが働くであろう。またリスク情報など，たとえ事業体にとって不利な情報であっても，経営者は，情報を作成し開示するコストよりも，情報開示によって得られる便益の方が大きいと考えるならば，自発的に開示を選択する可能性がある。

　最近では，ホームページ上に「プライバシーポリシー」，「プライバシーに関する声明」，「プライバシー規約」（すでに述べたように，こられはすべて「プライバシー声明書」と呼ぶのが正しい）などと称して，とりわけ顧客の個人情報の取扱いと保護に関する方針と，それに関連する情報を公表する実務が一般化しつつある。プライバシー声明書では一般に，「ITリスク対策」，「IT運用手続」，「IT運用責任」についての開示が行われている。またこれら以外にも，ホームページ上での決算短信等を通じて，「ITリスクそのものの存在」が開示されることもある。

　ホームページ上での情報開示の類型を整理すれば，次のようになるであろう。

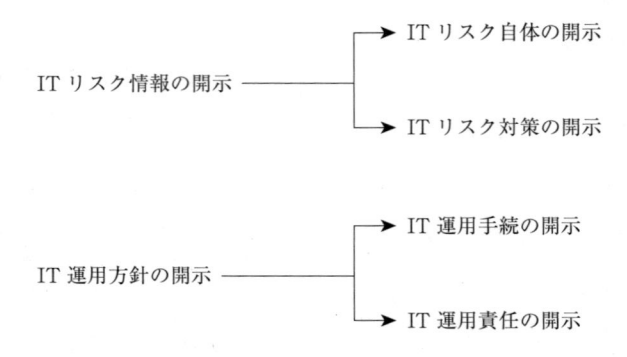

```
                        ┌─→ ITリスク自体の開示
ITリスク情報の開示 ──┤
                        └─→ ITリスク対策の開示


                        ┌─→ IT運用手続の開示
IT運用方針の開示 ────┤
                        └─→ IT運用責任の開示
```

　「ITリスク自体の開示」とは，ITリスクが存在することを経営者が認識していることの開示である。以下は，ホームページ上で開示されている「決算短

2.5 IT ガバナンスの展開

信」(事業の概況等に関する特別記載事項) にみる実例である。IT リスクをもってビジネスリスクとして認識している例である。やや長いがそのまま引用してみよう。

「当社はインターネットへの接続環境を有するユーザを対象に製品開発を行っており，営業面においてもインターネットに依存しています。このため，通信インフラの破壊や故障，コンピュータウィルスやハッカーの犯罪行為等により，当社のシステムあるいはインターネット全般のシステムが正常に作動しない状態，いわゆるシステム障害が発生した場合に，当社の事業に重大な影響をおよぼす可能性があります。

―途中略―

当社製品の営業販売においてインターネットによる直販の占める割合が大きく，店頭販売や営業担当者による顧客開拓をほとんど行っていないため，システム障害が発生した場合における代替的な営業・販売ルートが狭く，当社の業績に対する影響が大きくなる可能性があります。」

次に「IT リスク対策の開示」とは，事業体がどのような IT リスク対策をとっているかの開示である。次に示すには，ホームページ上で開示されている「プライバシーに関する声明」からの抜粋である。

「ユーザの個人情報を，権限のないアクセス，使用，および開示から保護します。コンピュータサーバー上のユーザにより提供された個人情報が，安全な環境で管理され，許可のないアクセス，使用，または開示から保護されます。個人情報 (クレジットカード番号など) がほかの Web サイトへ転送されるときは，SSL (Secure Sockets Layer) プロトコルなどの暗号の使用によって保護されます。」

さらに「IT 運用手続の開示」とは，事業体がユーザの情報をどのように利用しているかについての開示，あるいは IT を運用するための管理手続についての開示である。これも，ホームページ上で開示されている「プライバシーに関する声明」からの抜粋である。

「お使いのコンピュータのハードウェアおよびソフトウェアについての情報は，自動的に収集され，当社関連のWebサイトからリンクされたほかのWebサイトと共有される場合があります。この情報には，IPアドレス，ブラウザの種類，ドメイン名，アクセス時間，および参照されるWebサイトアドレスなどが含まれます。この情報は当社のサービスの質の向上や，Webサイトの使用に関する一般的な統計の提供に役立てられます。」

最後に「IT運用責任の開示」とは，事業体がITの運用についてどこまで責任を負担するかについての開示である。たとえば「プライバシーに関する声明」のなかで開示されている次のような記述である。

「当社のWebサイトからほかのWebサイトへのリンクをクリックしたときは，移動先のWebサイトのプライバシーの原則をよく読んで，そのWebサイトがユーザの情報をどのように収集，使用，および共有しているかを確認することをお勧めします。当社は，当社ファミリーのWebサイト以外のWebサイトのプライバシーの原則およびそのコンテンツに関して責任を負いません。」

最近では，このような「プライバシー声明書」の開示以外にも，認証局については「認証局運用方針」などが開示されている。いまのところプライバシー声明書や認証局運用方針に経営者の署名が付されたものや，第三者保証を経たうえでの開示実例は見当たらない。

しかし今後，「プライバシー声明書」を「経営者のアサーション」(management's assertion) として捉え，アサーションを第三者保証報告書とともに開示するという実務が登場すれば，情報開示としてのITガバナンスの機能強化にとって有効な方策であることは間違いない。その場合，公表内容と公表方法を規定する「開示規準」と，開示規準への準拠を確かめるための保証主体にかかわる「行為指針」が整備されることが前提となる。

経営者に対して徹底的な情報開示を促すことは，経営者の責任を明確にし，経営者の暴走を未然に防止することにつながってくるだろう。情報開示は，経営者に対する有効な規律づけとして作用するのである。

IT ガバナンスとモニタリングの関係

　事業体が採用する IT コントロールの重要な機能の一つにモニタリングがある。このモニタリングには，業務の現場で行われる上位者による下位者のモニタリングの他に，業務担当者とは別の独立の立場から行われるモニタリングがある。後者が内部監査である。最近では，内部監査の領域でもガバナンスという概念が頻繁に用いられ議論されている。

　Woda 氏は，経営者と IT 監査人（内部監査人）との協同関係を重視し，IT 監査人は以下の 6 つのステップを経て IT ガバナンスの確立に貢献できるという具体的な提案を行っている[52]。

① IT 監査人は，事業計画の策定に積極的に関与すべきであり，IT 事業計画に対してなされたあらゆる変更をモニタリングしなければならない。

② IT 監査人は，システム開発プロジェクトに積極的に関与し，コントロールやリスク低減についての助言を行わなければならない。

③ IT 監査人は，IT 業務プロセスが組織文化と組織構造に合致し，効果的にリスクに対処し，IT 部門を事業目的に合致させるようにするために IT 業務プロセスを評価しなければならない。

④ IT 監査人は，リスク管理，コントロール，ベストプラクティスについての教育訓練と周知を推進することによって，IT ガバナンスの導入に貢献しなければならない。

⑤ IT 監査人は，監査計画への反映，およびリスク評価，コントロールモデルの開発，準拠プロセスにおける首尾一貫したアプローチと支援のために，情報セキュリティ，人的資源，リスク管理部門と親密な関係を築かなければならない。

⑥ IT 監査人は，IT プロジェクト，業務システム，基盤技術，および IT 業務プロセスの重要性とリスクを識別するために，事業体の IT 資産の棚卸しを計画し，リスク評価とランキングモデルを適用しなければなら

---

(52) Woda [2002], pp. 18-20.

ない。

　なるほど一つひとつは説得的ではあるが，これらをなぜ「IT 管理」としてではなく「IT ガバナンス」として議論しなければならないか，判然としない。この見解に代表されるように，内部監査として行われる IT 監査の領域で IT ガバナンスを論ずるとき，単に「IT 戦略に，よりシフトした IT 監査の模索」といった程度の意味で使われる場合がほとんどである。

　先に述べた IT ガバナンスと IT 管理との違いを意識すれば，おそらく次の 2 点に，内部監査としての IT 監査と IT ガバナンスとの接点を見出しうるように思う。

- IT 監査を担う内部監査部門が取締役会内の監査委員会のもとで活動し，IT 監査の結論を取りまとめた監査報告書が取締役会宛に提出される場合には，経営者によって立案される IT 戦略の妥当性，およびそれに基づく目標設定の妥当性そのものが IT 監査の主題となりうること。
- 外部利害関係者に対して開示される IT リスク情報（IT リスク自体についての情報と IT リスク対策についての情報）および IT 運用方針（IT 運用手続と IT 運用責任についての情報）の信頼性の保証が IT 監査の主題となりうること。

　前者の視点は，内部監査人による IT 監査をもって業務活動レベルの監査から戦略計画レベルの監査へとその軸足を移行すること（図 2-10 でいえば，業務活動レベルに対応する下の台形から，戦略計画レベルに対応する上の三角形へと監査の視点を移すという，縦の関係の変化）を意味する。

　一方，後者の視点は，事業体内における経営管理を目的とした IT 監査から，外部利害関係者への説明責任と関連づけられた IT 監査への重点移行（図 2-10 でいえば，横の関係の変化）を意味する。

　これらの議論をとっかかりにして，内部主体における IT 保証の展開へと話を進めてゆこう。

第3章

内部主体によるIT保証の展開

　事業体はITリスクに応じてITコントロールを設定する。しかしITコントロールは常に正しく機能しているとは限らない。そこで，ITコントロールがリスクに応じて適切に設定され，予定された機能を果たしているかどうかを確かめるための手段が必要となる。

　本章では，事業体の内部者（内部監査人）または内部機関（内部監査部）によって，経営管理を目的として行われるIT保証について，第1章および第2章で展開してきたITリスクとそのコントロールのあり方を踏まえて検討してみたい。

　今日，内部主体によって行われるIT保証は，それへの役割期待と内部監査部がこれまで担ってきた機能との間のギャップが顕在化し，大きく舵を切ろうとしている。それは，端的にいえば「ITリスク指向」への移行である。

　内部監査には，「保証」を付与する職能と，「改善勧告」を行う職能がある。今日，ITリスク指向への重心移行に伴って，「改善勧告」への傾斜を強めているようにみえる。ITリスク管理プロセスを監査の対象とすれば，ITリスクの低減ということが強く意識されることから，内部監査を通じて，保証を付与するというよりも，問題点を指摘しその改善のための提言を行うという方向に重心が移行するのも自然な流れかもしれない。しかし，リスク指向といっても「保証」という内部監査の職能が否定されるわけではない。

　そこで，監査の結果として付与される信頼性の保証という「内郭的概念としての保証」という立場から，ITリスク指向への重心移行のなかで，内部主体によるIT保証がもつ意味とその展開について考えてみたい。

3.1 内部監査としてのIT監査の本質と職能

内部監査の概念

まずもって，今日の内部監査の本質と職能から検討をはじめよう。

内部監査人の国際組織 IIA (Institute of Internal Auditors) は，内部監査を次のように定義している[1]。

「内部監査は，独立性と客観性をもって行う保証，および付加価値をもたらし事業体の業務を向上するために計画されたコンサルティングの活動である。それは，リスク管理，コントロール，およびガバナンスのプロセスの有効性を評価し向上させるための体系的でよく洗練されたアプローチを提供することにより，事業体がその目的を達成することを支援する。」

この定義が公表されるまで，内部監査はもっぱら事業体内における独立的評定活動であるという見方が支配的であった。このような理解は，IIA によって 1947 年に公表された「内部監査の職責に関する意見書」において，はじめて明文化されて以来，内部監査の根源的機能として理解され，1998 年の IIA 「内部監査基準」序文においても踏襲されてきた。

しかし，効果的なコントロールを合理的なコストで達成することに主眼を置いた appraisal という伝統的な内部監査の職能では，昨今の内部監査の実践や内部監査に対する役割期待を適切に反映できないということから，IIA 内に設定された作業部会は，新しい基準設定のための「専門的職業実践のための枠組み[2]」を勧告するとともに，上記の新しい内部監査の定義を提示したのであ

---

(1) この内部監査の定義は，1999 年に IIA 理事会によって正式に承認されたものである。IIA［1999］，p. 5. IIA 理事会は，その後，2004 年に監査基準の改訂を行い，「内部監査の専門職実践のための国際基準」(International Standards for Professional Practice of Internal Auditing)――これが通例「内部監査基準」と呼ばれているものである――を公表したが，その「前文」に示された内部監査の定義は 1999 年の定義をそのまま踏襲した。

る。

　この内部監査の定義にみられる理論上の関心は，「保証」と「コンサルティング」という2つの職能を「監査」という概念の括りで並置したことにある。会計士監査のように，「監査」と「コンサルティング」は決して交わることがないとする立場を厳格に貫けば，内部監査の職能にコンサルティングを組み込むことは，内部監査を「監査」と呼んでいいかどうか，呼ぶべきかどうか，という究極の選択に行きあたる可能性がないわけではない。

　保証とコンサルティングという2つの職能を並置することとなった議論の過程において，そもそもappraisalという伝統的な内部監査職能を，保証とコンサルティングという言葉を用いて分割的に拡張したのと，appraisalを保証という概念に置き換え，それにコンサルティングを新たに追加したのとでは，内部監査の本質を考えるとき，その意味は多少なりとも違ってくるように思える。

　前者の分割的拡張ということであれば，理屈の上では，内部監査人が行う活動をもって，保証とコンサルティングという異なった2つの職能をいわば合わせ鏡としてみる，という見方ができる。これに対して後者の追加的拡張であれば，保証とコンサルティングはまったく異なった活動として，あくまでも別個に展開される独立した職能という線が堅持されるように思える。内部監査人が行う活動のなかにコンサルティングを含めてはいるが，それは保証とは決して

（2）「専門的職業実践のための枠組み」(Professional Practices Framework) は，「基準および倫理」(Standards and Ethics)，「実践要綱」(Practice Advisories)，そして「能力開発と実践支援」(Development and Practice Aids) という3つの柱で構成された，内部監査人の業務を支援するための基本的な枠組みをいう。

　「基準（監査基準）および倫理（倫理規則）」は，内部監査の実施に当たってその遵守が強制されるガイダンスとしての性質をもつ。また，「実践要綱」は，監査基準の解釈と最善の実務を含む実務指針としての位置づけにある。さらに，最善の内部監査実践を支援するための調査研究やセミナーなどの支援手段として用意されるものが「能力開発と実践支援」である。このように3つの階層として構成されている。

　「内部監査基準」は，内部監査人の行為規範であって，「属性基準」，「実施基準」および「補足基準」からなっている。なお，体裁上，「補足基準」は，「属性基準」および「実施基準」のなかに組み込まれて記述されている。

交わることのない，まったく別個の，そしてあくまでも追加的なものに過ぎないという見方になる。

　IIAの「内部監査基準」によれば，保証（サービス）とは，「事業体におけるリスク管理，コントロール，あるいはガバナンスのプロセスについて，独立的評定という目的をもって行われる証拠の客観的な検証[3]」と定義されている。財務，業績，法令遵守，システムセキュリティ，デューデリジェンスなどに対して提供されるサービスである。①プロセス，システム，あるいは他の対象事項に直接に責任をもつ人またはグループ（すなわちプロセスオーナー），②当該対象事項の評定を担う人またはグループ（すなわち内部監査人），そして③当該対象事項の評定結果を利用する人またはグループ（すなわちユーザ）という三者関係を前提として成り立つ概念である。

　ここで示した保証の定義で，保証の対象とされる箇所（リスク管理，コントロール，あるいはガバナンスのプロセス）を除いて読めば，「保証とは，証拠の客観的な検証」ということになるから，おそらく検証の対象範囲の拡大を，最近の流行にあわせて「保証」という概念でカバー（糊塗？）しようとしているのかもしれない。保証の対象に，コントロールだけでなく，リスク管理やガバナンスのプロセスを含めたことが，そのあたりの事情を物語っているように思えるのである。

　したがって，職業会計士が行う外部監査の延長としての保証サービスにみられるように，保証の水準に一定の幅を認めるという意味（すなわち監査よりも保証水準の低い検証業務の提供を認めること）はなさそうである。内部監査に当てはめていえば，これまでのappraisalが想定していた水準よりも確証度の低い検証を許容するという意味を含めたものではないということである。

　一方，コンサルティング（サービス）とは「助言と，それに関連するクライアント（筆者注：被監査部門）に対する関連サービス活動であって，その内容と範囲はクライアントとの合意によるものである。それは，内部監査人が責任を

---

　[3]　IIA, International Standards for Professional Practice of Internal Auditing, 2004, -Glossary-, cf. 'Assurance Services.

3.1 内部監査としてのIT監査の本質と職能

負う範囲で行われる，事業体のガバナンス，リスク管理，およびコントロールのプロセスに価値を付加し，さらに改善する目的で行われるサービス活動である[4]」と定義されている。相談，推進・促進活動，および教育訓練なども，これに含まれる。

先に述べたように，保証は，その主体に着目してみると，①保証の対象に関与する人，②保証の実施に関与する人，③保証の結果の利用に関与する人という三者関係を前提として成り立つ。これに対してコンサルティングの場合は，①と③が同一となる。助言を行う人またはグループ（内部監査人）と，助言を受ける人またはグループ（クライアント）との二者関係によって成立する概念として理解されている[5]。

内部監査人が提供するコンサルティングは，端的にいって，経営者層がその目的を達成することを支援するために提供される「保証以外のサービス」であって，業務上の問題点の直接的な改善を追求するもの，といってよいだろう。advice, counsel, recommendation ではなく，それらを包括する概念として consulting という用語が選択されたのは，北米において内部監査の外部委託（アウトソーシング）が進んでいることと無関係ではなかったかもしれない。

いずれにせよ，保証とコンサルティングの本質的な異質性に着目すれば，理論的には，保証のみに内部監査人の行為規範（内部監査基準）が適用され，コンサルティングはこれとはまったく別のサービスとして提供されるべきものとなる。しかし，IIA の内部監査人の行為規範は，保証とコンサルティングの双方に適用されるものとして，一つの基準として取り込むことを選択した。

たしかに内部監査の実務の現場においては，保証とコンサルティングとの線引きが難しいことが多いのは事実であろう。また，内部監査の活動がコンサル

（4） Ibid., cf. 'Consulting Services'
（5） 保証およびコンサルティング概念に関するこのような理解は，2004年の「内部監査基準」の前文において取り入れられた。これは，国際会計士連盟（IFAC）が展開した保証サービスについての国際基準などにもみられるものであって，保証およびコンサルティングについてのいわば一般的な理解の仕方との整合性をとっただけのものである。

ティングに傾斜しがちとなることも少なくないだろう。内部監査報告書に示された改善勧告事項のフォローアップを通じて，コントロールや業務プロセスの改善に，直接または間接に関与することも十分に起こりうる。むしろその方が内部監査の実務としては，経営者層の支持を得やすいかもしれない。

とはいえ，コンサルティングの前提となる業務上の改善点を見つけ出すことは，何らかの検証手続なくしてはできないであろう。この点においても，保証とコンサルティングは，微妙に交わる可能性を秘めている。さらに，検証手続の結果として保証が付与されるのであるが，ここでもし検証手続の結果を保証として捉えてしまうと，「保証を踏まえたコンサルティング」といった奇妙な概念ができてしまう。

先にコンサルティングの例としてあげた各種の助言サービスは，捉え方によっては，内部監査報告書に記載される「改善勧告」として提供することもできる。内部監査人は監査報告書を通じて改善勧告を行うだけであって，それを実行に移すかどうか，どのような方法とタイミングで実施するかは，ひとえに経営者層の判断である。この点に，保証とコンサルティングの仕切り線を求めることもできそうである。なお，コントロールについての被監査部門に対する啓蒙・教育活動などは，それが監査の結果としての改善勧告を踏まえて行われたものであったとしても，もはや監査という業務の遂行でないことは明らかである。

今日，内部監査に対する役割期待は，コンサルティングという概念を使うかどうかを別にして，内部監査の結果を通じた直接的な業務改善に向けられていることは事実であろう[6]。後で述べる被監査部門によるコントロール自己評価が，広く浸透しつつあることも，これと無関係ではない。

しかし，このような業務改善の強調は，内部監査における保証という職能の

---

(6) 以下に示すのは，リスク評価（被監査部門による自己評価ではあるが）に基づくコントロール（内部統制）の有効性監査として行われた内部監査報告書の実例である。「監査意見」の箇所をみるとわかるが，「改善」がキーワードになっている。内部監査報告書は通例外部に公表される性質のものではないため，あえてその出所の明示を差し控え，一部は伏字とし，また業種を特定できる箇所は修正してある。

重要性の否定にはつながらない。むしろ内部監査において保証という職能を有効に使うことは，とかく問題点の事細かな指摘に終始しがちな内部監査実務にとって無意味ではないように思える[7]。

内部監査は事業体の経営管理への役立ちを目的とする。したがって，監査と

内部監査報告書

日　付

改善が必要

監査実施要領
　　監査基準日 200×年×月×日　　　前回の監査基準日 200×年×月×日

監査目的及び範囲
　　本監査では，×××部における×××業務を対象とし，業務運営に係るリスクの識別及びそれに関連する内部統制の適切性及び有効性を評価した。更に，主たる内部統制の適切な働きを確認するための監視機能の存在及び適切性も評価した。
　　評価にあたり，関連法規および当社内規に対するコンプライアンス，組織体制，権限及び責任体系，運営スタイル，インテグリティー及び倫理，十分な情報伝達等について考慮した。
　　監査の範囲は，次ページのヒートマップに含まれるプロセスである。

監査意見
　　×××××××に関し抜本的な改善が必要なものや，×××××××において改善が必要とされる指摘事項が発見されたものの，問題となる事項が一部に限られ，他の監査項目に関し概ね良好であることから，上記のとおり，総合的に判断し「改善が必要」と評価した。

以　上

　やや横道にそれるが，この会社の内部監査報告書は，指摘事項に「重要度」をつけ，適時にフィードバックできるように工夫されている。監査対象のプロセスを一覧できる形式で表わし，そのなかに重要度に応じた改善事項が4段階に色分けして表示されるとともに，内部監査報告書も全体評価を色分けする工夫がなされている。

（7）たとえば次のような痛烈な批判は，内部監査の根源的職能である「保証」を脇に追いやって，「改善」という点だけに目を向けることによって起っていることかもしれない。「監査報告書のトーンが，なぜあんなにも否定的なんだろうか。ごく最近に内部監査人が出した報告書をみても，よいことは何も書いてない。彼らはもっとバランスのとれた意見を表明すべきだし，よい仕事をしていたらその点もはっきりと指摘すべきだ。」Goldstein [1991], p. 28.（丸山訳 [1991]，176ページ。）

いう枠のなかにコントロールや業務プロセスの改善という役割を取り込むことに無理があるといわれても，改善勧告を無視して内部監査は成り立たない。これが内部監査の宿命でもある。そうではあっても，監査という概念と交わることのないコンサルティングという概念を内部監査の定義に持ち込んだことは，理論的には重大な問題をはらんでいるといわなければならないだろう。

IT 監査の 2 つの職能

IT 監査に限らず，そもそも内部監査の職能をどのようにみるかについては，すでに述べたように，保証職能と改善勧告職能が区別できる。

ここでいう内部監査の職能とは「内部監査という行為がもっている特徴的な働き」という意味であるが，保証と改善勧告という 2 つの職能は，内部監査という活動のなかで行われる検証行為に着目すれば，それは検証行為の「結果」をみていることになる。内部監査の主題についての証拠固めという途中の過程でもなく，内部監査人が行う認識行為でもない。検証行為の結果として，保証が付与されるか，重大な検出事項についての改善勧告が提示されるという，その結果としての側面である。したがってこの 2 つの内部監査の職能は，内部監査の結果としてあらかじめ何を期待するかという，内部監査の目的観に置き換えることも可能であろう。

〈IT 監査の保証職能〉

保証職能とは，「内部監査人が得た確証に基づいて，ある主題の正否または適否を監査の依頼者に対して明らかにする働き」をいう[8]。一部を除いて問

---

(8) 序章において明らかにしたように，内部監査，外部監査を問わず，監査との関係で用いられる保証概念——つまり，監査論研究者や監査実務に従事している方が用いる保証概念——は，日常使われる保証とはニュアンスを大きく異にしている。
　それは「合理的な保証」（reasonable assurance）という何ともわかりにくい概念にも，よく表われている。監査資源（費用，時間，人員等）には限りがあること，監査の対象範囲を明確に限定することには困難を伴うこと，監査証拠の入手局面において事実認定だけでなく監査人の価値判断を伴わざるをえないこと等の理由から，監査においては絶対かつ完全な保証を望むべくもなく，またそれを期待してはならな

題なしとする旨の限定付の保証も可能である[9]。保証職能は，歴史的にみても監査の根源的な職能であることに疑いの余地はない。

通例行われる保証は，医師による健康診断書（これは一種の保証書とみてよいだろう）にみられるように，次のようなかたちのものである。

「問診，聴診，血圧測定，血液検査，および胸部レントゲン検査を行いましたが，異常は認められませんでした。」

IT監査によって付与される保証でも，これと違わないかたちの保証はもちろん可能である。しかし，通例，想定されているIT監査，あるいは実務で広く行われているIT監査によって付与される保証は，次のような健康診断書のかたちに近い。

「××氏が行っている血圧を安定的に保つための健康管理は適切であり，それによって血圧が正常値に保たれているものと認められます。」

ここでいう「健康管理」を「ITコントロール」と置き換えると，まず「健康管理（すなわちITコントロール）が適切である」ことを前提とし，それによっ

い。また，監査の対象となる事項には，不確定な要素が多分に入り込んでいることが通例である，ということもある。このような意味を込めて，「絶対的な保証」と対置される概念として，合理的な保証という概念が用いられる。

(9) それでは「ITシステムの安全性に重大な欠陥がある」というかたちの保証はありうるだろうか。ごく普通の受け止め方として，このような否定的な結論に対して保証という言葉を用いることには違和感があるだろう。保証とは，「大丈夫です」とか「確かです」という請け合い，またはお墨付きと理解されているからである。

しかし，ある主題について，その正否または適否を裏付ける証拠に基づいて得られた結論によってもたらされる効果をもって保証と考えれば，「重大な欠陥がある」という十分な確証が得られれば，理屈の上ではこのような否定的な保証も存在しえることになる。

ただし，このような否定的保証の結果を事業体の内部でしか利用しないとしても，どれだけ現実性があるかは別の問題である。あるITシステム（レガシーシステムなど）をとりあげて，このまま運用を続けてよいか，それとも中止すべきかの判断が求められているときには，否定的保証も意味があろう。しかし多くの場合，「ITシステムの安全性に重大な欠陥がある」という旨の保証を得ても，当該欠陥についての改善のための提案があわせて示されない限り，保証の結果に利用価値はないからである。

て「血圧が正常値に保たれている（すなわちITシステムが適切に運用されている）」ことを保証している。

このようにIT監査によって付与される保証は，ITコントロールという，いわば自助努力が前提であって，その結果を保証することで信頼の度合いをより一段と高めるという考え方によって行われている。その意味においてIT監査による保証は，とりわけ外部利害関係者に対する保証として，その真の効果が発揮できるものである。いろいろと根拠をあげて「当社のITシステムは安全です」という自己申告を行うよりも，第三者保証によって自己申告の信頼度をより高めることができると考えるのである。

それでは経営管理への役立ちを目的としたIT監査において，保証職能はどのような局面で発揮されるのだろうか。たとえばシステム開発の進捗段階に沿って，適当な切り替え点（開発から運用への切り替え時点など）で保証を得るということがあってもよいだろう。また，ITシステムの開発・運用の当事者が自らのシステムについて自己診断や自己評価を行った上で，第三者による保証を得て，信頼性を高めたいということがあるかもしれない。

保証の付与という職能をIT監査に期待する考え方によれば，内部監査人には批判的なものの見方が要求され，保証を裏付けるために質的にも量的にも十分かつ適切な証拠の入手が必要となることはいうまでもない。

しかし，よくある誤解は次のようなことである。ITシステムへの侵入防止対策の適否を確かめるために，システム侵入テスト法（システムへの侵入に成功するかどうかを確かめるために行われるテスト目的の不正アクセス手法）を実施したとする。そのときに，システムへの侵入に成功しなかったことをもって，侵入防止対策が適切であると判断してしまうことである。これは明らかな誤りである。

もしITシステムの侵入に成功すれば「セキュリティホールが存在する」ことについての確証的な証拠を入手したことになる。しかし上の例の場合は，ある特定の侵入を試みる手法を実施した限りにおいて，侵入が不成功に終わったことが明らかになっただけである。別の侵入手法が採用されれば，セキュリティホールが発見されたかもしれない。ITシステムの侵入に成功した場合であ

っても，厳密には「×××という侵入手法を適用した限りにおいて，×××の欠陥（セキュリティホール）が発見された」というだけで，他に欠陥がないことまで保証できない。

　外部主体による保証とは異なり，内部主体による保証の場合には，重大な欠陥が存在するにもかかわらず，誤って保証を付与したとしても，よほどのことがない限り内部監査人としての職務遂行にかかわる法的な責任（善管注意義務違反）が追及されることはないだろう。そのことから，内部監査報告書において「適切であると認める」という文言が不用意に使われがちとなる。このような実務上の問題もさることながら，保証の意味をその裏付けとなる証拠との関係で考えてゆくと，内部監査人によって行われている保証のメカニズムを理論的に解明することは容易な作業ではない。

〈IT監査の改善勧告職能〉

　改善勧告職能とは，監査対象の欠陥や問題を摘出し，その解決案および関連する助言事項を提示する内部監査の職能をいう[10]。ITシステムやITプロセスに保証を付与するのではなく，その安定的な運用にとって障害となる事項を洗い出し，対応策を提示するという内部監査の働きである。将来の不確実性から生ずるITリスクに着目することによって，事故が発生する前に，原因事象

---

(10) 内部監査の実務では，要改善事項が適切に実行されているかどうかの追跡を「フォローアップ監査」と称することがある。内部監査の結果として示された改善勧告なり改善提案は，それが適切な手順とタイミングで実行に移されてはじめて意味がある。そこで，要改善事項の事後処理の追跡まで「内部監査人の業務範囲」に含めることが多い。いってみれば，監査報告書での「言いっ放し」を避けるための措置である。内部監査に対してビジネスリスクの制御という役割を期待すればするほど，フォローアップは「あれば望ましい」というものではなく，むしろ「なければならない」ものとなる。

　しかし内部監査人が行うフォローアップという活動は，内部監査の結果が確実に実行されているかどうかを確認するための作業である。内部監査それ自体ではない。理屈の上では，監査報告書の提出をもって監査は完結している。したがって，「フォローアップ監査」というのは誤った言い方であって，「監査と，その（結果の）フォローアップ」というのが正しい。

または誘因となる欠陥や問題を明らかにするという点に焦点を当てた役割でもある。これは外部監査にはみられない，内部監査に特有の職能である。

改善事項の提示といっても，それは体系的な検証行為を行った上での改善事項の指摘でなければならない。要改善事項を明らかにするためには，その前提として，対象事項に対する何らかの検証行為が必要であろう。調べてみないうちには問題点も明らかにはならない。したがって，重大な欠陥を明らかにするための証拠固めを行ってゆくためには，たとえ実務上監査報告書に明示されていなくても，検証行為の主題は内部監査人にはキチンと認識されているはずである。

IT監査の改善勧告職能は，特定の判断尺度に照らした問題点の指摘と，それを改善するための勧告である。しかも内部監査人の行為規範たる監査基準に従った検証行為の結果としての改善勧告である。すなわち，あらかじめ判断尺度が用意されていて，IT監査の対象となる行為をそれに照らしたときのズレが，要改善事項となる。したがって要改善事項は，必要かつ十分な証拠によって裏づけられたものでなければならない。

このように内部監査報告書に記載される要改善事項は，内部監査人の自由判断ではない。被監査部門の立場や利益にかなった改善事項が提出されるとは限らない。この点に，コンサルティングとして行われる改善提案（それに付随するサービスも含む）との違いがある。

内部監査人が検証の対象とした主題（ある適用業務システムの安全性など）について，重大な欠陥部分を除いて適切である旨の保証を行うことは可能である。その場合に，欠陥として除外された部分が，理屈の上では，要改善事項である。重大な欠陥がある旨（およびそのように判断した理由）が指摘され，欠陥を補正するための具体的な提案が行われる。

図3-1で描いた円を，内部監査人が検証との対象として選択した範囲として考えてみよう。そのうち，重大な欠陥が検出された部分が要改善事項となる。この検出部分とその改善策を監査報告書において明らかにすることが，改善勧告職能の発揮に他ならない。そして重大な欠陥が検出されなかった部分につい

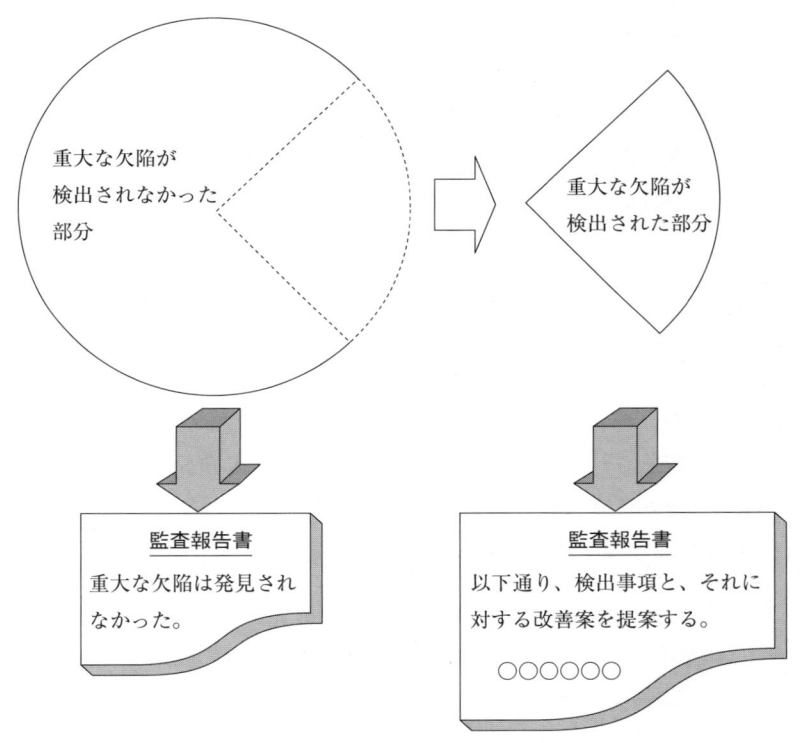

図3-1　内部監査人の検証範囲と監査意見

て「重大な欠陥は発見されなかった」または「適切であると認める」と記載した監査意見を表明することが保証職能の発揮である。

　このように改善勧告職能は，内部監査としての保証職能を否定したり，あるいはその存在理由を弱めるものではない。この2つの職能はお互いにぶつかり合うものでもなく，一方が他方を排斥する関係にもない。保証を前提としないで改善事項の指摘だけが行われてもよいし（図3-1でいえば，右側の監査報告書），保証プラス改善（図3-1でいえば，2つの監査報告書を一つにまとめる）というかたちもありうる。

　なお，これら2つの職能を内部監査としてのIT監査の基本的職能とすれ

ば，これに付随して，監査が行われることによる心理的牽制効果，およびコントロール（内部統制）の充実という効果を期待することもできよう。監査が行われることによって，監査を受ける側は，否定的な保証あるいは改善事項の指摘に対して心理的な抵抗を示すことが多いと考えるのが普通であろう。否定的な保証が行われないように，あるいは重大な改善事項が提起されないように，従うべき規準を遵守しようとするという意味での反応である——これと正反対の意識的な反応があるかもしれないが——。

IT 監査の定義と本質要件

IT 監査[11] は，事業体の内部経営目的監査として，しかも内部監査人による監査として実施されるのが通例である。しかしそれに限定されない。外部監査人による利害関係者保護目的監査としての IT 監査もありうる。

IT 監査を広く定義すれば，次のようになるだろう。

「IT 監査とは，事業体で行われる業務を，IT およびその適用システム（またはプロセス）という観点から，その目的が達成されているかどうかについて，独立かつ専門的な立場から証拠を収集および評価して，その結果を関係者に報告する行為である。」

事業体においては，購買，製造，販売，会計，人事など，さまざまな業務が行われている。内部監査は，事業体の業務活動を対象として行われるという意味において，概念的には「業務の監査」に集約しうる。しかしその業務をどのような角度から捉えるかによって，さまざまな監査の種別が成立する[12]。IT

---

(11) IT 監査は，わが国では一般に「システム監査」と呼ばれている。このシステム監査（systems auditing）というのは，わが国独自の語法である。英語圏では，かつては EDP auditing, computer auditing, information systems auditing などの用語が使われてきた。最近では，IT auditing あるいは少しお洒落に e auditing などと呼称される。

(12) 大矢知教授によれば，会計監査，業務監査，経営監査，情報監査，社会監査といった各種の監査は，「業務」，「業績・情報」，「システム」という 3 つの観点から分類できるという。この論理からすれば，システム監査は監査の対象を「行為の組成」すな

3.1 内部監査としての IT 監査の本質と職能　**173**

監査は,事業体で行われている業務を「IT およびその適用システム（またはプロセス）がどの程度目的を達成しているか」という観点からみたときの監査の一つの種別（クラスター）である[13]。

現在,IT 監査の実施を強制する法律はない。事業体の内部目的に沿った監査として実施されている。多くは内部監査人によって実施されるが,監査法人等の外部監査専門機関や,内部監査人と外部監査専門機関との共同で行われることもある。いずれにせよ,あくまでも事業体の経営管理目的として実施される監査であって,外部利害関係者の利益保護を目的とした監査ではない――外部利害関係者保護を目的とした IT 監査の構想を否定しているわけではない――。

その意味において,外部監査専門機関による IT 監査といえども,内部監査人による IT 監査の代替（外部委託）であって,IT 監査を行える内部監査人の手当てができない事業体,あるいはコスト対効果から外部機関に委託した方が効果的であると認められる場合に使われる。

内部監査としての IT 監査といえども,それを「監査」と呼びうるためには

わちシステムという観点からみたときに成立する監査の一類型ということになる。大矢知［1989］,9-11 ページ。
(13) 「IT を対象にした検証行為が IT 監査である」とする誤解は今もって少なくないようにみえる。IT 監査というのは,先に示した IT 監査の定義で「その結果を関係者に報告する」という箇所に端的に表われているように,監査の結果が監査意見として表明されなければならない。監査人は IT システム（または IT プロセス）の特定の主題についての心証を形成し,それに基づいて「IT システム（または IT プロセス）についての監査意見」を表明しなければならないはずである。何を検証の対象としたかということと,何についての監査意見を表明するかということは,同じではない。
　公認会計士または監査法人が行う財務諸表の監査の過程で IT システム（または IT プロセス）が検証されたとしても（通例,内部統制の有効性を確かめるための手続として実施される）,当該 IT システムまたは IT プロセス自体についての監査意見が表明されることはない。よって,これは IT 監査と呼ぶべきではない。その論理でいえば,内部監査人が行う IT 監査でも,「IT 監査報告書」という独立した監査報告書が作成されるのが原則である。もちろん,体裁上,一通の「(総括)監査報告書」のなかに IT 監査の結果を含めるということがあっても,それはかまわない。要は,IT システムまたは IT プロセス自体についての監査意見が独立して表明されている必要がある。

――とりわけ保証という職能を前提とするときには――，最低限，次の条件が整わなければならない[14]。

- 検証の実施担当者に，独立性と専門性が要求されること
- 判断規準に照らした検証が行われること
- 行為規範としての監査基準に従って検証が行われること

なぜこのような初歩的な議論を持ち出すかといえば，じつは，この3つの要件に照らしたとき，今日の内部監査人によって行われているIT監査の実務にはいくつかの誤解と問題点をはらんでいるからである。

〈独立性と専門性〉

内部監査人といえども，独立性と専門性が要求されることは言を待たない。内部監査として保証を提供しようとすれば，この独立性と専門性こそが，保証職能を支える基盤であり，本質的要件である。

ところが，検証行為とその報告を担う担当者の独立性については，それが内部監査として行われている以上，公認会計士等の職業監査人が行う外部監査において要求される独立性ほど厳密な水準を求めることはそもそもできない。内

---

(14) 監査人に要求される専門性と独立性は，すでに14世紀から16世紀に亘って，当時のイギリスにおいて，市の収入役または政府官吏の帳簿の監査，および荘園における家族的吏員の財務上の責任を明らかにするための監査のなかに明確なかたちでみられる。監査の役割を担ったのは，市の帳簿監査では帳簿作成担当者以外の別の吏員または利害関係者を代表する何人かの人々であった。また，荘園会計にあっては小作料等についての帳簿を集めるsuveryor，その帳簿に基づいて集金と支出を行うreceiver-generalが任命され，彼らの仕事に誤りや不正がないかどうかをチェックするためにauditorが任命されていた。ここに監査人の「独立性」という思考が確立されていたことを確認することができる。

さらにまた，16世紀にみられた監査報告（監査証明）のなかに「監査人が合計し，計算し，……」というくだりがあるが，当時の勘定記録はローマ数字が用いられていたこともあり，数の正確な計算に監査人の「専門性」という要件の原型をみることができそうである。それより古く14世紀初期の不動産経営に関する著書において，荘園勘定の監査人に対して「監査人は誠実にして，かつ慎重でなければならない」との注意を与えていることも，今日の監査人に要求される行為規範の本質を突いているように思われる。Littleton [1933], pp. 259-264.（片野訳 [1979]，371-378ページ）

部監査人と職業監査人との間に独立性の程度について差を認めることは，監査人の独立性には幅がある，あるいは程度の差があるという理屈が下敷きになければならない。

　内部監査の場合には，組織上の独立性，すなわち少なくとも監査の対象となる部署からは独立した監査部門が存在していて，監査と呼ばれる業務を担う専任として任命された人が公正かつ不偏な立場から業務にのぞむことによって，外観的な独立性を確保し，監査人としての精神的な独立性を確保しようとしている。

　内部監査の場合，外観的な独立性は，事業体内部での組織上の独立性が確保されていることによって満たされるものと考えられる。内部監査が事業体の経営目的から設定されるものである以上，このように理解せざるをえない。最近ではコーポレートガバナンスとの関係で，適切な内部統制をいかに構築するかという観点から内部監査が見つめ直されている。事業体の外部利害関係者（株主，債権者など）からみたときであっても，内部監査人が独立の立場にあることが認識される必要性がでてきているのである。

　精神的独立性は，そもそもその水準を測定することができない性質の概念であって，また内部監査と外部監査の目的の違いからしても，内部監査人の精神的独立性と職業監査人の精神的独立性を比較することには無理がある。精神的独立性は，監査人が自らの使命をどの程度自覚するかによって，さらには技能要件や，外観上の独立性によっても強い影響を受ける。したがって，内部監査人の精神的独立性の保持は，内部監査人の行為規範である監査基準および職業倫理の厳格な遵守によって担保するしかない。

　それでは，これを内部監査としてのIT監査に当てはめると，どうなるだろうか。IT監査の実施担当者は，監査を受ける部署から組織上独立していなければならず，客観的な立場を保持する精神的態度が要求される。ところが，内部監査人の専門能力とも密接に関連するが，IT専門要員の方が，IT監査の目的をよりよく達成できるのではないか，という考え方がいまもって根強く残っている。このような考え方は，わが国でIT監査が芽生えはじめたころからあ

った[15]。ITシステムの企画，開発，運用，保守の当事者の方が内部監査部門員よりも技術に長けており，IT監査をより効果的に，そしてより効率的に実施できるとする，形式よりも実をとろうとする考え方である。しかし保証職能の発揮という観点からみれば，ITシステムの開発や運用当事者による検証行為がいかに客観的に行われようとも，その結果をもって当事者以外の人達を納得させることは難しい。

　ITシステムの開発当事者がみずから行う各種の機能テストや性能テストは，あくまでも行為の当事者による自己点検であって，それをいかに厳格に行おうとも，いかに公正に行おうとも，IT監査と呼ぶことはできない。ITシステムの開発管理者が行うさまざまな承認や監督も，上位者が下位者に対して行うモニタリング（すなわちコントロール）であって，これもIT監査とは区別されるべきものである。

　このような自己点検あるいはモニタリングは，常にうまく機能しているとは限らない。そこで，客観的な立場から再度，検証し直し，当事者とは別の人にその結果を報告することがIT監査なのである[16]。保証職能の発揮にとって，

---

(15)　わが国の場合，昭和40年代末に「システム監査」という実務の全体像が体系的に整理されたかたちで紹介されたとき，当時のシステム監査が，伝統的な業務監査を担ってきた内部監査人ではなく，システム部門出身者やIT技能に優れた人達によって先導されてきたことと無関係ではないように思われる。

　　　また，実務の現場においても，開発当事者とは別の人またはチームによってコンピュータプログラムの体系的な検証がすでに一部の先進的な企業によって行われていたこと，そしてシステムの品質管理という実務が定着しはじめていたこともあって，このような「プログラムの検証」や「システムの品質管理」と「システム監査」との仕切りが，確かにややこしかったという事情があったかもしれない。

(16)　内部監査をもって「コントロールのコントロールである」（control of controls）という一見奇妙な言い回しがある。檜田教授はこれを「二重管理機能」と呼び，歴史的には1930年代にみられた大きな特徴であるという。檜田［1966］，271ページ。

　　　このような内部監査の二重管理機能というのは，内部監査をもって内部統制の一環として位置づけたうえで——control of controlsの"control"の部分——，内部監査は具体的な内部統制の手続なりプロセスを監査の対象とする——control of controlsの"controls"の部分——という意味で用いられるようである。ofという前置詞を用いて，コントロールの二層性をうまく言い当てている。しかし本書でいうコントロールというのは，あくまでも行為の当事者，または直属の上位者による第一次チェック

IT監査を担う内部監査人の独立性の確保は，その生命線に他ならない。

内部監査としてのIT監査は，独立の立場で行われればそれで十分かというとそうではない。独立性の要件と並んで，内部監査人の専門性の要件もあわせて要求される。この要件もまた，保証職能の発揮にとって欠くことができないものである。

IT監査を担当する内部監査人としての技能要件を考えるとき，監査依頼者の要求を満足させ，監査の効果を広く認めてもらうためには，少なくともIT監査によって新たな知見が見出され，結果としてITシステムまたはITプロセスの価値を高めることにならなければならない。保証職能という観点からみれば，専門技能をもつ者によって行われて，はじめてITシステムまたはITプロセスが信頼できるというお墨付きを疑問なく受け入れることができるので

である。そのチェックが適切であるかどうかの第二次チェックの職能を内部監査に求めるべきであって，その点で両者の間には明確な仕切り線を入れておく必要があると考えている。

モニタリングという言葉もそうである。モニタリングには2つの種類がある。一つは，コントロールの一構成要素としてのモニタリングである。これは狭い意味では，ある行為が目的からズレたときにそれを感知する機能であって，いわば「感知としてのモニタリング」である。このタイプのモニタリングは，制御の対象に影響を与えるために必要とされる情報を得るために，コントロールの一機能として行われる監視活動である。したがってモニタリングの対象は制御される「行為」である。管理者が行う部下の監視は，この「感知としてのモニタリング」である。このような意味でのモニタリングは，監視の対象となる行為の現場にいる人または装置によって，連続的な監視として行われてはじめて意味がある。

いま一つのモニタリングは，コントロールとは独立した監視活動である。コントロールが正しく働いているかどうかを確かめるために行われる独立的な監視である。モニタリングの対象は，制御される行為そのものではなく，「制御活動」である。このモニタリングは，あくまでもコントロールとは独立した監視活動であって，業務担当者および管理者とは別の人によって行われる。感知モニタリングを含む制御活動が所期の機能を果たしているかどうかを確かめる独立的な活動であるから「点検としてのモニタリング」と呼ぶことにする。したがって，このタイプのモニタリングは，連続的に行われることもあれば，定期的あるいは不定期（ときに抜き打ち的）に行われる場合もある。

後者の「点検としてのモニタリング」が，内部監査である。このように内部監査は，広い意味でのモニタリングには違いないが，監視の対象となる行為とオンゴーイングで行われる「感知としてのモニタリング」ではない。

ある。

　それでは，IT監査を担当する内部監査人としての技能要件とは何か。この問題に接近しようとするとき，ITに関する技能，監査に関する技能，経営管理に関する技能，といった単純な切分けには問題があるように思える。むしろ，監査に関する技能を核として，それをITに関する技能および経営管理に関する技能とを結びつけ，融合するという考え方が大切であう。保証職能を第一に考えれば，当然のことである。

　監査に関する技能を核として，ITに関する技能と経営管理に関する技能が結びつけられていなければならない。核となる監査に関する技能とは，端的にいえば，検証行為を行う場合の深い洞察力と論理的判断能力である。後で述べるように，IT監査として行われる検証行為は，客観的な事実判断だけでなく，価値判断を伴う。監査のための資料として提示され，監査人が目にしているモノやコトの裏側に隠れている本質を見抜き，事実関係を論理的に把握できる能力も，内部監査人にとって不可欠であろう。

　このようなことから，内部監査人として技能要件をどのように規定すべきかを，いま一度，検討し直してみる必要がありそうである。内部監査としてのIT監査の普及（とりわけ保証職能の発揮）を阻んでいる壁が，まさに内部監査人の専門性にあると思われるからである。

〈判断規準に照らした検証行為〉

　IT監査は，ITシステムやITプロセスを，独立かつ専門的な立場から批判的に検証し，監査の主題についての心証を形成してゆくプロセスである。IT監査は，当事者の行為をトレースし直してみることではない。監査の主題についての正否または適否を判断するための「ものさし」があって，当事者の行為をその判断尺度に照らして体系的に調べ直すのである。

　検証の拠り所となる判断尺度に，監査対象を照らし合わせるという方法で検証が行われる。「ITシステムまたはITプロセスが安全である（かどうか）」ということを監査の主題とするとき，「安全である」といいうるためにはどのよ

3.1 内部監査としてのIT監査の本質と職能

うな事項が満たされなければならないかの具体的な要求事項が，あらかじめ明確でなければならない。この要求事項が，検証のための判断尺度となる。

IT監査の判断尺度として，国際的にも利用できるものとして，第2章で検討した「ISO 17799」，「COBIT」，「eSAC」，さらには次章で取り上げる米国公認会計士協会・カナダ勅許会計士協会の「Trustサービス原則」などがある。

このうち「Trustサービス原則」は職業監査人による保証サービスを提供することを前提として策定されたITコントロール規準である。一方，「ISO 17799」はそもそも保証サービスのために策定されたものではなく，事業体の自己管理のためのITコントロール目標として策定されたものである。しかし，そうだからといって「ISO 17799」を保証のための判断尺度として利用できないわけではない。監査を受ける側からみたときの自己管理のためのITコントロール目標と，監査を行う側からみたときの判断の尺度は，同一のものを異なった角度からみているにすぎないからである。

したがって，「Trustサービス原則」も，それは第一義的には保証サービスのための判断尺度ではあるが，保証を受ける側からみたときには自己管理の指針に他ならない。その意味で，職業監査人による保証サービスとしてではなく，内部監査におけるIT保証の判断尺度として使ってもかまわないだろう。なお，「COBIT」や「eSAC」は，自己管理のためのITコントロール目標と，監査のための判断尺度という2つの側面をあらかじめもたせて策定されている。

このようなITコントロール規準の目的なり，規準策定の背景の違いは，そのままITコントロール規準の記述体系の違いとなって表われている。

「Trustサービス原則・規準」は，安全性，機密性，可用性などのITシステムの品質属性ごとに，それを達成するための具体的なITコントロールを当てはめてゆくかたちでつくられている。これに対して「ISO 17799」は，ITコントロールの種別ごとに，具体的なITコントロール活動を記述するかたちになっている。「COBIT」や「eSAC」は，ITコントロール目標，ITプロセス，

IT資源を組み合わせるなど，いろいろな工夫が凝らされている。

　内部監査人がITコントロールに対して保証を付与する場合には，監査の主題の明確化という観点から，内部監査の対象となるITシステム（またはITプロセス）とその品質属性を組み合わせ，それに必要とされるITコントロールを当てはめた形式のものがよいだろう。

　いずれにせよ，監査上の判断尺度はチェックリストではない。ISO 17799を判断尺度として用いるといっても，当該規格はリスク評価（リスクの分析と判定）の実施を前提としている。したがって，当該規格に示されたコントロールを機械的に一つひとつ確かめていっても，その総合結果にどれほどの意味があるかは，疑わしい。より根本的に，何を対象として，何に対する監査意見を表明するかという視点を抜きにした検証活動はありえない。

　さらには，もし当該規格に照らして欠陥が見つからなかったとしても，それが最終的に何を意味するかということも考えなくてはならない。「ISO 17799に示されたすべてのITコントロールが満たされていることをもって，ITシステムまたはITプロセスの機密性，完全性，および可用性が確保される」とは，単純に言い切れないように思える。

　視点をかえて，検証過程に着目すれば，監査対象が判断尺度に合致しているかどうかを確かめるといっても，事実の客観的判断だけで済むものではない。常に内部監査人の価値判断を伴う。

　このように内部監査人の検証は，監査対象の判断尺度への適合を確かめることを前提とする。しかし，とりわけIT監査によって保証を提供しようとするとき，当該判断尺度自体が内包する曖昧さの問題と，判断尺度への適合を確かめることの意味については，別途，考えなければならない。これらの理論的な検討については第5章で行う。

〈行為規範としての監査基準と倫理規則〉

　IT監査は，特定の判断尺度に照らした独立かつ専門的な立場からする検証とその結果の報告であるが，IT監査の品質を一定水準に保ち，場合によって

は監査人の責任免責の判断の基礎を明らかにするために，監査人が遵守すべき業務上の規制事項を規定したものが必要となる。これが「監査基準」である。上で述べた監査上の判断尺度（ITコントロール目標）とは，まったく別のものである。

IT監査の領域では，複数の監査基準が入り乱れている。これが第1の問題である。そもそも監査基準は，監査人が監査を行う際に従うべき規範である。IT監査のための監査基準は，監査の過程で参考程度に使われるといった，ぼんやりとしたものではない[17]。

内部監査人がIT監査を行うとき，内部監査人協会（IIA）の「内部監査基準」，経済産業省の「システム監査基準」および「情報セキュリティ監査基準」の適用関係はどのようになるのだろうか[18]。IIAの「内部監査基準」は，IT

---

(17) 職業会計士による財務諸表監査の領域では，その監査報告書の記載文言との関連もあって，監査基準の本質なり，あり方がさまざまな角度から検討されてきた。内部監査の基準についても，内部監査の特性を踏まえた本格的な検討が必要なように思われる。今日のように，国際基準と国内基準があり，そして内部監査であればいかなる種類の監査にも適用される全体基準（共通基準）と，IT監査のように個別的な領域に特化した特殊基準（個別基準）が監査基準として策定・公表され，結果として複数の内部監査基準が存立するという現象がみられるからである。

また，内部監査の場合は，事業体ごとに監査基準があっていいのか，すなわち事業体ごとに独自に作成してよいかどうかという，より根本的な問題をかかえているのではないだろうか。内部監査は，あくまでも事業体のニーズによって，事業体の内部者によって行われる監査であるからである。

内部監査部門を擁するほとんどの事業体では，内部監査部門ないしは内部監査人の職責を記述した「監査規定」がある。また，標準的な監査の手順と方法を記述した「監査手続書（監査マニュアル）」が作成されていることもある。そうしたとき，これらの文書と監査基準との関係も，よくよく考えてみるとはっきりとしない部分が多い。「弊社では，監査規定と標準監査マニュアルをあわせて監査基準と呼んでいます」という主張に対してどれほど説得的な反論が可能であろうか——基準と規定やマニュアルの違いは，その詳細さの違いにある，という説明で反論となるであろうか。——。

(18) さらに，ISACAという団体に加入する内部監査人がIT監査を行うときには「ISACA監査基準」を，IIAの「内部監査基準」や経済産業省の「システム監査基準」などとの関係でどのように考えればよいだろうか。このようにISACAという団体に加入するわが国の内部監査人によるIT監査を想定すると，主だったものだけでも，都合5つ（IIAの内部監査基準，日本内部監査協会の　　　（次ページにつづく）

監査に限らず，広く内部監査に適用される内部監査人の行為規範を定めたものである。したがって，概念的には，当該「内部監査基準」が基礎にあって，その上にIT監査に特有の監査基準が「補足基準」として位置付けられる関係となるのであろうか。

また，そもそもIT監査に特有の監査基準が別途必要かどうかという問題もある。監査対象の特性にかんがみて策定した監査基準には，それなりの実務上の役立ちはあるだろう。しかし，監査の対象ごとに監査基準を策定していたのでは，たくさんの監査基準が入り乱れ，それこそ大変なことになってしまう。「IT監査には特殊性があるから」という理由は，そのために，別途，監査基準を構想しなければならないことと直接に結びつくだろうか[19]。

第2の問題は，上記の監査基準の乱立と関係してくるが，内部監査報告書のなかで，監査基準を遵守した旨の記載を行う実務が定着していないことである。この文言の記載は，端的にいえば，実施された監査の品質を伝達し，かつ監査人の任務の範囲を明確にするためのものである。保証を付与するためには，不可欠の記載事項である。

経済産業省の「情報セキュリティ監査基準」は，セキュリティ監査における保証職能を明確に打ち出したこともあって，たとえ内部監査人による監査であっても，監査基準を遵守することで一定の監査品質が維持され，その一方で監査人の責任が限定されることを伝達するために，当該監査基準を遵守して監査が行われた旨の記載を取り入れた[20]。

　　内部監査基準，ISACAの情報システム監査基準，経済産業省のシステム監査基準，同省の情報セキュリティ監査基準）もの国内外の関連する「監査基準」が登場することになる。
[19]　経済産業省から公表されている「情報セキュリティ監査基準」は，各規定の主語の部分，すなわち「情報セキュリティ監査人は，」という箇所を単に「内部監査人」と読みかえれば，IT監査だけでなく，会計監査，業務監査，環境監査など，いかなる種類の内部監査にも適用できそうに読める。
[20]　「情報セキュリティ監査基準」では，その「報告基準ガイドライン」において，情報セキュリティ監査基準を遵守して監査が行われた旨の記載を監査報告書の記載事項として義務づけた。この記載文言は，会計士監査で使われている文言と基本的には同

この記載は，IIA の「内部監査基準」でもなく，ISACA の「情報システム監査基準」でもなく，経済産業省の「情報セキュリティ監査基準」に基づく監査であることを明言することになる。特定の監査制度に基づく監査として行われたことを簡潔に伝達している。しかしもし，「内部監査人協会の内部監査基準および経済産業省の情報セキュリティ監査基準」を遵守した旨の記載が行われたとしたとき，それがどのような意味をもつかということは，監査基準を遵守して監査が行われた旨の記載とは，また別の問題である。

なお，監査の専門職としての基盤をより強固にするために，倫理規則（倫理規定ともいう）が，監査専門職団体ごとに策定され公表されている。そもそも職業倫理とは，専門職がその高い専門性に裏付けられた社会的使命を自覚し，倫理に則った仕事を遂行するための自己規範則である。それを専門職団体自らが宣言し，遵守を約束することで，当該専門職の社会的な存在意義と信任を高めることができるものと考えられている。

IT 監査にかかわる国際的コミュニティーである ISACA，わが国におけるシステム監査人の専門団体である特定非営利活動法人日本システム監査人協会でも独自の職業倫理規則を有している。倫理規則は，監査人としての使命，信義，品位，名誉といった専門職として根幹となるべき倫理観を規定したものとなっている。監査人としての使命感など監査基準の規定に馴染まない倫理的要件が定められているとともに[21]，その一方で監査人としての独立性の保持など監査基準が定める人的規制要件と一部重複する規定が含まれることもある。

監査基準は監査人の業務上の規範（これを裏返してみれば規制事項ともなる）を定

一であり，「われわれの監査は，情報セキュリティ監査基準に準拠して行われた」と記載される。また，2005 年に改訂された「システム監査基準」でも，「情報セキュリティ監査基準」との整合性を図る観点から，同様の考え方が取り入れられた。経済産業省商務政策局 [2005]，61 ページ（監査報告書雛形）。

(21) ISACA の倫理規定を例にとっていえば，「公認情報システム監査人は，雇用主，株主，顧客，および一般大衆の利益に，勤勉，忠実，誠実な態度で奉仕し，故意に，不法あるいは不当な活動に関係してはならない」（§3），「公認情報システム監査人は，専門家および個人としての活動において，態度と人格についての高い規範を維持しなければならない」（§10）などの規定が，これに該当する。

めたものであり，倫理規則は専門職としての価値規範を定めたものである。その意味で両者は別のものであって，倫理規則は監査基準の土台として位置づけられるべき性質のものであろう[22]。

IT監査としてのIT保証の実施構造の特質

IT監査は，他の監査と同様に，〈監査計画の策定〉→〈監査手続の実施〉→〈監査報告書の作成〉という段階を踏む。保証を目的に監査を行う場合であっても，改善勧告を目的に監査を行う場合であっても，このステップは変わらない。

この一連のステップは，ITシステムの企画段階，開発段階，運用段階，保守段階ごとに行われることもあるし，あるいは購買，製造，在庫，販売などの業務ごとに行われることもある。さらに，安全性の監査，信頼性の監査，機密性の監査，効率性の監査，戦略性の監査などというように，ITシステムの品質属性ごとに行われることもある。

したがって，これらの組み合わせによって「販売システムの運用段階における安全性の監査」として行われることもあれば，「在庫システムの企画，開発，運用，保守の各段階を通じた安全性および効率性の監査」として行われることもある。

IT監査の結果は監査報告書として取りまとめられるが，その内容は大別して，保証意見と改善意見からなる。これは先に述べた保証および改善勧告という2つの監査職能と対応したものである。

保証意見は，以下のように検証手続の結果を保証文言として表明する。たと

---

[22] ISACAの倫理規定には，「公認情報システム監査人は，ISACAが採択した"情報システム監査基準"を遵守しなければならない」として，監査基準の遵守を倫理規定のなかで定めている。同様の規定は，わが国のシステム監査人協会の「倫理規定」にもある。なお，ISACAの倫理規定の場合には，監査を担当する人達のコミュニティーで自らの行為規範たる監査基準を策定し，それを遵守するという姿勢が貫かれている。しかし，システム監査人協会の倫理規定は，わが国独特の事情を反映してか——監査基準は公的な権威ある機関によって策定されるものとする風潮——，ISACAのそれとは異なり，特定の監査基準の遵守を定めていない。

えば販売システムの運用段階における安全性の監査を例にとれば，次のようになる。

「運用段階における販売システムにかかわる安全性のコントロールは×××（判断尺度としてのITコントロール目標）に準拠し，適切に機能しているものと認める。」

これに対して改善意見は，検証手続の結果，要改善と判断された事項を，改善案とあわせて記載する。上の例でいえば，運用段階における販売システムにかかわる安全性のコントロールの状況について，重要な欠陥または問題，およびそれに対する内部監査人による具体的な改善案が記載される。上と同じ例でいえば，次のようになる。

「運用段階における販売システムにかかわる安全性のコントロールは，×××（判断尺度としてのITコントロール目標）に照らして，以下の通り改善すべき点がある。
・指摘事項　　　××××××××××××××××××××××
・改　善　案　　××××××××××××××××××××××××」

ここでは，IT監査がコントロールの評価として実施されていることに注目されたい。ITシステムに組み込まれたITコントロールを検証した結果としての指摘事項であり，改善案である。

ところで，上の保証意見の例として示された「安全性のコントロールが，×××（判断尺度）に準拠し，適切に機能しているものと認める」という保証は，「販売システムの運用段階が適切である」（あるいは運用段階にある販売システムが適切である）ことを保証しているものではない。「販売システムの運用段階」が検証の対象となっているが，監査人の意見はあくまでもコントロールが適切かどうかについてなされたものであって，いわばITコントロールの有効性についての保証である。

それでは次のような内部監査人の保証意見を考えてみよう。

「運用段階における販売システムにかかわる安全性のコントロールは×××（判断尺度としてのITコントロール目標）に準拠して適切に機能しており，（もって）当該システムの安全性が確保されているものと認める。」

これは前記の保証意見とは明らかに異なる。コントロールが適切に機能していることの保証を超えて，「販売システム――コントロールを含むシステム全体――の安全性が確保されている」ことまで保証しているからである。

ITシステムは，概念的には，処理モジュールとコントロールモジュールとに分けて考えることができる。ごく単純な例で説明してみよう。ある取引を一定期間ごとに合計し取引の種別ごとに分類して要約を出力するという働きを担当するのが，処理モジュールである。一方，入力取引に一連番号を付しておくことや，データの入力件数をコンピュータプログラムによって数えて実際の入力件数と照合することは，処理モジュールが正しく作動することを確保するためのコントロールモジュールである。

このようにITシステムを概念的に二分して考えると，「安全性のコントロールが適切に機能している」ということは，コントロールモジュールが適切に機能していることを保証しているにすぎない。したがって，「安全性のコントロールが適切に機能している」ことを「システムの安全性が確保されていること」につなげるためには，そこに論理上の接着剤が必要となる。

ここで，あえて「つなげる」といったのには，特別な意味がある。それは，処理モジュールとコントロールモジュールとの間には，以下のように，コントロールモジュールが有効に機能していれば，それだけ処理モジュールの目的達成度が高められ，結果としてITシステムの目的達成度が高められるという関係があるからである。

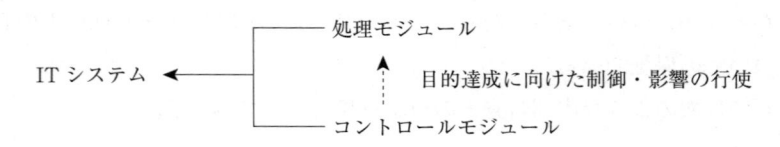

```
                    ┌── 処理モジュール
    ITシステム ◀───┤           ↑ 目的達成に向けた制御・影響の行使
                    └── コントロールモジュール
```

3.1 内部監査としてのIT監査の本質と職能

　この点に着目すれば，コントロールモジュールがうまく機能していれば処理モジュールも正しく作動しているはずであるという前提に基づく検証構造を組み込むことができる可能性がある。しかし，処理モジュールについての確証的な証拠を入手しない限りにおいて，コントロールが有効に機能しているかどうかについての意見を大きく踏み出して，システムの特定の属性（安全性など）を保証することには無理があるように思える。その意味で，ITコントロールの特定の属性の保証（たとえば安全性のコントロールが有効に機能していること）と，ITシステムの特定の属性の保証（たとえばITシステムが安全であること）は，ひとまず明確に区別される必要がある。

　それでは，ITコントロールが有効に機能しているかどうかは，どのように検証されるのであろうか。ITシステムの安全性を確保するためのコントロールを例にとって説明してみよう。

　ITシステムに組み込まれた，安全性を確保するためのコントロールに重大な欠陥や問題がないかどうかについての証拠固めを行うためには，内部監査人は安全性にかかわる従属的なコントロールを特定して，検証手続の適用対象を定めなければならない。安全性を確保するための唯一のコントロールというのは存在しないし，安全性を立証できる唯一の証拠を求めることも現実には不可能であるからである。

　安全性にかかわる従属的なコントロールは，図3-2に示すように，概念的には木構造のかたちでブレークダウンできるであろう。そして検証手続が適用できるところ（これを会計士監査の言葉でいえば監査要点という）まで落とし込む。

　たとえば「パスワードは定期的に変更されている」という監査要点が設定されると，それを立証するのに必要かつ十分な証拠を入手するために，検証の対象とするパスワードを抽出して，変更記録の閲覧，担当者への質問，変更手続の視察，過去に使われていたパスワードやランダムパスワードを使ったテストアクセスなどの検証手続を実施して，証拠固めを行ってゆく。検証の対象とするパスワードのサンプル数をどれほどとするか，検証手続として何を選択するかは，検証対象のリスクの大きさによって決定される。

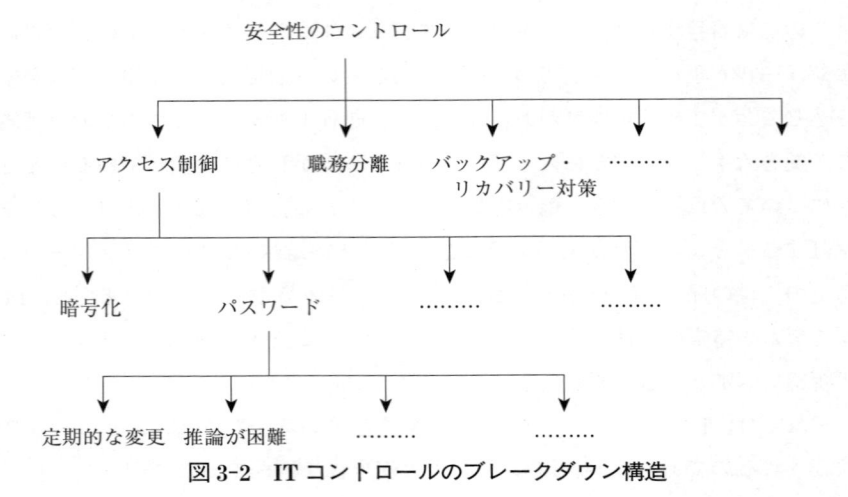

図 3-2 ITコントロールのブレークダウン構造

```
                    安全性のコントロール
         ┌──────┬──────┼──────┬──────┐
      アクセス制御  職務分離  バックアップ・  ………  ………
         │                  リカバリー対策
    ┌────┼────┐
   暗号化  パスワード  ………  ………
         ┌───┼───┬───┐
      定期的な変更 推論が困難 ……… ………
```

　検証手続の結果としての証拠は監査要点を単位として入手されるので，今度は監査要点ごとの証拠を積み上げてゆき，総合的な判断――安全性のコントロールが有効に機能していること――へと帰納してゆく。したがって，IT 監査の実施プロセスというのは，図の下から上へと，内部監査人の心証を固めてゆくプロセスとなる。また，監査計画の策定という観点からみれば，逆に，図の上から下へと落とし込んでゆくアプローチになる。

　検証手続の実施過程では，内部監査人はさまざまな判断をそのときの状況に応じて行っている。たとえば「パスワードの変更は定められた手続に従って定期的に行われている」ということを確かめることは事実判断である。一方「パスワードは推論し易いものでないこと」を確かめるのは価値判断である。このときにパスワードの定期的な変更という事実判断であっても，その変更間隔をどのように判断するかは，パスワードの推論可能性と無関係ではありえないだろう。また，そもそもどのような適用業務システムで使われているパスワードかといったことなど，コントロールが適用されているさまざまな環境要因も考慮しなければならない。変更間隔が短ければ短いほどよいというものではないはずである。

ITコントロールは，概念的には，その一つひとつが個別的に機能するとともに，有機的につながって機能している。あるコントロールが別のコントロールを支えるといった関係がみられることもある。したがって複数のITコントロールを，その関連性を無視してランダムに抽出して検証しても，何の意味もない。その上，ITコントロールはITリスクの大きさを考慮したものでなければならない。ここにIT監査の難しさがある。

IT監査は，固定的なチェックリストを用意して，それに従って機械的にチェックマークを付けてゆく作業ではない。監査報告書において，「コントロールは，×××（判断尺度としてのITコントロール目標）に準拠していると認める」という文言ではなく，「×××（判断尺度としてのITコントロール目標）に準拠して，適切に機能していると認める」という保証意見を表明するためには，個々のITコントロールが特定の判断尺度に形式的に準拠していることを確かめるのではなく，判断尺度に照らしてコントロールが適切かどうかについての総合判断が行われていなければならないのである。

3.2 IT監査の発展過程からみたIT保証の特質

IT監査の発展ステージ

内部監査としてのIT監査の発展過程を振り返り，それに基づいて現在のIT監査として提供される保証の特質を明らかにしてみよう。

IT監査（古くはEDP auditing, computer auditingなどと呼ばれていた）の発展過程をITシステムのそれと合せみながら振り返ってみると，大きく分けて3つのステージが区別できるように思う。

以下の議論は，主に内部監査人協会（IIA）の機関誌Internal Auditor誌のサーベイを通じて，北米における内部監査として実施されたり，議論されてきた実務を検討したものである。

〈第1ステージ：導入期〉

　コンピュータの導入は，まず給与支払手続や請求書発行手続といった日常の定型的な業務処理，それも個別業務の自動化からはじまったことは広く知られている。事務処理の合理化と事務処理コストの削減が，コンピュータ導入の主たる目的とされた時代である。年代としては1950年代末から1960年代である。

　この時代における議論のほとんどは，内部統制との関係で「EDP監査」が論じられてきたことが大きな特徴である。実際にどれほど踏み込んだ監査が行われていたかについては定かではないが，すでにコンピュータプログラムに組み込まれたコントロールという概念を内部統制との関係において識別されていた[23]。

　このようにEDP監査という言葉は使われていても，監査というよりも，むしろコンピュータの導入によってコントロールがどう変わるかといった点に内部監査人の関心が向けられていったようである。また一般業務監査との区別も必ずしも明確ではなかったようである。内部監査人はコンピュータ処理部分のブラックボックスに何とか光を当てようと模索し，手探りの状態が続いた時代といってよいだろう。

〈第2ステージ：成長期〉

　ところが1970年代に入ると，「コンピュータシステム」は個々の業務の自動化だけにとどまらず，経営管理への役立ちが目的とされるようになる。顧客管理，納期管理，在庫管理といった各種経営管理のための情報を適時に提供するという役割が強調されるようになってきた。MIS（Management Information Systems）という概念が盛んに議論された時代でもある。業務の定型処理をコンピ

---

[23] 「コンピュータプログラムに組み込まれたコントロール」という概念は，1959年の論文にすでに見受けられる。Grody [1955], pp. 31-44. また，1960年代中ごろになると，プログラムド・コントロールとして「コントロールトータル」,「チェックデジット」,「限界値チェック」という手法が紹介されるようになる。Attwell, Jr. [1965], p. 20.

ュータシステムの重要な役割とみる点では第1ステージと変わらないが、個別の業務処理から経営管理情報の提供にシステムの役割期待が移行していった時代といってよいだろう。

このステージにみられる「コンピュータ監査」では、経営管理に役立つシステムという設計思考のもとで、業務システムを対象とした監査という考え方が根付きはじめた。内部監査人の目は、適用業務システム（購買、製造、在庫、販売、人事）に向けられるようになってきた[24]。

その一方で、システム開発の監査に大きな注目が集まりはじめたのも1970年代の特徴であるといってよいだろう[25]。コンピュータシステムの運用段階に入ってから監査に着手するのはなく、開発段階の監査を通じて、コントロールの欠陥や問題を摘出しようとする考え方がみられるようになった。業務システムの監査という捉え方が根底にあるから、このような開発段階の監査という考え方が前面に出てきたと考えられる。

また、1973年にはエクイティ・ファンディング会社事件（コンピュータを使った大掛かりな不正事件）が発覚し、それに伴ってコンピュータプログラムの検証の重要性が認識されるようになった。この事件では、保険金請求、失効、受取人の変更を検査するためのサンプリングルーチンが、不正部分をスキップするように改ざんされていたこともあって、内部監査人の間では適用業務プログラ

---

[24] 適用業務システムの監査という一つの監査の進め方を確固たるものとしたのは、おそらくIIAが当時のプライスウォーターハウス会計事務所に委託して取りまとめたコンピュータシステムの監査とコントロールについての体系的な調査報告書、通称「SAC報告書」であろう（IIA [1977]）。この報告書の「コントロール実務編」では、コントロールをもって、全般的コントロールと適用業務システムコントロールとに類別した。この報告書は、コンピュータ監査技法についてのきわめて詳細な解説を織り込んだこともあって、その後の内部監査としてのコンピュータ監査に関する実務でも広く参照されるようになり、重要な影響を与えることとなった。なお「SAC報告書」は、その後1991年、1994年に改訂されている。現在は、第2章で述べた「eSAC」として装いを新たにした。

[25] システム開発の監査に初期の段階から着目したものに、Keyes [1972], pp. 31-39がある。また、システムの開発段階と運用段階との関係に着目したものに、Francis [1973], pp. 18-29がある。

ムの正確性の保証に目が向けられはじめたのである[26]。

〈第3ステージ：飛躍期〉

　1980年代に入ると，マイクロコンピュータの登場，そしてデータベース技術とネットワーク技術の普及によって，「情報システム」の経営への浸透度は加速度的に高まってきた。第1ステージや第2ステージが前提としてきた定型処理だけでなく，非定型処理も含む役割が情報システムに期待されるようになった。経営者層に対する意思決定支援情報の提供も注目されはじめた。

　ところが，このステージにおける「情報システム監査」は，戦略計画への強いコミットを求める方向性を選ばなかった。大筋は，マイクロコンピュータ技術，データベース技術，ネットワーク技術に着目し，それらを積極的に監査の対象としてとらえてゆこうとすることに熱中したようである[27]。

　それに伴い内部監査人もコンピュータ技能を備えるべきとの主張がみられるようになり，情報システム監査を担当する監査人のスペシャリスト化が強く要請されるようになってきたようである[28]。当時情報システム監査で定評があるといわれていた文献でも，general staff auditor と computer audit specialist との分離が主張されている[29]。

　ところが振り子が特定方向に偏り過ぎると，その反動が生ずるのもまた世の常である。当時の情報システム監査があまりに技術論に傾斜しすぎ，コンピュータプログラムの論理チェックに陥りがちな技術監査と，コンピュータプログラムの正確性に対する保証を深く追い求めるというあり方に対する反省も出てきた。内部監査人のスペシャリスト化とはまったく正反対の方向性，すなわち情報システム監査と業務監査との統合監査，あるいは computer audit specialist と対置される意味での total auditor という発想が出てきたのもこのステー

---

(26) Reeve [1976], pp. 20-24.
(27) Hansen & Romney [1987], pp. 44-47. Sobol [1988], pp 33-35.
(28) Howard, Jr. [1982], pp. 30-31.
(29) Weber [1982], pp. 888-891.

ジの特徴である[30]。

〈第4ステージへの分水嶺〉

　このように1950年代末から1980年代までにかけて3つの段階を経て情報システム監査は成長をとげてきたが，そこには一貫して変わらないものがあった。それは，情報システム監査は情報システムに組み込まれたコントロールの評定である，との理解である。

　ところが，1990年代初旬から中頃にかけてのインターネットを中核とするオープンネットワーク技術の急速な普及，そしてマルチメディア技術やモバイル技術によって，情報システム監査の進展の様相も一変する。ここで2つの大きな流れができたのである。

　一つは，業務プロセスの再構築あるいは新しい事業モデルの創出を目指す経営戦略支援に焦点を当てた「IT監査」である。第3ステージまでの発展過程においては，コンピュータと業務活動との関連性は意識されつつも，戦略支援といった視点は明確に意識されることはなかった。その意味では新しいIT監査の視点が登場したことになる。ITを単なる業務上の補助道具とみるのではなく，競争戦略の変更や事業活動範囲の再定義といった革新的意義づけを与え，戦略計画の策定においてITをいかに生かすかという視点が登場してきたことは，IT監査のあり方の大きな方向転換を迫ることとなった。

　いま一つは，第3ステージにおいてみられた技術的な色彩の濃い検証ではなく，事業体のITリスク管理としてのセキュリティ管理を対象としたIT監査への収斂という流れである。

　システムの信頼性や安全性の確保は，EDP監査が登場した当初より一貫し

---

[30] Anderson & Duke [1984], pp. 30-35.（丸山訳 [1985]，42-47ページ。）この論文は，当時の実態調査に基づいて，過去の業務経験，訓練の内容と時間，そして具体的に行っている監査業務における一般監査人とEDP監査人とのギャップを分析し，そこから両監査人の統合の可能性を探ろうとしたものである。しかしこれを今日的な意味で捉え直したとき，望蜀の感はあるが，一般の業務監査とEDP監査との統合によって監査業務の「質」がどう変わるかという見方が必要であるように思われる。

て重視されてきた。第2ステージでは，主にコンピュータプログラムの検証を通じて，システムのセキュリティ確保に接近するアプローチが注目された。また第3ステージでは，データベースとネットワークの技術的な検証を通じて，システムのセキュリティ確保に接近しようとするものであった。ところが，1990年代中頃から，事業体全体としての，しかもITリスクに応じたセキュリティ対策の監査という方向性を鮮明にしてゆくことになる。

戦略計画支援のためのIT監査

　まず第1の方向性からみてゆこう。従来，ITセキュリティやIT監査の領域では，computer controls，IT controlsといった用語が示すように「コンピュータおよび通信ネットワークのシステムまたはプロセスをいかにコントロールするか，またそのコントロールをいかにして検証するか」という視点に重きを置き，そのような狭い範囲に限定して理解されてきた傾向が強い。この点は第3ステージまでのIT監査の発展過程からも明らかな通りである。

　第3ステージまでのIT監査は，戦略計画を所与のものとみなして，業務活動レベルでのITコントロールに主たる関心を寄せてきたといってよい。ITコントロールといっても，論者によってその体系化や分類の仕方は異なるが，比較的馴染み深い「アクセスコントロール」，「バックアップ・リカバリーコントロール」等々の用語を思い浮かべても，そこに戦略計画との強い結びつきを見出すのは困難である。

　しかも第3ステージまでのIT監査では，ITコントロールといっても，ITリスクに基づくコントロールの設定は少なくとも明確なかたちでは取り込めなかった。

　ところがITに伴う経営のパラダイム変革に着目するとき，戦略計画とITとの整序，事業戦略リスクとITリスクとの関係に着目するIT監査を考えなければならなくなってきたのである。

　販売アプリケーションにおけるデータベースの監査を例にとってみよう。第3ステージまでの視点でみれば，

3.2 IT監査の発展過程からみたIT保証の特質

- データベース間の首尾一貫性が確保されているか
- データベースのバックアップ/リカバリー対策は適切か
- 検索処理の応答時間は適切か

といった着眼点が指摘できるであろう。端的にいえば，データベースが予定した機能を発揮しているかどうかを検証し，保証するためのIT監査である。

これに対して，データベースマーケティングという新たな視点からみてみると，

- 顧客への個別的対応が可能なデータベースが作成されているか
- 新しい顧客ニーズを発掘するためにデータベースが使われているか
- 顧客サービスのニーズに応えることのできる応答時間が確保されているか

という着眼点が必要となってくる。データベースが戦略計画を支援できないITリスクを低減するという視点を取り込んだIT監査となる。

このように戦略計画リスクと密接に関連づけられたITコントロールを考えなければならず，そのようなITコントロールの検証が内部監査人に要求されるようになる。日常的な業務処理や経営管理を前提としたITコントロールだけでなく，ITの競争的役割を視野に入れたITコントロールを検証するものでなければならない。

このようなIT監査上の着眼点の変質は，ITシステムがその最低限の機能を発揮するための「後向き品質」属性（安全性や完全性など）に着目する保証から，ITシステムの戦略効果を重視した「前向き品質」属性（有効性や戦略性）に着目する保証への重点移行として捉えることができる。

第3ステージまでのIT監査は，ITシステムの安全性や効率性といったITシステムに最低限要求される「後向き品質」属性が重視されてきた。安全性や効率性などは，ITシステムの特性によって，程度の差はあるにせよ，いかなるITシステムにおいても当然に備えるべき品質属性であろう。

しかし，ITシステムが事業体の戦略に適合しているかどうか，ITシステム

が真に戦略の達成に役立っているかどうかという視点を強調すると，ITシステムの有効性や戦略性といった「前向き品質」がより重視されてくる[31]。

図3-3は，IT監査の主題とされる前向き品質属性と後向き品質属性との関

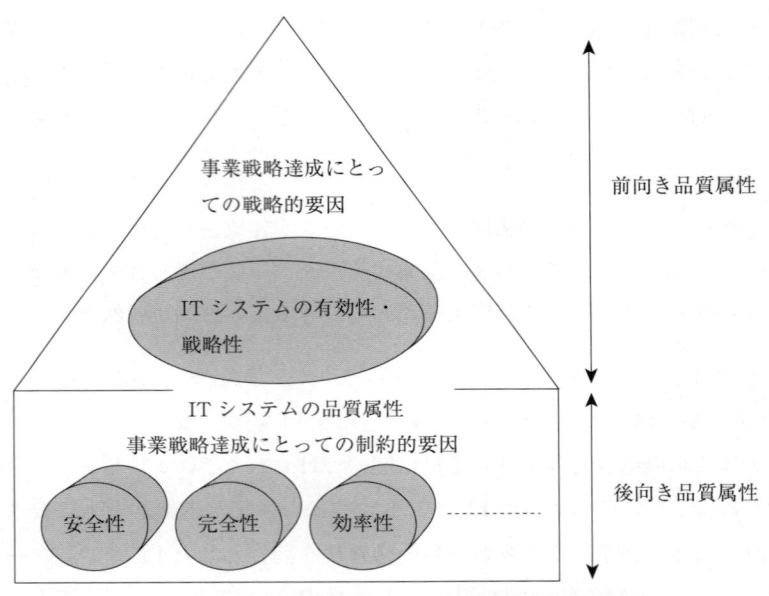

```
                  事業戦略達成にとっ
                  ての戦略的要因
                                                    ↑
                  ITシステムの有効性・
                  戦略性                              前向き品質属性

                                                    ↓
                ITシステムの品質属性                   ↑
              事業戦略達成にとっての制約的要因

              安全性   完全性   効率性                 後向き品質属性

                                                    ↓
```

図3-3　前向き品質属性と後向き品質属性との関係

---

(31) このような後向き品質属性と前向き品質属性との関係を「監査の主題」という観点からどのように考えるかということは，案外と難しい問題である。私は，後向き品質をITシステムの制約的要因とみなし，また前向き品質を戦略的要因とみなして，この2つの監査を異なった枠組みで構想する方が理論的にはすっきりとした説明ができるように思う。

　というのは，事業戦略の達成にITシステムがどの程度役立っているかという視点から，たとえば顧客満足度の評価を内部監査人が行うとしよう（なお，このようなアプローチを実践に適用する試みについては，力・藤野・堀江［1999］，11-33ページで行われている）。このようなあり方は，ITシステムの安全性について証拠を固めてゆく従来の思考とはまったく別のものである。後向き品質と前向き品質の属性を監査の主題として一括りにすることには大きな無理があると考えるのはそのためである。ただ，後向き品質をITシステムの目的達成にとっての制約的要因として位置づけた上で，それが事業体の価値をどの程度高めているかという見方もできないわけではないだろう。そうすると，後向き品質の監査と前向き品質の監査を無理に切り分けるこ

係を表わしたものである。

セキュリティ確保のための IT 監査

次に，第4ステージへの分水嶺となる第2の方向性についてみてゆこう。

IT システムまたはプロセスの安全性や完全性といった IT セキュリティに着目した監査というのは，IT 監査が登場した当初より重視されてきた。しかし今日，IT セキュリティ確保のための監査というのは，第3ステージにおける情報システム監査が目指した方向性とは異なる。この違いとは，第4ステージにおいて，第1に管理的視点を重視する IT セキュリティ監査が方向づけられたことであり，第2にビジネスリスクとの関連性を重視する IT セキュリティ監査が方向づけられたことである。

今日の IT セキュリティ確保のための監査は，アクセス制限技術，ユーザ認証技術，暗号技術などを個別的にしかも技術的観点からみるのではなく，それらがどのように業務に組み込まれて運用されているか，あるいは全体的な観点からみたときに適切かつ十分かどうかという管理的視点こそが強調される。これが技術指向を強めた第3ステージにおける情報システム監査が目指した方向性との決定的な違いの第1である。

管理的視点の強調という方向性は，技術的なコントロール自体が暗号技術を中心としたものとなりつつあり，このような特殊技能領域に精通していない内部監査人にとっては，取り組もうにも現実にはできないということがある。また経営者も，経営への役立ちという観点からする IT 監査を求めており，利用されている暗号技術の機能や性能の保証に内部監査の職能を使おうとはそもそも考えないだろう。

ともないという考え方もできないわけではない。

いずれにせよ，後向き品質の監査と前向き品質の監査をまったく別の枠組みとして構想するか，あるいは一つの枠組みとして構想するかは，IT 監査の主題がもつ二面性（事業戦略の達成という観点からする監査の主題と，IT システムを外的な脅威からいかに保護するかという観点からする監査の主題があること）を，一つの統合的な理論として構築する場合にはきわめて重要な課題であることは間違いない。

そのような事情にくわえて，管理的視点を鮮明にしたITセキュリティ管理の制度運用が主流となってきたことも，管理的視点を強調したIT監査を強力に後押しすることとなった。すなわちITセキュリティ管理の国際標準ISO 17799を核とした一連の管理規格に基づく制度運用である。わが国の場合，経済産業省の「情報セキュリティ監査基準」に基づく監査は，ISO 17799をもとにしてつくられた「情報セキュリティ管理基準」をその判断尺度とすることを原則とする。そのことから，制度上，情報セキュリティ監査は，管理的視点から行われるIT監査として特徴づけられることになる。

ところで，ITセキュリティ確保のための監査のあり方は，ITリスク管理プロセスに着目すれば，次の2つに類型化できるだろう。

- ITリスク管理プロセスのうち，コントロールの検証に限定した監査
- ITリスク管理プロセスの全体をカバーする監査

内部監査として行われるIT監査としては，おそらく前者が標準的なあり方，基本となるあり方となるのではないだろうか。コントロール（内部統制）の監査という枠組みを逸脱することがないからである。管理計画，およびコントロールの結果に基づく是正措置は経営者によって行われる意思決定そのもので，この領域に内部監査人が関与できる余地は小さいと考えられる。現実に，戦略計画に基づくITセキュリティ管理計画そのものに保証を付与するというのは，どう考えても現実的ではない。理論的な観点からみても，コントロールの評定にIT監査の対象を限定することは，保証職能との親和性が高くなると考えられる。

これに対して後者のあり方によれば，ITリスク管理プロセスの全体をカバーすることで，ITセキュリティ管理の「継続的な改善」という役割がIT監査に強く求められることになる。ITコントロールに基づく是正が適時に行われ，それが管理計画の見直しへとつながってくることで，ITセキュリティ管理は逐次，改善がくわえられ，より実情にあった，そしてより望ましい管理へと進歩することになる。したがって保証職能よりも，むしろ改善勧告職能とし

て行われる IT 監査との親和性が高い，といってよいだろう。

　後者のような，管理プロセスの全体をカバーする新しいタイプの IT 監査では，たとえば次のような監査上の着眼点が登場することになる。

〈計画局面〉
・経営者によって立案された IT リスク管理計画と，それをブレークダウンした現場レベルでの詳細計画との整合性に重大な問題点がないかどうかを確かめる[32]。
・セキュリティ声明書が外部に開示される前に，セキュリティ声明書とセキュリティポリシーとの間に重大な矛盾や齟齬が生じていないかどうか，また外部に開示されるセキュリティ声明書の記載事項が必要かつ十分なものであるかどうかを確かめる。

〈是正局面〉
・コントロールの結果に基づく是正措置が，適切かつ適時に実行に移されているかどうかを確かめる。
・是正措置が IT リスク管理計画の修正に適切に反映されるようになっているかどうかを確かめる。

---

[32] IT セキュリティに関する経営者の基本方針は，すでに述べたように「セキュリティポリシー」と呼ばれることもある。ところが，現実問題として，内部監査の立場で，このような経営者の基本方針そのものの妥当性を監査の主題として取り上げることには無理がある。伝統的ではあるが，今日でもなおわが国で広く受け入れられている理解は，おそらく次の引用に端的に示されているように思う。「私の意見では，方針・計画の適否の評価を経営監査として行うというのは，内部監査の領域外だと思う。それは今日では監査役監査の対象であると考えられるべきであって，内部監査はあくまでも経営者が部門以下に委ねた業務を中心とする監査であって，たとえトップの方針・計画をとりあげたとしても，それは業務諸活動の監査との関係で実施状況の確認や助言を行なうものと理解すべきだと思う。」青木［1981］，75 ページ。
　　ただ，本文に示したように，経営者の基本方針を前提として，それをブレークダウンして作成される詳細計画との整合性を検証することは，上の引用の枠組みから逸脱するものではないだろう。

最近では「内部監査が，コーポレートガバナンス（IT監査の場合には，ITガバナンスと置き換えてもよい）にいかに貢献できるか」が模索されている。その一方で，ITセキュリティ管理も業務活動レベルにとどまらず，経営者層が戦略計画と関連づけて考慮すべき課題となりつつある。この接点に着目することが，新しいIT監査に求められている。

さらに，IT監査の展開過程でみられた第3ステージにおける情報システム監査が目指した方向性との決定的な違いの第2は，ITリスクのビジネスリスクへの連鎖がIT監査の重要な射程に入ってきたことである。

ITシステムの破壊・妨害，データの改ざん・盗聴，成りすまし，取引の事後否認，さらにはプライバシーの侵害といった脅威として知覚されるITリスクがさまざまなビジネスリスクへと二次的，三次的に連鎖することがある。事業体の活動のITへの依存度の高まりによって，ITリスクが決済リスク，信用リスク，評判リスク，法的リスクといった諸々のビジネスリスクへと連鎖することが十分にありうる。このことはITリスクが他のビジネスリスクの引き金となり，かつ業務活動レベルを対象とした技術的な性質をもったリスクにとどまるものではないことを意味している。

また，ホームページの書換え，WebサーバへのDoS攻撃，パスワードやクレジットカード番号などの個人情報の盗用をねらったWebスプーフィング（なりすまし）などは，いずれも一次的には業務活動レベルで対処すべきITリスクといってよいだろう。しかし，それらは事業体の信用失墜や訴訟など，戦略計画として対処すべきリスクへとつながってゆく可能性がある。さらには技術手段の導入遅延や陳腐化による競争基盤の喪失，一定水準のセキュリティ対策が満たされないことによって取引相手から排斥されるという事業体の競争的役割からみた戦略計画レベルのリスクもある。

このように，ITセキュリティ対策の監査は，ITコントロールの保証という基本線を堅持しつつ，ITリスク管理プロセスの全体をカバーする監査への脱皮が模索されている。

3.3　ITリスク評価に基づくコントロールの保証

ITリスク評価に基づくITコントロールの保証

　内部監査がコントロール（内部統制）の有効性の保証を主たる任務としてきたことに異論はないだろう。今日でもなお，このような内部監査の任務を否定する論拠は見当たらない。したがって，内部監査として行われるIT監査でも，ITコントロールの保証は重要な職能である。けれども，ITコントロールの保証がITリスク評価の結果に基づいて行われているかどうかということになると別問題である。

　リスクを意識しない経営がありえないように，内部監査として行われるIT監査においてもリスクをまったく考慮しないで監査計画が策定されるということはないだろう。しかし，どこにどのようなITリスクが存在するかを特定し，リスクの大きさを測定した上で，その結果を監査業務に生かすことが，ここでいうリスク評価に基づくIT保証である。事業体内のIT規程をはじめとした各種規程類への準拠の有無を，固定型のチェックリストを用いて一つひとつ潰して行くコントロールの評定とは明らかに異なったものである[33]。

　そもそもコントロールというと，業務活動の遂行という「結果としての側面」をどのように制御するか，しかも「手続的」にどのように制御するかという見方がベースになっていたように思える。コントロールの評定にしても，コントロール活動が終了した後で，事業体の内部規程類に準拠しているかどうかという観点から行われることが多いであろう。

　ところが，リスク評価（リスクの特定・測定・判定）の結果をITコントロール

---

(33)　内部監査一般に関する言及ではあるが，Krogstad氏らは次のようにいう。「もはやすべてにフィットするコントロールなどというものはなく，包括的なコントロールチェックリストの時代は終わった。コントロールを"静的"な構造としてではなく，むしろ変化し続ける組織の付加価値活動に焦点をあわせた"動的"なものとみるべきである。」Krogstad, Ridley & Rittenberg [1999]，p. 33. 正鵠を得た指摘であり，IT監査におけるITコントロールの評定においてもそのまま当てはまりそうである。

の評定プロセスに組み込むことができれば、リスク要因の連鎖と変動を反映できるようになる。

〈一つの概念モデル〉

かなり以前に提案されたモデルではあるが、2つのサイト間におけるデータの送受信（EDIという）に焦点を当てて、本来リスク（inherent risk）、残存リスク（residual risk）という概念を用いたIT監査のためのリスク評価モデルがある[34]。ITリスクの評価に基づくITコントロール保証のための概念モデルとして面白く、今日的な意義が薄れているとも思えないので、これを題材にして検討してみよう。

[本来リスクと残存リスクの評価]

本来リスクとは、コントロールが存在していないと仮定した場合に、もともと存在するリスクをいう。このモデルでは、EDIシステムの本来リスクは次のように表わされる。

$$IR_{EDI} = 1 - (1 - IR_I) \times (1 - IR_T) \times (1 - IR_D)$$

  IR_{EDI}：EDIシステムの本来リスク
  IR_I　：送信サブシステムの本来リスク
  IR_T　：伝送サブシステムの本来リスク
  IR_D　：受信サブシステムの本来リスク

このモデルの特徴でもあり、面白さは、本来リスクを、送信、伝送、受信からなる3つのサブシステムに切り分けて評価することにある。データの正確な送受信は、送信サブシステム、伝送サブシステム、受信サブシステムが相まって完結することに着目し、それぞれのサブシステムの本来リスクを評価し、その相乗値をもってEDIシステムとしての本来リスクが評価されると考えるのである。

---

(34) Aggarwal & Rezaee [1996], pp. 40-44.

3つのサブシステムの本来リスクが一つでも異なれば，EDIシステムとしての本来リスクの評価値は異なったものとなる。たとえば送信サブシステムが一つであっても，伝送サブシステムが複数あり，受信側のサブシステムが異なれば，EDIシステムとしての本来リスクはそれぞれ別個の評価値をとる。ただし，このようなモデルを実務により一般的なかたちで適用しようとするならば，個々のITシステムまたは適用業務ごとに，それを3つのサブシステムに分けて，それぞれの本来リスクを評価することになるだろう[35]。

また，残存リスクとは，ITコントロールが設定され運用されていたとしても，何らかの原因でコントロールが所期の機能を果たすことができないリスクをいう[36]。このモデルでは，EDIシステムの残存リスクは次のように表現される。

$$RR_{EDI} = RR_A \times RR_P \times RR_S$$

RR_{EDI}：EDIシステムの残存リスク

---

[35] このモデルを実務に適用する際に，個々のITシステムまたは適用業務ごとの評価にこだわる理由は，たとえば同一の通信回線を用いた場合の通信であって，しかも送信元で使われているサーバが1台であると仮定すると，計算される本来リスクの値は，受信側のリスクだけで決定されてしまい，3つのサブシステムに分割して本来リスクを評価する意味がなくなってしまうからである（本文の計算式でいえば，$(1-IR_I)$と$(1-IR_T)$の値が，すべての送受信で同値となってしまう）。

なにより実務上の大きな問題は，そもそも受信側が送信元とは別の企業グループにある場合に，外部取引先のシステムのリスク評価を求めることになってしまい，どう考えても現実的ではないことであろう。しかしそうだからといって，受信サブシステムの本来リスクを抜いたモデルとしてしまうと，「送信―伝送―受信」の3要素をもって完結するEDIシステムとしての本来リスクを評価することの理論的な意味が薄れてしまう。

このように，このモデルの実務への適用に当たっては，①複数のITシステムまたは適用業務があって，それぞれに本来リスクが求められること，および②受信側のサブシステムについて，本来リスクの評価ができること（たとえば，同一の企業グループ内でのEDIなど），という前提が必要となる。

[36] コントロールはその設定・運用コストや業務への負荷を無視して設計できず，またコントロールするのもされるのも生身の人間である以上，不注意や誤解によってコントロールが一時的に機能不全に陥る可能性を払拭できない。したがって，実際には残存リスクをゼロとすることはできない。なお，残存リスクとコントロールリスクとの厳密な意味での違いについては，第1章の注(45)を参照されたい。

RR$_A$ ：管理手続の失敗による残存リスク
RR$_P$ ：物理的機構の失敗による残存リスク
RR$_S$ ：ソフトウェア制御の失敗による残存リスク

　残存リスクも，本来リスクと同じように，コントロールを3つに切り分け，それぞれが相互に補完し合いながら相乗効果をもたらすものと考えている。このモデルでは，コントロールをもって「管理手続」，「物理的機構」，そして「ソフトウェア制御」に分類している。したがって，この3つのコントロールの種別ごとに，その目標達成度を明らかにすることができる。たとえば，物理的機構とソフトウェア制御の目標達成度は高いが，管理手続に重大な欠陥があるということが明らかになれば，それに基づいて管理手続の是正に注力すればよいということが明らかとなる。

　このように，残存リスクをあえてコントロールの種別に分類する意義は，それが残存リスクの大きさに基づくITコントロールの是正にとって役立つ情報を提供しえるかどうかに求められるべきであろう。したがって，このモデルが採用する3つのコントロールの分類の適否は，それがITコントロールの是正に結びつく分類となっているかどうかという観点から判断されるべきものであるということになる[37]。

[リスクの定量化]

　このモデルを使ったEDIリスク（データの送受信にかかわるITリスク）の金額

---

[37] もしコントロールの種別ごとに残存リスクを明らかにするのではなく，より具体的に，一つひとつのコントロール活動が失敗する可能性として残存リスクを求めるというのであれば，たとえばアクセス制御，データの暗号化，ファイルのバックアップといったコントロールごとに残存リスクを評価し，これらのコントロールの弱さの積をもって最終的な残存リスクとして評価することができる。

　しかし，このモデルが提唱する残存リスク評価の意義は，コントロールの種別ごとに残存リスクの水準を明らかにする点にある。したがって，このモデルの考え方を尊重すれば，第2章で述べたような物理的コントロールと論理的コントロール，組織上のコントロールと手続上のコントロール，予防的コントロール・発見的コントロール・訂正的コントロール，入力コントロール・処理コントロール・出力コントロール等々の分類が使えないかどうか，検討の余地がありそうである。

3.3 IT リスク評価に基づくコントロールの保証 **205**

測定が試みられているので,最後に取り上げておこう。

　予測誤差の影響を弱めるために,発生可能性と影響強度の見積りに対数関数を利用する。すなわち,次の算式によって,本来リスクおよび残存リスクを定量化する。

$$IR = 10^{(P+V-3)}/3$$
$$RR = 10^{(P+V-3)}/3$$

　　p：発生可能性のレイティングで $6 + \log 10$ と見積る(1日当たりの脅威の期待発生頻度)
　　v：影響強度を示す値で $\log 10$ として計算(予想される損失額)

このモデルで示された設例は次のとおりである[38]。

　ある PC の組み立て工場で,ジャストインタイム(JIT)を含むリーン生産技法が利用され,EDI は,JIT の利用による注文回数の大幅な増加に対応し,リードタイムの削減と,浮動時間の削減を目的として利用されているとする。

　このような前提で,ある注文データが伝送中に紛失した場合を想像してみよう。組み立て部品が工場に時間通りに到着せず,組み立てラインが停止するたびに生じる損失の見積りが$5,000 だったとする。年間10万件の製品を出荷していると仮定し,1,000件の注文のうち1件が紛失したとすると,

$$p = 6 + \log(100{,}000/300 \cdot 1/1{,}000) = 5.523$$
$$v = \log(5{,}000) = 3.6988$$
$$IR = 10^{(5.523+3.6998-3)}/3 = \$555{,}493$$

となる。

　そして,紛失した注文を摘示し訂正するのに95%有効な認証プロトコルが確立されていたとすると,残存リスクは,

$$p = 6 + \log(100{,}000/300 \cdot 1/1{,}000 \cdot 0.05) = 4.222$$
$$v = \log(5{,}000) = 3.6988$$

---

(38) Aggarwal & Rezaee [1996], pp. 43-44.

$$RR = 10^{(4.222+3.6988-3)}/3 \fallingdotseq \$27,775$$

となる。

　この設例によれば，本来リスクとして測定された金額$555,493が，認証プロトコルというコントロールによって$27,775にまで減少する。結果として，コントロールによって$527,718が削減されることになる。したがって，認証プロトコルの運用コストが1年当たり$527,718以下であれば，当該コントロールの導入はコスト対効果的と判断されることになる。

　この残存リスクの水準が許容できるものであれば，それ以上のコントロールは必要ないと結論づけられる。逆に，もし許容できなければ，残存リスクを許容できる水準まで引き下げるためのコントロールの強化が必要となる。

本来リスクと残存リスクを評価する意味

　上記のような本来リスクと残存リスクの定量評価は，たしかに一つの理論モデルとして有効なものであろう。しかし，本来リスクと残存リスクを評価することは，そもそも内部監査としてのIT保証においてどのような意味をもっているのだろうか。

　「ITリスクの大きさに基づくITコントロールの保証」という場合，ここでいうリスクは本来リスクである。したがって，「ITリスク評価に基づく保証」というのは，本来リスクの大きさに応じて適切なコントロールが設定され，運用されていることの保証を意味する。

　そもそも，本来リスクの値が大きい場合には，それに応じてより厳格なITコントロールが設定されていなければならない。逆に，本来リスクの値が小さい場合には，それに応じてITコントロールの水準は緩くてもかまわない。概念的には，ITコントロールの目標達成度の補数が残存リスクであるから，本来リスクの値が大きければ残存リスクの値は低くなければならず，本来リスクの値がもともと小さければ残存リスクの値は高くてもよいことになる。

　しかし，本来リスクの値が大きいにもかかわらず，残存リスクの値が高い

（適切なITコントロールが設定されていない）か，あるいは本来リスクの値が小さいにもかかわらず，残存リスクの値が低い（過剰なITコントロールが設定されている）ということもありうるだろう。

　残存リスクは事業体が最終的に受け入れざるを得ないリスクを意味することから，それが許容リスク水準に収まっているかどうかの点検が必要となる。残存リスクが許容リスク水準に収まっていることが確認されて，はじめてITコントロールが適切に機能していると判断することができる。ここに，「ITコントロールが有効に機能している」ことの保証が要請される余地がある[39]。

　このように，内部監査を「リスク評価に基づく保証」として実施する場合には，次の2つの意味が確認されなければならない。

- 本来リスクの大きさによってコントロールの有効性（目標達成度）が評価されること。
- 残存するリスクが許容リスク水準に収まっているかどうかの点検として残存リスクの評価が行われること。

ITリスクのマッピングに基づくコントロールの強度・機能判定

　ITリスクに基づくITコントロールの目標達成度の評定を前提としたIT保証においては，ITリスクの評価は，採用されるコントロールの種類と水準に対応するように行われる必要があり，残存リスクが許容リスク水準に収まっているかどうかが点検されなければならない。

　ITリスクを，本来リスクと残存リスクに分けて，それぞれ定量的に測定できれば，ITコントロールの目標達成度についての定量判断が行える。しかし，すべての本来リスクと残存リスクを定量的に測定できるとは限らない。より精

---

(39) 内部監査の職能を改善勧告に求めれば，本来リスクとそれに基づく残存リスクの評価は，是正措置に結びつくものでなければならない。単に残存リスクが高いとか，残存リスクが許容リスク範囲に収まっていないという結果が得られても，その結果に基づいて，いかなる是正措置が必要かがわからなければ，具体的な改善勧告を示すことができないからである。

密な定量測定を試みようとすれば，統計処理に耐えうるだけのデータ（発生可能性と影響強度についての過去データ）が必要となってくることから，とりわけ残存リスクの定量測定は困難をきわめるだろう。

そこで一つの無難な方法として，第1章で述べた「リスク―コントロール・マップ」の応用が考えられる。繰り返しになるが，説明の都合上，ポイントだけ説明しておこう。

リスク―コントロール・マップとは，リスクの発生可能性と影響強度のそれぞれに段階的なスコア（通例，1～3の3段階ないしは1～5の5段階）を与えて，まずITリスクの本来リスク値を貼り付け，それぞれの本来リスクごとにITコントロールの結果としての残余リスク値をマッピングするモデルである。

図3-4は，横軸に発生可能性を，縦軸に影響強度をとったITリスク―コン

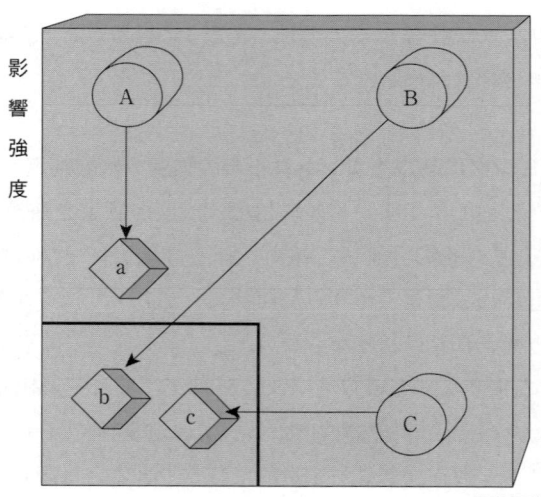

〈注〉　図中，本来リスクの大きさを丸印で表わし，残余リスクの大きさを菱形で表わしている。また，図で示した矢印の「長さ」はITコントロールの強さ（強度）を表わし，矢印の「方角」はITコントロールの働き（機能）を表わしている。

図3-4　ITリスク―コントロール・マップ

トロール・マップ（第1章の図1-11を簡略化した上で，残存リスク値を変更して再掲）である。これによって，ITリスクごとの本来リスクと残存リスクを鳥瞰できる。

　図3-4のなかで，枠で囲った任意の領域が，ITリスクの受容範囲を表わしている。ITコントロールが適切であることの保証では，この枠で囲った領域が重要な意味をもってくる。このITリスクの受容水準こそが，ITコントロールの適切さを最終判定するためのメルクマールとなるからである。

　このような工夫がなされれば，本来リスクの位置だけでなく，それに対応するITコントロールとの関係を描くことができる。すなわち第1に，本来リスクごとに，それに対応するITコントロールの現行水準（菱形の位置）が一目でわかるようにすることができる。

　そして第2に，それぞれの本来リスクの位置によって，発生可能性のコントロールに重点が置かれるべきか，影響強度のコントロールに重点が置かれるべきか，あるいはその双方が考慮されなければならないかを判別できる。

　このように，ITコントロールの評定に当たって，ITコントロールの目標達成度をもって，

- コントロールの強度
- コントロールの機能

とに分けて考えると，リスクマップを使ったITコントロールの目標達成度評定の意味が生きてくる。ITコントロールの評定に当たって，経営者によって任意に設定されたリスク受容領域に単に収まっているかどうかの判定から，さらに一歩踏み込んだ判定ができるのではないだろうか。

ITコントロールの強度判定

　ITコントロールの強度判定は，リスクマップを使った，コントロールの強さの程度の評価である。既存のコントロールによってどこまでリスクを引き下げることができているかを明らかにする。

たとえば，図3-4ではaの残存リスクは許容水準に収まっていないから，既存のITコントロールの強度が不十分であることを示している。そのときに本来リスクAを回避しないのであれば，残存リスクaの水準を受容領域に収めるためには，より一層ITコントロールを強化するか，あるいは現在の不十分なITコントロールで満足して，残存リスクは保険加入によってカバーする（リスク移転）かのいずれかの意思決定がなされなければならないことになる。

本来リスク，ITコントロールの目標達成度，残存リスクの関係を，

$$\text{本来リスク}-\text{コントロールの目標達成度}=\text{残存リスク}$$

と表わせば，残存リスクを一定水準に抑えるためには，ITコントロールの強度は本来リスクの大きさに見合ったものでなければならない。すなわち本来リスクが大きい場合には，それに応じてITコントロールの強度が引き上げられなければならない――図中の矢印が長くなければならない――。逆に，本来リスクが小さい場合にはそれに応じてITコントロールの強度は弱くてかまわない――図中の矢印は短くてよい――。

このように内部監査人は，本来リスクとコントロール強度との関係を考慮して，一つひとつの残存リスクが図3-4で示したリスク受容領域に収まっているかどうかを確かめてゆくことになる。

ITコントロールの保証は，通例，ここでいうコントロール強度の保証となるだろう。また，ITコントロール強度の判定を，改善勧告のために利用するならば，リスク受容領域に収まっていない残存リスクを特定して，コントロールの強度を引き上げるために必要な改善勧告を行うことになる。

ITコントロールの機能判定

適切なITコントロール機能が設定されているかどうかの判定に当たっては，本来リスクのマップ上の位置関係を確かめ，本来リスクと残存リスクを結びつける矢印の方向性に着目する。

リスクマップに描かれた本来リスクが，発生可能性が高くかつ影響強度が弱

い位置にある場合には，発生可能性を低くするためのITコントロールが設定されていなければならない。すなわち，ITリスクの発生自体を未然に防止するためのコントロール機能を重視することによって，発生可能性を低くするためのコントロールが設定されているかどうかを確かめる必要がある（図3-4におけるCからcへの動き）。

逆に，発生可能性が低く影響強度が強い位置にある場合には，影響強度を弱くするためのITコントロールが採用されているかどうかが確かめられなければならない。すなわち，ITリスクの顕在化を適時に発見して，速やかな回復をはかるコントロール機能を重視することによって，影響強度を弱くするコントロールが設定され運用されていなければならない（図3-4におけるAからaへの動き）。

さらに，発生可能性が高く影響強度も強い場合には，リスク発生の未然防止のためのITコントロール，およびITリスクの顕在化の適時発見と回復のためのコントロールが適切に組み合わされていなければならない（図3-4におけるBからbへの動き）。

このような方法を利用したITコントロールの機能判定では，「矢印の方向性」が重要な着眼点となる。影響強度を抑制するためのコントロール（主に発見と回復のためのコントロール）が必要であるにもかかわらず，発生可能性の抑制を目的としたコントロール（主に予防のためのコントロール）が採用されているということがあるかもしれないからである。

くわえて，コントロールは，ただ一つだけの手段で達成されるとは限らない。そこで，間違った矢印の方向性を目指すコントロール手段が含まれていないかどうか，さらにはあるべき方向性を目指すコントロール手段と逆行するコントロール手段が同時に採用されていないかどうかを確かめてゆくことになる。

したがって，ITコントロールの機能判定は，ITコントロールの保証というよりも，むしろ改善勧告のために行われる性質をもったものとなるだろう。

3.4 ITリスク管理プロセス保証への展開可能性

ITリスク評価に基づくコントロールの保証との違い

　上述のように，ITリスク評価に基づくコントロールの保証は，あくまでもITコントロールが適切に設定され，運用されているかどうかの評定として行われる。そこでは，ITリスク評価はあくまでも手段にすぎず，ITコントロールが適切であるかどうかの評定が目的である。ITリスク管理の構成要素でいえば，ITリスク管理方針の策定からはじまって，ITリスク処理の見直しまでの管理プロセス全体をカバーするものではない。

　これに対して，これから論ずるITリスク管理プロセスの保証は，事業体においてITリスク管理がすでに行われているという前提で，ITリスク管理プロセス自体を保証の対象として把握しようとするものである[40]。

　先に述べた「ITコントロールの保証」は，基本的には，「ITリスク評価→ITコントロールの設定と運用」という構図で理解される保証のあり方である。これに対して，「ITリスク管理プロセスの保証」は，「ITリスク管理方針の策定→ITリスクの特定→ITリスクの測定→ITリスクの判定→ITリスク処理の実行→モニタリングとコミュニケーション」というITリスク管理プロセスを対象とした保証である。

　したがって第1に，「ITコントロールの保証」は，コントロール活動だけをつかまえて検証する保証として特徴づけられるが，「ITリスク管理プロセスの

---

(40) IT監査の保証職能に着目したものではないが——むしろ内部監査一般についての考え方であり，とくに改善勧告職能に重きがある——，内部統制の有効性の検証という枠組みにこだわった内部監査を「古い内部監査パラダイム」とし，リスク管理に焦点を当てた監査を「新しい内部監査パラダイム」として対置し，新しいパラダイムへの転換を説いたのはMcNamee氏である（McNamee [1998]）。内部統制の監査から，リスク管理の監査へというMcNamee氏のいう古いパラダイムと本書で展開している「リスク評価に基づくコントロールの保証」，および氏のいう新しいパラダイムと本書で展開している「リスク管理プロセスの保証」は同一ではないが，目の付け所に本質的な違いはない。

3.4 ITリスク管理プロセス保証への展開可能性

保証」はリスク管理プロセスに即して保証手続が行われる必要があり，またITリスク管理プロセスがPDCAの管理サイクルに従って，全体としてうまくまわっていることの保証という色彩が強くなる。

第2に，ITコントロールの保証では，ITリスク管理方針は所与のもとされる。これに対してITリスク管理プロセスの保証では，ITリスク管理方針を踏まえたリスク管理プロセスに着目する。場合によっては，ITリスク管理方針そのものが検証の対象となりうる。

第3に，ITリスクの処理に目を向けると，ITコントロールの保証ではITリスクの制御だけが対象とされ，ITリスクの回避や移転という他のリスク処理方法は原則として所与とされる。対して，ITリスク管理プロセスの保証では，ITリスクの回避や移転という意思決定が行われていても，リスクの連鎖性と変動性に着目して，モニタリングが継続して適切に行われているかどうかの検証が必要となってくる。

第4に，ITコントロールの保証では，IT部門やユーザ部門によって行われたITリスクの特定およびITリスクの測定と判定の結果を利用することはあっても，あくまでも内部監査人の責任において行われるべきものである。これに対してITリスク管理プロセスの保証では，ITリスクの特定およびITリスクの測定と判定を受けて，その妥当性が検証の対象となる。

このように，「ITリスク管理プロセスの保証」は，「ITコントロールの保証」にはない，次の2つの意味をもつことになる。

一つは，ITコントロールの保証では取り扱えないITリスク管理におけるさまざまな意思決定を含むITリスク管理プロセスを総合的にカバーできることである。そしていま一つは，ITリスク要因（ITリスクの原因と誘因）の動的な側面を重視した保証が要請されることである。つまりITリスク評価に基づいてコントロールが適切に整備され運用されているかどうかの保証ではなく，むしろITリスク要因の変化に応じた適切なフィードバックの適切性の保証にこそ重点が置かれるのである。

このように，ITリスク管理プロセスの保証は，伝統的なITコントロール

の保証とは異なったタイプの保証として展開される可能性を秘めている。もちろんITリスク管理プロセスの保証といっても，内部監査として，経営者層が行うITリスク管理のための意思決定の妥当性まで踏み込めるものかどうかという実務上の壁だけでなく，理論的にも検討すべき課題は残っている。しかし今後，ITリスク管理が定着してくれば，「ITコントロールの保証」から「ITリスク管理プロセスの保証」へと，その重点移行が進む可能性は高いように思えるのである。

2つのITリスク管理プロセス保証

ITリスク管理プロセスの保証には，次の2つのあり方が考えられる。

一つめは，ITリスク管理プロセスの最終ステップに，リスク管理の構成要素の一つとして，保証という職能をはめ込むものである。ITリスク管理プロセスの最後に監査（厳密には，内部監査による保証職能）という段階を追加する。これを「縦型組み込み構造」と呼ぶことにする。

いま一つのあり方は，ITリスク管理プロセスの段階ごとに保証職能をすり当ててゆくものである。リスク管理の構成要素ごとに，保証が付与される考え方になる。これを「横型組み込み構造」と呼ぶことにする。この考え方によれば，ITリスク管理プロセスの構成要素ごとにその妥当性を担保し，次の段階へと進むことを基本とする[41]。

---

(41) 縦型組み込み構造を前提とした保証職能の位置づけは，リスク管理の文献（たとえばVaughan[1997], pp. 73-87など）にもみられる。Vaughanによれば，監査が「リスク管理プログラムの評価と見直し」として，リスク管理プロセスの最終段階に置かれる。また，横型組み込み構造を前提とした監査のあり方については，たとえばオーストラリア・ニュージーランドのリスク管理規格AS/NZS 4360 [1999], p. 8がそれに該当するものと考えてよいだろう。というのは，この文献では，監査をリスク管理の独立した構成要素としてあげていない。しかし「リスク管理の段階ごとに，独立的な監査ができるほど十分な記録（監査証跡という）を残すべきである」と述べていることに着目すると，横型組み込み構造を前提とした発想をとっていることが理解できる。

なお，リスク管理監査の基本的な接近法として，職能監査（functional audits）と手続監査（procedural audits）を区別する主張がある。Bernens[1997], pp. 38-46.

「縦型組み込み構造」を前提とした保証は，ITリスク処理の実行を受けて行われることから，どうしても事後的な色彩が強くならざるをえないという欠点がある。またその実体に目を向けると，「ITコントロールの保証」との違いも曖昧になる。これに対して「横型組み込み構造」を前提とした保証では，監査の実施に際して高い機動性が要求されることになるものの，ITリスク要因の連鎖性と変動性を反映した保証が期待できる。

ITリスク管理プロセス保証の特質

縦型組み込み構造であっても横型組み込み構造であっても，「ITコントロールの保証」と対置される意味での「ITリスク管理プロセスの保証」の特質を考えると，ITリスク管理方針の妥当性およびITリスク処理方法選択の妥当性という2つの局面に内部監査人がどれほど関与できるかが焦点となりそうである。

コントロール（内部統制）の評定という枠のなかに内部監査を収めるか，あるいはその枠から逸脱した内部監査を想定するかの違いは，概念的には，リスク管理の「方針」（ITリスク管理方針ないしは基本計画）と，リスク処理にかかわる「意思決定」（リスク移転またはリスク回避）を，内部監査の対象として取り上げるかどうかにかかっている。

〈ITリスク管理方針の妥当性の検証〉

ITリスク管理方針が妥当であるかどうかに，内部監査人はどこまで踏み込めるだろうか。内部監査はあくまでも経営者に対するスタッフ職能を果たすべきものと考えられている。内部監査は経営者のために行われる監査であって，経営者にかわって内部監査人が経営管理プロセスないしは業務プロセスの監査を行うものとして理解されている。端的にいえば，"for management"の監査

けれどもリスク管理プロセスの監査で，functionとprocedureを分けることにどれほどの意味があるのか，はたしてこのように分離できるものかどうか重大な疑問が残り，にわかには賛同できない。

であって，"of management" の監査ではない。監査報告書の提出先は事業体の経営者宛が原則である。この前提で考えると，リスク管理方針の妥当性に内部監査人が関与できる範囲はかなり限られたものとならざるをえない。

しかし米国の大企業では，取締役会内に設置される監査委員会（audit committee）の指示によって内部監査部門が動いている場合も少なくない。取締役会が果たすべき監督機能と，経営者による執行機能が明確に分離されて機能しており，組織上，内部監査人が監査委員会に従属して活動していれば，ITリスク管理方針の妥当性についてかなり踏み込んだ検討ができるかもしれない[42]。

経営者がITリスク管理に対してどのような認識を有しているか，すなわち積極的にリスクをとりに行こうとするか，あるいはリスクを回避する姿勢を固守するかによって，採用されるITリスク管理方針は大きく異なったものとなるだろう。その結果，ITリスク評価における受容できるリスク水準の決定やリスク処理方法の選択への影響も避けられない。また，組織風土として非倫理的行動あるいはコントロール活動の無視につながる誘因があるかどうかといったことも，ITリスク管理の実際の運用には大きな影響を及ぼすであろう。ITリスク管理プロセスに対して保証を付与しようとすれば，内部監査人には，このような視点からする情報収集も不可欠となる。

---

(42) ちなみにアトランタの連邦準備銀行では，リスク管理方針（計画）の強化を図るために，6地域における大規模な金融機関（具体的な銀行名等は伏せられている）の内部監査の状況を調査し，リスク管理における内部監査の役割として12個のベストプラクティスを明らかにした。

そのなかで，戦略計画およびリスク管理方針への内部監査の積極的関与が強調されている。いかなるリスクを受け入れるのか，そのリスクにいかに対処するかについてのスタンスの決定は戦略計画の立案と表裏一体のものである。したがって，内部監査人は戦略計画の立案プロセスを注視しなければならないというのである。また内部監査人は，経営者が行ったリスクテイクあるいは経営者が設定したリスク受容領域，そして当該意思決定の背景，採用されたリスク処理方法等について，積極的に経営者から情報を入手すべきであるという。Maynard [1999], pp. 24-28.

〈ITリスク処理方法の妥当性の検証〉

　ITコントロールの保証とITリスク管理プロセスの保証とのいま一つの大きな違いは，ITリスク処理方法の選択の妥当性が検証の対象とされるかどうかということである。ITリスク評価に基づくコントロールの保証という枠を踏み出さない限り，基本的にITリスク処理方法の妥当性が検証の対象とされることはない。なぜならばITリスク処理方法がITリスクの「制御」に限定されてしまうからである。しかし，ITリスク管理プロセスの保証では，ITリスク処理方法選択の妥当性の検証が必要となってくる。

　ITリスク処理方法の選択については，おそらく図3-5および図3-6で示す2つの考え方が基本になるのではないかと思う。

　基本となる一つめの考え方は，影響強度（I）と発生可能性（P）という2つの軸のそれぞれに着目して，発生可能性は低いが影響強度が強くなればなるほど「移転」という処理方法が選択されるインセンティブが働くとみる。一方，影響強度は弱いが発生可能性が高くあまりに頻繁に発生し業務に支障をきたすということになれば，リスクそのものを「回避」し，別の業務遂行の方法なり手段を考えるインセンティブが働くとみる。また，影響強度と発生可能性との間に比例的な関係がみられる場合にはリスクの「制御」を考慮するようになると考える。これが図3-5である。

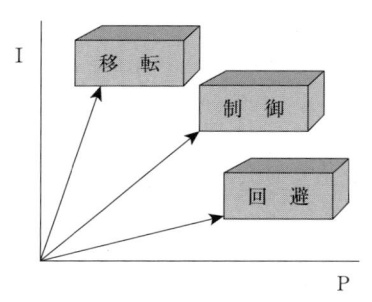

図3-5　リスク処理方法選択の基本形①

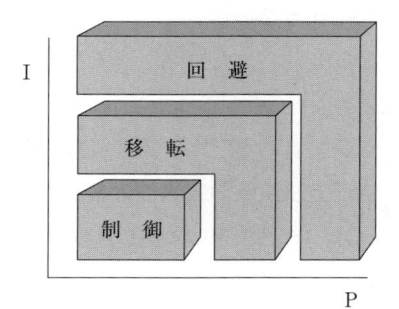

図3-6　リスク処理方法選択の基本形②

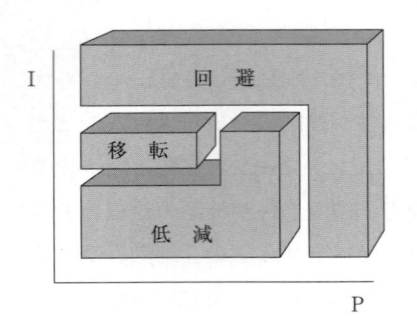

図3-7　リスク処理方法選択の変形① 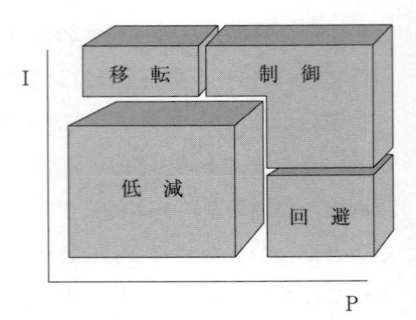　　　図3-8　リスク処理方法選択の変形②

　もう一つの基本となる考え方は，「影響強度（I）×発生可能性（P）」で表わされるリスク値に着目する。リスク値が大きくなればなるほど「回避」というインセンティブが働き，リスク値が小さくなるに従って，「移転」，「制御」というインセンティブが働くとみる。これが図3-6である。
　しかし現実には，経営者がITリスクに対してどのような姿勢でのぞむかによって，さまざまなバリエーションとして展開される可能性がある。図3-7および図3-8などはその例である。
　ITリスク処理方法として，リスク制御，リスク回避，リスク移転のうち，どれを選択するかについての絶対的な正解はない。そうはいっても，ITリスク処理方法の決定に当たっては，ITリスク管理方針との間に矛盾があってはならない。また戦略計画を展開する上で不都合が生ずるようであってもいけない。
　いずれのITリスク処理方法が選択されるかということよりも，ITリスク処理方法決定の妥当性の検証という観点からは，もっと大事なことがある。それは，一旦決定したITリスク処理方法あるいはその組み合わせは固定的なものであってはならないということである。ITリスク要因の連鎖性と変動性に着目した継続的な見直しが必要である。とくに発生可能性の大きさにかかわらず影響強度が極端に強くなる状況変化がみられた場合には，初動対応と復旧計

画を内容とした緊急時対応計画が策定され，うまく実行に移すためのコントロールが新たに考慮されなければならない。

ITリスク処理方法選択の適否の検証に当たっては，以上のような着眼点が織り込まれなければならないだろう。

新しいIT監査に向けて

内部監査として行われるIT監査の保証職能に着目すると，ITリスク指向監査には，「ITコントロールの保証」と「ITリスク管理プロセスの保証」という2つのタイプが区別できる。

前者のITコントロールの保証はあくまでもコントロール（内部統制）の評定という枠のなかで行われるIT監査であり，後者のITリスク管理プロセスの保証はコントロールの評定という枠を超えたIT監査として特徴づけることができる。わが国の実務では，リスク評価に基づく内部監査の本格的な取り組みは，まだ始まったばかりである[43]。けれども議論の方向は，内部監査の改善勧告職能へのシフトと歩調を合わせるかのように，「コントロールの監査」から「管理プロセスの監査」へとシフトさせる傾向が強くなってきているようにみえる[44]。

---

(43) わが国における実務例として一つだけ紹介すると，ある大手製薬会社では，国内子会社の監査について，想定されるリスクを洗い出し，業務による分類ごとに，「リスク項目」，「結果（筆者注：想定される帰結という意味）」，「発生可能性」，「影響度」さらには金額換算できる場合にはその金額を記入する「リスク評価シート」を作成し，コンプライアンスリスクを網羅的に把握することによって，緊急性と重要性の2つの観点からアプローチする監査が考えられている。徳田［2001］，18-24ページ。同一の会社で，それをさらに具体的に展開したものとして橋本［2002］，64-72ページがある。

(44) わが国の内部監査部門の多くは，いまだ「リスク評価」に基づくコントロールの評定に着目しているのが現状のようであるが，監査法人やコンサルティング会社は「リスク管理プロセス」という視点を先取りしている。たとえば公認会計士の頼廣氏は，次のようにはっきりという。「新しいリスク管理の考え方を全社的な取り組みとして実践することは当初極めて大きなエネルギーを必要とするだろう。しかしながら，ひとたびかかるリスク管理が全社的に導入されれば，内部監査部門の役割の中心は企業収益の獲得にかかわる各種のビジネスリスクが，　　　　　　（次ページにつづく）

けれども，すでに明らかにしてきたように，両者の違いはITリスク管理方針およびITリスク処理方法の選択の妥当性を検証の対象として取り込むかどうかに集約されそうである。ITリスク管理プロセスを対象とした方が内部監査の対象領域としてカバーする範囲は確実に広がるものの，内部監査に費やされる作業量からみても，実体としてはITコントロールの評定に焦点が置かれる可能性が高い。また経営者によって指示される内部監査の目的や内部監査の資源制約によっては，ITリスク管理プロセスのすべての段階を網羅する内部監査としてではなく，ITリスク処理の実行とりわけITコントロールがうまく働いているかどうかの評定に監査の対象が限定される可能性もないわけではないだろう。そうなると，「ITリスク管理プロセスの保証」といっても，所詮「ITコントロールの保証」と大差のない監査となってしまう可能性がないわけではない。

理屈の上でも，「ITリスク管理プロセスの保証」への重点移行といっても，「ITコントロールの保証」が否定されたり，ITリスク管理プロセスの保証にすべてとって代わられるというものでもない。この2つのタイプの保証は，一方を採用すれば他が採用できないという関係にあるわけではない。けれどもITコントロールの保証からITリスク管理プロセスの保証への重点移行が進んでゆくとみれば，その底流には，新しい内部監査文化への脱皮が期待されていることを見逃すことはできないように思える。

内部監査をもって「バックミラーをみて運転するかのごとくの監査[45]」と揶揄されることがある。いうまでもなくリスクに基づかない内部監査のことで

経営陣が予定したとおりに過不足なく管理されているかをモニターすることとなる。正に，モニタリング機能の担い手として，経営陣の片腕的な存在になることが期待されているのである。」賴廣［2001］，1-5ページ。

　また，経済産業省リスク管理・内部統制に関する研究会の報告書などにみられるような，内部統制とリスク管理との一体化という議論を展開する立場も，方向性としては内部監査をもってリスク管理監査へとシフトさせることになる可能性がある。経済産業省リスク管理・内部統制に関する研究会［2003］，監査法人トーマツ［2003］など。

(45)　McNamee［1997］, p.23.（武田訳［1998］，104ページ。）

ある。リスクがどれだけ低減されたかということをさておき，コントロールだけをみてきた監査に対する反省が込められているように思える。「コントロールの目的を忘れて，コントロール自体が目的となってしまった内部監査への反省」というと，言い過ぎであろうか。

　ITリスク管理プロセスの全体を監査の対象として取り込むことは，それはそれで一つのあり方であろう。本書で展開しているIT保証の論理と矛盾するものでもない。むしろ，ITリスク要因の連鎖と変動に着目した予防機能を重視するIT監査，ITリスクの直接的な低減に寄与するIT監査という新しい方向性が少しずつではあるが，見えはじめているようにも思える。とはいえ，その底流には，内部監査の改善勧告職能へのシフト，内部監査部門が行う活動のコンサルティングへの傾斜が見え隠れしていることを忘れてはならないだろう。

3.5　CSAの展開とIT保証

ITコントロール自己評価とIT監査との関係

　ITコントロールが適切に機能しているかどうか。それをITシステムの構築と運用に直接的な責任を有するシステム部門またはユーザ部門が，自らの判断と責任において評価することを，ITコントロールの自己評価という。

　ITコントロールの自己評価は，次のようなさまざまな目的に使うことができる。
- ITコントロールの現況についての全般的な理解を得ること。
- ITリスクに見合ったコントロールが設定されているかどうかを確かめること。
- ITコントロールの欠陥や弱点を明らかにすること。
- ITシステムに責任を負う管理者が，経営者またはユーザ部門に対してアカウンタビリティを果すための手段とすること。
- ITコントロールの監査に利用すること。

このうち最後にあげたIT監査への利用という目的は，具体的にどのようなことをいうのだろうか。IT監査における自己評価の使い方なり，IT監査と自己評価の関連づけには，いくつかのあり方がありうる。

おそらく最も一般的なあり方は，自己評価をあくまでもIT監査における予備調査として位置づけるものであろう。監査部門がコントロール自己評価シートを作成し（被監査部門との共同作成があってもよいだろう），被監査部門にその記入を求め，その結果を回収して分析することにより，監査対象についての理解を得，優先的に監査すべき対象（部門，システム，業務等）を選定するための手掛りを得るという使い方である。もう少し踏み込めば，監査の主題を絞り込むための手掛りを得るということもある。

このような自己評価の使い方は，基本的には，IT監査の能率を高めるためのものといってよいだろう。被監査部門の方が，どこにどのようなITリスクがあり，現在運用しているITコントロールにいかなる欠陥や弱点があるかを，内部監査人よりも現場感覚として熟知している場合が多いからである。

ITコントロールの改善だけを考えれば，内部監査人による監査報告書の作成を待って，それが経営者に提出され，トップダウンで改善が命令されるよりも，まずもって当事者に自らの弱点をよく知ってもらった方が結果として改善がうまく運ぶという効果もあるように思える。

しかし，保証職能という観点からここで着目したい点は，被監査部門（システム部門やユーザ部門）が行ったITコントロールの自己評価の結果をもって，それを監査の対象とすることができることである。ITコントロールが適切かどうかを監査人がいきなり確かめるのではなく，ひとまず監査を受ける側に自己評価を行ってもらい，その評価結果（管理責任者の署名を付した自己評価シート）を監査の対象とするという考え方は十分に成り立ちうる。一見すると迂遠にうつるが，これまでの内部監査とは異なり，監査の対象がきわめて明確化され，限定される。そして，被監査部門に対してITコントロールについての責任を明確に意識させることができる。

この点に関連して，外部監査人（職業会計士）によって行われたものではある

3.5 CSAの展開とIT保証　223

が，ITコントロールの自己評価を対象とした，少々変わった実例を紹介してみたい。

わが国で100の地方自治体を対象に住民基本台帳ネットワークの監査法人による外部監査が暫定的に行われたことがあった。当該監査は，自治体が行った自己評価の結果を監査法人が確かめるという方法で進められた。被監査対象とされる自治体に自己評価シートをあらかじめ配布し，それに対する回答を得，一つひとつの回答が実態に即して正しく記入されているかどうかを監査法人があらためて検証してゆくという手続がとられたのである。

それならば，いっそのこと自己評価など行わないで，直接，監査法人が質問項目に従って監査手続を実施すればよいではないか，という疑問も出てくるだろう。

ところが，住基ネットの監査では，各自治体の責任のもとで行われた自己評価の結果を，監査意見表明の対象としてのアサーション（assertion）としてとらえ，それに対して監査の結論を表明するという論理が取り込まれた[46]。

自己評価の結果をもってアサーションととらえることが理論的に適切かどうかは，さらに検討されるべきであるが，ITコントロールの設定と運用についての責任と，ITコントロールの保証についての責任を明確にした上での保証の付与ということを前提に考えると，このような外部監査の考え方を，内部監査としてのIT監査に取り込むことは十分に可能であるように思える——結果として内部監査人の監査責任を限定することにつながるが，それが主たる目的ではないし，あってはならない——。保証職能からみたときの自己評価の一つ

---

(46) 各自治体に対して自己評価シート（調査表という）への回答を求め，かつその範囲を特定する自治体の長による証明（市町村長記述書という）を入手して，当該調査表が，「電子通信回線を通じた送信又は磁気ディスクの送付の方法並びに磁気ディスクへの記録及びその保存の方法に関する技術的基準」（総務省告示第334号），および「住民基本台帳ネットワークシステムのセキュリティ対策に関する指針」（住基ネット推進協議会決定）に準拠しているかどうかを確かめる検証手続が行われた。したがって，検証結果としての監査人の意見は，あくまでも「調査表」が上記の基準に準拠しているかどうかについての意見である。住基ネットが適切に運用されているという保証が付与されたわけではない。

成熟度モデルを組み込んだ自己評価

　第2章で，ITコントロールの成熟度という概念を展開した。ITコントロールの水準をいくつかのレベルに区分けすることによって，採用されているITコントロールの水準が現在どのレベルにあるかを知り，より上位のレベルに引き上げるためには具体的に何が必要かを知るための用具である。

　この成熟度モデルをITコントロールの自己評価に適用するユニークな試みを紹介してみよう[47]。

　米国商務省NISTが提案している自己評価は，管理上のコントロール，業務上のコントロール，および技術上のコントロールを網羅する225項目からなるITコントロールごとに，次の5段階のうちいずれのレベルにあるかを，それぞれのレベルに割り振られた要求特質によって判別し，チェックマークを付けてゆくかたちで進められる[48]。

---

[47]　ここで紹介するのは，米国商務省のNIST特別報告書800-26「ITシステムのためのセキュリティ自己評価ガイド」に基づくものである。National Institute of Standards and Technology [2001].

[48]　各レベルで求められる要求特質は，次のとおりである。
　第1レベル：①目的と範囲が明確であること。②責任の所在が明確であること。③準拠違反のペナルティが明確であること。
　第2レベル：①コントロールの適用領域が明示されていること。②適用されるコントロール手続が文書化されていること。③セキュリティの責任と役割が明確にされていること。
　第3レベル：①オーナとユーザがセキュリティ方針と手続を十分に認識していること。②方針と手続が正式に採用され，技術的コントロールが導入されていること。③セキュリティがシステムのライフサイクルを通じて管理されていること。④認定や認証のための手続が確立されていること。⑤セキュリティ状況記述書が作成されていること。⑥全従業員に対するセキュリティ手続についての適切な訓練が行われていること。
　第4レベル：①セキュリティ方針，手続，コントロールの適切性と有効性を評価するための効果的なプログラムがあること。②セキュリティ事故やセキュリティ警告によって脆弱性を明らかにするメカニズムがあること。③重要なセキュリティ上の弱点を報告するプロセスが明確であり，弱点を補正するための効果的な行動計画が用意されていること。

表3-1は，自己評価シートへの記入例を示したものである。レベルごとの要求水準の達成を確認しながら，チェックマークを付けてゆくことになる――したがって，たとえば「レベル4」とする評価結果が得られたときは，レベル1からはじまって，順次レベル4までチェックマークを付してゆくことになる――。

表3-1 成熟度モデルを組み込んだ自己評価シートへの記入例

コントロール(質問項目)	レベル1	レベル2	レベル3	レベル4	レベル5	リスクに基づく判定	コメント欄
〈リスク管理項目〉 現在のシステム構成が，他のシステムとの接続を含め，文書化されているか	✓	✓	✓				
〈災害復旧対策〉 処理の優先順位が確立され，経営者層によって承認されているか	✓	✓	✓	✓		×	
〈アクセス承認〉 パスワードは少なくとも90日ごとに，あるいは必要に応じてより短い期間ごとに変更されているか	✓	✓				×	

[NIST特別報告書800-26より一部修正の上転載]

第5レベル：①費用対効果に優れたセキュリティを達成するための事業体全体をカバーする実行プログラムがあること。②ITセキュリティが事業体にとっての価値ある実践となっていること。③セキュリティ上の脆弱性が理解され管理されていること。④脅威は継続的に再評価され，コントロールがセキュリティ環境の変化に対応していること。⑤より費用対効果に優れたセキュリティ対策の代替案が必要に応じて利用できること。⑥セキュリティ対策のコストと効果が可能な限り厳密に測定されていること。⑦セキュリティプログラムのステータスメトリクスが確立され合意されていること。

本書での趣旨から逸れるため敢えて詳述しないが，NISTが提唱する成熟度モデルと，第2章で述べたSSE-CMMの成熟度モデルには，要求特質からみたとき，同じ成熟度モデルといってもその考え方に違いがあることに気づくであろう。

なお，NISTが提案するITコントロールの自己評価では，一つひとつのコントロール項目の判定に当たって原則としてITリスクを考慮すべきこととしている。ITリスク評価に基づいて成熟度を判定した場合には，評価シートの該当欄「リスクに基づく決定」にチェックマークを付し，また判定の根拠として特筆すべき事項があれば「コメント欄」に記入しておく。

このように，成熟度モデルを組み込んだ自己評価シートを利用すれば，単に「イエス」か「ノー」を問うのとは違って，評価者に対してコントロールの水準をより明確に意識させ，さらに進んで一段上のレベルに引き上げるための方策を考える動機づけを与えることができるという利点もある。

CSAによるITコントロールの自己評価

ここまで述べてきたITコントロールの自己評価は，被監査側に内部監査人が作成した評価シートを渡し，それに対する回答を得るというものである。しかし最近では，自己評価シートを使った質問書法とは異なった方法論に基づくITコントロールの自己評価が注目されている。

その方法論とは，ITに関連する特定の課題や業務について，それに関連する管理者および現場担当者を一同に集めてテーブルを囲み，内部監査部門主導のワークショップ方式で部門横断的にITリスクを明らかにし，またITコントロールの欠陥や問題点を明らかにしてゆくというものである。

ワークショップ型CSA（Control Self-Assessment）またはワークショップ型RSA（Risk Self-Assessment）と呼ばれる手法が，それである。IT監査に限らず，内部監査全般において普及しつつある手法である。

そもそもCSAは，それを内部監査と無理に結びつける必然性はない。管理手法としてのCSAもありうる[49]。単にCSAといえば，ワークショップ型だ

---

(49) 1990年代に入って，業務プロセス再構築のためのさまざまな経営管理手法が提唱された。その中でグループプロセス・ワーク，セルフ・アカウンタビリティ，ソフトなデータ収集への注目が，CSAへの関心を高めることとなったといわれている。CSAこそ，これらのニーズに適合するものとして，新しい内部監査の手法として，また広く経営管理上の問題解決手法として用いられるようになった。1987年に，カ

けでなく，評価シートを使ったものも含まれる。ワークショップ型CSAを内部監査に適用すれば，ヒアリングを中心とした伝統的な監査手法の殻を打ち破るものとなるだろう。

一口にワークショップ型CSAといっても，その目的や形態は実にさまざまであって画一的な定義は難しいが，ITリスクとITコントロールの自己評価に焦点を当てた定義を示せば，次のようになるだろう[50]。

> 「ワークショップ型CSAとは，特定の課題や業務について，それに関係する管理者および現場担当者の部門横断的な参加を求め，内部監査人が推進役を担うワークショップを開催し，ITリスクの評価を行い，ITコントロールが適切に機能しているかどうかの評定をワークショップの参加者が議論し，合意形成するための手法をいう。」

上記の定義に基づいて，ワークショップ型CSAの特質を整理すれば，以下の3点に集約できるであろう。

- ITリスクに基づくITコントロールの部門横断的な評定を目的とすること。
- 内部監査人がワークショップを主導するが，その内容はあくまでも業務

　　ルガリーにあるGulf Canada Resources社において，業務プロセスと内部統制の有効性を評価するために開発された独特の自己評価手法を嚆矢とするものといわれている。Arthur Andersen [1996], p. 1.
　　さらに，トロントにあるImperial Life Financial社などのように，問題点は認識されているがその解決策が明確でない，しかも複数部門にまたがる問題解決に対して，伝統的な内部監査の技法にCSAを取り込むことで効果をあげているとの事例も報告されている。Figg [1999], pp. 29-35. バーチャル会議，電子投票，匿名音声などのITの活用によって，ワークショップの形態や進め方には，さまざまな展開が考えられるであろう。
(50)　ちなみにIIAが示すCSAの定義は，次のとおりである。「CSAとは，ワークショップ方式によって，主要な事業プロセス，事業目的を達成する上でのリスク，およびリスクに対処するために設計された内部統制を対象として，それらを把握し評価するために用いられる手法をいう。」IIA, Professional Practices Pamphlet 98-2 [1998], 'CSA Approaches'.

部門の管理者および現場担当者による自己評価であること。
● ワークショップ参加者による IT コントロールの適時な改善が強く意識されていること——つまり，ワークショップ参加者に IT リスクに対処するための適切な IT コントロールの維持についての責任を明確に意識させること——。

図 3-9 は，ワークショップ型 CSA のイメージを表わしたものである。

ワークショップ型 CSA の効果

ワークショップ型 CSA には，自己評価シート法にはない効果が期待できる。ワークショップの手法的な特質に着目して，その効果を，自己評価シート法との比較で整理すれば次のようになるだろう。

第 1 に，ワークショップ型 CSA を使えば，内部監査人は，IT リスクを業務横断的に把握することができる。これに対して，自己評価シートを該当部門に配布して記入を求める方法では，業務プロセスをまたぐ IT リスクの評価，

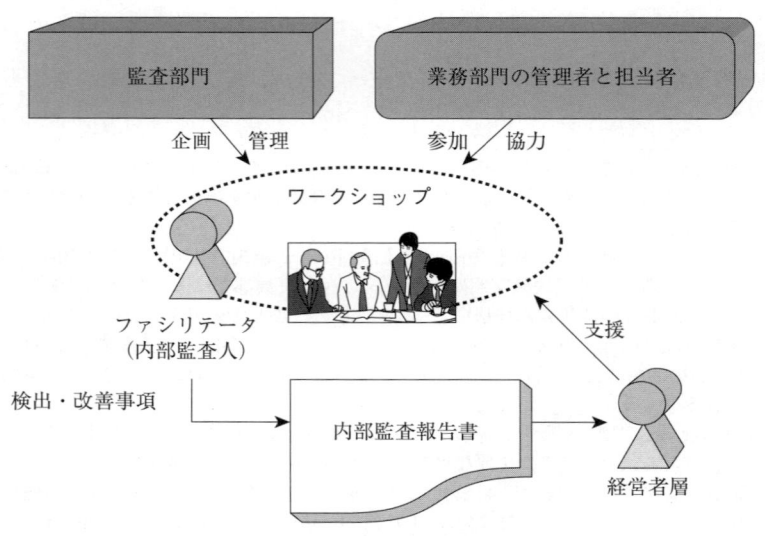

図 3-9 ワークショップ型 CSA のあり方

または他の業務部門や他の業務プロセスへのITリスクの連鎖を見極めることに限界がある。

　第2に，ワークショップ型CSAを使えば，内部監査人は，コントロール環境の評価を有効に行うことができる。ワークショップを通じて，組織構成員の倫理観，組織風土，経営者層の方針や戦略計画を踏まえたITリスク評価とITコントロールの評定を行うことができる。これに対して自己評価シートでは，倫理観や組織風土といった要素まで読み取ることは難しい。

　第3に，ワークショップ型CSAを使えば，ワークショップを通じて参加者は共通認識を持つことができ，ITコントロールの重要性についての教育的な効果も生まれる。現場の当事者がワークショップに参加することから，その場で明らかになったITコントロールの欠陥や弱点のフィードバックが適時に行われるという効果も期待できる。これに対して自己評価シートは，それ自体，教育手段としての機能やフィードバック機能をもっていない。

　このように，ワークショップ型CSAがもつ手法的な特質からみたCSAに期待される効果は，自己評価シート法の限界を補うものでもある。成熟度モデルを前提とした自己評価においても，自己評価シートを補完するものとしてワークショップ型CSAの活用が考慮されてよいだろう。

CSAがIT保証の根源的役割に与える影響

　このように，ITリスクの評価とそれに基づくITコントロールの評定にワークショップ型CSAを取り込むことで，新しいIT監査のあり方が想起されるが，それは内部監査の根源的な職能としての保証職能に与える影響を十分に踏まえたものでなければならないだろう。

　ワークショップ型CSAをIT監査の手法として用いることは，内部監査人の視点を必然的にITシステムまたは業務プロセスの「改善」に向かわせることになる。ワークショップ型CSAが，ITリスクの連鎖性に着目したリスクの業務横断的把握と，それに基づくITコントロールの欠陥や弱点をあぶり出すだけにとどまらず，被監査部門への直接的なフィードバックへと重点が移行

する可能性が高い。CSA の利点を生かそうとすればするほどこの傾向は強まるだろう。そうすると，IT リスクに基づく IT コントロールの保証という内部監査人の役割が後退し，内部監査人にはコンサルタント（ときに business partner と表現されることもある）としての役割が強く求められることになる可能性が高い[51]。

　しかしそうはいっても，大事なことは第1に，CSA を利用することは，そのことをもって IT 監査の保証職能を否定することにはならないことである。たしかに，ワークショップを通じた IT コントロールの欠陥や弱点の被監査部門への直接的なフィードバックを重視すると，保証職能を前提とした IT 監査に CSA を使うことはできないであろう。しかし，内部監査人が，部門横断的に IT リスクを評価することや，コントロール環境についての情報入手に限定した使い方をすれば，それに基づく IT コントロールの評定を通じて保証職能を発揮することは十分に可能である。

　また，ワークショップ型 CSA が被監査部門の責任のもとで行われており，内部監査部門の関与がなければ（または関与がきわめて弱ければ），ワークショップ型 CSA のプロセスや成果物に対する保証の提供ということもありえないわけではなさそうである。要は CSA の使い方次第であって，ワークショップ型 CSA の導入が，そのまま保証職能の否定につながるというものではない。

　ワークショップ型 CSA と IT 保証との関係を考えるときの第2のポイントは，ワークショップそのものが合意形成手法ないしはパートナリング手法としての性質をもっていることにある。内部監査人はワークショップにおいて主導

---

(51) CSA を推進する多くの論調は，内部監査の監査としての本来的な役割を後退させ，内部監査人の新しい「業務のあり方」を強調する傾向がある。たとえば，ある内部監査人は次のようにいう。「経営者は，内部監査人がかつてのように"警察官"としての役割を果たすことに満足しなくなってきている。業務プロセス改善のための"媒介者"（catalyst）への移行，内部コンサルティング的な役割への移行を期待しているのである。」Arthur Andersen [1996], p. 38. このことは，IIA の内部監査の定義に，保証と並んで「コンサルティング」という職能が並置されたこととも無関係ではないように思われるが，いずれにせよ形式より実をとろうとする議論に傾斜していることだけは事実である。

的な役割を果たし，しかも内部監査人と被監査部門との協調作業を前提とすることから，内部監査人の独立性を脅かす危険性がある。内部監査人が「監査」という枠組みのなかでワークショップ型CSAを使うときの鍵は，内部監査人の独立性の確保にありそうである。ただし，内部監査人の独立性を厳格に考えれば考えるほど，ワークショップ型CSAがもつ効果が十分に発揮されず，ワークショップ型CSAの利点を生かそうとすればするほど，内部監査人の独立性が脅かされる危険が高まるという矛盾をかかえている。

第4章

外部主体によるIT保証の展開

　電子商取引の利便性の反面，特定の事業者になりすました販売代金の窃取や，取引に際して提供した個人情報の漏洩が頻繁に起こるようなことがあれば，消費者は安心して電子商取引に参加できない。取引の内容が改変されることなく，なりすましや不正な事後否認が行えないようにする仕組み（コントロール）を構築することは，マクロ的にみたとき，電子商取引を発展させるための前提条件である。くわえて，消費者が安心して電子商取引に参加できることを客観的な立場から保証するための仕組みがあれば，電子商取引にかかわる信頼の基盤をより強固にすることができるだろう。

　安全かつ確実な電子商取引を確立できるよう，職業会計士（公認会計士または監査法人）が事業体のITの運用に一定の保証を付与するサービスがある。米国公認会計士協会（AICPA）とカナダ勅許会計士協会（CICA）によって共同で開発された「Trustサービス」（WebTrustとSysTrustという商標名で提供されている）である。これは，ITシステムに組み込まれたITコントロールが適切に設定され運用されているかどうかを，職業会計士が客観的な立場から評定し，もってコントロールが適切であるかどうかを保証するサービスである。

　本章では，このような職業会計士によるIT保証サービスについて検討をくわえてゆきたい。職業会計士によるIT保証サービスの本質に迫るためのアプローチにはさまざまなものがありうるだろうが，財務諸表監査にITが及ぼす影響という切り口から接近してみたい。職業会計士が行う保証サービスは，財務諸表監査概念の拡張として，財務諸表監査の延長線上に登場したものだからである。職業会計士という保証主体の限定を外した，外部専門機関による第三者保証の展開については第5章で論ずる。

4.1 会計情報システムの変容からみた IT 保証の展開

AIS のモデル転換

　財務諸表監査と保証サービスとの関係をどのように考えるかについては後ほど検討することとし，まずもって財務諸表を作成する会計情報システム（Accounting Information Systems：以下では単に AIS という）の質的な変容に着目して，財務諸表監査にはどのような変革が求められているかについて考えてみよう。そこに，財務諸表監査から保証サービスへの展開を，理論的に基礎づけるための手掛りがあるかもしれないからである。

　従来，財務諸表監査への IT の影響をめぐる議論の多くは，残念ながら財務諸表監査という枠組みは一切さわらないで，監査手続に IT がどのような影響を及ぼすかという点が強調される傾向にあった。取引証跡の変質，IT 化された内部統制，コンピュータを活用した監査手続。これらが，IT が及ぼす財務諸表監査への影響を議論するときのキーワードであった[1]。

　これらのキーワードからもわかるように，監査理論の本質に迫るには明らかに力不足であったことは否めない。新たな IT の出現やそれに伴う AIS の変革がめまぐるしく，当座の手当てに傾注せざるをえなかったという事情もある。そうではあるが，一見表面的にみえる技術的な影響が，ものごとの本質的な部分に滲み込むように影響を及ぼしつつあることを見逃してはならない。

　職業会計士による IT 保証サービスは，財務諸表監査とはまったく別個のサ

（1）　財務諸表監査を前提とした IT をめぐる環境変化への対応としては，「取引証跡の変質→内部統制への影響→コンピュータ活用監査（CAATs）の適用」へと議論の焦点を移してきたといってよいだろう。コンピュータ導入の初期の段階での議論は，手作業による会計処理がコンピュータに置きかわったことによる可視的な取引証跡（監査証跡ともいう）の消失を主たる関心事としたものであった。その後，データベース技術や通信ネットワーク技術の進展に応じて，当該技術が内部統制に与える影響が大きな関心事となってきた。そして，そのような新たな技術環境において財務諸表監査の手続を有効かつ効率的に実施するために職業会計士がコンピュータをいかに活用すべきかに関心の焦点が移っていったのである。

ービスである[2]。しかし，手書きの記帳システムをそのままコンピュータプログラムとして実現したような原初的な AIS から，非会計情報を含む包括的な情報提供と結びつけられた AIS への変質に着目するとき，そこに，財務諸表監査の拡張としての IT 保証サービス展開の基礎を見出すことができそうに思えるのである。

そこで以下では，新しい技術基盤の出現による AIS の質的変容がもたらす意味を，「技術・運用の視点」および「概念・設計の視点」という2つの切り口から検討をくわえ，それに基づいて財務諸表監査と IT 保証サービスの関係について考察してゆこう。

技術・運用の視点からみた AIS のモデル転換

伝統的な AIS モデルは，決算財務諸表の作成を主たる目的とするものであって，定型型・繰返し型の取引処理が前提とされている。このようなモデルを，ここでは「適用業務システムモデル」(Application Systems Model：以下では，単に AS モデルという）としての AIS と呼ぶことにする。図 4-1 がその概念モデルである。

技術的には，ホストコンピュータとダム端末の組み合わせによるシステム構成のもとで運用されるか，あるいは会計専用のパッケージソフトウェアによって運用され伝統的なシステムを想定している。AS モデルとしての AIS は，購買，製造，販売などの他の適用業務システムと切り離された運用が行われるという意味で「占有型のシステム」として特徴づけることができる。

AIS が受け入れるデータと他の適用業務システムが受け入れるデータは，システムの入り口で区別され，AIS では，経済事象のさまざまな属性のうち，仕訳として表現するのに必要な属性だけをまとめたデータセットを受け入れ

---

(2) サービスとしては別個に展開されているが，財務諸表監査サービスと IT 保証サービスが，同一の事業体に対して，同一の職業会計士または監査法人によって提供される場合，IT 保証サービスを提供することが，職業会計士の精神的態度における独立性を通じて，財務諸表監査の品質に影響を与えないとは限らないであろう。

る[(3)]。したがって，元帳を中心とした会計専用のデータベースが用いられ，それへのアクセスは元帳データの信頼性と機密性の確保という観点から，会計担当者などごく一部に制限される。

ところが，このような技術・運用上の特質こそが，裏をかえせばASモデルにおける構造上の問題点ともなっていた。元帳データに限定された会計データベースでは多様な情報ニーズに応えられないこと，他の適用業務システムからのアクセスを許さないことが多いことなどから，会計データベースが孤立しがちであることはかねてより指摘されていた[(4)]。またシステムの効率的な運用という角度からみると，決算に時間がかかり過ぎたり，他の部門や他の適用業務システムからのデータの受入れが適時に行えない，転記等の過程で同一のデータが何度も処理されることなどの問題点もある。

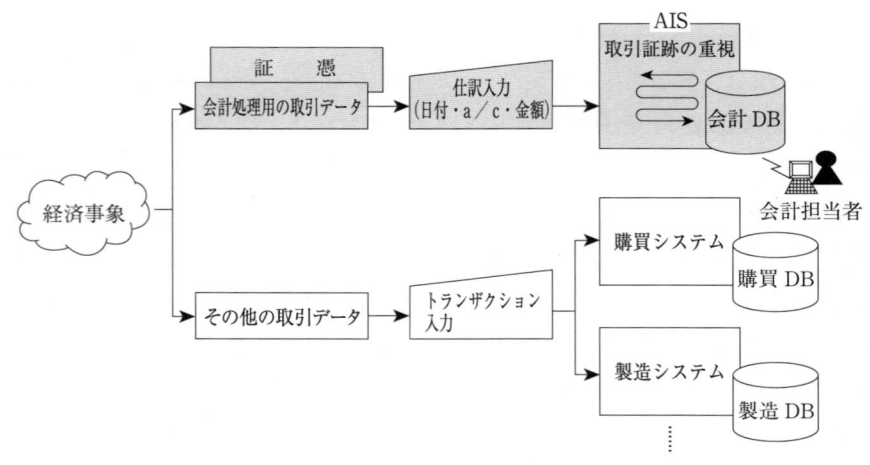

図4-1 伝統的なAISモデル（ASモデル）

---

(3) AISを財務会計システムと管理会計システムの2つのサブシステムに運用上分離したとしても，「伝統的な」システム設計思考では，入り口のところで，AISが受け入れるデータと，マーケティング情報システムや生産情報システムなどのMIS（経営情報システム）が受け入れるデータとの切り分けが行われる，とする指摘がある。Wilkinson & Cerullo［1997］, pp. 14-18.
(4) McKie［1997］, pp. 117-126.（橋本・河合・成田訳［1999］，126-136ページ。）

4.1 会計情報システムの変容からみた IT 保証の展開

今日，AIS はそのシステム構成もクライアント/サーバ（C/S）への移行が進み，C/S の技術的特性をうまく生かした機能拡張が進んでいる[5]。またビジネスプロセスの再構築（BPR）によって，AIS も，他の適用業務システムとのより自然なかたちでの統合を目指すものへと変わってきた。業務統合パッケージソフトウェア（ERP）の普及は，それを後押しするものであったといえよう[6]。

AIS への役割期待も意思決定支援へとその重点が移りはじめ，業務プロセスへの適合を目指す新しい AIS モデルが提案されるようになった。このようなモデルを，ここでは「業務プロセスモデル」（Business Process Model：以下では，単に BP モデルという）としての AIS と呼ぶことにする。

図 4-2 で表わしたように，BP モデルとしての AIS では，統合データベースとして蓄積された生データの中から必要なデータを，必要な人が，必要なときに抽出・利用するような運用が行われる。仕訳データだけでなく，予測データや非貨幣データの処理を行うこともある。AIS のユーザも，販売担当者やライン管理者にまで拡大され，遠隔アクセスで AIS と双方向で通信を行う。一定のアクセス制限は必要であっても，インターネットを介して取引先や顧客といった外部ユーザとの接続もありうる。さらに複数のグループ企業の AIS を，あたかも一つのシステムであるかのように接続したり，各国間の通貨換算

---

(5) McKie 氏は，クライアント/サーバ環境を前提に，AIS のリエンジニアリングとしてさまざまな提案をしている。そこで注目すべきポイントは，①AIS が対象とする取引が拡張すること，②AIS のユーザの範囲が拡張すること，③AIS の機能が拡張することの 3 つである。McKie [1997], pp. 117-126.（橋本・河合・成田訳 [1999], 126-136 ページ。）

(6) Davenport 氏は，ERP という用語は，その目的，手法，効果という点において適切ではないとして，かわって「エンタープライズ・システム」（ES）という用語を提唱する。ここでいう ES とは，「広範囲な業務のサポートや業務横断的なプロセスの提供，および情報の共有化」（Davenport [2000] p. 135. アクセンチュア訳 [2000], 154 ページ）を特徴とするが，より重要な観点として，戦略への影響や企業文化の変革をも視野に入れている。ES の導入は主要な業務プロセスの変革を伴うため，結果として業務戦略（operational strategy）に影響を及ぼすという（Davenport [2000], pp. 106-107. アクセンチュア訳 [2000], 121 ページ）。

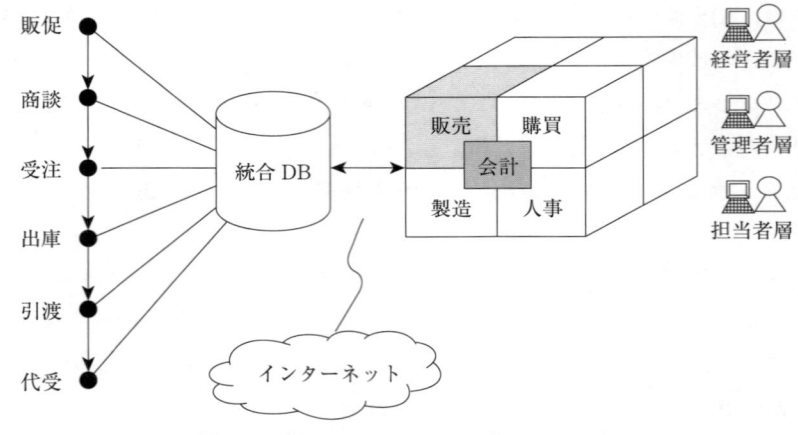

238　第4章　外部主体によるIT保証の展開

図4-2　新しいAISモデル（BPモデル）

や法的規制への準拠をシステムが支援するような機能拡張もありうる。

概念・設計の視点からみたAISのモデル転換

　AISのモデルは,「概念・設計の視点」からみたとき, 写像対象たる経済事象をシステムとして実現するためのレンズとして何を用意するかにかかっている。

　伝統的なASモデルでは, 過去的で貨幣的測定が可能なデータを複式簿記のルールによって処理・蓄積するというレンズ（ASレンズ）を使ってきた。データの検証可能性を重視し, 帳簿記録の機構を必要不可欠な要件とするレンズである。図4-3は, ASモデルのアーキテクチャを表わしたものである。

　AISの目的を決算財務諸表の作成におけば, 歴史的データを勘定科目表によって貸借表現し, それに基づいて帳簿記録を更新してゆくという繰り返し処理をするので,「データの追跡」に適したモデルである。また伝統的なASモデルでは, 元帳への集計が主な処理になるため,「データの要約」に重点を置く設計思考が基本となる。ASモデルではそもそも, 概念・設計上, 組織や部門をまたがる事業プロセスの包括的な情報提供が前提とされていないからであ

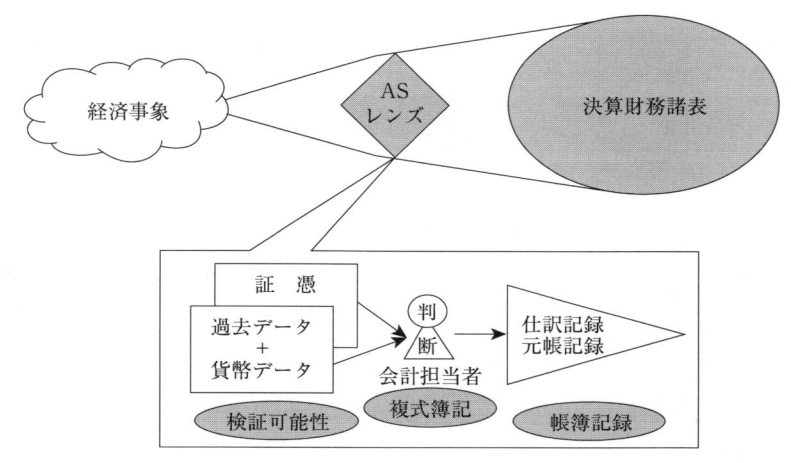

4.1 会計情報システムの変容からみた IT 保証の展開　**239**

図 4-3　AS モデルのアーキテクチャ

る。

これに対して，新しい BP モデルが前提とする概念・設計思考は，経済事象を，より多面的にデータとして捕捉，処理，蓄積，利用しようとするアプローチをとる。販売取引を例にとると，

- 何が生じたか
- いつ生じたか
- どこで生じたか
- 誰が関係し，いかなる役割を担ったか
- 関係するリソースは何であったか

といった経済事象のさまざまな側面を包括的に取り込むアーキテクチャである[7]。図 4-4 は，BP モデルのアーキテクチャを表わしたものである。

このような設計思考を AIS に適用することは，伝統的な AS モデルが前提

（7）　Hollander, Denna, & Cherrington［1999］, pp. 111-112. なお，Hollander 教授らは，ここで述べているような組織や部門をまたぐ業務プロセスの包括的な情報提供を意図したシステムの設計思考を「Event-Driven アーキテクチャ」と呼び，限定された目的のもとで特定の情報を特定のユーザに提供することに主眼を置いた「View-Driven アーキテクチャ」と対置している。

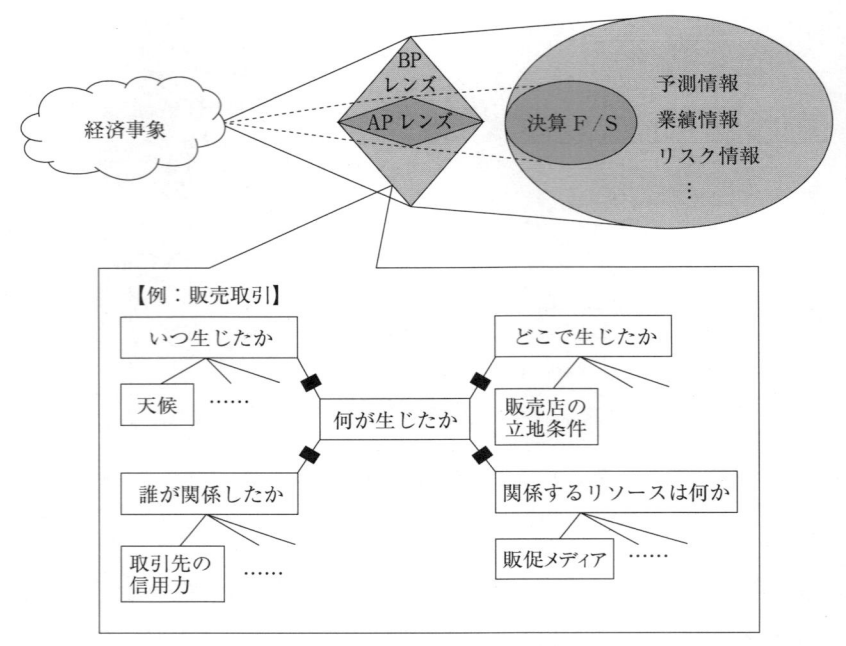

図4-4 BPモデルのアーキテクチャ

とするレンズの拡張を意味する。予測情報や非貨幣情報を AIS としても取り込むことになるからである。意思決定支援という視点から，歴史的原価データの処理だけでなく，システム処理として将来予測を行いその結果として予測情報を出力したり，パフォーマンス情報やビジネスリスク情報を扱うということもあるだろう。このレンズを拡張すればするほど，事業活動を多元的に測定することができ，事業プロセスへの適合化と意思決定の有用性を高めることができるということが，AS モデルから BP モデルへの転換を推し進める重要な論拠となっている。

　制度会計との対置において，IT を基礎とした「情報会計」の理論構築を図ろうとする試みも，基本的には意思決定有用性アプローチを理論的基礎に置いているように思われる[8]。また，データベースの論理設計に基礎を置いたいわゆる「会計データモデル論」や「REAL（Resources Events Agents Locations）

ビジネスプロセス・モデル」などの議論も，伝統的な AP モデルが前提とするレンズの拡張という一面をもっていたとみることができる。

AIS のモデル転換による財務諸表監査への影響

　以上のような AIS のモデル転換に伴って，財務諸表監査においても相応の対応が求められている。ここで議論している会計処理という側面からみたときの財務諸表監査上の課題としては，次のことが指摘できる。

- 会計データの実証的な検証が制限されることがある。たとえば，電子書籍などのデジタル化された棚卸商品が出現し，あるいは電子決済や電子マネーがより普及すれば，棚卸商品の立会や現金の実査といった実証手続の相対的な比重が低下するか，場合によっては実証手続そのものが実施できなくなる。
- インターネットを介したオンライン受注等によって，証憑書類はデジタル化され，見読可能な取引証跡の確保が難しい。
- 統合データベースが用いられるようになり，歴史的データだけでなく，さまざまなデータが多層化してくると，会計上の取引証跡だけを取り出して特別な手立てを講ずることが難しい。
- インターネット環境では，事業体外部からの AIS へのアタックなど，外部環境との接点を前提とした内部統制の評価を考慮しなければならない。
- AIS の機能停止の影響はこれまでは局所的であったが，他の業務システムとの統合化が進めば，会計業務への影響だけにとどまらなくなる。

（8）　情報会計を制度会計との対置において，その理論構築を試みたわが国におけるもっとも初期の研究成果として武田［1971］をあげることができる。
　　当該研究をさらに推し進めた情報会計論についての本格的な理論研究に河﨑［1997］がある。河﨑教授が構想する理論の特徴は，一言でいえば，「双方向コミュニケーション」を基礎とした利用者指向的会計として，情報会計の理論枠組みを構想しているところにあるように思う。

242　第4章　外部主体によるIT保証の展開

- 個々の適用業務システムに固有のコントロールといわれる「適用業務コントロール」(application control) の概念自体があまり意味をもたなくなってくる。AISのコントロールを他の適用業務コントロールと明確に区別して評定することや，すべての適用業務コントロールに共通する「全般的コントロール」(general control) との分別評定もその意義が薄れてくる。

このような個別的な課題を認識した上で，AISのASモデルからBPモデルへの転換によって，財務諸表監査はどう変わるべきかを考えるとき，大きく分けて2つの見方ある。

一つめは，伝統的な財務諸表監査の枠組みのなかで対症療法的な解決を探る道である。あくまでも「情報の監査」を前提とした解決策である。AISというITシステムを内部統制の評定を通じて監査の対象としているにすぎず，ITシステム自体について心証固めを行い，監査意見を表明するわけではない。したがってAISがASモデルからBPモデルへと変容しようと，財務諸表監査という枠組みはさわらない。非貨幣データはあくまでも会計情報に変換される素材であり，ITシステムの信頼性も財務諸表監査と関係する範囲において参考とされるに過ぎない。財務諸表という情報の監査という立場からすれば，当然のあり方になる。

しかし見方の前提を大きく変えると，いま一つの道がみえてくる。それは，AISの信頼性を保証する監査，あるいはAISを含めた包括的なITシステム自体の信頼性を確かめるための監査である。これは情報自体の保証とは切り離された「システム自体の保証」という枠組みを使うことになる。

ここではさらに2つの道が考えられる。第1は，システムの検証をもって情報に対する意見表明へと結びつけるための理論武装を模索するゆき方である。第2は，ITシステムの監査を，情報の監査とはまったく別個の監査として完全に切り離す方向性である。AICPAによって先導されてきた保証サービスをめぐる議論は，保証サービスの対象範囲を，情報，システム，ビヘイビア

等々，といったように漠然と，しかもラフに捉えすぎたため，ここでいう2つの道の区別が曖昧になってしまった。情報の保証とシステムの保証を同一の次元で議論しようとしてしまったのである。理論的な観点から考察が加えられるべきは，おそらくこの点であろう。

問題を考えるときの手掛りは，ASモデルからBPモデルへの転換がもつ意味にありそうである。すなわち，写像対象たる経済事象をAISとして実現するためのレンズを拡張すれば，出力結果としての情報も非会計情報（非貨幣情報）や予測情報を含むようになり情報の種類が多様化してくる。これをシステム処理という観点からみれば，AISと他の適用業務システムを区別する境界線が見えにくくなってくることを意味する。

ASモデルからBPモデルへの転換を，「技術・運用の視点」からみた場合，統合化されたシステム構成の中で，AISには取引処理よりもむしろ意思決定支援という役割が重視されるようになる。その基底にある考え方は，AISの機能拡張を通じた，意思決定有用性と業務プロセスへの適合である。もちろんそうだからといって，AISが伝統的に担ってきた公表財務諸表の作成機能が否定されるわけではない。ただ，経済事象をAISとして実現するためのレンズの拡張を意味するBPモデルへの転換は，意思決定情報の処理がより重視され，結果として財務諸表作成のためのデータ処理の相対的な重要性と比重が薄れてくることになる。

統合データベース（あるいは生のデータを記録するメタデータベース）が用いられるようになり，財務諸表作成のためのデータだけでなく，さまざまなデータが多層化してくると，会計上の取引証跡だけを取り出すことすら難しくなってくるだろう。財務諸表監査では会計上の取引証跡の確保が不可欠であるが，それはBPモデルを前提としたAISの目的とそのシステム構成の特質にそったものではない。

また，内部統制の評定に当たって，内部統制のうち「適正な財務諸表の作成目的にかかわる内部統制」という部分の切り分けも，そうであろう。システム構成上，「適正な財務諸表の作成にかかわる部分」といわれても，その部分の

画定は難しい。このような切り分けを行うという考え方は，そもそも BP モデルを前提とした AIS の目的とそのシステム構成の特質にそったものではないのである。

　一方，概念・設計の視点からみたとき，AS モデルから BP モデルへの転換は，非貨幣データも処理データとして取り込むことになる。ここで注意が必要なのは，非貨幣データは，伝統的な AS モデルのように，単に貨幣情報に変換されるための素材ではないということである。新しい BP モデルでは，非貨幣データそれ自体が AIS として取り扱われるデータとなり，同格の扱いを受ける。

　後で詳しく述べるが，AICPA は，会計（財務）情報に対する保証から，より広い範囲の情報を対象とした保証への拡張を考えた。その前提に，上で述べてきたような AIS のモデル転換があったように思えてならない。少なくともシステムの技術運用と概念設計としてみたときの AS モデルから BP モデルへの転換は，財務諸表という枠を超えた情報の保証，あるいは財務諸表作成のための AIS という枠をこえたシステム——これを AIS と呼んでいいかどうか，あるいは AIS の拡張として議論してよいかどうかということはまた別途検討すべき問題であろう——の保証の必要性という議論の誘い水となりうるのである。

　以上のように考えてくると，AIS の変容が財務諸表監査に及ぼす影響についての議論は，IT 保証サービスの展開とまったく無関係ではありえないことがわかるであろう。ここに，財務諸表監査の「延長線上」に，IT 保証サービスを位置づけうる余地があるようにも思えるのである。

4.2　ディスクロージャの変容からみた IT 保証の展開

　IT がディスクロージャ（事業体の情報開示）に与える影響を考察しようとするとき，そのスタンスのとり方には 2 つある。一つは，ディスクロージャの枠組みはさわらないで，伝達上の利便性向上を探る。IT を単なる伝達媒体として，

4.2 ディスクロージャの変容からみた IT 保証の展開

支援用具に過ぎないとみる。米国証券取引委員会の EDGAR やわが国金融庁の EDINET は，法定開示ということもあるが，基本的にはこのようなスタンスによっている。

しかし，ディスクロージャの将来的なあり方として IT がもつ潜在的なパワーに着目すると，違った接近方法があらわれる。これが２つ目のスタンスである。すなわち IT を単なる支援用具とみるのではなく，ディスクロージャの枠組みを変革するための引き金としてみる。とりわけ Web 技術とその関連技術は財務諸表という伝統的な情報伝達容器のあり方に一石を投ずる可能性がある。極端な例ではあるが，もし音声技術や映像技術が応用できれば，まったく新しいかたちの情報伝達容器の創造につながってくる可能性がないわけではないように思える。

また，ニューラルネットワークやデータマイニングなどの技術は「いかに開示するか」という観点からみた伝達媒体への影響だけでなく，「何を開示するか」といった開示内容見直し論議のキッカケとなるかもしれない。さらに，双方向通信の技術は，アカウンタビリティの成立要因にまで遡った議論を巻き起こす可能性がある[9]。

---

(9) IT コントロール目標と関連して accountability という用語が使われるとき，責任追跡性，明責性という訳語を当ててきた。ここでいう accountability とは「ある事象（または行為）について，それに利害を有する人たちによって，当該事象（または行為）に直接的な責任を負う人または組織に課せられた説明責任」と定義して用いたい。

①情報の非対称性があること—前提—，②情報の受け手が自己のニーズを満たすための情報要求権をもつこと—権利—，③情報の送り手は情報要求にそった内容を偽りなくかつ適時に提供しなければならないこと—義務—，④結果に対してサンクションを伴うこと—結果責任—の４つが，アカウンタビリティの基本的規定要因である。この４つの基本要件は，単なる宣伝や，抽象的な意味での広報と，アカウンタビリティを区別するためのメルクマールとなる。

会計上のアカウンタビリティに代表されるように，通例，情報提供側による説明のための方法において，①主観的な重要性判断を含むこと—主観性—，②事象や行為の集約化を行わざるをえないこと—集約性—，③説明は記録に裏付けられたものでなければならないこと—証拠性—といった追加的規定要因がある。この追加的規定要因（とりわけ①と②）が，アカウンタビリティの解除を促進するための監査の要請論理につながってくる。

IT の潜在的パワーが及ぼす情報開示への影響

今日では，通信回線の大容量・高速化というハードウェア基盤が充実し，さまざまなソフトウェア技術がインターネットプロトコルをサポートするようになってきている。このような IT の潜在的なパワーに着目したとき，多くの論者も指摘するように，比喩的にいえば「プレタポルテ型の開示モデル」の枠組みが崩れ，「オーダーメイド型の開示モデル」へと移行してゆく可能性がある。すなわち，財務諸表という定型の情報伝達容器を使う定期的な開示モデルから，情報利用者が，

- すきな時に
- すきな場所で
- すきな内容を
- すきな形式で

入手できる開示モデルへと変質する可能性があるのである。

IT の潜在的パワーによるディスクロージャの本質的変革の可能性については，次の3点を指摘できるであろう。

第1は，情報の利用可能性を，加工の容易さによって高めることができることである。情報提供者側がそれ以上加工できにくい集約化された情報を提供するのではなく，利用者側での加工の余地を多くするというものである。将来的には，情報利用者個々人のニーズをシステムが学習して，個別的なニーズにそった個人情報パッケージ──財務諸表という情報伝達容器に限定されない──の提供も可能となるだろう。このようなディスクロージャモデルはデータベース開示モデルと呼ばれることもある。その考え方の萌芽は，かつて Sorter 教授が提唱した「事象理論」(events theory) にまで遡ることができる[10]。端的にいえば，経済的意思決定有用性の観点から，集約化された情報よりも事象レベルでの伝達を強調する理論である。この35年以上も前の理論が IT の進展によって一気に現実みを帯びてきた。

---

(10) Sorter [1969], pp. 12-19. なお，この事象理論をめぐっては，わが国では坂上教授による研究成果がある。たとえば坂上 [1994]，同 [1997] など。

4.2 ディスクロージャの変容からみた IT 保証の展開   247

　第2は，情報の関連づけによって，情報の理解可能性を高めることができることである。この情報関連づけモデルは，さらに次の2つに分けられる。

　一つめは，会計情報とその他の情報との関連づけである。現行の会計情報は，主たる情報としての財務諸表とその補足的記述情報とを平面的に組み合わせる，いわば「単純併記構造」となっている。しかし，音声技術や映像技術を取り入れることができれば，数値，記述，映像，音声との有機的な関連性を生かした自由な組み合わせが可能な新しいかたちの情報伝達容器が実現できる。もしも「観る会計情報」，「聞く会計情報」といったものを実際に使えるかたちで具体的にイメージすることができるようになれば，立体的なネットワーク構造をもつ情報開示の技術的な実現可能性はけっして低くない。

　二つめは，他の事業体の情報（他の事業体のWebシステム）との関連づけである。情報利用者からみたとき，複数の事業体の情報を一つの大きなデータベースとして仮想することができれば，複数の事業体をまたぐ情報の関連づけができる。

　第3は，情報提供者と情報利用者との間の双方向コミュニケーションの実現である[11]。情報利用者のIT能力の向上によって，「情報は，自らが欲しいかたちで，自ら取りに行くもの」という発想に移行すれば，報告あるいは開示という情報提供者を主体とした開示の論理から，情報提供者と情報利用者とのコミュニケーションを前提とした開示への転換が起こる可能性がある。

　上記のうち第1および第2の可能性は，伝統的なディスクロージャモデルの延長線上にある[12]。これに対して第3の可能性は，明らかに伝統的なディス

---

(11) 河﨑教授は「ウェッブベース・ビジネスレポーティング」という新しいかたちの開示モデルを構想されているが，そのモデルの核心は，この「双方向コミュニケーション」にある。河﨑［2000］，59-64ページ。

(12) 武田教授は，情報会計と制度会計との対置において，情報とその利用者との関係について洞察に富んだおもしろい見方を提起している。本書での第1，第2の可能性に関連して次のような指摘がある。
　「情報会計では，特定された利用者を"定数"とみ，情報を"変数"として捉えるのに対し，制度会計では，利用者を"変数"とみ，情報を"定数"として捉える。そこで，ディスクロージャの対象となる情報は，前者に　　　　　　（次ページにつづく）

クロージャモデルの本質的変革を迫るものといってよいだろう。

Web 開示によるディスクロージャモデルの変革

　Web 技術をつかった開示（いわゆる Web 開示）は，わが国の事業体においても，広く定着しつつある。その背景には，次の2つの流れをくみ取ることができる。

　一つめは，財務諸表を核とした法定開示の情報提供機能としての限界を補うための方策としての位置づけである。これは Web 開示によって法定開示情報の量的・質的制約を補完するということである。Web 技術の特性を生かそうとすれば，情報の利用可能性（情報の自由な加工）と理解可能性（情報の関連づけ）に結びつくものでなければならない。紙媒体での開示を単にデジタル化しただけでは意味はない。

　いま一つは，より積極的に，事業体の IR（インベスターズ・リレーション）として位置づけようとするものである。Web 開示によって，情報の作成・伝達コストを抑えつつ，提供される情報の利用可能性と理解可能性を飛躍的に高めることができれば，事業体と投資家との間のコミュニケーション上の溝を埋めることができるのではないかとする考え方がベースにある。

　Web 開示の意味なり，意義づけは，もっぱら受託責任の解除という法定開示の論理と結びつけられたディスクロージャの目的観を後退させ，経済的意思決定有用性を重視するディスクロージャの目的観への転換を後押しする。経済的意思決定有用性という目的観をより前面に押し出せば出すほど，Web 上で提供される情報を会計情報に限定せず，かつ情報提供の適時性を高めるべきである，という議論に傾いてくる。このような Web 開示によるディスクロージャモデルの変革を表わしたのが図 4-5 である。

　　　　おいて"解読可能性"（わかりやすさ：筆者注　本文で述べた第1の可能性に置き換えることができる）が問題とされ，後者では"理解可能性"（理解水準：筆者注　本文で述べた第2の可能性に相当する）が問われることとなる。」武田［1998］，28ページ。

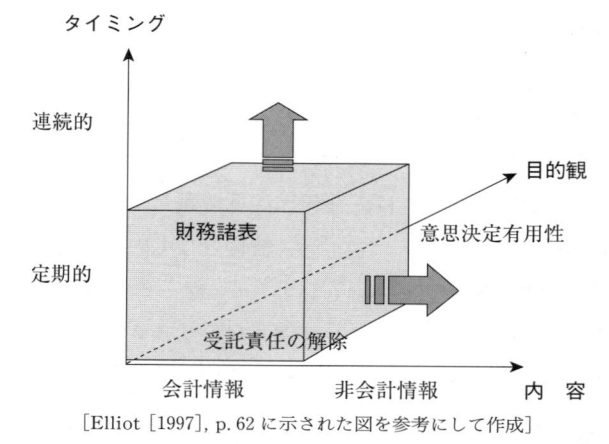

タイミング／連続的／定期的／目的観／財務諸表／意思決定有用性／受託責任の解除／会計情報／非会計情報／内容

[Elliot [1997], p. 62 に示された図を参考にして作成]

図 4-5　Web 開示によるディスクロージャモデルの変革

　以下では，会計情報に限定された開示から非会計情報を含む開示へ――これを開示内容軸（横軸）の変化と呼ぶ――，そして一定期間ごとの定期開示から時間間隔を縮めてゆく連続開示へ――これを開示時間軸（縦軸）の変化と呼ぶ――の2点に着目して検討してみたい。

開示内容軸の検討

　開示内容の拡張をめぐる議論に大きな影響を及ぼしたのが，米国公認会計士協会財務報告特別委員会（通称，ジェンキンス委員会）が描いた「財務報告」(financial reporting) から「事業報告」(business reporting) への移行モデルであろう。財務諸表とその補足的情報からなる会計情報の枠を超えた情報内容の拡張を，「事業報告」という枠組みで括ったモデルである。そこでは，利用者ニーズという観点から，
- 財務データ（会計データ）および非財務データ（非会計データ）
- 財務データおよび非財務データの経営者による分析
- 将来指向情報
- 経営者および株主に関する情報

・会社のバックグラウンド情報

からなる5つのカテゴリーに分けた情報提供の拡張が主張された[13]。

　ここで鍵となるのは，リスクについての情報開示をどう考えるかということであろう。ここで，「開示」という言葉のニュアンスからする，情報利用者にとっての受け身の論理からすれば，警報・注意情報としてのリスク情報の提供に重点が置かれることになろう。マイナス情報としての損失可能性に限定されたリスク情報の提供である。しかし，「コミュニケーション」という論理を前面に押し出せば，利得の可能性と合わせ鏡となるリスク情報の提供も積極的な位置づけが与えられるべき，ということになるのではないかと思う。

　また，このようなWeb開示内容の拡張は，会計情報を中心に据えてみたとき，その「平面的拡張」と「深層的拡張」として捉えることができるであろう。ここでいう平面的拡張とは，①非会計情報の追加提供と，②会計情報から読み取れる解釈情報の追加提供をいう。対して深層的拡張とは，たとえば製薬会社における研究開発投資額の裏に隠れている背景情報の追加提供をいう。Web開示の設計思考としては，次の2つが考えられる[14]。

● 会計情報（財務諸表とその補足的記述情報）に，できる限り非会計情報を組

---

(13) AICPA［1994］, pp. 61-62.（八田・橋本共訳［2002］, 106ページ。）ジェンキンス委員会報告書が公表された当時は，その斬新さから次世代のディスクロージャモデルとして熱く紹介する立場と，所詮夢物語として冷めた目でみる立場があった。ところが，その後10年，ITの高度化によって前提条件が一変した。そこで最近では「拡張的な事業報告」（EBR：Enhanced Business Reporting）モデルと，その衣をかえて，ジェンキンス報告書の議論の蒸し返しが起こっている。とりわけ図4-5の縦軸，すなわち「定期開示から連続開示へ」という視点が重視されている（http://www.cbrconsortium.org）。なお，EBRモデルでは，連続開示を保証するための連続監査もその概念モデルに組み込んでいる。

(14) 会計情報は集約度の高い情報であるから，システムを使ってゆくうちに，その状況に合わせて情報自体が一つのまとまりを形成してゆく「情報の自己組織化」（self organization）が行われにくいという性質をもっている。この点に着目すると，意思決定有用性という観点からは，会計情報をできる限りシンプルにして，その背後にある情報にリンクを貼るという行き方に説得力が出てくる。情報の自己組織化という概念については，長尾［2000］, 220-224ページを参照。

み込むゆき方
● 会計情報をできる限りシンプルにして，詳細な追加情報へのリンクで補うゆき方

ただし，このようなWeb開示の内容拡張が実現可能であったとしても，制度上の運用となると，いわゆるインサイダー情報規制への考慮を含む慎重な議論が必要となることはいうまでもない。またWeb開示の内容拡張を想定する場合，開示の前段階としての情報処理段階において，AISのリエンジニアリングがあわせて図られなければならない。経済事象をより多面的に捕捉，処理，蓄積しようとするAIS設計の新しいアーキテクチャが必要となってくるのである。これが，すでに述べたBPモデルとしてのAISに他ならない。

開示時間軸の検討

Web開示の利点を生かそうとするとき，開示の時間軸はとても重要な意味をもってくる。ここで2つの概念が問題となる。適時性と即時性である。

適時性とは，情報の利用者要求からみたときの概念であって，他の情報属性と独立的に定義しようとするならば，「自らが欲する必要なときに」という属性である。これに対して即時性とは，「事象や行為の発生と同時にあるいはその直後に」という属性である。このような概念的な区別をすると，情報の更新時間の間隔が短ければ短いほど，即時性は高まるが，適時性が高まるとはいえない。つまり適時性は即時性によって達成されるとは限らない。

そもそも情報提供の時間間隔を議論するとき，現行の年度，半期，四半期報告という時間幅をどのように合理的に説明できるか，月次，週次，日次報告という，より短い時間幅との違いをどこに求めるか，ということが問題となる。時間間隔を短くすることが，即，経済的意思決定の有用性を高めることになるとはいえないであろう。情報の利用目的や種類による使い分けが必要となってくると思われる。

適時性と即時性は概念的に切り分けることができるが，情報提供のシステム

という観点からみたとき，適時性は情報の蓄積（データベース化）によって，また即時性は情報の更新幅をより短くすること（オンライン化）によって実現できる。技術的には，適時性と即時性の同時達成は難しいことではない。

ITの高度化によって「連続開示」が現実味を帯びてきている。この考え方を推し進めてゆくと，あくまでも極端な想定ではあるが，一刻一刻，提供される情報が変化する（情報の垂れ流し現象）ということになる。そうすると，これまで会計が前提としてきた会計期間の前提（会計期間の公準）の放棄につながる可能性がある。「×年×月×日，×時×分×秒」という状態を会計でいう一定時点，「×時×分×秒から×時×分×＋1秒」を一定期間といってよいだろうか。

論理的に推し進めてゆくと，このようなきわめて極端な議論になるが，情報利用者が自ら望む時間幅で情報を集約して（たとえば1週間分・1ヶ月分の集積結果または変化の状態として）入手することができれば，連続開示のモデルは情報提供の即時性だけでなく適時性とも結びついてくる。つまり情報利用者の要求や情報の種類に合わせて，いかようにも調節できるということである。

情報提供者と情報利用者との間の情報の非対称性が情報提供に当たってのモラルハザードにつながってくること，またより一般的に，外部利害関係者と経営者，または利害関係者相互間のパワーバランスを保つ緩衝器の役割をディスクロージャが担うとすれば，ビジネスリスク情報などの非会計情報を含めて，結果の要約情報だけでなく，進行形の情報をも適時に提供すべきという議論が出てきてもおかしくない。

Web開示は，従来のような「事業体の経営者（情報提供者）→外部利害関係者（情報利用者）」という一方通行の開示ではなく，これまで情報の受け手とされてきた利害関係者からの情報ニーズ発信，さらには利害関係者同士の情報交換を前提としたディスクロージャモデルにつながってくる可能性がある。その意味で，Web技術の進展は，ディスクロージャの前提を大きく変える可能性があることに着目する必要があるだろう。

Web 開示モデルによる情報の信頼性確保

　EDINET による電子開示は，既成の法定財務開示書類（有価証券報告書・有価証券届出書等）のデジタル化にすぎないから，その開示内容のあり方についてはここでは議論しない。しかし，法定開示書類のデジタル化とは別に，今後，非会計情報をも対象とした任意開示がより一層進み，さらにそれが連続開示へと移行してくるようになれば，さまざまな種類の情報の信頼性をいかにして確保するかという課題が浮上してくる(15)。

　Web 開示による情報の信頼性をいかに確保するかについては，次の2つの視点からする検討が必要であろう。一つめは，Web システムを使うことによって新たに生ずる IT リスクから，開示される情報をいかにして保護するかという意味での信頼性確保である。そしていま一つは，従来未監査とされてきた情報やシステムに対する信頼性確保である。

　前者に関していえば，ホームページ上に開示されている情報や，Web システムへの不正な攻撃，通信データの改ざん，なりすまし，事後否認などのリスクの原因事象が認識される。したがって，Web システムに対するアクセス制限とユーザ認証にくわえて，通信データの安全かつ確実な送受信を確保するための新たなコントロールが必要となる。

　後者に関していえば，開示される情報の信頼性を，その情報をアウトプットする IT システムを通じていかにして高めることができるか，という視点が重要であろう。もう少し厳密にいえば，IT システムに組み込まれた IT コント

---

(15)　最近ではホームページ上でさまざまな企業情報の開示が進んできている。それらの中には投資意思決定のための情報提供という観点から提供される非会計情報もかなり含まれており，情報の信頼性の担保が必要なものも少なくない。
　　ところが，Web 技術を利用した任意開示では，提供される情報量の拡大に重点が置かれがちで，職業会計士の監査を受けている情報（財務諸表）とそうでない情報という情報品質に落差のある情報が提供されている現状にある。また，すでに監査を受けた情報であっても，それが適時開示という名目のもとに監査人の承認なく修正されて提供されたりといったことも起こりうる。そこで，監査済み情報と，そうでない情報との区別を明確にするための技術的対策が必要であろう。監査済み情報が事業体によって勝手に更新されないような技術的な手立ても急がれる。

ロールによって，ITシステムの信頼性を確保し，もってアウトプットとしての情報の信頼性を高めるというアプローチである。いわんや連続開示を想定したときに，開示される情報に対して保証を与えるということになると，刻一刻と変わる情報に保証を与えるということはとてもできないから，ITシステムの保証によらざるをえないということもある。

4.3 情報の信頼性保証とシステムの信頼性保証

システムの自律性と情報の信頼性

情報の意思決定有用性を確保するためには，「情報の目的適合性」と「情報の信頼性」の確保が不可欠である。これは外部利害関係者の経済的意思決定にとっても，また経営者の経営意思決定にとっても共通の要件であろう。

ここで，情報の目的適合性とは「情報利用者が望む目的に対して，提供される情報の内容とタイミングが合致している，その程度」をいう。すでに明らかにしたようにAISをもって，財務諸表作成のための会計データの処理に限定するASモデルから，事業活動の多元的な情報提供を目指すBPモデルへの転換を推し進める一つの重要な論拠となっているのが，情報の目的適合性の向上である。

また，提供される情報には，情報利用者の意思決定を誤導する誤りや偏向が含まれていてはならない。情報の信頼性とは「情報に含まれているかもしれない誤りや偏向が排除されており，情報を信じて依拠できる，その程度」である。

図4-6は，ASモデルからBPモデルへのAIS概念設計の転換に着目して，会計情報と非会計情報との接合による目的適合性の向上と，システムの自律性および第三者保証を通じた情報の信頼性の向上によって，情報の意思決定有用性が高められることを表わしたものである。

この図では，本章4.2で展開した議論を受けて，情報の目的適合性は会計情報に非会計情報が付加されることによって，より高められるという前提で考え

ている。写像対象たる経済事象を AIS として実現するためのレンズを，AS モデルのレンズから BP モデルのレンズへと拡張することによって，そのことを表現している[16]。

ここで議論の焦点としたいのは，情報の信頼性がいかにして高められるかということである。情報の信頼性は，まずもって「システムの自律性」と，第三者による「保証」という 2 段階で高められると考えている。情報を出力する IT システムが誤作動なく適切に機能していればいるほど，出力結果としての情報の信頼性は高まるはずである。これが「システムの自律性」によって高められる情報の信頼性である。

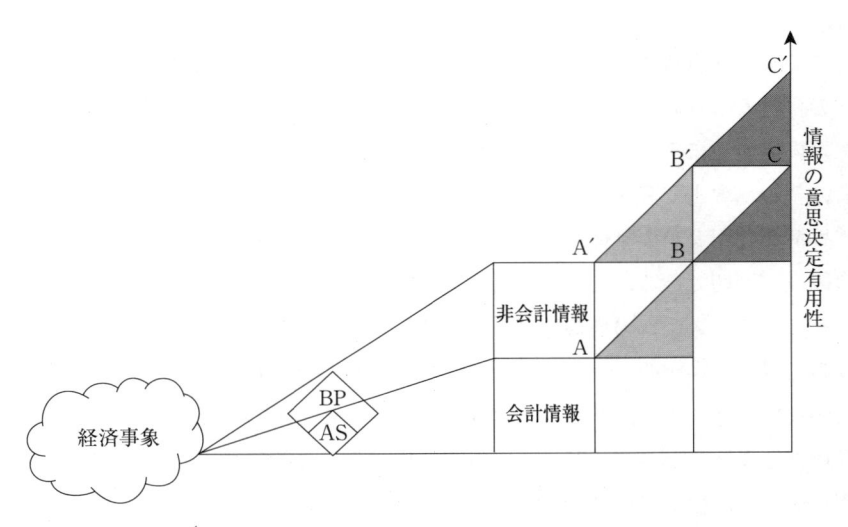

▲ はシステムの自律性（コントロール）によって高められる部分
▲ は第三者保証によって高められる部分

図 4-6　写像レンズの拡張と情報の意思決定有用性の向上

---

[16] AS モデルのレンズから BP モデルのレンズへと拡張するときに，情報の意思決定有用性という観点から IT の特性をうまく生かそうとするならば，すでに述べたような情報の「平面的拡張」と「深層的拡張」を，伝統的な財務諸表との「単純併記構造」ではなく，会計情報と非会計情報との関連づけが可能な「ネットワーク構造」で表わすことが望ましい。

データの入力，処理，蓄積を経て，必要な情報を出力するシステムを，概念上，処理モジュールとコントロールモジュールに二分すれば，システムの自律性はコントロールモジュールの適否に依存する。コントロールモジュールが適切に機能していれば，処理モジュールにおける不正や誤謬が未然に防止され，もし不正や誤謬が含まれていたとしてもそれが適時に発見され，訂正のためのフィードバック情報が提供されるからである。

図 4-6 のなかで示した点 A は，コントロールが存在しないと仮定したときの会計情報の信頼性の水準であり，点 B はコントロールによって高められた信頼性の水準を表わしている。線分 A-B の傾斜がコントロールの有効性である。

このような意味でのシステムの自律性は，システムの運用側，すなわち事業体の経営者の意思と責任において確保されるべきものである。ところが，システムの自律性によって情報の信頼性が高められるといっても，それが情報利用者の望む水準まで高められているとは限らない。さらには情報利用者——とりわけ情報利用者が事業体の外部者である場合にはなおさら——は，システムの自律性が適切であるかどうかを確かめるための有効な手段をもっていない。

そこで，システムの自律性によって確保された情報の信頼性を，専門かつ独立の立場から客観的に明らかにするための保証が行われれば，情報に誤りや偏向がないことがより確かなものとなる。また，このような保証のプロセスは検証行為を伴うことから，システムの自律性によって検出できなかった不正や誤謬が保証の過程で検出され，それが訂正されるということが期待できる。これが点 B から点 C として表わした第 2 段階目の情報の信頼性水準の向上である。

また，会計情報と非会計情報とを接合すれば，A は A'，B は B'，C は C' となる。点 A' から B' へ，B' から C' へと高められる論理は，点 A から B へ，B から C へと高められる論理と同一である。

このように会計情報と非会計情報との接合によって「情報の目的適合性」が高められ，さらにシステムの自律性と第三者保証によって「情報の信頼性」が高められることで，意思決定有用性が高められる，と考えている。

AICPAのエリオット委員会は，財務諸表という情報の保証（財務諸表監査）を核として，その拡張として非会計情報の保証の可能性を探り，さらには情報の信頼性保証をシステムの信頼性保証と何とか結びつけようとしていた。しかし結果として，情報の保証もあれば，システムの保証もあるという，並列論理となってしまった。「会計情報の保証」と「非会計情報の保証」，そして「情報の保証」と「システムの保証」という異なった次元の議論をクロスさせるための鍵は，上記のように情報の意思決定有用性が何によってどのように高められるか，という点に求められるのではないだろうか。

情報の信頼性保証からシステムの信頼性保証へ

　会計情報の保証と非会計情報の保証，そして情報の保証とシステムの保証という異なった軸のクロスについて，もう少し考えてみよう。図4-7は，情報，システム，コントロールの関係に，すでに議論してきたAISの写像レンズの拡張およびWebディスクロージャのモデルを重ねあわせて，保証対象の拡張

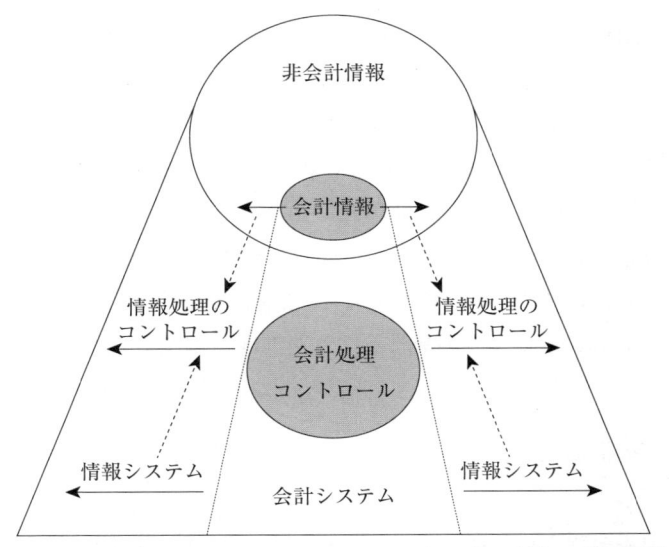

図4-7　情報・システム・コントロールの関係と保証対象の拡張可能性

可能性を表わしたものである。

　まずもって，図の横の広がり（横の実線矢印）から簡単に確認しておこう。すでに述べたように，AISの写像レンズの拡張とWebディスクロージャを前提とした新しい開示モデルでは，過去的で貨幣的属性をもった会計情報だけでなく，非会計情報を含めたさまざまなタイプの情報が処理され，開示されるようになる。

　このことは，会計情報を処理し出力するための会計システムが，さまざまな情報を処理し出力するための情報システムへと拡張されることを意味する。したがってシステムに組み込まれるコントロールも，会計処理のコントロールから，より広範な情報処理のコントロールへと拡張されることになる。

　問題となるのは縦の関係（縦の破線の矢印）である。どのような内容の情報を出力するかによって，システムの処理機能が決定される。そのとき，情報のタイプが多様化し，リアルタイムに更新されるオンライン処理と開示へと移行してゆくようになると，情報を逐一検証してそれに保証を与えることが難しくなる。そこで，情報を処理するシステム機能に目を付けることになる。とはいえ，情報を処理するシステムのあらゆる構成要素を一つひとつ取り上げて，それらが正しく作動することを網羅的に検証することは現実にはとてもできるものではない。そこでシステムに組み込まれたコントロールに着目し，コントロールの評定を通じて，システムの信頼性を保証することができないかと考える。

　このように，システムに組み込まれたコントロールによってシステムの信頼性が確保され，システムの信頼性が情報の信頼性の確保へとつながる論理が成り立つためには，次の2つの条件をア・プリオリに受け入れなければならない。

- 情報の信頼性は，情報を出力するシステム作動の適否によって規定されること
- システムが予定された機能を果たすかどうかは，当該システムに組み込

まれたコントロールの適否によって規定されること

今後，もしAISのあり方がASモデルからBPモデルへのシフトをより強め，かつ財務諸表といった過去的で集約化された情報開示の枠組みが崩れてくると，「システムの信頼性に依存した情報の保証」というあり方へと舵を切らざるをえなくなるであろう。しかしその場合には，論理的には上にあげた2つの条件が，前提として成立していなければならない。

連続的監査モデル

システムの信頼性に依存した情報の保証という視点を先取りした監査モデルがある。CICAとAICPAが，将来的な財務諸表監査の姿として描いた「連続的監査[17]」（continuous auditing）モデルが，それである。これは，情報の信頼性がシステムの信頼性に依存することを前提としたモデルである。

連続的監査とはCICAとAICPAの定義によれば「監査対象事項の基礎となる事象の発生と同時に，または事象の発生直後に，独立監査人が，連続的な監査報告書を用いて，ある特定の対象事項についての書面での保証を可能とする手法[18]」をいう。

---

(17) "continuous auditing" は，「継続監査」とか「継続的監査」と訳されることもある。本書では，「引き続き行われる」という意味合いの「継続的」ではなく，「切れ目がない」という意味で「連続的」と訳している。

本書で展開している継続的監査とはもちろん意味が異なるが，continuous auditing という言葉自体は相当に古いものである。森教授による説明をそのまま引用しておこう。「継続監査（continuous audit）という言葉自体は，それほど新しいものではない。たとえば，ディクシーは，すでに1892年のかれの著書においても，継続監査を事後監査（completed audit）に対比されて，その長所および短所を論じている。そこでは，監査が早い時期に行われれば，誤謬が早く摘発され，訂正され，また，より精密な監査が可能になり，さらに，監査を期末後迅速に完了できるなどといった長所があるが，他方において監査された帳簿が後で改変されるおそれがあるとされている。」森［1976］28ページ。

この引用のなかで「より精密な監査が可能になる」という箇所の意味はよくわからないが，「誤謬の早期摘発と訂正」という考え方は本文で議論している連続的監査モデルの考え方に通じている。

(18) CICA & AICPA［1999］, p. 5.

260　第4章　外部主体によるIT保証の展開

　連続的監査モデルの考え方は，図4-8のように，縦軸に監査済情報の開示頻度をとり，横軸に監査報告書が発行されるまでの期間をとって説明するとわかりやすい。

　現在の職業会計士による財務諸表監査は，縦軸でいえば，年次，半期（または四半期）で，監査済み情報が開示されている。横軸では3ヶ月を限度としている。

　そこで，監査済み情報の開示頻度を，月次，週次，日時，毎時，そして同時開示まで引き上げてゆき（縦軸），そして監査報告書の発行間隔を，1ヶ月，1週間，1日，1時間，そして即時発行まで引き上げてゆく（横軸）ような，新しい監査のあり方が連続的監査モデルである。縦軸と横軸の交わりを点で表わしたときにどこまでを連続的監査というかという問題はあるが，CICAとAICPAの概念モデルでは，図4-8でスクリーンをかけた左上の長方形を連続的監査とし，網掛けのない右下の長方形を伝統的監査として描いている。監査済み情報の開示頻度を「同時」，監査報告書の発行間隔を「即時」まで，図で

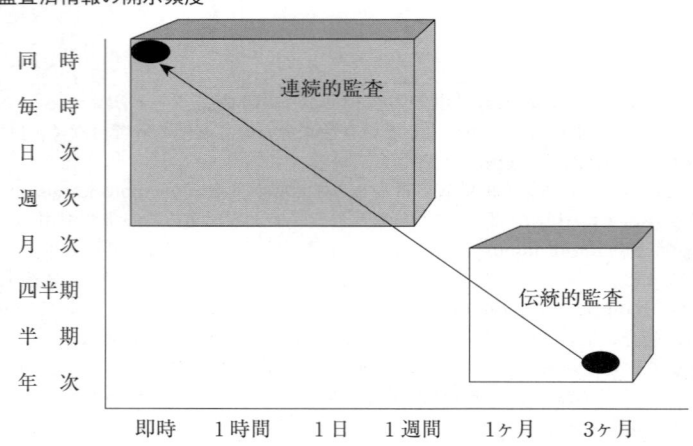

監査済情報の開示頻度

縦軸（上から）：同時／毎時／日次／週次／月次／四半期／半期／年次
横軸（左から）：即時／1時間／1日／1週間／1ヶ月／3ヶ月

左上：連続的監査
右下：伝統的監査

監査報告書が発行されるまでの期間

［出所：CICA & AICPA［1999］, p.11を若干修正の上転載］

図4-8　連続的監査モデル

示した矢印の方向に引っ張ってゆくという概念モデルである。

この連続的監査モデルにおいては，監査報告書の発行間隔（ARt）は，
- システムの信頼性の程度（Dr）
- システムと監査ツールとの統合の程度（Di）
- 自動化された監査手続の適用の程度（Da）

という3つの変数によって決定されるものとされている[19]。システムの信頼性だけでなく，監査ツールのシステムへの組み込みや，自動化された監査手続の適用といった技術的要件も，監査報告書の発行間隔ひいては連続的監査実現のための独立変数としている点が注目されなければならない。すなわち概念的には，

$$ARt = ARt(Dr, Di, Da)$$

と表わすことができる。

ARt はこの3つの独立変数に対して減少関数である。すなわち年次監査報告から即時監査報告へと，監査報告書の発行間隔をより短くするためには，各変数についてより高い水準が要求されることになる。

今後このモデルを精緻化して，連続的監査という考え方に確固たる理論的な基礎を与えようとするならば，さしあたり個々の変数がお互いに影響を与え合った場合——Di と Da については，この前提の方がむしろ現実的であろう——，およびそれぞれの変数に具体的な値を与えた場合の関係——たとえば，$ARt(1/2, 1/3, 1/4) = ARt(1/4, 1/2, 1/3) = ARt(1/3, 1/4, 1/2)$ が成立するかどうか——が明らかにされなければならない。

---

[19] CICA & AICPA [1999], pp. 16-17.

4.4 電子商取引における IT 保証サービスの展開

電子商取引における保証のニーズ

今日,事業体―事業体(BtoB)はもちろん,事業体―消費者(BtoC)の電子商取引が広く行われている。BtoC 取引においては,経済取引に直接関係する情報だけでなく,それに付随して個人情報(氏名,住所,電話番号,電子メールアドレス,クレジットカード番号や銀行口座番号など)が送受信されるのが通例である。そこで「情報の送受信が,正当な相手との間で,意図したとおりに,安全かつ確実に行える」ことが必要となる。

このような安全かつ確実な情報の送受信の確保は,事業体の側からみたとき,システムの入口にある Web システムの信頼性をいかに確保するかということと,通信データの信頼性をいかに確保するかということに注目する必要がある。

〈Web システムの信頼性の確保〉

Web システムは,ホームページの不当な書き換えやシステムの機能停止攻撃(Denial of Services:Dos 攻撃という),さらには Web サーバを足がかりとした内部システムへの不正侵入を原因とするリスクにさらされる。

このような Web サーバへの直接的な攻撃と,それを足がかりとした内部システムへの侵入を原因とするリスクから事業体の IT システムを保護するための対策の基本は,「アクセス制限」(あらかじめ許可されたアクセスだけを許すこと)と,「ユーザ認証」(正当なユーザによるアクセスかどうかを確かめ,正当なユーザによるアクセスのみを許すこと)の組み合わせである。

インターネットを介したデータ通信におけるアクセス制限の技術としては,ファイアウォールが広く用いられている。ファイアウォール製品の機能や設置方法はさまざまであるが,その基本的な機能は,あらかじめ定めた条件に従って許可された特定の通信パケットやコネクションだけを通過させ,そうでない

ものを拒絶するというものである。しかしファイアウォールへの過信は禁物である。ファイアウォールの内側にある安全領域とされるシステムの管理が甘くなりがちであるという指摘は，かなり以前からなされている[20]。

また，ユーザ認証の技術として，インターネットを介したデータ通信においてもその手軽さから広く使われているパスワードは，管理上の問題（たとえばパスワードを忘れた，あるいは知り合いと共有する）だけでなく，パスワードの類推や，暗号化されていないパスワードの窃取も考えられなくはない。そこで，これにかわるより強力なユーザ認証技術として，チャレンジレスポンス方式または時間同期方式によるワンタイムパスワード（使い捨てパスワード），IDカードなどの物理的なトークンの利用，そして最近とくに注目されているのがバイオメトロニクス（指紋，静脈，虹彩，網膜パターン，声紋，筆跡等の個々人に固有な生体的特徴を使ったユーザ認証技術）である。

〈通信データの信頼性の確保〉

インターネットを介した通信では，システムへの攻撃を原因事象とすると，
- 送信した内容が途中で盗み見される（盗聴）
- 送信した内容が途中で書き換えられて届く（改ざん）
- 正当な送信者または受信者が悪意の第三者とすり替わる（なりすまし）
- 取引の内容または取引の存在が否認される（事後否認）

というリスクの帰結が想定される。

このようなITリスクへの対策として，技術的な実行可能性と導入費用の負担を考慮して今日の主流となっているのが，いわゆる公開鍵暗号基盤（PKI: Public-Key Infrastructure）による電子認証である。

そこで使われる公開鍵暗号方式は，公開される鍵（公開鍵）と，他人に知られてはならない鍵（秘密鍵）からなる，数学的アルゴリズムによって対応づけられた2つのペアの鍵を暗号化と復号に用いる。ごく簡単には，公開鍵で暗号

---

[20] Gaffinkel [1997], pp. 20-24.（安藤 [2000], 20-23 ページ。）

化した場合にはそれと対になった秘密鍵で復号し，逆に秘密鍵で暗号化した場合にはそれと対になった公開鍵で復号するという仕組みになっている。

これによって通信内容は暗号によって秘匿でき（盗聴対策），また2つの鍵の論理的対応関係を使って，通信内容が改変されていないこと（改ざん対策），通信相手が正当な当事者であること（なりすまし対策），そして通信内容を証明すること（事後否認対策）ができる。このように，PKIという暗号の応用技術によって，暗号がもともともっている秘匿という機能だけでなく，改ざん，なりすまし，事後否認の対策としても利用されるようになってきている。

PKIは，具体的には次のように運用される。

送信メッセージをハッシュ関数[21]（一方向性関数）によって圧縮した値（ダイジェストという）を，送信者の秘密鍵で暗号化したものを「デジタル署名」という。送信者の秘密鍵で作られたデジタル署名を，受信者があらかじめ入手した公開鍵で復号できることをもって，送信者の正当性と受信内容に改変がないことを確かめる手段（比喩的にいえば，通信内容に送信者が押印し，厳封して送達するための手段）として使われる。

しかし，なりすましや事後否認を防止するためには，通信相手が実在するかどうかを確かめ，かつ通信相手の正当性確認をより確実に行う必要がある。そのための技術として用いられるのが「デジタル証明書」（デジタル認証書と呼ばれることもある）である。デジタル証明書とは，ある特定の個人または組織の識別情報（名前など）と，その人または組織の公開鍵とが対応していることを証明するデジタル文書である。通信当事者間に介在し信頼できる第三者機関である「認証局（機関）」（CA：Certification Authority）が，デジタル認証書の発行および

---

(21) ハッシュ関数（hash function）とは，「どのような長さの平文であっても，一定の方法で変換することにより決まった長さのデータに圧縮する関数。逆関数が存在しないので，一旦ハッシュ関数により圧縮して得られた平文のダイジェスト版についてはそれを再び元の平文に戻すことはできないという性質を有するもの」をいう。社会安全研究財団［1998］，21ページ。ハッシュ関数を使ってデータ圧縮を行うのは，「認証子を小さくして，情報の伝達や記録の効率をあまり落とすことなく認証を実現するため」である。今井・松浦［1999］，26ページ。

管理(取消し・廃棄を含む)を行うことによって,本人確認をより確実にしている[22]。

上で述べた基本的な仕組みを示せば,図4-9のようになる[23]。

このような仕組みを総称して「電子認証」ということがある。電子認証が正しく機能するかどうかは,秘密鍵の管理と,CAが発行するデジタル証明書の信頼性にかかっている。

デジタル署名は,厳密には「署名をした人が秘密鍵にアクセスできる」ということであり,「秘密鍵が公開鍵と一致した」という事実を明らかにするにすぎない。秘密鍵が適切に管理されてはじめて,この仕組みが正しく機能する[24]。

また,デジタル証明書の申請に当たって,CAに虚偽の申告を行ったり,悪意の第三者がなりすまして申請するということもないわけではないだろう。このような事実が後日判明した場合や,CAのシステムへの不正侵入があり,デジタル証明書の偽造の疑いがある場合などは,証明書の取り消しが適切に行われなければならない。一旦発行した証明書を取り消す手段としては,一般に,

---

(22) CAが発行するデジタル証明書を入手するためには,送信者は自らの公開鍵,および名前などの登録情報を裏付け証拠とともにCAに提出して,承認を受ける必要がある。CAは,それにCAの名称,認証書の有効期限などの情報を付した上で,CAの秘密鍵でデジタル署名を付す。送信者の氏名,送信者の公開鍵,証明書の有効期限などの付加情報,およびCAが付したデジタル署名のセットが,送信者のデジタル証明書である。受信者側では,あらかじめ配布されたCAの公開鍵をもっていれば,それを使ってCAのデジタル署名を復号することができることから,CAが確かに署名したデジタル認証書であることを確かめることができる。今井・松浦[1999],37-38ページ。

わが国でも,「電子署名及び認証業務に関する法律」(2001年4月1日施行)によって,デジタル署名に対する法的効果が認められるようになり,デジタル証明書を組み込んだPKIに関する法的基盤が整うこととなった。

(23) 図4-10は,Garceau, et al. [1998], p. 19,および社会安全研究財団[1998],21ページなどをもとにして作成した。

(24) 秘密鍵がパソコンに保管されている場合,一旦,復号しなければならないケースがあり,ユーザのパソコンに悪意のプログラムを忍び込ませ,鍵が復号されるまでの間に鍵を盗み出すということもありえないわけではないという指摘もあるくらいである。Gaffinkel [1997], pp. 119-120. (安藤訳[2000], 121-122ページ。)

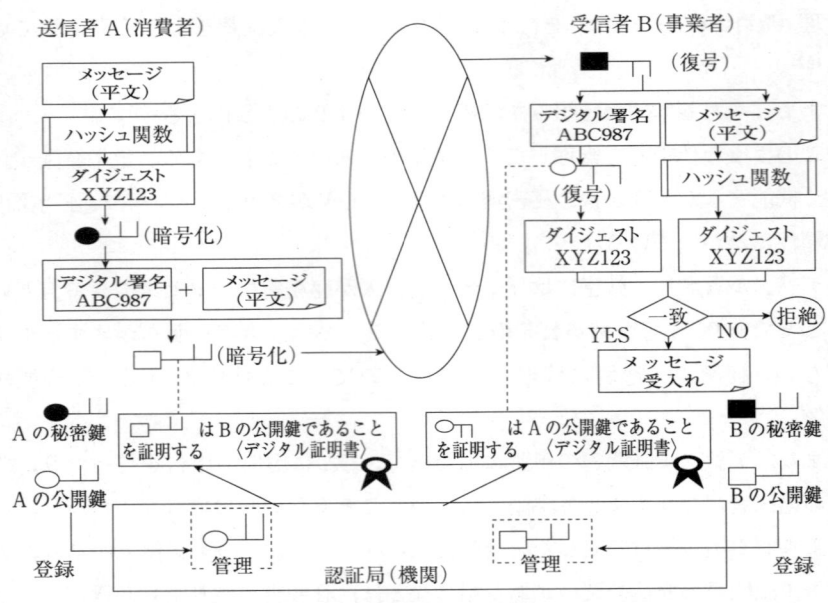

図 4-9　電子認証の仕組み

証明書無効リストが用いられる。さらには CA 自体がなりすましにあっていないこと，および CA の公開鍵が安全であることを確保するために，「CA の認証を行うための CA」（ルート CA と呼ばれることもある）が使われることもある。

このように，電子商取引が安全かつ確実に行われるためには，事業者の Web システムの信頼性と，インターネットを利用した通信に伴う情報の信頼性が確保される必要がある。第5章で詳しく検討するが，電子商取引を安全かつ確実に行うための信頼構築を目的とした第三者による保証サービスが，さまざまな主体によって展開されている。

Web システムの信頼性と IT システムの信頼性

職業会計士団体である AICPA と CICA も，電子商取引までカバーできるような IT 保証サービスに目をつけた。WebTrust と SysTrust という2つの IT

4.4 電子商取引におけるIT保証サービスの展開

保証サービスが、それである。この2つの保証サービスの関係は、図4-10のようになる。

図の横の広がりは、電子商取引を安全かつ確実に行うため、①Webシステムの信頼性を基礎としつつ、②通信データの改ざん、盗聴、なりすまし、および事後否認を未然に防ぐためのネットワーク空間における信頼性が確保されなければならないことを拡張的なイメージとして表わしている。

まずもって、事業体が運営するWebシステムの信頼性確保が大前提であろう。そこでWebシステムを使って、消費者との間の取引を安全かつ確実に行うことを目的とした、職業会計士による保証サービスとして考えられたのが、事業体のWebシステムを対象とした「WebTrust」である。WebTrustではまた、電子商取引に参加する不特定多数の消費者保護という、いわば公共目的をそこにもたせようとしたことも大きな特徴といってよいだろう。

とはいえ、電子商取引は、事業体が運営するWebシステムの信頼性だけでなく、通信データの改ざん、盗聴、なりすまし、および事後否認を未然に防ぐためのネットワーク空間における信頼性があわせて確保される必要がある。

電子認証を用いた通信データの信頼性確保の仕組みは、すでに明らかにした

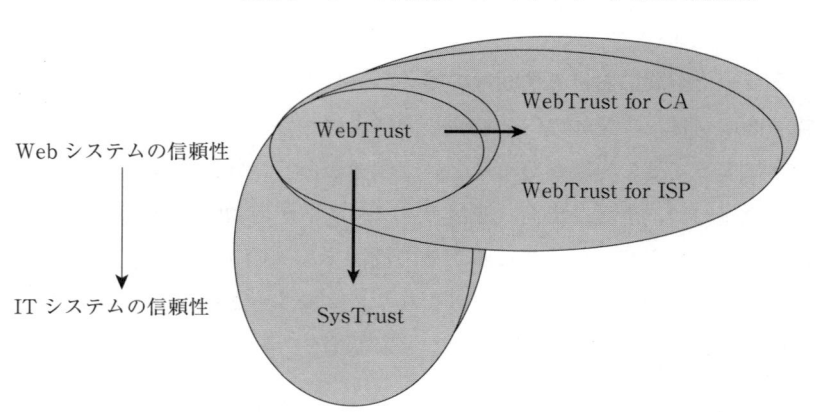

Webシステムの信頼性 ⟶ ネットワーク空間の信頼性

図4-10 WebTrustとSysTrustとの関係

ようにCA（認証局）が適切に運用されることがその大前提である。そこで，事業体が運営するWebシステムの信頼性保証のためのWebTrustだけでなく，認証局の信頼性を確保するための「認証局WebTrust」(WebTrust for CA) という追加的な保証サービスが考案された。さらに電子商取引における通信データの信頼性はインターネット接続事業者の信頼性にも依存することから，「プロバイダWebTrust」(WebTrust for ISP) という保証プログラムもあわせて考案されたのである。このように，図4-11で示す横の広がりは，事業体のWebシステムを軸に据えたネットワーク空間の信頼性保証を想定したものである。

ところが，事業体のWebシステムは，事業体が運営するITシステムの一部分にすぎず，またWebシステム（とくにWebサーバ）を足がかりとした内部システムへの不正侵入の可能性がある。そこで図4-11で示す縦の広がりのように，電子商取引用のWebシステムだけでなく，より包括的に事業体のITシステムを対象とした信頼性保証のための保証サービスがあるべきとする発想から生まれたのが「SysTrust」である。

このように，Webシステムを軸に据えて，ネットワーク空間における信頼性保証のサービスとしてWebTrustを展開し，その一方でWebシステムとつながった事業体内のITシステムの信頼性保証のためのサービスとしてSysTrustを展開したのである。

ネットワーク空間における信頼性の輪

電子商取引は，事業体の内部情報や内部資源への外部者からのアクセスを許すことによってその発展が望めるという側面がある。外部からのアクセスによって，直接的に，生産，出荷，決済のリクエストが自動的に行われている実務例は枚挙にいとまがない。ところがその反面で，このことは事業体のITシステムが外部からの攻撃などのさまざまなリスクにさらされることを意味する。電子商取引は，「開放」と「保護」という本質的に矛盾する性質をかかえている。

事業体―消費者を前提とした電子商取引では，インターネットを介した不特

定多数の消費者側のシステムと事業体側のシステムとの接点によって，さまざまなITリスクが生ずる。したがって，取引の相手確認，通信データの機密保護，取引の事後否認防止，場合によっては取引相手の匿名性の確保といった新しい種類のコントロールが考慮されなければならない。

また，事業体—事業体を前提とした電子商取引では，一定水準のコントロールが確保できなければ，取引相手として排斥されてしまう可能性もある。

事業体側からみた場合，Webシステムにかかわるコントロールが適切に講じられているかどうかは事業展開の基盤であり，また競合他社との関係においても重要な意味をもつ。したがって，Webシステムの信頼性確保や，それらにかかわる適切な情報開示は，顧客獲得競争上の鍵となるだろう。

一方，電子商取引に参加する消費者にとって，インターネットを介して取引を行おうとするときの不安は，Webシステムを開設している事業体が本当に実在しているかどうか，売買注文等の取引データが安全かつ確実に処理されるかどうか，そして取引内容や個人情報がキチンと保護されるかどうか，ということにあろう。

消費者の側からみたときに，事業体のWebシステムにプライバシー保護を含むセキュリティ対策に重大な欠陥がないかどうかは，取引契約締結に当たっての一つの重要な判断材料となるであろう。しかし何より大きな問題は，消費者にとって，取引相手である事業体のWebシステムが信頼できるものであるかどうかを確かめるべき手段をもたないということである。

AICPAとCICAは，ここに電子商取引に対する保証のニーズを見出そうとした。これまで財務諸表監査で培ってきた技能や経験をもとにして，職業会計士がこの領域に関与できる余地があると考えたのである。

その関与とは壮大な構想であった。すなわち，事業体ごとの「システムの信頼性保証」から「電子商取引の信頼性保証」へとその範囲を広げ，さらに事業体ごとの「システムの信頼性保証」と，サイト間をまたぐ「電子商取引の信頼性保証」とが関連づけられて「継続的な信頼性の鎖」(continuous reliability chain) が構築されるという，いわばネットワーク空間の全体をカバーするため

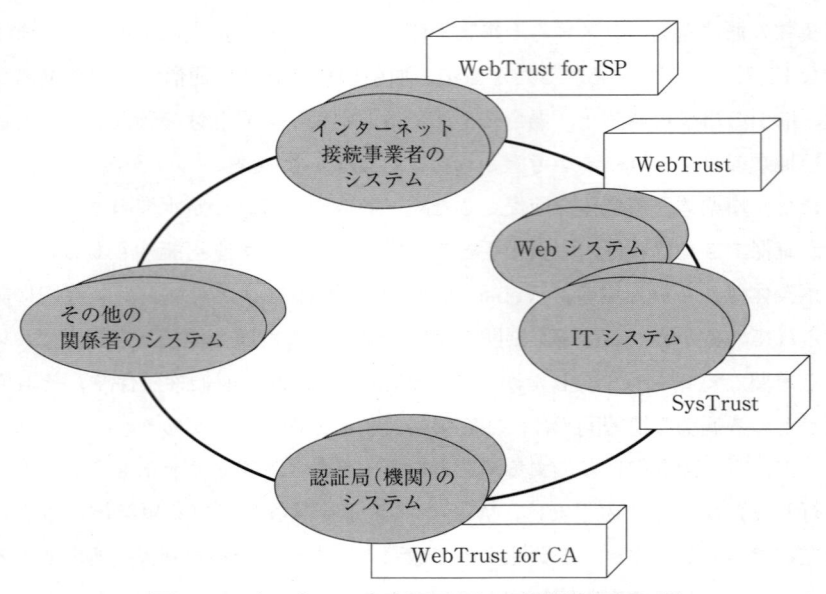

270　第4章　外部主体によるIT保証の展開

図4-11　ネットワーク空間における信頼性保証の環

の保証サービスを構想したのである。実務上どれだけ成功するかどうかを脇に置いても、理屈の上では理想的なモデルであることに間違いない。その構想は、図4-11のように表わすことができるであろう。

図4-11からも明らかなように、まず事業体ごとのITシステムの信頼性保証のためのサービスとして「SysTrust」を位置づけ、それとともに電子商取引を行うWebシステムに特化した保証プログラムとして「WebTrust」を位置づける。

けれどもネットワーク全体としてみたときの信頼性は、事業体のITシステムの信頼性保証だけでは十分でない。認証局（CA）、インターネット接続事業者（ISP）、その他の関係事業者（電子決済仲介事業者等）のシステムの信頼性が確保されて、はじめて完全なものとなる。事業体ごとのWebシステムでいかに強固なコントロールを確立していても、消費者との間に介在するインターネット接続事業者や認証局におけるシステムのコントロールが不十分であれば、電

子商取引を安全かつ確実に遂行することができないからである。

そこで，認証局のためのWebTrustである「WebTrust for CA」，そしてインターネット接続事業者のためのWebTrustである「WebTrust for ISP」をあわせて展開し，それを各々の事業体のWebTrustとつなげようと構想したのである。

このように，電子商取引に関与する可能性のあるさまざまなシステムに対する保証を一つの「環」としてつなげる構想は，マクロ的にみたときネットワーク空間の信頼性保証の理想版であることは間違いない。

4.5　職業会計士による2つのIT保証サービス

SysTrustとWebTrustの相違点

AICPAとCICAは，電子商取引に対する保証サービスWebTrustと，事業体ごとのITシステムに対する保証サービスSysTrustを区別して提供している。しかしその内容に着目してみると，事業体が運営するITシステムをWebシステムに限定するかしないかという違いはあるものの，ともに基本的にはITシステムに対する有効なコントロールが維持されているかどうかを職業会計士が検証し，その結果を経営者に対して報告するサービスであるという点に違いはない。

2つのサービスを対比して整理すれば，表4-1のようになる。この対比表に従って検討をくわえてゆこう。

まずもって両者の目的の違いに注目してみたい。SysTrustの場合には，保証の対象となるITシステムに関連する人々すべてが，ITシステムの信頼性の保証によって，結果として当該保証サービスの潜在的な受益者となりうるとみているものの，事業体のITシステムの信頼性保証という内部経営管理目的に焦点が当てられている[25]。

これに対してWebTrustは逆のロジックである。すなわち，事業体のWebシステムを通じて取引を行う消費者や他の事業体の利益保護が第一義的な目的

表 4-1　SysTrust と WebTrust の対比

	SysTrust	WebTrust
目的	IT システムの信頼性保証 (事業体の保護を主にし、結果として外部利害関係者の利益が保護されると考える。)	電子商取引の信頼性保証 (外部利害関係者の利益保護を主にし、結果として事業体の信用が増し、他の事業体との差別化をはかることができると考える。)
対象	事業体の IT システム	事業体の Web システム CA のシステム ISP のシステム
判断尺度	Trust サービス原則〈モジュラー適用〉 ・安全性 ・可用性 ・処理の完全性 ・機密性 ・個人情報の保全性[26]	

---

(25) SysTrust における外部目的の強調は、職業会計士が保証に伴う訴訟のリスクをかかえることになり、外部利害関係者との間に新たな期待ギャップが生ずる可能性もあるという指摘がある。これは SysTrust に関する問題点として指摘されたものではあるが、WebTrust にもそのまま当てはまるだろう。Pacini, et al., [2000], pp. 73-78.

(26) これは privacy の訳である。プライバシーには、「他から干渉されない自由」という意味もあるから、厳密には個人情報の保全性よりも広い概念である。けれども、「Trust サービス原則」として示されているプライバシーは、内容的には、個人情報保護に関するものに焦点が絞られている。第5章でもあらためて述べるが、ここに示された Trust サービス原則は、いずれもコントロール目標であり、保証の主題となる属性である。そこで、他の原則との用語上の整合性にも配慮し、思い切って「個人情報の保全性」という訳語を当てている。

2003 年に、AICPA および CICA から「プライバシー原則および規準」を含む"Privacy Framework" が公表された。これによって従来の「オンラインプライバシー原則および規準」にかえて、このフレームワークに基づく「プライバシー原則および規準」が 2004 年から新たに適用されることとなった。「オンライン」という用語が外されていることからもわかるように、オンライン環境を前提としたプライバシー保護に限定することなく、より広くプライバシー保護のためのコントロールに対する保証を前提とした方がよいとの判断によるものであろう。

本書では、IT 環境でのプライバシー保護対策の保証を議論の中心としているので、このようなサービス体系の変更や、それに伴う Trust サービス原則の体系に関する変更はたいした問題にならない。

として置かれる。外部利害関係者の利益保護が主であって，それを通じて結果としてWebシステムを運営する事業体にとって，システムの信頼性を対外的に知らしめることができ，他の事業体との差別化をはかることができるという考え方をする。

次に，対象の違いである。SysTrustは事業体のITシステム全般を対象とした保証サービスである。これに対してWebTrustは，CA用やISP用の特別なWebTrustを別にすれば，事業体のWebシステムに特化した保証サービスである。Webシステムに特化した保証プログラムとしてWebTrustがあるから，SysTrustは厳密にはWebシステム以外のシステムを対象とした保証となるようにも思える。しかし，Webシステムも事業体のITシステムの一部には違いないから，SysTrustはWebシステムも含めたITシステムの包括的な保証ととれなくもない。この点に両者をあえて区別する場合の曖昧さがあることは事実である。

2つのサービス原則の統合

このように，概念上はWebTrustよりもSysTrustの方がカバーする範囲は明らかに広くなる。しかしITシステムのなかでも，Webシステムだけを取り出したのには訳があった。それは，利用される判断尺度と密接な関連があった。

現在では，SysTrustもWebTrustも，ともに「Trustサービス原則」という同一の判断尺度が用いられることになっている。「Trustサービス原則」は，正確には「Trustサービス原則および規準」という。「原則」と「規準」はセットであって，「原則」を基礎として，それをブレークダウンすることで，より詳細な「規準」が展開されるようになっている。

この「Trustサービス原則」が公表されるまでは，それぞれのサービスごとに別個の判断規準が用いられていた。SysTrustの場合には「SysTrust原則」であり，WebTrustの場合には「WebTrust原則」である。それぞれの原則は，以下に示すように，共通する3原則（可用性の原則・安全性の原則・完全性の原

則）と，それぞれ独自の原則からなっていた[27]。

両者に共通しない原則，すなわちそれぞれに独自の原則に着目すると，SysTrust と WebTrust を，単に保証の対象の違いだけで区別しようとしていなかったことがわかる。

SysTrust は，事業体の IT システム全般を対象に，事業体のシステムの保護を主たる目的とした保証サービスであるため，WebTrust にはない「保守容易性の原則」（システムは，必要に応じて，可用性，安全性，および完全性を継続して確保できるような方法で更新できること）があった。

一方，WebTrust は，事業体の Web システムに特化して対象範囲を限定するものの，事業体の Web システムを利用する不特定多数の消費者が不測の損害を被ることがないように，電子商取引を安心かつ確実に行えるようにするという，いわば利害関係者の利益保護をその目的としていた。そのことから，「機密性の原則」（電子商取引によって入手された情報であって機密指定された情報へのアクセスが，開示された機密保護の手続に従って承認された人達に制限されていること），「否認防止の原則」（電子データとして受け取った取引およびメッセージが承認済みであ

表 4-2 旧 SysTrust 原則と旧 WebTrust 原則の比較

旧 SysTrust 原則	旧 WebTrust 原則
可用性の原則	可用性の原則
安全性の原則	安全性の原則
完全性の原則	完全性の原則
保守容易性の原則	………
………	機密性の原則
………	否認防止の原則
………	特定事実開示の原則
………	オンライン個人情報保護の原則
原則のワンセット適用	原則のモジュラー適用

---

(27) ここに示した「原則」は，SysTrust と WebTrust のそれぞれの原則が統合される直近バージョン（SysTrust 原則は第 2 版，WebTrust 原則は第 3 版）に基づいている。

り完全であることが，開示された否認防止の手続に従って第三者に立証できること），「特定事実開示の原則」（ある一定期間内におけるサイトへのヒット数などの特定事実の開示が，同業者間で共通する適切な規準と，関連する電子商取引事業の内容に合致していること），そして「オンライン個人情報保護の原則」（電子商取引によって入手した個人情報が，オンライン個人情報保護に関する声明書に記述されている方法で保護されていること）という SysTrust 原則にはない 4 つの原則を，別途に借定したのである。とりわけ「オンライン個人情報保護の原則」を掲げたことで[28]，不特定多数の消費者の利益保護という外部目的がより鮮明となった。

　しかし，SysTrust と WebTrust という 2 つの独立した保証サービスはそのまま残しつつ，「SysTrust 原則」と「WebTrust 原則」を，「Trust サービス原則」として一本化することとなった。類似する原則をそれぞれの保証サービスで重複して用いることの煩雑さと，一部，同一の原則（安全性，完全性，可用性）を使って異なった対象に保証を付与することに対する混乱を避けるための措置と思われる。SysTrust と WebTrust に分けて提供してきた IT 保証サー

---

[28] ここでいう個人情報とは，個人を識別しうるすべての情報である。個人情報には，顧客の氏名，住所，電話番号，社会保障・保険番号あるいはその他の政府付与識別番号，雇用主，クレジットカード番号，個人または家族の金融情報，医療情報，雇用履歴，購入等の履歴，ローンの記録，ならびにこれらに準ずる情報が含まれるが，これらに限定されないものとされていた。個人情報の中でも「重要情報」となるのは，医療・健康状態，人種または民族，政論，宗教または信条，労働組合への参加，性的嗜好，あるいは違反または有罪歴等に関する情報である。（AICPA/CICA［2000 a］，"Background".）

　WebTrust 原則は，個人情報保護などの国際的な動向への対応を踏まえて，第 2.0 版から第 3.0 版プログラムへの改訂において，オンライン環境を前提とした個人情報保護の原則を前面に打ち出した，という経緯がある。それは，プライバシー侵害，セキュリティギャップ，顧客インターフェースに影響を与える関連システムを含むリスクを明らかにし，保証サービスの提供が結果としてリスク低減につながるものであることをより鮮明にすることにあったようである。欧州でのプライバシー規制（EU 指令）を受けて，EU からの個人情報移動を可能とするために米国が対抗手段として制定した「セーフハーバー・プライバシー原則」（"Notice" 通知原則，"Choice" 選択原則，"Onward Transfer" 移転原則，"Security" 安全性原則，"Data Integrity" データの完全性原則，"Access" アクセス原則，"Enforcement" 強制的準拠原則）などにも考慮して，オンライン環境を前提とした個人情報保護対策を対象とした保証サービスを前面に打ち出したのである。

ビスが思ったほど普及せず，これらを区別して展開するための意義が薄れてきたという事情があったかもしれない。

SysTrust と WebTrust という2つの保証サービスを存続させたまま「原則」を一本化するというものであるが，そうなると2つの保証サービスの違いは，単に保証の対象とするシステムの範囲の違いという点だけになってしまう。その意味で「原則」の一本化は，すでに図4-10で表わしたように，Webシステムを軸として，それに関連する事業体内システムの信頼性保証という縦の広がりと，ネットワーク空間の信頼性保証という横の広がりという当初の基本的な枠組み——これは，理論的にはきわめて説得力ある枠組みであった——を大きく崩すことになってしまう。これによって実務上は，SysTrust と WebTrust との完全統合という方向に進む可能性がきわめて強くなるだろう。そればかりか，なにより問題なのは，両者を区別していた当初の理想的な意義が完全に薄れてしまったことである。

この適用原則に関連して興味深いのは，原則のワンセット適用とモジュラー適用という考え方である。「原則」として示されたものを一つのセットと考えて，それらをすべて満たしていることを保証する形態が「ワンセット適用」である。これに対して，「原則」として示されたものをそれぞれ独立した原則として考えて，一つの原則または複数の原則について保証を付与できる形態を「モジュラー適用」という。

「SysTrust 原則」はワンセット適用型であり，これに対して「WebTrust 原則」はモジュラー適用型であった。また両者を一本化した「Trust サービス原則」もモジュラー適用型である。したがって「Trust サービス原則」を使った Trust サービスでは，5原則のすべてを同時に保証するのではなく，一つの原則に対する保証でもよく，複数の原則に対する保証でもよい。一つの原則に対して保証を付与する場合と，複数の原則に対して保証を付与する場合との違いを含めた，原則のモジュラー適用にかかわる理論的な検討は第5章で行う。

なお，この2つの保証サービスでは，事業体のシステムの信頼性に対して一定の保証を与えるだけでなく，保証の結果を表わすロゴマークの付与が行われ

4.5 職業会計士による2つのIT保証サービス

る。このマークは，職業会計士による検証の結果，「重大な問題なし」との意見（これを無限定意見という）が表明されていることをマークによって象徴的に伝達しようとするものである。マークはホームページに貼付けられ（多くはトップページ），その存在を確認することで消費者は安心して当該Webシステムを通じた取引を行うことができ，また事業体が対外的にITシステムの信頼性を宣伝するために使われる。

このマークをクリックすると，保証サービスを提供した公認会計士または勅許会計士による「独立会計士による報告書」だけでなく，保証の対象とした「経営者のアサーション」，検証に当たっての判断尺度として用いられた「原則」をみることができる仕組みになっている[29]。技術的には，当該マークと，「独立会計士による報告書」などへのリンクを貼っただけの単純なものではあるが，Webの特性を生かしたおもしろい試みではある。

SysTrustやWebTrustという職業会計士が保証を付与するサービス以外にも，ロゴマークを使った類似のサービスは国内外に数多くある。しかし，SysTrustやWebTrustによる保証を得た結果を象徴的に伝達するロゴマークは，職業会計士が倫理規則を含む厳格な職業基準に準拠して行う保証サービスである点に，他の類似するロゴマークを使った保証サービスとの決定的な違いを見出そうとしているのである[30]。

---

(29) 最近では簡便化されてほとんどみられなくなったが，WebTrustが登場した直後には，次のような記述を含む「紹介画面」がまず表示され，経営者のアサーション，独立会計士による報告書，保証に当たって用いた「原則」（厳密には，「原則」をブレークダウンした規準）へのホットリンクがあった。

「WebTrustシールは，本サイトが，独立した公認会計士によって検証され，経営者の**アサーション**が，WebTrust**規準**に従って，電子商取引についての事業内容を開示し，消費者からの注文および支払，および消費者の個人情報保護が適切にコントロールされている旨の**報告書**が発行されていることを象徴的に表わすものです。このWebTrustシールの認証は，ベリサイン社のデジタルID技術によって行われています。したがって，CPA WebTrustシールが認証されていることを確かめるためには，このサイトのデジタルIDをみる必要があります。詳細は以下のボタンをクリックすることでみることができます。」（この説明文のうち，ゴシック書体で記した文字をクリックすると，その中身が見れるような仕組みである。）

(30) Gray氏は，職業会計士によって提供される保証　　　　　（次ページにつづく）

SysTrust または WebTrust の提供に当たっては，職業会計士団体の専門職業基準（professional standards）に従うことが義務づけられている。職業会計士が署名した意見が価値をもつのは，職業会計士が保証サービスについての十分な専門能力と経験を有していること，そして独立性，慎重性，誠実性についての厳格な要件が課せられているからに他ならない。それを担保する専門職業基準への準拠は，保証サービスの品質確保という意味において，職業会計士が保証サービスを提供する際の礎石となっている。職業専門家以外の者が行う保証サービスとの決定的な違いは，ここにある。

Trust サービスの基本的な仕組み

「Trust サービス」は，概略，図 4-12 に示すような仕組みになっている。SysTrust であっても WebTrust であっても，この基本的な仕組みに違いはない。

Trust サービスの契約が締結されると，職業会計士は，事業体のシステム（Web システムまたは IT システム）が「Trust サービス原則および規準」に準拠して有効なコントロールを維持している旨の「経営者のアサーション」を入手する。そして当該アサーションのとおり，事業体のシステムが運用されているかどうかを検証し，システムが「Trust サービス原則および規準」に準拠して有

サービスと，他の類似するサービスとの違いに着目し，WebTrust の特徴を，次の4つに整理している。Gray & Debreceny [1998], p. 34.
①他のサービスはプライバシー保護や個人情報保護に特化したものが多いなかで，電子商取引にかかわる広範かつ網羅的な「原則」を用意していること。
②他のサービスは技術色の強い判断尺度（原則および規準）を使うのに対して，事業内容の開示や内部統制に重点を置いた判断尺度を使うこと——たとえば，配送時間，返品の取扱いなど，Web システムのパフォーマンスに関係する開示も要求されており，また注文処理や顧客情報の保護に関するコントロールが要求されていること——。
③他のサービスはその多くが自己申告と簡単な事後テストに依存しているのに対して，職業会計士が自らの職業基準に従って事前的な検証を十分に行っていること。
④IT や電子商取引の急激な進歩にも対応できるように，マークの有効期限を厳格に定めているだけでなく，その更新に当たっては再度の検証が要求され，検証が継続的に行われること。

```
         ┌─────────────────────┐
         │  Trust サービス契約  │
         └──────────┬──────────┘
                    ↓
         ┌─────────────────────────┐
         │ 経営者のアサーションの入手 │
         └──────────┬──────────────┘
                    ↓
              ╱─────────────╲
             ╱ Trust サービス原則および ╲
             ╲ 規準に基づく検証手続   ╱
              ╲─────────────╱
                    ↓
         ┌──────────────┐        ╭──────╮
         │ 独立会計士に  │───────▶│ マーク │
         │ よる報告書   │        │ 付与  │
         └──────────────┘        ╰──────╯
```

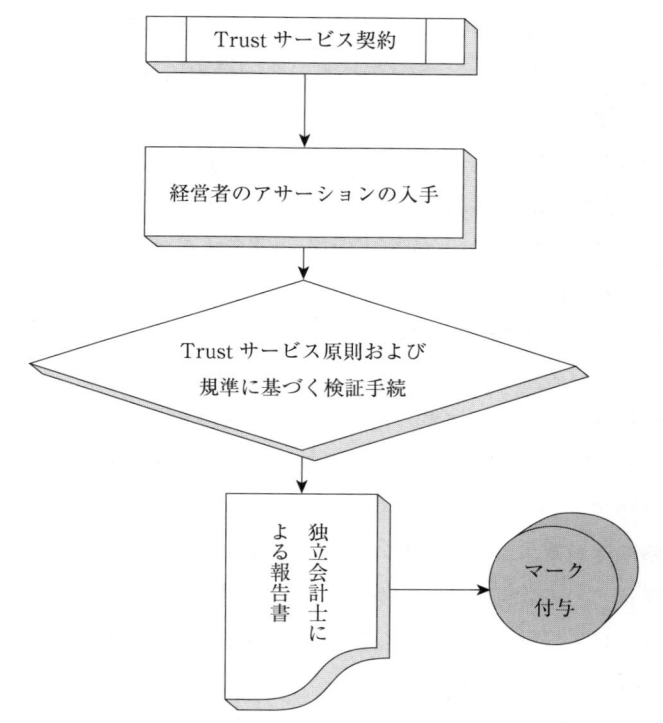

図 4-12　Trust サービスの基本的な仕組み

効なコントロールを維持していることが確かめられると，実施された検証手続の概要とその結論が「独立会計士による報告書」（保証報告書）としてとりまとめられ，事業体の経営者宛に提出される。保証マークは，当該報告書に基づいて発行され，ホームページに貼付される。

　職業会計士の意見は，経営者のアサーションについてなされるのが原則である。職業会計士の検証手続は，事業体の Web システムまたは IT システムに組み込まれたコントロールが「Trust サービス原則および規準」に準拠しているかどうかについてなされるが，職業会計士の意見の主題は，「経営者のアサーションが，すべての重要な点において適正に記述されているかどうか」である。

これは財務諸表監査において，職業会計士の意見が財務諸表という経営者のアサーションの適正性についてなされるのと同様の論理を援用したものである。保証の対象となる Web システムまたは IT システムの運用と，それにかかわる適切な IT コントロールを整備・運用する責任はあくまでも事業体の経営者にあり，職業会計士は自らがなした保証サービスの方法と結果に対してのみ責任を負担するという責任区別の原則を明確にするために，このような論理がとられている。

 Trust サービスの基本的な仕組みは，このように，財務諸表監査のそれをそのまま援用している。Trust サービスにおける「経営者によるアサーション」が財務諸表監査での「財務諸表」に該当し，「Trust サービス原則および規準」が「一般に公正妥当と認められる会計の基準」にそれぞれ相当する。

 また，財務諸表監査において職業会計士は一般に公正妥当と認められる監査の基準への準拠が要求されるのと同様，Trust サービスにおいても，一般に公正妥当と認められる保証サービス基準[31]への準拠が要求される。これによって，保証サービス提供に当たって一定の検証品質を確保しようとするものである。

Trust サービス原則に基づく保証報告書

 以下に示すのは，「Trust サービス原則および規準」に基づいて行われる WebTrust 報告書の一例である。

---

(31) 国際会計士連盟（IFAC）の先導によって，保証サービス基準の枠組み作りが進められている。国際監査・保証基準審議会（IAASB）から，"International Framework for Assurance Engagements"（2003年），および ISAE 3000 "Assurance Engagements other than Audits or Reviews of Historical Information"（2003年）が公表されている。わが国でもこのような国際的動向を受けて，金融庁企業会計審議会から「財務情報等に係る保証業務の概念的枠組みに関する意見書」（2004年）が公表されている。

独立会計士による WebTrust 報告書

ABC 会社経営者殿

　われわれは，ABC 株式会社が×年×月×日から×年×月×日までの間① において，AICPA/CICA の Trust サービス「安全性」の規準に従い②，当該規準に基づいて×××システムに関する有効なコントロールを維持しているとの経営者のアサーションを検証した③。このコントロールは，×××システムが未承認アクセス（物理的アクセスおよび論理的アクセス）から保護されていることを合理的に保証するものである。経営者のアサーションは，ABC 社の経営者の責任であり，われわれの責任は実施した検証に基づいて意見を表明することにある。

　われわれの検証は，米国公認会計士協会の「証明基準」に準拠して実施した。したがって，われわれの検証には，（1）ABC 社が採用する安全性のコントロールについての理解を得，（2）当該コントロールが有効に運用されていることを検査および評定し，（3）われわれがその状況下において必要と認めたその他の手続を実施していることが含まれている。われわれが行った検証は，意見に対する合理的根拠を提供するものと確信する。

　われわれの意見によれば，×年×月×日から×年×月×日までの期間において，ABC 社は Trust サービス「安全性」の規準に従い，当該規準に基づいて×××システムが未承認アクセス（物理的アクセスおよび論理的アクセス）から保護されていることを合理的に保証する有効なコントロールを維持しているとの経営者のアサーションは，すべての重要な点において適正に記述されている。

または

　われわれの意見によれば，上記の経営者のアサーションは，AICPA/CICA の Trust サービス「安全性」の規準に基づいて，すべての重要な点において適正

282 第4章 外部主体によるIT保証の展開

に記述されている。

　なお，コントロールに固有の限界から，誤謬および不正が発見されないことがありうる。さらに，当該システムまたはコントロール自体の変更，当該システムまたはコントロールに対する変更の失敗，あるいはコントロールの有効性の程度の劣化によってわれわれの結論の正当性が変わりうることから，われわれの検出事項に基づいて得られた結論を将来の期間にまで類推することには危険が伴う。

　ABC社のWebサイト上のWebTrustシールは，本報告書の内容を象徴的に表わしたものに過ぎず，本報告書の解釈や更新，あるいは追加的な保証を意図したものでもなければ，またすべきではない。

［公認会計士事務所名］
［住　所］
［日　付］

　職業会計士による財務諸表監査との違いという観点から理論的に問題となるのは，上記報告書の第1段落で下線を付した3箇所である。この下線部に限定して説明をくわえてゆこう。

〈保証の期間：報告書の下線部①〉
　第1に，保証の期間である。Trustサービスでは，「期間保証」（×年×月×日から×年×月×日まで）と「時点保証」（×年×月×日現在）を選択できるものとされている。上記の報告書例は期間保証である。
　1年ごとに定期的に保証報告書が作成されていれば，期間保証であれ時点保証であれ，結果的に違いはない。「Trustサービス原則」では，以下の事項を考慮して，期間保証か時点保証かを決定することが望ましいとしている。

4.5 職業会計士による2つのIT保証サービス 283

- 保証報告書の潜在的な利用者とそのニーズ
- 連続的監査モデルに対するニーズ
- システムの構成要素変更の程度と頻度
- システム処理の循環性
- システムに関する過去の情報

　WebTrustとSysTrustについて保証シールを取得する場合には，保証報告書は1年ごとに更新されなければならない[32]。すなわち1年ごとに検証手続が行われることになる。なお，保証報告書の提出は，保証報告書に明記された保証の対象期間終了後3ヶ月以内である。

　時点保証か期間保証かの選択は，理論的にも議論が分かれるところであろう[33]。そこで，ウォーターフォール型の大規模なITシステム開発を想定し

---

(32) 「WebTrust原則」第2.0版においては，特別な事情がない限り，更新のための間隔は3ヶ月を超えることができないものとされていた。それが第3.0版では6ヶ月に延長された経緯がある。SysTrustも基本的には同様であって，第1.0版では3ヶ月以内とすることが合理的とされていたが，第2.0版では明確な期間を特定しなかった。

　これらIT保証をめぐる環境条件の変化は激しく，保証期間（マークの有効期間）の問題は，提供される保証サービスの品質と，保証サービスの普及（この期間が長ければそれだけ保証コストの負担が軽減され保証サービスの普及に弾みがつきやすい）との狭間で揺れ動いた政策的な匂いの強い問題であった。「Trustサービス原則」によって，WebTrustもSysTrustも，とりあえず決算財務諸表の監査と同じ1年間という線で落ち着くことになった。

(33) 時点保証か期間保証というのは二者択一のものではなく，時点保証をつなぐことによって期間保証となるという考え方も論理的には成り立つように思える。

　やや横道に逸れるが，これに関連して「期間累積保証」という考え方もありうる。たとえば，当初の保証報告書で「2004年4月1日から2005年3月31日」までの保証を付与し，次回の報告書で「2004年4月1日から2006年3月31日」までを保証期間とし，さらに翌年の報告書で「2004年4月1日から2007年3月31日」までを保証期間とするかたちの保証報告書を事業体から要求された場合にどうするか。単年度の保証だけでなく，継続して保証サービスを受けていることをアピールするために，このような要求が起こりえないわけではないだろう。事実，WebTrustにおいて，このような実務がみられたことがある——E*TRADE社が受けていたWebTrustがそうであった——。

　基本的には，過年度においてすでに保証を付与している　　　（次ページにつづく）

て，期間保証と時点保証にどのような違いがあるか，考えてみよう。

開発段階にある IT システムは開発の進捗に応じて保証の対象が刻々と変化する。したがって，開発の適当な段階（あるいは要所要所）で時点保証が行われるべきとする理屈に合理性がでてくる。開発過程の要所ごとにお墨付きを得て次の開発段階へと進むために，保証サービスを利用するという考え方である。

対して，開発段階にある IT システムを期間保証しようとすれば，それは開発の全過程を一開発期間としてとらえた期間保証とするか，あるいは開発過程を適当な段階で区切ってその期間の保証を行うかのいずれかであろう。前者の場合には，そもそも期間という区切りに意味がなくなる。それでは後者のように，開発過程を適当な段階に区切った期間保証はどうであろうか。

その場合，開発の進捗を無視して，期間を，3ヶ月ごと，6ヶ月ごと，1年ごと，あるいは場合によっては2年ごとといった物理的な時間の流れに沿って区切ることに意味がないことは明らかである。開発過程の中身に応じた段階的な区切りが必要である。期間保証という考え方に，開発過程の中身に応じた段階的区切りを当てはめると，保証の内容は，当該システムの完成に向けた「進捗プロセスの保証」という色彩が濃くなる。この点において，同じ開発過程の段階的区切りであっても，ある特定時点における IT システムの特定の開発状態を保証する時点保証とは意味が違ってくる。

それでは，運用段階に入った IT システムはどうか。継続して定期的に保証サービスが提供されるという前提で考えれば，時点保証も期間保証も結果的には同じになるようにも思える。しかしハードウェア，ソフトウェアといった技術手段，そして人の技能と役割に依存する IT システムは常に一定とは限らない。

問題は，大規模なシステム変更があったときであろう。システム変更直後の

のであるから，その保証結果を含めたとしても大きな問題はないようにも思える。しかし法的な免責の問題との関係もあるから，再度，過去の期間に遡って「あらためて」検証行為を行っているわけではないことだけは保証報告書で明示しなければならないだろう——ちなみに E* TRADE 社が受けていた WebTrust では，そのような責任限定の明示はなかった——。

時点保証であれば、新しいシステムに対する保証としての意味が出てくるだろう。これに対して期間保証の場合には、古いシステムと新しいシステムの双方を含めた保証となってしまう。ITシステムおよびそれを取り巻く環境条件に大きな変化があった場合でも期間保証を使えないわけではないだろうが、その場合には、ITシステムの変更による影響を含めた保証という曖昧なものとなってしまう。期間保証は、ITシステムの変動性を含めて、「一定期間にわたって信頼できるシステムであるかどうか」という意味での保証である。

このように考えてくると、時点保証はITシステムに大きな変更があった場合や、一連の開発過程で適当な段階を区切って次の段階へと進むための保証に適したものといってよいだろう。また、継続的な保証を前提としないで1回限りの保証の場合にも、時点保証が馴染むであろう。これに対して期間保証は、ITシステムに大きな変更がないという大前提が必要であろう。

時点保証は、物理的な時間の流れに沿って刻々と変化しているITシステムを仮想的に停止させて、いわばスナップショットの保証を行うというイメージがある。その点で、時点保証は実務には馴染まないという考え方も首肯しうる。しかし上で述べたように、開発過程にあるITシステムの保証と、運用過程でITシステムの大幅な変更があった場合には、時点保証の方が適している。

〈Trustサービス原則の選択：報告書の下線部②〉

「Trustサービス原則および規準」は、以下の5つの「原則」と、それをブレークダウンした「規準」からなっている。

ここで「原則」とは、保証サービスを提供するに当たって適用される広範なコントロール目標を記述したものであって、すでに述べたように次の5原則からなっている。

- 安全性
- 可用性

- 処理の完全性
- 機密性
- 個人情報の保全性

また「規準」とは，上記の原則ごとに，方針（コントロール環境に関する規準），伝達（情報と伝達に関する規準），手続（コントロール活動に関する規準），および監視（上記のモニタリング活動に関する規準）という4つの視点[34]から，より具体的なコントロールの目標またはベンチマークを指示したものである。各規準には，それぞれ「例示的コントロール」が付されている。

ここで大事な点が3つある。

第1は，保証サービスの提供に当たっては，各原則のすべて（139項目の規準）ではなく，1つの原則または複数の原則を任意に選択して，当該原則に限定した保証サービスを提供することができることである――これを「原則のモジュラー適用」と呼ぶことはすでに述べた――。もちろん5原則すべてについてのワンセット適用も可能であるが，事業体のコスト負担等を考慮して選択的適用が認められている。

第2は，Trustサービスにおける保証報告書における職業会計士の意見は，「原則」ではなく「規準」への準拠性について表明されることである。「独立会計士による報告書」を注意深く読むと，「原則」ではなく「規準」への準拠性についての意見が表明されている。これは，おそらく職業会計士の責任限定からのものであろう。もし「原則」について意見を表明するとなると，それぞれの原則に対応づけられている「規準」のすべてを満たすことで当該原則が立証されるかどうかということが問題となる可能性があるからだと思われる。

第3は，各「規準」ごとに示されているITコントロールはあくまでも例示にしか過ぎないということである。利用されているITシステムによっては，

---

[34] 本質的な問題ではないが，「個人情報の保全性原則」については，原則に基づいて規準を展開するための視点が，2003年のプライバシーフレームワークでは，「方針および伝達」，「手続および手段（本文では監視）」というように，若干の修正が施されている。

そもそも適用できないコントロールもあるし，追加しなければならないコントロールがあるかもしれない。そこで職業会計士の判断によって，「規準」に対応づけられている個々のコントロールは，適宜，追加，削除，修正して利用しなければならないことになる。そのときの問題は，どのような個別的なITコントロールを設定するかが，経営者の方針や事業体の組織風土によって大きな影響を受ける点であろう。そうだからこそ，経営者のアサーションを入手しておくことに意味があるのである。経営者のアサーションは，本来，このような経営者の方針や事業体の組織風土を明確に反映したものでなければならないはずである。紋切り型の，形式的なアサーションには反対である。

〈経営者のアサーションの入手とその検証：報告書の下線部③〉

　経営者のアサーションとは，保証の対象期間にわたって（または対象時点において），事業体のシステムが「Trust サービス原則および規準」に従って，有効なコントロールを維持している旨を，経営者が主張する文書である。もちろん，その前提として経営者は採用されているコントロールが適切であるかどうかを確かめておく必要がある――さもなければ「主張」することはできないからである――。職業会計士は，経営者のアサーションを入手しなくとも，「対象事項」（subject matter）について（すなわち IT システムの信頼性を確保するためのITコントロールの有効性を直接に対象として）意見を表明することはできるが，経営者のアサーションを入手することが原則である。

　先の保証報告書に対応する経営者のアサーションは，概ね次のようになる[35]。

---

(35) やや細かいことになるが，WebTrust を契約するときには，事業体が「Trust サービス規準」を遵守していること，および当該規準に基づいて有効なコントロールを維持していることの2つの内容を含む経営者のアサーションが必要となる。これに対して SysTrust 契約では，「Trust サービス規準」に基づいて有効なコントロールを維持していることについてのアサーションだけが求められる，という「変な」表現上の違いがある。AICPA/CICA [2003], p. 79.

> **Trust サービス原則および規準に基づく**
> **×××社のコントロールの有効性に関する経営者のアサーション**
>
> 　ABC 社は，×年×月×日から×年×月×日までの期間にかかわる×××システムに関し，Trust サービス「安全性」の規準を遵守し，当該規準に基づいて当該システムが未承認アクセス（物理的アクセスおよび論理的アクセス）から保護されていることを合理的に保証する有効なコントロールを維持しています。
>
> 経営者の署名
> 日　付

　職業会計士は，経営者のアサーションを入手し，そのアサーションに記述されているとおりに，有効なコントロールが設定され運用されているかどうかについての保証意見を表明することになる。経営者のアサーションは，経営者の主張に他ならないから，それ自体が職業会計士による検証手続の対象となるわけではない。検証の対象はあくまでも IT コントロールである。IT コントロールが有効に機能しているかどうかについての証拠を入手するのである。

　この点に着目すると，経営者のアサーションを入手していても，いなくても，保証の意味に本質的な違いがでてくるわけではない。検証方法に本質的な違いがでてくるとも思えない。経営者のアサーションを入手することの意味は，意見表明の対象を明確にできること，もって二重責任の原則を徹底できること，この 2 点に集約されると考えられる。

　いうまでもなく「Trust サービス原則および規準」のワンセット適用の場合には，5 原則すべてを含むアサーションが提出される。これに対して，ある特定の原則についてのモジュラー適用の場合には，該当する原則についてのみのアサーションとなる。

　経営者のアサーションのとおりに，「Trust サービス原則および規準」に従

って有効なITコントロールが維持されている場合には，無限定の保証報告書が提出される。しかし，一つまたは複数の規準への準拠性違反があった場合，その重要性の程度に応じて，限定意見または否定意見が表明されることがありうる。

　米国公認会計士協会の「証明基準」では，ある特定の規準または複数の規準が満たされず，その重要性によって，限定意見または否定意見が表明される場合には，経営者のアサーションを入手していると否とにかかわらず，アサーションの内容に対して意見を表明するのではなく，直接に「対象事項」について報告することとなっている。経営者のアサーションを入手した以上，それに対して意見を表明することが原則となるが，経営者のアサーションで「Trustサービス規準を遵守している」と記述され，その一方，保証報告書で「Trustサービス規準を遵守していない」という矛盾する2つの文書がそろって開示されることによる混乱を避けるための措置と考えられる[36]。

　また，上の保証報告書の雛形にみられるように，経営者のアサーションを入手した上で保証を付与する場合においては，「すべての重要な点において適正に記述（fairly stated）されている」という文言が用いられていることも着目すべき点である[37]。

---

(36) AICPA/CICA [2003], p. 81. 実務上の取り扱いとしては，米国公認会計士協会の「証明基準」の考え方がおそらく混乱がないであろう。しかし経営者のアサーションのなかで規準からの逸脱が記述されていた場合の取り扱いとなると，別の考え方も成り立ちうる。

　それはSysTrustの提供に当たってカナダの「CICA基準」がとっていた立場であって，経営者のアサーションを対象とした場合において，当該アサーションにおいて規準からの逸脱が適切に記述されていれば，限定意見または否定意見とはならない，という考え方である。職業会計士はあくまでも「経営者のアサーションを対象として意見を表明する」という線を堅持すれば，このような論理も理論的は十分に成り立ちうるだろう。もちろんその場合には，職業会計士は，結論を記述したパラグラフにおいて逸脱の事実を指摘し，独立した区分を設けてその具体的な逸脱内容を記述することによって，保証報告書の読者に注意を喚起することになる。AICPA/CICA, SysTrust Principles and Criteria for Systems Reliability, Version 2.0, 2000, p. 18.

(37) 「WebTrust原則」と「SysTrust原則」が別建となっていたときには，このような表現（すなわち「適正に記述されている」という表現）　　　（次ページにつづく）

これに対して，対象事項にかかわる直接報告の場合には，「適正に」という文言が用いられることはなく，次のように意見が表明される[38]。

> われわれの意見によれば，×××社は，×年×月×日から×年×月×日までの

が用いられることはなかった。直接報告の場合と同じように，次のように意見が表明されていた。以下は，E*TRADE'S 社に対して発行された WebTrust 報告書の実例である。

> われわれは，E*TRADE'S 社の Web サイトにおける電子商取引事業および個人情報保護の手続に関する開示，ならびに電子商取引における取引の完全性と個人情報保護に関するコントロールの有効性について，E*TRADE'S 社の 1998 年 9 月 5 日から 2000 年 8 月 4 日の期間にかかわる経営者による言明を，AICPA/CICA の WebTrust 規準に基づいて検証した。
>
> （途　中　略）
>
> われわれの意見によれば，1998 年 9 月 5 日から 2000 年 8 月 4 日までの期間において，E*TRADE'S 社は，すべての重要な点について，
> ・電子商取引に関する事業内容と個人情報保護手続を開示し，その開示された内容に従って取引を実行し，
> ・電子商取引を通じてなされた消費者からの注文が正しく実行され，かつ，当事者間で予め定められた条件に従った請求がなされていることを合理的に保証するための適切なコントロールが維持され，
> ・電子商取引を通じて入手した消費者の個人情報を E*TRADE'S の事業と関係しない利用目的から保護することを合理的に保証するための適切なコントロールが維持されている
> ものと認める。
>
> Deloitte & Touche
> カリフォルニア州サンノゼ市
> 2000 年 8 月 5 日

経営者のアサーションを保証の対象とする場合において用いられる「適正に」(fairly) という文言は，おそらく単純に財務諸表監査にみられる監査報告書の文言をそのまま援用したものと考えられる。しかし，財務諸表監査におけるこの文言がもつ歴史的な意味からみたとき，安易に過ぎないだろうかという疑問がないわけではない。

(38) AICPA/CICA [2003], p. 88.

期間において，すべての重要な点において，AICPA/CICA Trust サービス規準の消費者保護の規準を遵守しており，かつ，×××システムに関し，すべての重要な点において，

- 電子商取引によって入手される個人情報は，委任または合意に基づいて入手，利用あるいは開示し，
- システム処理は完全，正確，適時，かつ承認済みである

ことの合理的な保証を提供するためのコントロールを維持しているものと認める。

Trust サービス提供の課題

Trust サービスにはいくつかの課題がある[39]。最後にそれを整理しておこう。

〈職業会計士の責任限定の論理〉

Trust サービスは，IT システム（または Web システム）に対する包括的な保証と受け止められがちであるが，「Trust サービス原則および規準」が遵守されていることについての合理的な保証を提供しているだけである。

したがって Trust サービスの契約内容にもよるが，一般に「Trust サービス原則および規準」に従って IT システムのコントロールが有効に機能していることが確かめられていれば，「代金を支払ったけれども商品が届かない」といった係争にまで職業会計士は責任を負担しないと考えられる。もちろん職業会計士が保証した内容について，その保証手続上の重大な瑕疵によって，結果として消費者が損害を被った場合には，職業会計士に対する民事上の損害賠償問題が生ずる可能性はある。

---

(39) 公認会計士の和貝氏は，WebTrust について，技術的な問題以外に解決しなければならない課題として，①保証サービスに伴う責任と訴訟リスクの問題，②保証サービスにかかるコスト負担の問題，③保証サービスを担当するための職業会計士の資格付与と研修制度の充実，および④広報活動の必要性を指摘している。和貝［2000］，14-15 ページ。

保証サービスの提供に当たっては，専門職業基準への準拠が求められており，また保証報告書には「合理的な保証」である旨が明記されることから，これらが職業監査人の責任の限定となるだろう。

ところが保証報告書では，「Trust サービス原則および規準」が遵守されている旨だけでなく，あくまでも合理的な保証と限定しつつも「有効なコントロールが維持されている」という文言が追加される。そこで，「個人情報保護にかかわるコントロールは有効であった」，けれども「個人情報が漏洩した」ということになると，そもそも「コントロールが有効であるということは何を意味するのか」，「いかなるコントロール水準が適正水準なのか」というきわめて難解な問題を惹起する可能性がある。

また，これまでの「WebTrust 原則」や「SysTrust 原則」は，新しい IT 環境に対応すべく，きわめて短期間で目まぐるしい改訂が行われてきた。この 2 つの原則を統合した「Trust サービス原則および規準」も，そうならないとは限らない。あくまでも制度上の運用の問題にすぎないが，このような判断尺度の流動性が，職業会計士や経営者，さらには一般消費者の勘違いなど，かえって別の意味での問題を引き起こす可能性も不安として残る[40]。

なによりも，保証の結果として付与されるロゴマークが，保証結果の象徴的伝達という利便性の一方で，一般消費者が公認会計士または監査法人による保証という事実だけに高い信任を置き，「職業会計士が保証しているのだから，その事業者との取引には危険がない」と拡大して受け止めてしまう危険性は常につきまとう。マークを使った保証結果の伝達問題については，理論的にもあらためて検討する余地がある。

---

(40) このような「WebTrust 原則」の目まぐるしい改訂が原因であったかどうか確定的にはいえないが，次のような単純ミスもあった。
　　 2000 年 12 月 5 日現在のホームページで確認したものであるが，E*TRADE'S 社の「経営者のアサーション」で用いられている「WebTrust 原則」の「第 1 原則」をみると，第 1.1 版のままである。それに対して「独立会計士による報告書」で用いられている「WebTrust 原則」の「第 1 原則」は，明らかに第 2.0 版である。おそらく「経営者のアサーション」の単純な更新ミスであろうと思われる。

〈専門的技能要件の確保と支援〉

　職業会計士が署名した監査意見が価値をもつのは，財務会計領域をはじめとした保証対象について十分な専門能力と経験を有していること，そして独立性，慎重性，誠実性といった要件が広く認識されているからに他ならない。さらに保証サービスの提供に当たって，倫理規定や専門職業基準への準拠が要求されるということも，保証サービスの品質を確保するための重要な基盤となっている。Trust サービスについても，保証サービスの水準にバラツキが出ないよう，当該サービス担当者の技能要件を確保し，向上させるための具体的な手立てが必要であろう。

　このような専門技能要件の充足という視点からする保証サービスの品質確保に関して，情報システムのコントロールと監査についての専門家である公認情報システム監査人（CISA）の利用ということが積極的に考慮されてよいという主張がある[41]。職業会計士にとって厄介なのは，おそらく内容的に技術色の強い IT コントロールの評定であろう。このような領域については，CISA の高度な IT 技能が役に立つことは間違いない。CISA の認定を受けた職業会計士の積極的な活用も有効であろう。

　事業体の内部監査人も，Trust サービスに関与しうる余地があるという主張がある[42]。具体的には，保証期間が限定されていることに伴うフォローアップ，「Trust サービス原則および規準」を用いた自己評価などである。Trust サービスは職業会計士による独立したサービスである。したがって，保証期間経過後の内部監査人によるフォローアップが行われても，それはあくまでも事業体の内部的な事情によるものであって，これによって Trust サービスの内

---

(41) Hunton & Holstrum [1998], pp. 40-41. CISA の世界的規模での組織である ISACA では，独自の「監査基準」と「倫理規則」を有し，かつ CISA 認定の継続要件として「継続教育プログラム」を用意している。

(42) Gray & Gray [1999], pp. 55-57. 本文で例示した以外にも，経営者に対する当該保証サービスについての各種情報提供や助言，職業会計士による保証サービス実施のための事前準備などがあげられている。ただ，助言や事前準備といったものは，内部監査人の保証職能とは無関係のサービス提供である。

容が影響を受けるというものではない。また,「Trust サービス原則および規準」を用いた自己評価は,職業会計士による検証の枠組みのなかで行われる内部監査人によるコントロールのモニタリングとみるのが自然であろうが,それとはまったく別枠で当該原則および規準を内部監査人による IT 監査の判断尺度として用いるということもできないわけではない──内部監査として行う場合には,当該原則および規準を用いたとしても,「Trust サービス」でないことはいうまでもないことである──。

〈保証意見形成と保証技法開発の立ち遅れ〉

Trust サービスといっても,いかなる評定・検証手続を選択適用すべきかについては,職業会計士の専門的な判断に委ねられている。Trust サービスは事業体が採用している IT コントロールが適切であるかどうかについての評定・検証を内容とした保証サービスである。そのことから,従来の財務諸表監査における内部統制評定の技法を援用することで対応できることも少なくないように思われる。

しかしより根本的に考えなければならないことは,財務諸表監査の場合と異なり,IT コントロールの評定だけをもって職業会計士は意見を表明しなければならない,ということである。しかも Trust サービスでは財務諸表監査と同じ高水準の保証が想定されている。先に示した WebTrust の報告書の雛形でも,「すべての重要な点において適正に記述されている」という文言が用いられる。

もし財務諸表監査の一環として実施される内部統制の評定を想定すると,コントロールの検証だけで高水準の保証を付与することは到底不可能ではないか,という議論がかならず出てくる。その意味で Trust サービスでは,IT コントロールの評定といっても,確証的な証拠を入手し,それに基づいて IT コントロールが適切に機能しているかどうかについての意見表明の根拠を形成しなければならないという,難しい問題が突きつけられているのである。

そこで注目されるのが,並行的監査技法(concurrent auditing techniques)やコ

ンピュータ支援監査技法（CAATTs）である[43]。

　並行的監査技法にしてもコンピュータ支援監査技法にしても，当初は紙媒体での取引証跡の消失への対応を主たる目的としていたが，徐々にオンライン環境においてIT監査を有効かつ効率的に実施するための技法として注目されるようになった。しかし，概念・設計モデルとしては有効であっても，大掛かりな仕組みの導入（システム導入後では大幅なシステムの修正）が必要であり，かつその運用に高度なIT技能が要求されることから，さほど普及しなかった。それでも最近では，ネットワークのオンライン監視のための有力な技法として再認識されるようになってきている。

　その再認識を，単に保証サービスの効率化という観点だけで捉えるのではなく，ITコントロールに関する確証的な証拠の入手方法として検討し直すことこそ必要であるように思われる。このような観点からする監査技法の開発についての十分な検討と対応がきわめて立ち遅れている。

---

(43)　並行的監査技法は，オンラインネットワークの普及に伴い，1960年代の末から70年代の初頭にかけて，オンライン接続によってシステム処理と同時並行的に監査手続を進めることができる監査技法として考案されるようになったものである。並行的監査技法には，ITF法，スナップショット法，SCARF法などがあるが，いずれも基本となる考え方は，ITシステムに監査用のモジュールを組み込むというものである。Weber [1999], pp. 755-758.
　　コンピュータ支援監査技法も，切り口こそ異なれ，基本的には同じようにいえるだろう。もっとも，「コンピュータ支援監査技法」という言葉は，「コンピュータ周辺監査」から「コンピュータ処理過程監査」という転換過程のなかで，コンピュータを監査技法として積極的に用いてゆこうとするといった程度の意味しかもたない。

第5章

IT保証の理論的基礎

　電子商取引の普及によって，取引を安全かつ確実に行うための仕組みが必要であることに反論はないであろう。今日，電子商取引に参加する取引主体が安心して確実に取引を行えるようにするために，取引当事者とは別の機関によるさまざまな保証サービスが提供されている。

　このような保証サービスは，第4章で検討した職業会計士による「Trustサービス」だけではない。認証サービス会社によって運営されている「デジタル認証（または証明）」，日本情報処理開発協会によって運営されている「プライバシーマーク認定」や「ISMS審査登録」，さらには日本通信販売協会・日本商工会議所によって運営されている「オンラインマーク制度」，日本インターネットプロバイダー協会・テレコムサービス協会によって運営されている「インターネット接続サービス安全・安心マーク制度」等々，わが国だけでもさまざまなサービスがある。

　これらのサービスに共通するのは，電子商取引に参加する人々に対して，外部の第三者機関が何らかの保証を与えていることである。ところが，何に対して，どの程度の保証を与えているかという観点からみたときに，これら第三者機関による保証サービスには，どのような違いがあるのだろうか。また上で例示したように，保証サービスに関連して，認証，証明，認定，審査登録などの用語が登場するが，これらを区別するためのメルクマールはあるのだろうか[1]。

（1）　これら類似概念の本質を統括するためには，「トラスト」（trust）という概念が便利かもしれない。本書では，新しい用語の登場によって，かえって概念上の混乱を招くのではないかと思い断念した。しかし，ITシステム　　　　　（次ページにつづく）

理論的な立場からみてみると，これら一つひとつの保証サービスの意義なり必要性は理解できても，そもそも「何を保証しているのか」(保証の主題という)，「どこまで保証しているのか—100%の完全さを保証するものでないとしても，確信度はどの程度か」(保証の水準という)といったことを突き詰めて考えてゆくと，いきおい曖昧になる。

どのような内容の保証サービスを提供するか，またそれにどのような言葉を当てるかはコマーシャリズムの次元の話である。いかなる保証サービスを提供するかはまったく自由であって，結果として各種の保証サービスに競争が生じ，選別が進むことは市場原理として望ましいかもしれない。けれどもこの領域で「保証を提供する」ということについて本格的な検討がなされたことはな

やIT製品を対象とした多種多様な保証サービスに共通する本質的な部分を表現するために，このトラストという用語が便利なこともある。そもそもトラストという概念自体は，社会学をはじめ，さまざまな学問領域から接近できるであろう。電子商取引におけるトラストに関する先行研究もないわけではない（たとえばMarcella[1999]）。けれども，コントロールや監査という概念と結びけた本格的な概念研究は見当たらない。

ここでトラストとは，きわめて広義に，モノやコトを信用し，自らを任せること，と理解しておきたい。したがってその裏には「期待」があり，「不確かな状況」がある。しかも，単にモノやコトに対するreliance ではなく，それを「確実にする」という意味も含んでいる（たとえばWebster's Third New International Dictionary では，冒頭に 'assured reliance on some person or thing' と説明がある）。辞典の定義に「確実な」(assured) という条件が付されていることからもわかるように，信用して依存できること (reliance) の基礎として，義務および責任の存在があることを前提とした概念として理解できる。

「信頼」についての厳密な概念分析の断片だけを取り上げる危険を承知のうえであえて持ち出せば，いくつかの概念整理上の分類の一つとしてあげられる「①相手の能力に対する期待としての信頼と，②相手の意図に対する期待としての信頼」(山岸[2003] 34-37ページ。)を区別すれば，本書ではその双方を含む概念としてとらえている。また，「①他者の信頼性のデフォルト値（他に判断材料がないときに用いる値）としての一般的信頼と，②特定の相手についての情報に基づく情報依存的信頼」(山岸[2003] 42-44ページ。)を区別すれば，本書では後者の情報依存的信頼という意味でのトラストを想定している。

ちなみに，ITに関連する領域についてみてみると，たとえばITU-T勧告X.509 Section 3.3.23 では，「エンティティAは，エンティティBがAの期待するとおりに行動すると思うとき，AはBを信頼する」と定義されている。

く，理論基盤はきわめて脆弱である。

そこで本章では，IT 保証の主題と保証の水準の問題に照準を合わせて，職業会計士による保証サービスに限定しないで，今日提供されているさまざまな保証サービスを，統括的に把握し，分析するための枠組みを考えてみたい。

5.1 IT 保証の分析枠組み

IT 保証サービスの意味と多様性

電子商取引において取引を安全かつ確実に行うためには，取引当事者の一方または双方が受け入れることのできる水準まで取引にかかわるリスクの大きさを引き下げる必要がある。しかし，事業体が IT コントロールを構築しただけでは必ずしも十分とはいえず，IT コントロールが適切であることが第三者によって確かめられることによって，より一段とリスクを引き下げることができる。このことは，次の例で説明するとわかりやすいかもしれない。

> 「IT コントロールがない場合に，外部からの攻撃によって Web システムのサービス機能停止が 10 回/年の確率で発生するとする。しかしファイアウォールを設置すれば，外部攻撃による Web システムの機能停止の可能性を大幅に低減（1 回/年）できる。とはいえ，ファイアウォールの運用に問題がある場合があるので，サービス機能停止のリスクは必ず残る。そこで当事者以外の IT セキュリティの専門家によってファイアウォールの運用上の欠陥が明らかにされ，結果的に改善が図られれば，残存リスクをさらに一段と低減（0.1 回/年）できる。」

このように考えると，「事業体による IT コントロールを通じた IT リスクの低減→第三者保証を通じた IT リスクの低減」という順序で，当事者の一方または双方が受容できる水準まで IT リスクを引き下げることができることが理想である[2]。これが本来の在り方であろう。

（2） 保証の結果と残存リスクとの関係に着目したユニークな保証サービス（監査法人トーマツの「eAuditor」と呼ばれるサービス）が考えられた　　（次ページにつづく）

今日，電子商取引を安心かつ確実に実行するための手段として，第三者機関によって，じつにさまざまな保証サービスが提供されている。

「何を保証しているか」という保証の主題に着目すれば，プライバシーマーク認定のように個人情報保護対策に特化した保証もあれば，Trustサービスのように ITセキュリティ対策全般を網羅する保証もある。

一方，「どこまで保証しているか」という保証の水準に着目すれば，きわめて確度の高い「時刻認証（証明）」という保証サービスもあれば，ごく形式的なチェックで Webサイトの安全性を保証しているものもある。また，ISMS審査登録のように事業体のリスクの大きさによって取捨選択を認めたコントロール規準への準拠を確かめる保証サービスもある。ほとんどの保証サービスはその保証水準にグレード（等級的格差）をつけない画一水準による保証であるが，米国商務省 NISTの連邦情報システムのセキュリティ認証のように，レベル1，レベル2，レベル3といったように，保証水準に格差をつけるものもある。

第4章で検討した「Trustサービス」は，公認会計士または監査法人という職業会計士が，倫理規則を含む専門職業基準に準拠して実施する，体系的で厳格な保証サービスである。これに対して「デジタル認証（証明）」は，特別な資格をもたない事業体であっても提供可能なサービスであって，その認証サービスの提供に当たって明確な判断尺度や保証主体の行為を規制する規範があるわけでもない。

このように保証サービスの提供に当たって，どのような要件を備えた人または組織が保証サービスを提供するか（保証の主体という）によっても，保証サービスの重みは違ったものとなるだろう。まったく同じ主題について，同じ保証手続を適用し，同じ保証結果が得られたとする。ところが，それが同一の事業体内に属する新任の内部監査人によって行われた場合と，特別な資格を有する

ことがあった。保証の結果に保険料の割引を連動させるというものである。保証にかかるコストが保険料の割引額を下回れば，保証を受けた方が得であって，保証に対する需要が生まれることになる。保証に基づく信用の付与と保険との関係に着目した面白い保証サービスではある。

事業体の外部機関によって行われた場合とでは，保証結果の受け止め方に違いがでてくるだろう。そもそも保証主体の技能要件や独立性の程度が大きく異なれば，提供される保証サービスの保証水準に違いが出てくるはずである。

職業会計士に限定されないより広い意味での保証サービスを考えるとき，その本質は当事者間に存在する不信感の払拭にある。それゆえ，保証の対象についての専門技能を有していること（専門性の要件という），そして保証対象から独立していること（独立性の要件という）という2つの要件は，その程度に差がありうることは認めつつも，最低限満たされなければならないものとなる。この2つの要件が最低限必要とされる理由は，もし専門技能をもたない者が保証を行い，あるいは保証対象に従事する当事者が自らの客観性と正当性を主張したとしても，保証サービスの受益者を納得させることは難しい，ということを考えれば容易に理解されるだろう。

さらに，保証サービスの提供に際して保証の主体が依拠すべき行為基準や倫理規則があるかどうかも，保証という行為の基本的な枠組みをしっかりとしたものとできるかどうかにとって決定的に重要であろう。

電子商取引における信頼構築の段階

電子商取引は，インターネットを介してデジタル信号に変換された取引データを送受信することによる取引特性（すなわち不特定多数の人が時間的・地理的制約を受けることなく，かつ非対面で取引を行うこと）を原因とするリスクにさらされている。電子商取引に参加する不特定多数の消費者が安心して確実に取引を行えるようにするためにはどうすればよいだろうか。

電子商取引における取引主体であるエンティティA（事業者）がエンティティB（消費者）との間で信頼を構築するためには，AはBの期待を裏切らないような対策を用意し実行するとともに，その事実をBに対して示すことが必要である。Aはまず，自らが適切と考えるITコントロール（たとえばアクセス制限や暗号通信などのITコントロール）を構築することである。これが信頼構築の第1段階としてのITコントロールの設定である。

けれども，ITコントロールが設定され，それが適切に運用されている事実をBは知ることができない。そこで，Aはその事実を「セキュリティ対策に関する声明書」などの文書をもってBに明示することが必要となる。これが信頼構築の第2段階としてのITコントロールの伝達である。

ところが，Aが対策を用意し実行したとしても，またその事実がBに正しく伝達されたとしても，その対策や伝達の内容が適切であるとは限らない。Aはそのことを確かめる手段ももたない。そこでAのITコントロールが適切かどうか，Bへの伝達内容に虚偽がないかどうかを確かめるための仕組みが追加されれば，BのAへの信頼はより一層高まるであろう。これが信頼構築の第3段階としての保証である。AおよびBという取引当事者以外の専門家による評定・検証手続を通じた適否の判定である。

このような信頼構築の段階を整理すれば，次のようになる。

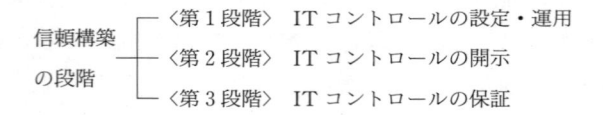

信頼構築の段階
- 〈第1段階〉 ITコントロールの設定・運用
- 〈第2段階〉 ITコントロールの開示
- 〈第3段階〉 ITコントロールの保証

電子商取引における信頼構築は，「第1段階の信頼構築→第2段階の信頼構築→第3段階の信頼構築」として順序づけられるのが基本である。このような考え方をすれば，第3段階にある保証からみたときには，第1段階（ITコントロールの設定と運用）の保証を経て，第2段階（ITコントロールの開示）の保証を行うというように，段階を踏んだ保証が行われることが理想であり，原則でなければならないだろう[3]。ITコントロールの設定と運用を実際に行っていない

---

(3) ところが，さまざまなIT保証サービスを俯瞰してみると，このような意味での段階を踏んだものは今のところ存在しない。

ただしこれに近い考え方がなかったわけではない。たとえば「WebTrust原則」（すでに第4章で述べたように，「SysTrust原則」と統合され「Trustサービス原則」となっている）では，ホームページを通じて「開示されている実務」（これは，セキュリティ声明書やプライバシー声明書などとして事業体が自ら定めた遵守事項の開示を想定している）にそって，オンラインプライバシーを保護するための有効なコントロールが実際に運用されているかどうかを保証するサービスが用意されていた。これ

のに，ITコントロールの内容が開示されるということはありえないからである。

上で論じた信頼構築を3つの段階に分ける考え方は，第1段階と第2段階とを区別し，仕切線を入れているところにポイントがある。これは第2章で明らかにしたように，「セキュリティ声明書」または「プライバシー声明書」という名称でITコントロールの状況を開示する実務がすでに定着していることと無関係ではない。

現在のところ第1段階のみを対象とした保証サービスしか存在しないが，第2段階を対象とした保証サービス，すなわち「セキュリティ声明書」や「プライバシー声明書」を保証の対象としたサービスが成立しうる余地は十分にあると思う。

次の個人情報保護に関する声明の実例（一部抜粋）を比べてみてもらいたい。

（A）　プライバシー方針の例

> ― 略 ―
> ユーザーから提供された個人情報は，管理された施設にある，限られた人間しかアクセスできないコンピュータに保存されています。MSNでは，機密性の高い情報（クレジットカード番号など）を他のWebサイトに伝送するときは，SSL（Secure Sockets Layer）プロトコルなどの暗号を使用してこれを保護しています。

[出所：http://privacy..msn.co.jp　原文ママ]

は，第1段階を対象とした保証の枠で行われるものではあるが，第2段階にある開示の保証を一部取り込んでいる。

（B） 個人情報保護方針の例

JTB 個人情報保護方針

―企業理念についての記述は省略―

　このような理念，基本方針の実現に加えて，個人情報保護法の遵守のために，お客様をはじめ，当社に関係する方々の個人情報を確実に保護することは不可欠と考え，当社は以下の事項を実施します。

1. JIS Q 15001 規格に適合した個人情報保護に関するコンプライアンスプログラムを作成し，役員及び全従業員がこれを遵守いたします。
2. 個人情報の収集，利用，提供等の取扱いは，前記コンプライアンスプログラムに従い業務上必要な範囲において，適法・公正な手段によって収集し，目的の範囲内で利用，提供等を行います。
3. 当社で取り扱う全ての個人情報について，不正なアクセス，紛失，破壊，改竄，漏洩等のリスクに対する，組織上・技術上，合理的な防止策及び是正策を講じます。
4. 個人情報保護に関する諸法令，業界法規，社会規範，公序良俗を遵守いたします。
5. コンプライアンスプログラム及び個人情報保護システムについて，定期的に監査を行う等点検し，継続的に改善を実施いたします。

2004 年 1 月 1 日

　　　　　　　　　　　　　　　　　　　　　　株式会社ジェイティービー
　　　　　　　　　　　　　　　　　　　　　　代表取締役社長　佐々木　隆

［出所：http://www.jtb.co.jp　原文ママ］

　事例（A）は，きわめて限定された内容とはいえ，事業体が設定し運用している具体的な IT コントロールについての開示である。事例（B）は，事業体が設定し運用している IT コントロールについての経営者による基本方針の表明といってよいであろう――ただしこれは，努力目標であるかのように「×××します」と書かれており，適切なコントロールを「設定し運用している」とは書かれていないことに注意を要する――。

　そうすると，上記のような声明書を対象とした保証は，第 1 に，それを事業体が設定し運用している IT コントロールについての開示情報としてとらえた保証と，第 2 にはそれを「経営者のアサーション」に置き換えて，アサーショ

ンが確かなものであることの保証が成立しうる可能性がある——ただし，経営者のアサーションとする場合には，ある特定のコントロール目標（保証上の判断尺度となる「原則」）への準拠についての記述を含む必要がある——。

前者の開示情報を対象とした保証サービスのあり方は，理論的にはあくまでもITコントロールについての開示情報に対する保証という枠でとらえる。したがってITリスクの開示，ITリスク管理体制の開示，ITコントロールの開示などを対象とした保証が行われれば，それらはすべてこの枠で行われる保証となる。上記事例（A）を想定した保証サービスである。

これに対して，経営者のアサーションを対象とした保証は，ITコントロールについての基本方針を経営者が「正式に表明」したものとして，それを対象とした保証となる。上記事例（B）を前提とした保証サービスである。すでに第4章で述べたように，Trustサービスでは，職業会計士は経営者のアサーションを入手し，それに対して意見を表明するのが原則である。このTrustサービスで使われる「経営者のアサーション」を，「プライバシー声明書」（または「セキュリティ声明書」）に置き換えて考えるのである。

このように考えると，概念的には，①事業体が採用したITコントロールを対象とした保証，②事業体が採用したITコントロールについての開示情報を対象とした保証，および③ITコントロールについての経営者のアサーションを対象とした保証という3つの類型が区別される。

ところが，これら3類型のいずれにも属さないタイプの保証サービスが存在する。すなわち，サイトの実在証明，公開鍵と本人との一致証明，時刻の正確性証明など，ITコントロールを介在させない客観的な事実または状況の保証である。したがってこの特別なタイプを含めると，保証サービスは，概念的には，以下の4つのタイプに類別できる。

第1類型：事業体が採用しているITコントロールの保証
第2類型：事業体が採用しているITコントロールに関する開示情報の保証
第3類型：事業体が採用しているITコントロールについての経営者のアサーシ

> ョンの保証
> 第4類型：ITコントロールを介在させない客観的事実または状況の保証

IT保証の分析枠組み

　電子商取引において保証サービスが必要とされるのは，取引当事者間に存在する不信感の払拭にある。したがって，一方の当事者が「どのような不信感をもっているか」，そしてその「不信感をどこまで引き下げたいか（引き下げるべきか）」によって，保証に対するニーズは異なったものとなるだろう。

　どのような不信感をもっているかということは，「何を保証するか」という保証の主題としてとらえることができる。そして，不信感をどこまで引き下げるかということは，「保証によって付与される確信度」として捉えることができるだろう。

　保証の主題を限定的に捉えるべきか，ある程度包括的に捉えなければならないかは，保証サービスの受益者がもつ不信感によって異なったものとなるだろう。不信感は，厳格な保証の手続によってしか取り除けない場合もあるだろうし，そうでない場合もある。保証の主題によって，そもそも高い保証水準によってしか不信感を取り除けない場合もあるだろうし，緩い保証水準で満足できる場合もある。したがって「何を保証するか」ということと，「保証による確信度をどこまで高めるか」ということは無関係ではない。むしろ密接に関係している。

　このことは次の例を考えてみれば容易に理解できるだろう。「Webシステムにおける個人情報保護対策の保証」といったとき，氏名・年齢・性別に限定された個人情報を取り扱うシステムを対象とした保証と，年収や家族構成さらには趣味・嗜好といった個人情報までも扱うシステムの保証とで，保証水準を同一にすることを合理的に説明することは難しい，ということである。

　また，保証コストの問題をからめると，高い保証コストを負担してでも高い保証水準を得たいという場合もあれば，低い保証水準で構わないから低い保証

コストに抑えたいということがあるかもしれない——もちろん，保証サービスを提供する側からみれば，保証水準を引き下げるといっても限度があることはいうまでもない。保証の失敗による賠償コストを織り込んだ保証サービス料でなければ，現実的にサービスとしては成立しえない——。

保証の主題はどのように規定され，また保証の水準はどのような要因によって決定されるかは後で検討することとし，さしあたって現在提供されている各種の保証サービスを，保証の主題と保証の水準という2つの観点から整理してみよう。整理に際しては，次の2つの軸を措定してみたい。

- 保証主題の規定軸：保証の主題を限定的にとらえるか，あるいは包括的に捉えるか[4]
- 保証水準の規定軸：確信度の高い保証か，あるいは低い保証か

保証主題の規定軸とは，保証の主題の広狭を識別するための軸である。たとえば「ホームページ上に開示されている個人情報保護方針を遵守していること（かどうか）」といったように，保証の主題が明快で限定的に設定される場合を「限定型保証」と呼ぶ。そして，「事業体のITセキュリティ対策が適切に運用されていること（かどうか）」といったように保証の主題を広くつかまえるものを「包括型保証」と呼ぶことにする。限定型保証に比べて，包括型保証の場合は，保証の主題が曖昧にならざるをえない。

これに対して，保証水準の規定軸は，保証の水準の高低を識別するための軸

---

(4) ここでいう「限定」か「包括」という区別には，厳密には2つの意味がある。一つは，たとえばITリスク管理のなかでも「個人情報保護対策」と限定して保証を付与するか，あるいは事業体における「ITリスク管理全般」という括りで包括的に保証を付与するかによる区別である。これは，限定と包括の区別を保証の「対象」とする範囲に求めるものである。

　もう一つの意味は，たとえばITコントロールの「安全性」というように主題を一つに限定するか，ITコントロールの「安全性，可用性，効率性」といったように複数の主題をもって包括的に保証を付与するかという区別である。これは，限定と包括の区別を，保証の対象にかかわる特定の「属性」に求めるものである。

　後で述べるが，保証の主題は，この2つの意味を組み合わせて「保証の対象＋属性」として表現される。

である。たとえば「ある公開鍵と特定個人とが対応していること（かどうか）」といったように物理的あるいは論理的な意味での客観的な事実または状況を保証する場合を「事実型保証」と呼び，「ITコントロールがある特定の規準に準拠していること（かどうか）」の保証を「準拠型保証」と呼ぶことにする。

この2つの規定軸に従って仕切られた区画ごとに，次の5.2で具体的に検討する代表的な保証サービスの位置関係を示せば，図5-1のようになる。

現在のところ，「事実型保証」と「包括型保証」で囲まれた区画に入る保証サービスはないようである。そうではあるが，将来的に，バイオメトロニクスの応用範囲が広がってくれば，包括的な領域を対象とした客観的な事実証明の構築が可能となるかもしれない。

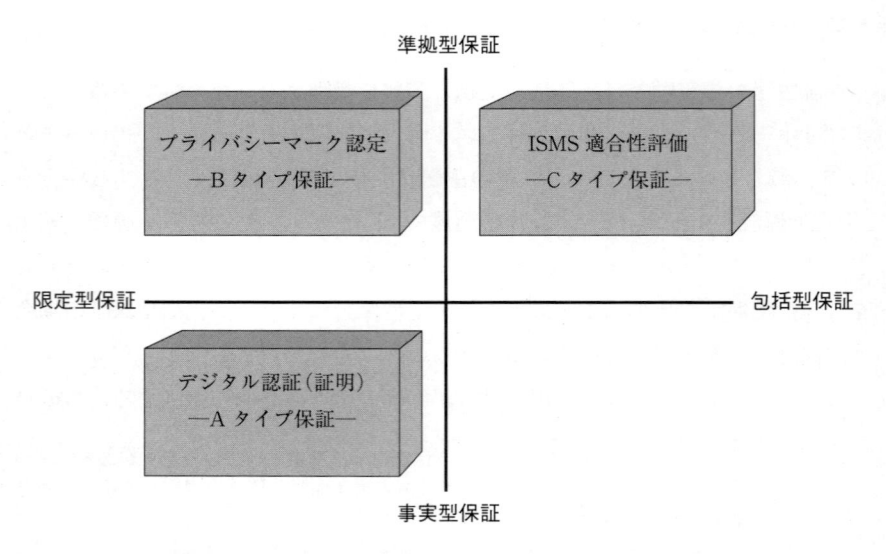

```
              準拠型保証
                │
  プライバシーマーク認定 │ ISMS適合性評価
    ─Bタイプ保証─    │   ─Cタイプ保証─
                │
限定型保証 ──────┼────── 包括型保証
                │
    デジタル認証(証明) │
    ─Aタイプ保証─   │
                │
              事実型保証
```

* 横軸が保証の主題に着目したもので，縦軸が保証の水準に着目したものである。
なお，Aタイプ保証，Bタイプ保証，Cタイプ保証というのは，区画に付した便宜的な名称である。

図5-1 代表的な保証サービスの位置関係

5.2 IT保証サービスの類型

上記の分析枠組みに従って，現在提供されている代表的な保証サービスの特質を明らかにしてみよう。

A タイプ保証：デジタル認証

いま，ある事業者がWebサーバを使って，消費者のパソコン上のWebブラウザとの間で商品販売取引を行うこととする。なお，消費者は商品の購入に当たって，住所，電話番号，クレジットカード番号などの個人情報をWebサーバに送信しなければならない。このとき，取引当事者は，通信データの内容が盗み見されないこと，通信データの内容が改変されないこと，通信内容が相手によって不当に事後否認されないこと，そして取引の前提としてお互いが正当な当事者であることを確認できること，という条件を満足したいと望むだろう。

このような条件を満たすことを取引当事者以外の第三者機関が提供するサービスがある。Webシステムを運営する事業者と公開鍵との対応を認証するサービスである。公開鍵認証（証明）と，取引当事者間におけるSSL暗号通信をパッケージにして提供されることが多い[5]。

このように暗号通信に際して公開鍵認証を組み込んだ保証サービスのことをデジタル認証サービス（デジタル証明サービスともいう）という。そして公開鍵認証を行う機関を，すでに第4章でも登場したが，認証局（以下では単にCAという）という[6]。

---

(5) デジタル認証（証明）というと，このような公開鍵保持者の実在と公開鍵との対応を保証する公開鍵認証（証明）を指すことが多い。しかし広い意味では，①Webシステムの実在とホームページとの対応を保証するサイト証明，②デジタル署名を行った時刻やデータの送受信を特定するための時刻認証（証明）も含まれる。
(6) CAは，狭義には，認証書（証明書）等の発行を担う「認証書サーバまたはサービス」と「認証書リポジトリ（ディレクトリー）」に（次ページにつづく）

CAによる次のようなデジタル認証サービスを想定してみよう[7]。

「取引当事者とは独立した信頼できる専門機関としてのCAが，取引当事者の実在を確認した上で，当該当事者と公開鍵（厳密には公開鍵と秘密鍵のペア）が正しく対応していることを証明するデジタル認証書を発行し，破棄および更新手続を行う。これによって，WebブラウザからWebサーバに通信要求があると，自動的にデジタル認証書を交換し合い，CAによる認証済みの公開鍵を使って暗号通信を行う。」

取引当事者から独立した専門機関としてのCAが，デジタル認証書の発行および管理に際して，もし認証書申請者のITコントロールについて何らかの評定・検証手続を行うことがあれば，先に述べた保証サービスの4類型のなかでは，「事業体が採用しているITコントロールの保証」（第1類型の保証）が行わ

よって構成されるが，広い意味ではエンドユーザの登録を受け付ける登録局（RA：Registration Authority）を含む。本書では，広い意味でのCAを想定している。
(7) ここでは，議論を単純にするために単一のCAを前提としているが，複数のCAが存在する場合には，理論的に面白い保証のロジックがとられる。
　CAが単一であれば，それを唯一の信頼の基礎と位置づけることができる。しかし，現実には複数のCAが存在し，またCAの管理能力上の問題からCAが分割されることもある。そのときあるCAが他のCAを認証する，あるいはCA同士で相互認証するという構造がとられる。すなわち複数の対等または従属関係にあるCAをうまく構造化することによって，デジタル認証書のチェーン（見方を変えれば，最終ユーザが辿る認証経路）が構築されるのである。
　たとえば「ルートCA」と呼ばれる「根」をもとにして，「枝」に相当する「中間CA」（ルートCAの下にあるため下位CAとも呼ばれる）が位置し，他に認証することのない「末端CA」が「葉」としてぶら下がるCA構造がとられることがある。すなわちルートCAを頂点として，中間CAが枝分かれしながら伸び（上位CAのみが下位CAに対して認証書を発行する），末端CAの葉がつくという「逆さ木」の構造である。このようなCAの構造化モデルを「従属階層構造モデル」という。そこではルートCAはすべての中間CAおよび末端CAにとっての信頼基点となり，ルートCAを頂点として認証のブレークダウンが生ずる。Piper, et al., [1999], pp. 37-38.
　このような認証のブレークダウン構造も広い意味では「トラスト」と考えられる。すなわち，AがBを認証し，BがCを認証し，CがDを認証するという「認証のチェーン」によって全体としてデジタル証明書の信頼性を高めるという，いわばチェーン構造を使った信頼構築の仕組みが隠されているからである。Benanter [2002], ch. 6.

れていることになるだろう。

　ところが，ほとんどのデジタル認証サービスがそうであるように，セキュリティ対策についての評定・検証手続が行われなくとも「ある公開鍵の保持者が実在し，かつ公開鍵と特定の個人または組織とが正しく対応していることを確かめる手続とその運用」を通じて保証を提供している。保証を付与するのであるから，もちろんそこには何らかの判断尺度はあるのだろうが，少なくとも保証サービスの多くで使われるようなITコントロール目標を記述した判断規準が用いられているわけではない。

　デジタル認証書とは，なりすましをより確実に回避するために，ある特定の個人または組織の識別情報と，その人または組織の公開鍵とが対応していることを証明する電子文書である。また，通信当事者間に介在する専門機関としてのCAがデジタル認証書の発行（申請の審査を含む）および管理（更新・取消・廃棄を含む）を行うことによって，デジタル署名の効果をより確実にしている。

　その意味でCAによるデジタル認証書は，公開鍵と特定の個人または組織との対応を保証するサービスと考えてよいだろう。保証サービスの4つの類型のなかでは，「コントロールを介在させない事実または状況の保証」（第4類型）に該当すると考えられる。

　また，CAの専門技能要件を別にすれば，CAの外観上の独立性は，①CAが事業体内に設置される場合，②事業体から独立した民間事業者によって運営される場合，③事業体から独立した公的機関（または公的機関によって認定された機関）によって運営される場合と，順次，その程度が強化されると考えてよいだろう。

　そうではあるが，認証書申請者の実在証明では，申請者から提供される情報と，その信憑性を確かめるための手続によって確証度が異なり，またデジタル認証書の管理が適切に行われるかどうかはCA自身の管理体制に依存することから，現実にはサービスごとに保証の水準にバラツキが出ているように思う。

B タイプ保証：プライバシーマーク認定

　プライバシーマーク認定とは，JIS Q 15001（個人情報保護に関するコンプライアンス・プログラム[8]の要求事項）に適合した個人情報保護体制を整備している事業体（この認定制度では事業者という）に対して，第三者機関である（財）日本情報処理開発協会またはその指定機関が認定し，認定マークを付与するサービスである。消費者は，事業者の個人情報保護への取組みの適切性を視覚的に判断し，これを目安に取引事業者を選別することが可能となる。「BBBOnline」や「TRUSTe」などのサービスをはじめ，個人情報保護に特化したマーク付与認定サービスは国内外に数多くある。

　マーク付与認定を行う指定機関は個人情報の取扱いと保護についての知見を有し，独立の非営利団体でなければならない。マーク付与認定を行う主体には，専門性と独立性の要件が求められている。またマーク付与認定に当たっては，事業者が作成したコンプライアンス・プログラムが JIS Q 15001 の要求事項に適合しているかどうかの審査が行われる。

　このように，本サービスは「個人情報保護に関するコンプライアンス・プログラム」という事業者が採用したコントロールに対して付与される保証と考えられる。先に述べた保証サービスの4類型のうち，「事業体が採用しているIT コントロールの保証」（第1類型）である。保証に際して使われる判断尺度はもちろん JIS Q 15001 である。

　なお，プライバシーマーク認定では，ホームページに掲記されたマークをクリックすると，事業体の「個人情報保護方針」を見ることができるようになっている。この個人情報保護方針がもつアサーションとしての性質に着目し，当該方針を JIS Q 15001 への準拠を明記する「経営者のアサーション」として整理し直すことができれば，「事業体が採用しているIT コントロールについ

（8）　ここでコンプライアンス・プログラムとは，JIS Q 15001：1999 では「事業者が，自ら保有する個人情報を保護するための方針，組織，計画，実施，監査及び見直しを含むマネジメント・システム」（3.h）と定義されている。この定義の中身がどうこうというわけではないが，「プログラム」が「マネジメント・システム」であるというのは，どうもしっくりとしない定義ではある。

ての経営者のアサーションの保証」(第3類型)としての保証サービスが展開できる余地がでてくるだろう。

Cタイプ保証：ISMS適合性評価

ISMS (Information Security Management System) 適合性評価とは，事業体が構築した情報セキュリティ管理システムが「ISMS認証基準」に適合しているかどうかを第三者機関が審査し，適合していることが認められた場合に認証を付与するサービスをいう。(財)日本情報処理開発協会が開発した制度で，ISMS認証またはISMS審査登録などともいう。本制度は，英国規格BS 7799パート2による情報セキュリティ対策保証サービスの日本版といってよい。

先に述べたプライバシーマーク認定は保証の対象を個人情報の保護に限定する。対して，ISMS適合性評価は，事業体の情報セキュリティシステムが有効であることを包括的に保証する。この点に大きな違いがある。

適合性評価を担う審査登録機関の専門性および独立性要件は，「ISMS審査登録機関認定基準」において定められている。

また，適合性評価に当たっては，ISO 17799および英国規格BS 7799パート2を基に作成された「ISMS認証基準」が，その判断尺度として用いられる。このようにISMS適合性評価で使われる判断尺度は明確である。

さらには，情報およびシステムのITリスクの大きさ（発生可能性と影響強度）を測定し，その結果に基づいてITコントロールの整備および運用状況を評定するというアプローチが採用されている。このことも，ISMS適合性評価の特徴といってよいだろう。このように本制度は，事業体が採用したITコントロールを対象とした保証であって，先に述べた保証サービスの4類型のなかでは，「事業体が採用しているITコントロールの保証」(第1類型)としての保証サービスとして位置づけられる。

ISMSの構築過程の最終段階においては「適用宣言書」と呼ばれる書類が審査員に提出される。これは「ISMS認証基準」における要求事項の選択適用に関する説明を記載した文書である。リスク評価の結果を踏まえて要求事項のう

314　第5章　IT保証の理論的基礎

表5-1　電子商取引における代表的な保証サービスの特質

	デジタル認証 ―Aタイプ保証―	プライバシーマーク認定 ―Bタイプ保証―	ISMS適合性評価 ―Cタイプ保証―
保証の主題	限定的 (公開鍵の適切性)	限定的 (個人情報保護対策の遵守)	包括的 (セキュリティ対策の全般的な有効性)
保証主体の要件（専門性・独立性）	内容を明確に規定するものはない	要件のみを抽象的に規定	内容を詳細かつ厳格に規定
保証上の判断尺度	不明確	JIS Q 15001	ISMS認証基準
保証主体の行為規範	不明確	不明確	審査登録機関認定基準
保証の類型	第4類型 (第1類型としての展開が可能)	第1類型 (第3類型としての展開が可能)	第1類型 (第3類型としての展開が可能)

ち適用不可能な要求事項が生じた場合にそれが選択されなかった理由，さらに要求事項にないコントロールを必要に応じて追加した場合にはその理由についての記載が求められる。この「適用宣言書」は，その用途からみてISMS構築における最終段階での確認書といった程度の意味しかもたないものと理解できる。しかしもし，「経営者のアサーション」として記載事項を整理し直すならば，「事業体が採用しているITコントロールについての経営者のアサーションの保証」(第3類型)として展開される余地がある。

　ここまで述べてきた電子商取引における代表的な保証サービスの特質をあらためて整理すれば，表5-1のようになる。

5.3　IT保証サービスにおける監査概念の位置

　第4章では，伝統的な財務諸表監査を拡張した保証サービスについて検討した。この保証サービスは，職業会計士による財務諸表監査の枠組みをそのまま

5.3 IT 保証サービスにおける監査概念の位置　**315**

引継いでいるところに大きな特質がある(9)。

　ところが，上で検討したデジタル認証，プライバシーマーク認定，ISMS 適合性評価という各種保証サービスにおいても，「監査」という概念が登場する。そこで各種の保証サービスとの関係で登場する監査概念はどのようなものか，みてゆくことにしよう。

デジタル認証にみる監査概念

　CA によるデジタル認証においても「監査」という概念が登場する。そこでは監査という概念が異なった 2 つの局面で使われている。

　第 1 は，「認証局運用規定」(Certification Practice Statement : CPS)における監査（必ずしも明らかではないが，内部監査を想定しているように思える）の要求である。認証局運用規定とは，CA がどのように運用されるか，またどのような制約を受けるかを明らかにするために，CA 自らが作成し公開する文書である。IETF（The Internet Engineering Task Force）の RFC 2527 では，当該運用規定の中で「準拠性監査」(compliance audit) という名称の内部監査が要求されている(10)。

（9）　このことは，すでに述べたように「Trust サービス」という保証サービスが，財務諸表監査サービスの延長として登場した背景から理解できる。繰り返しになるが，第 1 に職業会計士は長年にわたって培ってきた財務諸表監査およびそれに付随する内部統制の評定・検証業務を通じて保証サービスについて十分なノウハウを蓄積していること，第 2 に職業会計士には厳格な専門性，独立性，不偏性，客観性が要求され社会の人々にも広く認識されていること，第 3 に職業会計士には保証基準と倫理規定という厳格な行為規制の遵守が義務づけられていることである。職業会計士による「Trust サービス」が，他の第三者保証サービス（とくに類似の各種マーク付与認定）との違いを鮮明にしようとしているのは，このような保証主体の高度かつ厳格な職業基盤にあるといってよい。

（10）　IETF の RFC 2527 では，「準拠性監査」という用語以外に，「セキュリティ監査手続」(security audit procedures) という用語も登場する。セキュリティ監査手続というのは，手続という用語があえて付されていることからも明らかなように，監査ログ（証跡）として記録しておくべき内容，周期，保存期間，あるいは監査ログの保護手続やバックアップ手続について定めたものである。したがって，実体は監査ログの入手と保護のための手法という意味であることに注意を要する。IETF [1999]，§ 4.2.7 & 4.4.5。

RFC 2527によれば，準拠性監査の内容として以下の事項を定めなければならないものとされている。

- エンティティごとの監査の頻度
- 監査人の資格要件
- 監査対象エンティティと監査人との関係（監査人の独立性の保持）
- 監査の対象範囲のリスト
- 監査によって発見された欠陥事項への対処法
- 監査結果の取扱い（監査報告書の提出先等）

これはCAによるデジタル認証という仕組みのなかに，監査（内部監査）を組み込む構造である。しかし監査人の行為規範（監査基準）として特別なものが用意されているわけではない。内部監査であることから，内部監査人協会の監査基準を用いることになるのだろうか。監査上の判断尺度も明確ではない。CPSを判断尺度として用いることになるのであろうか。これらの点を明確にしない限り，CSPの中で要求される準拠性監査をもって「監査」と呼ぶことができるかどうか，大きな疑問がある。

第2は，認証局（CA）の認可申請における外部監査の要求である。CA認可の前提として事業体と利害関係をもたない外部監査人による監査を要求するものであり，内部監査として行われるCPSにおける準拠性監査とはまったく異なった位置づけになる。CAの認可申込書に，外部監査人による監査報告書またはその要約の添付を求めている事例もある[11]。外部監査の判断尺度としてはNISTの「Common Criteria (CC) Protection Profile (PP) for Commercial Security 2 (CS 2)」が適用され，監査主体は公認会計士またはコンピュータセキュリティの専門家（CISA: Certified Information Systems Auditorまたは CISSP: Certified Information Systems Security Professional）でなければならないものとされている。しかし，CA開設後の「監査」を，先に述べたような内部監査とし

---

(11) Washington Secretary of State [2002], *Digital Signatures/Electronic Authentication*.

て組み込み構造として引き継ぐのかどうか，判然としないところもある。

　CA 向けの監査ソフトウェアも登場されるなど，CA 向けにさまざまな監査サービスが展開されるようになってきている。しかし少なくとも上で述べた CA における監査（内部監査），そして CA に対する監査（外部監査）は，米国公認会計士協会（AICPA）とカナダ勅許会計士協会（CICA）が監査サービスの枠組みと関連づけて展開している「Trust サービス」（WebTrust for CA という CA 向けの WebTrust がある）とは，その性質が明らかに異なるものである。

　セキュリティ関係の領域では，監査という概念がきわめてラフに使われる傾向があり[12]，これら保証サービスと監査（内部監査および外部監査）との関係についての整理が必要なように思える。

プライバシーマーク認定にみる監査概念

　プライバシーマーク認定では，JIS Q 15001 の「要求事項」のなかに内部監査（厳密には，内部監査と書かれているわけではなく，単に監査と書かれている）の実施を義務づける規定がある。また「プライバシーマーク制度設置及び運営要領」によれば，内部監査の実施体制と内容は適合性審査において重視すべき項目の一つとなっており，年 1 回以上の内部監査が要求されている。

　JIS Q 15001 では，コンプライアンス・プログラムの基本モデルを「個人情報保護方針→計画→実施および運用→監査→事業者の代表者による見直し」という一連のプロセスとして捉え，継続的な改善を通じてスパイラルアップ

---

(12)　セキュリティ技術系の領域で，監査というと，ログをとることといったラフな意味（監査がもつ検証行為という本質が完全に捨象されている）で使われることが多い。最近多くみられる「セキュリティ監査ソフト」という名称のソフトウェアも，その中核機能はログの取得と分析である。したがってその実体は「セキュリティ監査を支援するためのソフト」である。

　このように，監査とログの取得・分析とを混同する解釈の発端は，audit log という言葉にもあると思われる。もともと audit log とは「audit のために取得した（あるいは取得する）log」を意味する言葉である。

　いずれにせよセキュリティ技術系の領域における，「準拠性監査」「CA の認可申請監査」「セキュリティ監査手続」そして「セキュリティ監査ソフト」という言葉の使い方をみる限り，監査の意味が甚だ混乱している。

(螺旋上昇) してゆく構造を描いている。ここでいう内部監査の実施については，次のように定められている。

「事業者は，コンプライアンス・プログラムがこの規格の要求事項と合致していること及びその運用状況を定期的に監査しなければならない。監査責任者は，監査を指揮し，監査報告書を作成し，事業者の代表者に報告しなければならない。事業者は，監査報告書を管理し，保管しなければならない。」(JIS Q 15001, §4.5)

この規定だけを読むと「監査＝プライバシーマーク認定」と勘違いしそうであるが，そうではない。本制度では，P（計画）－D（実行）－C（見直し）－A（是正）という管理サイクルにおける3番目に位置する見直しの機能として内部監査を置いている。このように概念的には，プライバシーマーク認定のなかに内部監査を入れ込むかたちになっている。

内部監査では，その監査上の判断尺度として JIS Q 15001 の要求事項（厳密にはそこから監査の規定を除いたものとなるだろう）が用いられることになるのだろうが，そうなると概念的には，内部監査人による監査と，マーク認定のための適合性審査との関係をどのように考えるかという厄介な問題に直面する。

適合性審査に当たってその前提として行われる内部監査とは，適合性審査との関係において一体どのような意味をもつか，ということである。適合性審査によって内部監査の実施内容を確かめることは明らかであるが，内部監査の実施内容によって適合性審査の手続が影響を受ける（たとえば，内部監査が厳格に実施されていれば，それだけ審査手続が簡略化される）という論理が取り込まれているのかどうか，必ずしも明らかではない。

なお，プライバシーマーク認定は，同様のサービスを提供する海外の「BBBOnline」との間でマーク付与認定の相互承認が行われている。このとき問題となるのは，内部監査の結果を含めた相互承認となることである。仮にマーク付与認定の前提として内部監査の実施状況をより重視する（内部監査への依拠をより高める）考え方に立てば，実施される内部監査の品質において両制度で大きな差異がないという前提で運用されていなければならないことになるだろ

う。だからこそ内部監査の行為規範を明確にしておくことが必要なのである。

ISMS 適合性評価にみる監査概念

「ISMS 認証基準」では，「システム監査の考慮事項」について定めている。また ISMS 適合性評価に当たっての要点を取りまとめた「ISMS ガイド」では，「ISMS 遵守確認のための内部監査」の実施を定めている。この「システム監査」という名称の内部監査と，「ISMS 遵守確認のための内部監査」という名称の 2 つの異なった内部監査を同一のものとみなしてよいかどうかという疑問は残る。しかし，概念構成上は，審査登録の中に内部監査を入れ子構造として組み込むようになっている。その意味では，すでに述べた「CPS における監査」および「プライバシーマーク認定における監査」の場合と基本的には同じである。

以上のように，CA の認可申請に伴う外部監査人による監査という特殊なかたちの監査（？）を別にすれば，CA によるデジタル認証に関連して，あるいはプライバシーマーク認定や ISMS 審査の前提として，内部監査が要請されるようになっている。

なぜこのような議論をするかといえば，プライバシーマーク認定や ISMS 適合性評価に内部監査が組み込まれているということを単に明らかにしたかったからではない。プライバシーマーク認定や ISMS 適合性評価は，その本質において「外部監査」としての展開を強く意識したものと考えられるからである。認定や審査という保証サービスのなかに内部監査を入れ子構造として置くということは，そういうことである。プライバシーマーク認定や ISMS 適合性評価の目的として，電子商取引における消費者保護が想定されている。内部監査における保証職能の発展型として，内部監査の延長線上に位置づけられる保証ではない。

職業会計士による外部監査の延長としての保証サービスをとりわけ意識しているのが，ISMS 適合性評価制度であろう。ISMS 審査登録の内容を詳細に検

討すると，ISMS適合性評価が外部監査としての形式要件を意識していることがわかる。

その理由の第1は，「ISMS認証基準」が監査上の判断尺度として，また「ISMS審査登録機関認定基準」が監査人の行為規範として十分な内容を備えていることである。「ISMS審査登録機関認定基準」は，職業会計士による財務諸表監査を意識した監査基準に相当する要件が網羅的に定められている。

たとえば，審査機関（審査員）の独立性の保持については，審査登録プロセスの結果を左右しうる外観上の独立性の確保を明記し，審査登録とその継続のためのコンサルティングサービスとの兼務も禁止している。くわえて審査登録機関内における品質マニュアルの策定および運用，適切な文書化と記録の保持およびその守秘義務，そして審査登録機関内における品質管理レビューなども要求されている。

理由の第2は，審査の正式な報告として「審査報告書」が作成され，申請者に交付されることである[13]。審査報告書には，①審査の日付および審査報告書に責任をもつ者の氏名，②審査を実施した対象，③審査した登録範囲またはその登録範囲を示す文書，④不適合についての明確な記述を含む審査登録の要求事項に対する組織（事業体）のISMS適合性に関する意見，⑤以前の審査結果との有益な比較，⑥終了時の会議で組織（事業体）に提示した情報との相違についての説明が記載されることになっている。

審査報告書は外部公表を前提とはしていないものの，その記載内容をみる限り，⑤および⑥の特別に追加された記載事項を除けば，外部監査人監査で作成される監査報告書と本質的な違いはなく，むしろそれを参照している節さえ読みとることができる。

---

(13) プライバシーマーク認定では，認定番号，認定事業所，認定の有効期限，認定機関が記載された「プライバシーマーク使用許諾証」は発行されるが，審査結果についての報告書は作成されない。

5.4 IT 保証の主題

　意外に思われるかもしれないが，「プライバシーマーク認定は個人情報保護の漏洩の危険性がないことの保証である」というのは明らかな誤解である。プライバシーマーク認定は，個人情報保護のための管理規格（JIS X 15001）が遵守されていることに対して，お墨付きを与えているにすぎない。情報漏洩が起こりえないことを保証しているものでもなければ，その可能性の程度を保証しているものでもない。

　なぜこのようなことを問題とするかといえば，マーク付与認定が行われている事業体で情報漏洩が起ったときに，何をどこまで保証しているかということが争点となる可能性があるからである[14]。

　もし「Webシステムが安全で，かつ信頼できるという主題に対して保証を付与することができる」という文章の正誤を考えてみたとき，正解はどちらだろうか。また「安全であることと，信頼できることの2つを保証の主題とすることにはどのような意味がありますか」と問われたときはどうだろうか。ともにすっきりとした解答を用意することは簡単ではない。

　保証の結論として「何を保証しているか」を端的に表現したものを，保証の主題という。たとえば上で述べた「Webシステムは安全であること（かどうか）」というのは，ここでいう保証の主題である。保証の主題は，通例，保証の「対象」（ここではWebシステム）と，それが備える「属性」（ここでは安全性）を組み合わせて表現される。

　　　保証の主題＝保証の対象＋属性

---

[14]　実際に，2002年12月，このプライバシーマーク付与認定で，当該認定を受けた事業者がクレジット利用明細書作成業務において一部他人の情報を誤って印刷してしまい，該当する特定個人を推定できる可能性のある事故が発生している（http://privacymarl.jp/pr/20021210.html）。

保証の主題として表現される「属性」に着目するとき厄介な問題がある。それは，IT 保証サービスでは，安全性，完全性，機密性などが，ここでいう属性として当てはめられることである。これらは IT システムが備えるべき品質要件であるとともに，見方をかえると IT コントロール目標でもある。IT システムの品質要件を充足するために IT コントロールが構築されると考えれば，それは IT コントロール目標として置き換えることができるからである。

まずもって，これらの属性を IT コントロール目標としてみると，「Web システムの安全性」という主題を設定して，IT コントロールの評定を通じて当該システムに対する保証を付与することはできるだろうか。

また，Web システムという一つの対象について，安全性，完全性，機密性などの複数の品質要件（IT コントロール目標）が対応させられて，「Web システムの安全性，完全性，および機密性」といったように保証の主題が設定されることもある。これら 3 つの品質要件（IT コントロール目標）をすべて満たすことは，いったい何を意味するのだろうか。

保証の主題と保証原則

Trust サービスの提供に当たっては，保証を付与する際の判断尺度として，すでに第 4 章でも検討したように「Trust サービス原則および規準」（以下では，単に「Trust サービス原則」という）が用意されている。これを素材として，保証の主題と保証原則との関係について，少し考えてみよう。

「Trust サービス原則」で示されている各原則は，次のとおりである。

- 安全性（security）：システムは，事業体が定めたセキュリティ方針に従って，未承認のアクセス（物理的および論理的アクセス）から保護されていること。
- 可用性（availability）：システムは，事業体が定めた可用性の方針に従って，運用と利用が可能であること。
- 処理の完全性（processing integrity）：システム処理は，漏れなく，誤り

5.4 IT保証の主題

なく，適時であって，かつ承認済みであること。
- 機密性（confidentiality）：機密情報と指定された情報は，事業体が定めた機密保持方針に従って，保護されていること。
- 個人情報の保全性（privacy）：個人情報は，事業体が予め通知してあるプライバシー保護に関する誓約に従って，収集，利用，保存，および開示されていること[15]。

Trustサービスの提供に際しては，上に示されたコントロール目標が保証の主題とされ，安全性，可用性などの属性ごとに，あるいはこれらすべての属性についての意見が表明される。

次の説明をみてもらいたい。

「×××システムを対象としたTrustサービスは，上記の5原則に照らして，事業体が設定したITコントロールを評定し，当該システムについての意見を表明するものである。」

一見すると，とりたてて違和感なく受け入れられそうな説明である。しかし，よくよく考えると以下の検討課題が浮かびあがってくる。

- ITコントロールの評定を通じて，なぜシステム自体に対する保証を付与できるか。

---

[15] すでに第4章でもふれたように，AICPAとCICAの『プライバシーフレームワーク』の公表によって，「オンラインプライバシー原則」は，「プライバシー原則」となった。そこでここでは，新しい「プライバシー原則」の定義を示している。ただ，この原則は，定義で示した「事業体が予め通知してある誓約」への準拠だけでなく，「AICPA/CICAのTrust Services Privacy規準」への準拠もあわせて要求されている。しかし，Trust Services Privacy規準への準拠は当然のことであり，また他の原則との整合性も考慮して，この箇所は意図的に省略してある。また「プライバシー」も，コントロール目標としての属性を明確にするために「個人情報の保全性」と訳している。

　ちなみに，旧オンラインプライバシー原則は「電子商取引を通じて入手される個人情報は，事業体が定めたプライバシー方針に従って，収集，利用，開示，および保存されていること」と定義されていた。

- 事業体が設定するITコントロール目標と上記の5原則は，一致していなければならないか。
- 上記の5原則を充足することは，どのような意味をもっているか。

　第1の検討課題は，ITコントロールに対する保証とITシステムに対する保証との関係である。すでに第2章で検討したように，ITシステムは，概念的には，処理モジュールとコントロールモジュールに分解できる。そうすると，「ITシステムの保証」と「ITシステムに組み込まれているコントロールの保証」とは厳密には同一ではないことがわかるだろう。ITシステムに組み込まれるコントロール目標を保証の主題とすることと，ITシステムの特定の属性を保証の主題とすることは，明確に区別されるべきである。したがって保証の提供に際しては，ITシステムに組み込まれるコントロール目標を保証の主題としていることを明確にしておく必要がある。

　第2の検討課題は，事業体が設定するITコントロール目標と，上記5原則との関係についてである。適切なITコントロールを設定し，それを運用するのはあくまでも事業体の経営者の責任である。ITコントロールは保証サービスのためにあるわけではない。どのような品質要件をコントロール目標として措定するかは経営者の判断に任されている。したがってTrustサービスを前提としない限り，維持容易性，効率性，戦略性といった品質要件がコントロール目標として設定される可能性だってある[16]。

　しかし，IT保証を制度として運用しようとすると，事業体が本来自主的に設定すべきITコントロール目標として当該制度が定めるITコントロール目

---

(16) 第2章で明らかにしたように，ISACAの「COBIT」では，ITのコントロール目標として，内容的に一部重複があるとしながらも，有効性，効率性，機密性，完全性，可用性，準拠性，および信頼性の7つをあげている。IT Governance Institute [2005], p. 11.
　　また，同じISACAの「CONCT」では，迅速性，単純性，操作性，完全性，正確性，正当性，標準性，活用性，責任追跡性，可用性，機密性，自律性という，じつに12項目からなるコントロール目標が示されている。ISACF [1999], p. 10.（情報システムコントロール協会東京支部監訳 [2000]，14-15ページ。）

標がそのまま使われるという意味で，事実上の縛りがかかることになる。経営者がもっとも適切と考えるコントロール目標ではなく，保証サービスで判断尺度とされるITコントロール目標が，事業体の責任において設定すべきコントロール目標となってしまうのである。

　ここで何が問題となるかといえば，たとえば機密性を犠牲にしてでも，可用性を重視するという方針が経営者によって採用されることが十分にありうることである。そのような状況のもとで，Trustサービスの提供に際して，この2つの原則を同時に保証の主題として選択することに果たして意味があるだろうか。何を保証の主題とするかの決定に当たっては，ITコントロール目標として「原則」が用意しているものをそのまま使えばよいとか，それ以外のITコントロール目標も適当に組み合わせて使ってもよい，というものではないだろう。

　第3の検討課題は，なぜこの5原則なのか，また5原則を充足することは何を意味しているのだろうか，ということである。どのようなITコントロール目標を「Trustサービス原則」として措定するかは，保証サービス展開のマーケティングの問題としての側面もあるだろう。「個人情報の保全性原則」などは，まさに時代ニーズを反映したものである。個人情報の保護をWebシステム運営の重要な制約的要因として位置づけて，「安全性原則」ないしは「機密性原則」からあえて切り離して設定されたものとも考えられる。その意味で，どのようなITコントロール目標が「Trustサービス原則」として措定されるかということ自体は，理論的な検討に馴染まない。

　むしろ問題とすべきは，抽出された各ITコントロール目標同士の関係であり，抽出されなかったITコントロール目標との関係であろう。もし「個人情報の保全性原則」が，「安全性原則」から抽離されたものであれば，この2つの間には階層関係が生じていることになる。また個人情報の保全性原則が示されたことによって，機密性原則との区別が曖昧なものとなってしまったことも否めないだろう。さらに個人情報の保全性原則は，「Trustサービス原則」として措定されなかった「信頼性原則」（ITシステムが誤りなく作動すること）とい

うITコントロール目標とまったく無関係ともいえないだろう。

ITコントロール目標の多層性

「個人情報の保全性」が保証の主題として選択された場合を考えてみよう。そのとき，この保証の主題にはそれを支えるより根本的な主題があるのではないか，という疑問が生ずる。たとえば「ITシステムの安全性」や「ITシステムの信頼性」がそれに該当する可能性がある。

もしそうだとすれば，個人情報の保全性という保証の主題は，ITシステムの安全性や信頼性から派生して設定される主題であって，保証の主題に階層関係が生じていることになる。もし個人情報の保全性を保証の主題として，それに対して保証を付与する場合には，もととなるITコントロール目標があってそこから派生的に生じた主題についての意見が表明されていることになる。このような思考は，保証の主題として記述される属性，すなわちコントロール目標の多様性がもたらす論理の罠だろうか。

そうとはいえ，階層関係を前提にして，保証の主題としてどこまで落とし込むか（あるいは抽象化するか）という，その細かさ（あるいは大まかさ）の程度について考えてみるとき，ITシステムの利用目的，利用環境，そして時代ニーズによって適宜決定されるべきものとして，簡単に片づけてよいかどうか，疑問なしとしない。このままでは，ほどよいところの手探りと批判されても仕方がないように思う。

さらに，「個人情報の保全性」という主題が指示する対象は，字面からすれば，ITシステムではなく，情報そのものととれなくもない。しかし「Trustサービス原則」が想定しているのは，情報そのものの保証ではなく，ITシステムが個人情報を保護するための機能（コントロール）を備えており，それが有効に働いているかどうか（ITコントロールが適切に維持されているかどうか）の保証である。したがって「個人情報の保全性」という主題を，誤解を生じないように記述しようとすれば「個人情報保護対策の有効性」であり，敷衍すれば「個人情報の機密性を確保するためのコントロールが有効に機能していること（か

5.4 IT 保証の主題　327

どうか)」となる。

　先に示した「Trust サービス原則」で，各原則を定義するときの主語に着目してみると，「システムは」,「システム処理は」,「機密情報は」,「個人情報は」と，なっていることがわかる。この点に着目して，これら保証の対象を，それが備えるべき品質要件（対象の属性）と結びつけてみると，コントロール目標にはいくつかの階層が区別できるのではないかと考えられるのである。

　第1は，コンテンツ層である。これは，文章，画像，音声などのコンテンツにかかわる品質要件から抽出されるコントロール目標が位置する階層である。コントロールの照準がコンテンツに置かれる。

　第2は，システムサービス層である。これは，IT システムによって提供されるサービス機能にかかわる品質要件から抽出されるコントロール目標が置かれる階層である。コントロールの照準は，コンテンツ自体ではなく，IT サービス機能にある。

　第3は，プラットフォーム層である。これは，IT システムサービスを支えるハードウェアおよびソフトウェアという技術基盤にかかわる品質要件から抽出されるコントロール目標の階層である。コントロールの照準は，IT サービスを支える技術基盤にある。

　コントロール目標をこれら3つの階層に区別しようとする試みは，郵便との比喩で考えるとわかりやすいかもしれない[17]。手紙を送り手から受け手に，確実かつ迅速に届けたい。そのときに，手紙の中身の盗み見や書き換えに着目して，封書そのものの保護を対象として設定されるコントロール目標がコンテンツ層のコントロール目標である。

　また，誤配，遅配，紛失は，手紙の集荷，分類，配達上の手続やプロセスの欠陥を原因として生ずる。これら集荷から配達までの手続とプロセスを対象と

---

(17) ネットワークを前提とした IT 利用に3つの階層（レイヤー）を区別するという考え方は，ISACA の「CONCT」でも示されている。ISACF [1999], pp. 10-12.（情報システムコントロール協会東京支部監訳 [2000], 15-19 ページ）本書では，このような着想をコントロール目標の階層化として，違った角度から応用させてもらっている。

して設定されるコントロール目標がシステムサービス層のコントロール目標である。これは封書の集荷，分類，配達という郵便サービス機能を対象としたコントロール目標である。

　集荷から配達までのサービスの安定性は，郵便車の性能や運転手の技量，さらには交通のインフラや道路事情といった要因によっても左右されるだろう。そこに着目して設定されるのが，プラットフォーム層のコントロール目標である。郵便サービスを支える土台であり，手紙の運送手段を中心とする基盤条件に照準を合わせたコントロール目標といってよい。

ITリスクと関連づけたITコントロール目標の層別把握
　ここでITコントロール目標の階層化の議論をあえて持ちだす意図は，それによってコントロール目標を，ITリスクの連鎖と関連づけて議論できるようになるからである。

　個人情報の保護は，コンテンツ層で考慮すべきリスクに対して設定されるITコントロール目標として位置づけられるべきものであろう。しかしそれは個人情報の取り扱いに対するシステムの手続やプロセスというサービス層のコントロールに欠陥があって生ずるものである。さらに遡ると，プラットフォーム層に位置するソフトウェアのセキュリティホールが突かれて生じているかもしれない。

　このようにITリスクの「誘因」をどこに求めるかという視点で考えると，個人情報の保護にかかわるコントロール目標は，「信頼性（プラットフォーム層）→安全性（システムサービス層）→個人情報の保全性（コンテンツ層）」というつながりで把握できる。したがって，ITコントロール目標を保証の主題として選択するときに，これらのつながりを遮断してしまうことは，コントロールの対象となるITリスクの「誘因」を水面下に隠してしまうことになる。ITリスクに基づくITコントロールの設定という視点を強調するためには，このようなつながりを意識することはとても重要な意味をもっているように思う。

　もう一つ例をあげて説明しよう。Dos攻撃という業務妨害の攻撃は，プラッ

トフォーム層の脆さや欠陥（IT リスクの誘因）が突かれて，システムサービス層の機能停止あるいは機能障害（IT リスクの帰結）と結びつく。「信頼性（プラットフォーム層）→可用性（システムサービス層）」で止まってしまうのである。したがって IT コントロール目標は，この 2 つの階層にまたがって関連づけられるべきである，ということになる。

以上の議論を踏まえて，3 つの階層ごとに主なコントロール目標を対応づけると図 5-2 のようになるだろう。なお図中，実線は強い関連がある結びつきを示し，破線は直接的な関連は薄いが無関係ではないことを示している。網掛け

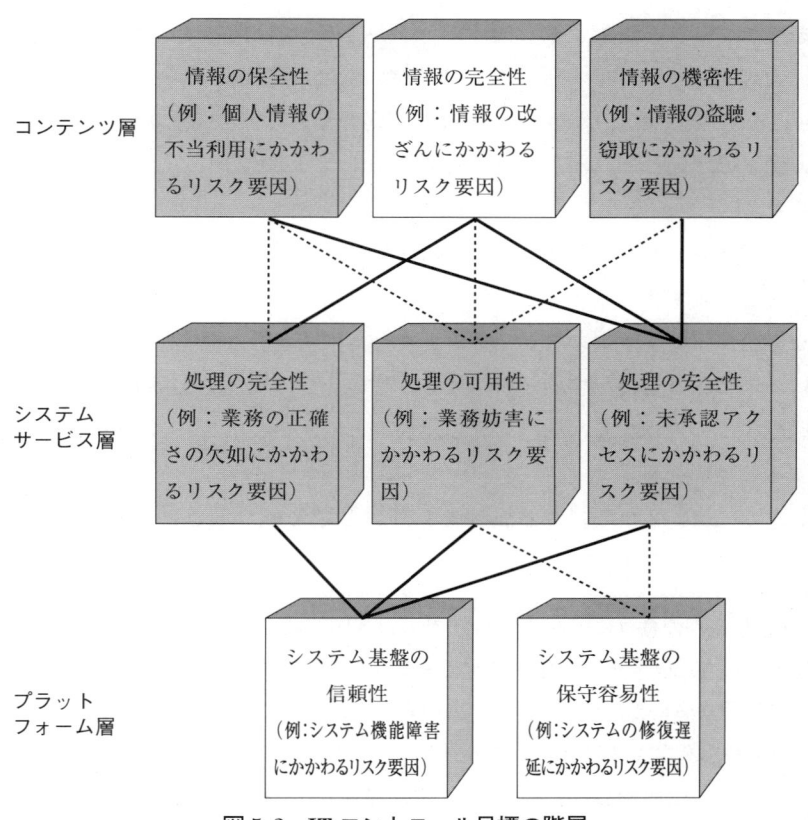

図 5-2　IT コントロール目標の階層

は，「Trust サービス原則」で示されている IT コントロール目標である。

保証の主題と保証結果の表明方法

すでに述べたように，保証の主題として記述される属性として，安全性，完全性，機密性などの IT コントロール目標が選択される。それでは複数の IT コントロール目標が主題の属性として選択された場合，どのような保証が行われるのだろうか。

ここでも Trust サービスを例にとって考えてみよう。第4章で述べた SysTrust と WebTrust は，ともに当初は，複数の原則を一塊としてそのすべてを満たすことを要求する形態（ワンセット適用）を採用していた。しかしその後，両保証サービス原則の改訂が行われ，SysTrust では第 2.0 版から，WebTrust では第 3.0 版から，複数の原則をそれぞれ独立したものとみなして，個々の原則ごとに保証を与えることができる形態（モジュラー適用）へと転換した。

ここで注意すべき点がある。それは「Trust サービス原則」で示される複数の属性を保証するといっても，厳密には，各属性がそれぞれ遵守されていることを保証するにすぎないことである。たとえば安全性と機密性という2つの属性について保証を付与するといっても，この2つの属性を文字通り「総合」して保証するのではなく，それぞれの属性ごとに，いわばピースミール形式で保証することになる。

したがって，2つの異なる属性を保証の主題としたときに表明される結論は，厳密に記載しようとすれば，次のようになる。

「われわれの意見によれば，ABC 社は，米国公認会計士協会・カナダ勅許会計士協会の Trust サービス原則で定める安全性の原則に基づいて，××から××までの期間において，×××システムの安全性についての有効なコントロールを，すべての重要な点において，維持しているものと認める。

また，上記と同様に，われわれの意見によれば，機密性の原則に基づい

て，××から××までの期間において，×××システムの機密性についての有効なコントロールを，すべての重要な点において，維持しているものと認める。」

5原則すべてを主題として結論を述べる場合であっても，上のような様式による。すなわち「以上を総合するならば，…………」というかたちの結論にはならない。個々の属性を一つの主題として集約するのではなく，個々の属性を別個の主題として認識した上で，その寄せ集めを一つにして保証を付与しているのである。保証の結果に対する責任を考慮しての苦肉の策といえるかもしれないが，保証の主題としてみたとき，その括り方の問題に行き当たる。

保証の主題の括り方

第1に，たとえば完全性（処理の完全性）原則と安全性原則など，密接に関連する属性が保証の主題として選択されたとき，この2つの属性の間に仕切り線を入れながら確証の度合いを高めてゆくことが現実に可能かどうかということがある。また完全性を保証の主題として結論を表明するとしても，その前提として安全性を確かめるということがむしろ普通の進め方になるのではないだろうか。

第2に，複数の属性を保証の主題として選択し，保証の結論として併記することがもたらす意味である。複数の属性を選択する場合，大別して，2種類の組み合わせが生ずる。一つは，各階層をまたがない，階層を統一した属性の組み合わせである。先に示した階層モデルの例（図5-2）でいえば，「個人情報の保全性原則と機密性原則」，「可用性原則と安全性原則」，「信頼性原則と保守容易性原則」などの組み合わせが，それに該当する。そしていま一つは，階層をまたぐ属性の組み合わせである。「機密性原則と安全性原則」，「可用性原則と信頼性原則」といった組み合わせである。

このような組み合わせについての理想を描くとすれば，

- 同じ階層にある属性ごとに，そのなかから保証の主題となる属性を選択するか

- ITリスクのつながりに着目して，階層をまたいで結びつく属性を一つのセットとして選択するか

のいずれかになるのではないだろうか。中間層とされるシステムサービス層を飛ばして，コンテンツ層の完全性原則とプラットフォーム層の信頼性原則の2つを保証の主題とするような選択は好ましくない。「Trustサービス原則」でいえば，5つの原則の好きな組み合わせでどうぞ，というわけにはいかないように思う。

第3に，たとえば安全性原則だけを保証の主題として限定するとしても，保証の結論を記載した報告書の読者がそれをどのように解釈するかという，伝達の曖昧さが残ることである。たとえば「ITシステムの安全性についての有効なコントロールを，すべての重要な点において，維持しているものと認める」とする表現で，保証の主題（とりわけ属性）を限定していること，検証の対象としたITコントロール目標を限定していることが正しく伝わるかどうか。保証報告書の利用者からみたとき，安全性原則だけを保証の主題とした場合と，安全性原則と完全性原則の2つを保証の主題とした場合とで，両者を区別することの意義を見出すことは困難ではなかろうか。

いまから20年も前になるが，当時IT監査の実務でわが国のトップ水準にあった公認会計士によって，次のような報告書（「総括報告書」というタイトルが付されていた）が作成されたことがあった[18]。

ここで表明された保証意見は，何らかの判断尺度に準拠しているという事実を伝えるものではない。コントロールが適切であるという結論を伝えるものでもない。その意味で，「Trustサービス原則」に基づいて作成される報告書とは明らかに異質なものである。

---

(18) 松尾［1987］，138ページ。これは，あらためて読み返してみると，よい意味でも悪い意味でも，かなり「思い切りのよい」保証意見であるように思う。このようなかたちの最終結論は，IT保証サービスの主題をITコントロール目標との関連づけて考案するときの一つの素材として理論的な検討がくわえられるべきものであると思われる。

5.5 IT保証の水準　　**333**

> 〈日付省略〉
>
> 〈宛名省略〉
>
> 　私どもは，貴協会の依頼により以下の3本のソフトウェアパッケージの評価を行った。
> （1）　マイコンビジネスグラフ作成プログラム　BG/M
> （2）　計画・意思決定支援システム　ACTIVE-DSS
> （3）　ダイナミックプロセスシュミレーション　DPS-V2
> 　　　　　　　　　　— 略 —
> **全体的に評価するならば，当該パッケージの信頼性，効率性，保守性は良好な水準にあると認められる。**
>
> 　　　　　　　　　　　　　　　　　　　　会計士の署名

　　［出所］　松尾［1987］，138ページ。なお，ゴチック書体による強調は筆者による。

　この保証意見のように，当該パッケージの「信頼性は良好な水準にある」（当該パッケージにかかわるコントロールが良好な水準にあるということではない）という主題を設定し，一歩踏み込んだ意見を表明するためにはどのような条件が解決されなければならないだろうか。保証の主題として選択された，信頼性，効率性，保守性という属性を総合して結論を表明する工夫はできないものだろうか。

　このように考えてくると，保証の主題をめぐる理論上の壁は，決して低くないのである。

5.5　IT保証の水準

　ITの浸透によって，ITシステムやIT製品に人々が信用して依存できるための何らかの担保が必要であることに反論はないだろう。しかし2つの類似するIT保証サービス，たとえば先にあげたプライバシーマーク認定とISMS適合性評価を比べてどちらが確実な保証か，厳格な保証か。そう問われても答えようがない。

この2つの保証サービスに少しでもかかわったことがあれば，保証の水準に違いがありそうなことはなんとなくわかると思う。しかしその違いがなぜ生ずるか，どの程度違うかについての説得力ある説明は難しい。IT保証の領域では，「どの程度の確実さをもった保証か」について検討がなされたことはなく，実態面でもブラックボックスに近い。

そこで以下では，保証水準の問題に照準を合わせて，ITシステムやIT製品にかかわる多種多様な保証サービスを分析し整理するための理論枠組みを提起してみたい。

保証水準を識別するための予備的な分析枠組み

保証とは，「モノやコトに依拠したり利用する人・組織が，モノやコト（あるいはそれらに対して責任をもつ人・組織）に抱く潜在的な不信感を取り除くために，当事者以外の第三者が専門的な立場からモノやコトの正否または適否を判定し，もって信用の基盤を提供すること」をいう。

この定義のなかにある第三者による判定行為を伴うという点が，保証の水準を議論するための伏線となっている。

保証の「水準」という限り，保証にはその確実さに程度の差がある。もちろん，保証は「するか，しないか」しかなく，保証の水準についての議論はそもそも馴染まないとする考え方もありうるだろう。保証の結果から生ずる責任に着目すると，そのようにいえるかもしれない——保証のための評定・検証手続が緩いことを理由として，責任が軽減されたり，免除されるわけではないという意味——。とはいえ，ある事象の正否または適否を明らかにするための判定行為という点に着目すると，適用された手続の種類や強弱によって保証結果の確実さにはバラツキが生ずることだけは間違いないだろう[19]。

---

(19) 保証の付与は責任負担を伴うものである。しかし，保証水準をギリギリまで引き下げたサービスを提供するといっても，限度があることはいうまでもない。このことは，ある保証サービスが提供されたときに，その保証水準は0から100までの連続する線上のある一点として認識できると理論上構想できたとしても，10や20の水準で果たして保証といえるかどうか，またそのような低い水準の保証に果たして意味があ

5.5 IT保証の水準

　これまで保証水準（level of assurance）という用語をとくに定義しないで用いてきたが，ここでは次のように理解しておきたい。保証を受ける側からみたとき，それは保証対象についての「確信の度合い」を意味する。一方，保証を提供する側からみると，「1－保証の誤謬可能性」が保証水準である。

　保証水準がどのような要因によって決定されるかについての総括的な検討は後で行うことにして，各種保証サービスの保証水準をさしあたって次の2つの切り口からみてみたい。これによって各種保証サービスの保証水準の差異をある程度明らかにすることができるように思う。

- 客観性の高い物理的/論理的事実または状況の保証（事実型保証と呼ぶ）か，あるいはITコントロールが何らかの判断規準に準拠しているかどうかの保証（準拠型保証と呼ぶ）か
- 画一的な保証水準を措定し，それが満たされているかどうかの画一判断を行う保証（画一水準型保証と呼ぶ）か，あるいは保証水準に等差をつける保証（段階水準型保証と呼ぶ）か

るのかどうか，ということである。

　国際会計士連盟（IFAC）は，当初，「高」，「中」，「低」という3つの保証水準を区別していた（*Reporting on the Credibility of Information*：1997）。しかしその後，低い水準の保証には意味がなく，訴訟リスクを高めることにもなりかねないとして，「高」と「中」の2区分に転換した（*Assurance Engagements*：1999）。現在では，「合理的保証」（reasonable assurance）と「限定的保証」（limited assurance）という用語で区分されるように変わってきている（*International Framework for Assurance Engagement*：2003）。しかし，考え方の基本線はずっと引き継がれている。

　IFACがとる論理は，職業会計士による決算財務諸表の監査を暗黙の基準値（高水準の保証）としてとらえ，そこからの乖離で，より低い水準の保証を識別するというものである。職業会計士が展開する保証サービスの基準であるから，このロジックは当然であろう。ところがIT保証サービスの保証主体は職業会計士に限らない。また各種IT保証サービスについて，何をどこまで保証しているか注意深くみてみると，多種多様である。IT保証という広い括りを前提とするときには，職業会計士による財務諸表監査を基準値（あるいは理想値）とすることが適切かどうか，さらなる検討がくわえられるべきである。IT保証の領域では，暗号技術の評価など，数学的な証明の結果としての保証もありうる。そうなると，職業会計士による財務諸表監査よりも保証水準がはるかに高い保証もありえないわけではないからである。

事実型保証と準拠型保証

まず各種の保証サービスを，事実型保証か準拠型保証かに分けて，そこに保証水準の問題を考えるための手掛りがないかどうかをみてみよう。

(1) 事実型保証

事実型保証とは，物理的あるいは論理的な事実または状況について，その存否または真偽を保証することをいう。このタイプの保証サービスには，①Webシステムを運営する事業体の実在とホームページとの対応を保証するサイト認証（証明），②公開鍵保持者の実在と公開鍵との対応を保証する公開鍵認証（証明），③デジタル署名を行った時刻やデータの送受信を保証する時刻認証（証明）がある。

以下は，サイト認証書の実例の一部である (https://secure.secom.ne.jp)。このようなタイプの保証サービスは，非対面での電子商取引において，取引相手先を手軽に特定するための手段として広く使われる。

> 1. このホームページを格納しているサーバが確かに実在していること
> 2. このホームページを運営している組織が確かに存在していること
> 3. このホームページを上記2の組織が確かに運営していること

ここで注目すべき点は，「実在していること」，「存在していること」，「運営していること」の保証であるから，特定の判断尺度を用意し，そこからの乖離を測ることによって存否や真偽を判断しているわけではない，ということである。このような意味での客観的事実の保証では，保証水準に保証尺度の明確さとか厳格さといった要素が入りこむことはない。しかし，保証対象の性質と，保証の付与に当たってどのような保証手続が適用されたかは，保証水準に何らかの影響を与えるものと考えられる。

たとえば時刻認証サービスで，セシウム原子時計，マスタークロック，時刻配信サーバからなる高性能な技術的手段を使ったものは，上記のサイト認証よりも，より厳格な保証が付与されていると考えてよいだろう。

また,「実在していること,存在していること,運営していること」を,どのような手段で,どこまで調べたかによっても,保証水準にバラツキが生ずるだろう。すなわち,このタイプの保証サービスがすべて画一水準型保証となるかというとそうではないのである。たとえばサイト認証において,申請者の確認に用いる裏付け書類等の信憑性と認証書の受け渡し方法によって,認証の厳格さに違いが出る可能性がある[20]。この点に着目して,保証水準に等級をつけるサービスが一時期流行ったこともある。申請者の実在性について,それをいななる手段でどこまで確かめるかによって,デジタル認証書に「クラス1」「クラス2」「クラス3」といったグレードをつける考え方である。クラスの後に付された数字が大きくなるに従って,保証手続が厳格になる。

(2) 準拠型保証

ある特定の判断尺度への準拠性を保証するサービスはその種類が多い。すでにたびたび検討の素材として取り上げてきた米国公認会計士協会・カナダ勅許会計士協会「Trustサービス」をはじめ,わが国では日本情報処理開発協会の「プライバシーマーク認定」,同「ISMS適合性評価」,さらには日本インターネットプロバイダー協会・テレコムサービス協会の「インターネット接続サービス安全・安心マーク制度」,日本通信販売協会の「オンラインマーク制度」,経済産業省の「情報セキュリティ監査制度」などは,いずれも準拠型保証である。

保証水準という観点からみたとき,保証の対象が特定の判断尺度に準拠していることを保証するのであるから,保証尺度がもたらす影響は決定的に重要である。ここでいう影響とは,保証尺度自体の適切さということもあるが,より

---

[20] やや横道に逸れるが,本人確認の手段として,保険証と所属機関の身分証明書(写真なし)の2つを提示した場合と,運転免許証1つだけを提出した場合とで,どちらが本人確認としての確認の度合いが高いか,といった込み入った議論もあるだろう。
　また,各種の保証サービスの相対比較となると,認証書発行主体の信頼度や,認証書自体の強度(認証書の偽造等に対する物理的強度)によっても保証水準に差異が生ずる可能性がある。このような問題にアプローチしたものに,電子商取引実証推進協議会[2000]がある。

本質的には「準拠している」ということがもつ意味と，保証尺度の規定度との関係に着目する必要があろう。

この問題は，「ISMS 適合性評価」や「情報セキュリティ監査制度」などにおいて保証尺度のベースとなっている ISO 17799 を例にとるとわかりやすい。情報セキュリティ管理の国際規格 ISO 17799 は，保証の判断尺度とされる当該規格そのものに，事業体のリスク評価の結果を組み込む仕掛けになっている。要は，リスク評価の結果に応じて当該規格に示されている具体的なコントロール手続を取捨選択せよ，ということである。

このようにリスク評価という視点を組み込むと，既製の判断尺度がそのまま事業体に見合った情報セキュリティ対策の適否を判定するための客観的な尺度ではなくなる。保証主体による「実質判断」という概念ですり抜けることもできないわけではない。しかし保証尺度だけに着目してみると，IT リスクのもつ変動的な性質を強調すればするほど保証尺度にブレが出る。保証尺度のゆらぎが，「準拠している」ということの意味をぐらつかせることになるのである。

画一水準型保証と段階水準型保証

保証水準に着目して保証サービスを分類して，その本質を考えるためのもう一つの切り口は，画一水準型保証か段階水準型保証かという区別である。

（1） 画一水準型保証

画一水準型保証とは，保証水準にグレードをつけることなく，ある一定の保証水準が達成されていることの保証をいう。先にふれた事実型保証としての「サイト認証」や，準拠型保証としての「プライバシーマーク認定」，「ISMS 適合性評価」，「インターネット接続サービス安全・安心マーク制度」「オンラインマーク制度」などは，いずれも画一水準型保証である。

たとえば ISMS 適合性評価では，判断尺度が「全体として」遵守されていることをもって保証を付与し，登録を付与する仕組みになっている。したがって，保証の過程で部分的な違反があったり，要求規定を満たしていない事項が明らかになったときは，当該部分の修正を促し，最終的に判断尺度への合致が

確かめられれば保証を付与し，そうでない場合には保証が拒否される。

このように現在の保証サービスのほとんどは，保証するかしないか，しかない。そして一旦保証が付与されれば，そこに保証水準の区別はないと考える。これを「画一水準型保証」と呼ぶことにする。

（2） 段階水準型保証

これに対して「段階水準保証」とは，保証水準にグレードをつける保証形態をいう[21]。段階水準型保証は，その段階のつけ方に着目すると次の2つに分けられる。

- 保証対象を固定し，保証手続で段階を付ける考え方
- 保証対象と保証手続を対応づけて段階を付ける考え方

〈保証手続による段階付け〉

第1は，保証手続の厳格度に応じて，保証水準にグレードを付けるものである。保証手続の厳格度を引き上げれば，それに応じて保証水準も上がると考える。もちろん，保証手続の厳格度と保証水準との間に正比例の関係がみられるとは考え難いが，保証を付与するための検証手続として，より実証力の強い手続を適用すれば，その結果，確証度は高くなると考えてよいだろう。

このような考え方は，IT製品等が適切なセキュリティ機能要件を満たしていることの認証を行うISO 15408認証制度にみられる[22]。この認証では，「評

---

(21) 職業会計士の財務諸表監査にみられる，無限定適正，限定付適正，不適正という区分けは，この段階水準型保証ではない。無限定適正，限定付適正，不適正は，いずれも同一の検証手続を実施して得られた結論だからである。

そうではあるが，保証の対象なり主題をどのように規定するかによって，いろいろな見方が出てくる可能性がある。たとえば内藤教授は，次のような例をあげている。やや長いがそのまま引用してみよう。「たとえば，適正意見の場合と不適正意見の場合とで保証の水準が異なるかといえば，両者をともに財務諸表の適正性が認められるという保証対象の内容としてみれば，前者は高い水準の保証となり，後者は低い水準の保証となるから保証の水準は異なる。しかし，前者を財務諸表の適正性が認められるという保証対象の内容とし，後者を財務諸表の適正性が認められないという保証対象の内容とすれば，両者ともその保証対象に対する保証の水準は高く，保証の水準に差異はないことになる。」内藤［2003］，48ページ。

価保証レベル」(Evaluation Assurance Level：EAL）という概念を用いてグレードを付ける[22]。この考え方は，ITコントロール保証の段階付けモデルとして応用できそうである。

EALは，その数字が大きくなるに従ってセキュリティ機能要件の評価範囲を広げてゆく。それにともなって適用される保証手続の種類も増え，かつ厳格になる。適用される保証手続の種類が多くなることは，上位のEALを獲得するための手続が下位のEALで実施される手続を含んでいることからも明らかである。またEALを上げてゆくためには，動作確認テストに代えて侵入テストを行うとか，上位レベル設計書（基本設計書）に代えて下位レベル（詳細設計書）の分析を行うといったように，保証手続の厳格さそのものを引き上げてゆくことを含んでいる。

参考までに，各EALとそこで要求される主な保証手続の対応関係を示せば，表5-2のようになる。

このようにEALは，保証手続の適用範囲を広げ，手続の厳格度を高めてゆくことによって，保証水準にグレードを付けるという考え方で作られている。ここでいうEALそれ自体はIT製品のセキュリティ強度そのものを表わすものではないが，EALが上がれば保証水準も上がる。

〈保証対象と保証手続を対応づけた段階付け〉

第2は，保証手続だけで保証水準にグレードを付けるのではなく，保証対象と保証手続とを対応づけることによって保証水準に段階を付けるという考え方である。

---

(22) EAL1からEAL7までの7段階で保証水準を表わす。制度として運用する上での使い勝手ということを別にすれば，7段階に理論的な意味があるわけではない。よって，5段階でも，10段階でもよいだろう。ISO/IEC ［1999］, Security Assurance Requirements.
(23) 本制度における保証水準の段階づけの意味には，一般商用製品に対する保証と，国家機密に関わる製品や軍用製品に対する保証とで，その要求される保証水準に差異を設けるということがあった。

5.5 IT 保証の水準

表 5-2　EAL と保証手続の対応

保証レベル	保証手続名	具体的な保証手続
EAL 1	機能テスト	・基本的な動作確認による機能要件の実装確認 ・バージョン管理の確認 ・起動手順等にかかわる文書化の確認
EAL 2	構造テスト	・上記 EAL 1 の手続 ・上位レベル設計書の記述内容の評価 ・開発者が行った脆弱性分析の評価
EAL 3	方法論テストとチェック	・上記 EAL 2 の手続 ・上位レベル設計書での動作確認 ・開発者が行ったテストカバー範囲分析の評価
EAL 4	方法論設計,テストおよびレビュー	・上記 EAL 3 の手続 ・下位レベル設計書の機能分析 ・開発者と独立した脆弱性分析と侵入テスト
EAL 5	準形式的設計およびテスト	・上記 EAL 4 の手続 ・準形式的記述の上位レベル設計の機能分析 ・すべてのソースコードの分析 ・中程度の侵入攻撃に TOE (保証対象) が耐えられることの検証
EAL 6	準形式的検証,設計およびテスト	・上記 EAL 5 の手続 ・準形式的記述の下位レベル設計の機能分析 ・構造化された実装コードの機能分析 ・高度な侵入攻撃に TOE が耐えられることの検証
EAL 7	形式的検証,設計およびテスト	・上記 EAL 6 の手続 ・形式的記述の機能仕様の分析 ・実装コードレベルの動作確認 ・開発者の全テストの再実行

　IT コントロールの保証は，これまでの考え方によれば，保証を受ける側の IT コントロールの成熟度を考慮することなく，ある特定の判断尺度に照らして，それを満たしているかどうかという観点から保証が付与されるというものである。譬えていえば，大学生の能力水準のものさしで中学生の能力水準を測るということが起こりうる，あるいはそれを許容する。

　このような前提で保証を付与しようとすれば，判断尺度と IT コントロールとのギャップが大きすぎて保証の付与そのものが難しくなる可能性が高い。情

報セキュリティ対策が未整備な事業体に，包括的なITコントロール目標のセットを厳格に適用すればするほど，保証対象と判断尺度とのギャップは大きくなる。またリスク評価を踏まえたITコントロールの設定という視点を強調すればするほど，判断尺度の固定性がそこなわれる。これが「判断尺度のゆらぎ」の問題である。

そこで，ITリスクの大きさに応じてITコントロールの水準を数段階の成熟度によって切り分け，「ある成熟度段階にあること」または「ある成熟度段階を前提としたときにITコントロールが適切であること」を保証することはできないだろうか，という発想が出てくる[24]。

すなわち，ITリスク，ITコントロールの成熟度，IT保証手続の厳格さを組み合わせた「リスク－成熟度－手続モデル」である。ただし，このモデルでは，ITリスクの大きさとITコントロールの成熟度が対応していることが前提となっている。

下に示すように，ITリスクに応じたITコントロールの成熟度を基にして，それにITコントロールを評定するときの手続の厳格さを対応づけることによって，保証レベル1 (entry-level)，保証レベル2 (mid-level)，保証レベル3 (top-level) という3段階で保証のグレードが付されることになる。

	ITリスクの大きさ	ITコントロールの成熟度	IT保証手続の厳格さ
保証レベル1	小	低	低
保証レベル2	中	中	中
保証レベル3	大	高	高

---

[24] 成熟度と保証手続を対応させるアイデアは，米国商務省NISTの連邦情報システムセキュリティ認証制度のためのガイドラインの「草案」においてみられたものである。NIST, Special Publication 800-37 [2002]. 本書の記述は，この草案のアイデアにITリスクの大きさを加えたものである。なお，その後公表されたSpecial Publication 800-37 [2004] では，草案の考え方を明確に取り入れることはしなかった。しかし理論的に興味を引くのは，草案段階で示されたアイデアの方である。

5.5 IT 保証の水準

　IT コントロールの成熟度と実施すべき保証手続は，まったく別のものである。低レベルのコントロールしか採用されていない IT システムであっても，厳格な保証手続を行うことは可能である。しかしここでは，適用される保証手続を IT コントロールの現状水準と対応させ，段階ごとにそれに見合った保証水準を付与するという考え方である。

　表 5-3 は，具体的なイメージがわくように，セキュリティ対策を例にとって，IT リスクの大きさ，IT コントロールの成熟度，そして具体的な保証手続を対比して整理したものである。

表 5-3　IT リスク―IT コントロール―IT 保証手続の対応

	IT リスクの大きさ	IT コントロールの成熟度	具体的な保証手続
保証レベル 1	機密性：情報の未承認開示等の影響が小 完全性：情報の未承認修正等の影響が小 可用性：情報へのアクセス不能等の影響が小	低	・関係者への質問 ・セキュリティポリシー，手続書，文書類のレビュー ・システム運用とセキュリティコントロールの観察
保証レベル 2	機密性：情報の未承認開示等の影響が中 完全性：情報の未承認修正等の影響が中 可用性：情報へのアクセス不能等の影響が中	中	・レベル 1 の手続 ・機能テスト ・逆進分析及び逆進テスト ・侵入テスト（任意） ・セキュリティコントロールが正確で効果的であることの検証デモ
保証レベル 3	機密性：情報の未承認開示等の影響が大 完全性：情報の未承認修正等の影響が大 可用性：情報へのアクセス不能等の影響が大	高	・レベル 2 の手続 ・システム設計分析 ・カバレッジ分析を伴った機能テスト ・侵入テスト ・セキュリティコントロールが正確で効果的であることの実証テスト

［出所］　NIST, Special Publication 800-37 ［2002］，p. 28 を参考にして作成

段階水準型保証と判断尺度のゆらぎ

　ITコントロールの適正水準の決定という枠組みにリスク評価という視点を組み込むと、既製の判断尺度がそのまま事業体に見合ったITコントロールの水準となるわけではない。リスク評価という視点を強調すればするほど、この判断尺度はぐらつく。

　ITリスク評価を前提とする限り、そもそもISO 17799などの既製のITコントロール目標のセットは、事業体におけるITコントロールが全体として適切であるかどうかを判断するための「絶対的なものさし」ではありえない。事業体によっては、当該判断尺度が想定しているITコントロールよりもさらに上の水準が適正水準となることもあれば、下の水準の場合もあるだろう。もし上の水準ということになれば、当初メルクマールとした既製の判断尺度は、目標水準ではなくなる。

　理屈の上では、ITリスクの受容可能水準が事業体におけるその時のITコントロールの適正水準であろう。ところがITリスクの受容可能水準というのは、ITコントロールに対する経営者の認識の程度、業務目的の効率的な達成との相関関係、コントロールに対する投資コストの制約などによっても影響を受けるという厄介なしろものである。さらにはITリスク要因の変動によって、今日は有効とされたコントロールでも、翌日には無用の長物とならないとも限らない。ITリスクがもつこのような変動性という特質は、判断尺度のゆらぎの問題を考えるときに重要な意味をもつ。

　「ITセキュリティ対策（ITコントロール）は成長させてゆくものである」という思考は、これまで必ずしも明示的に提起されることはなかった。IT保証サービスでは、ITコントロールの適正水準ということを当初から想定しないか、あるいはある既製のITコントロール目標の達成をもって適正水準とみなすということが暗黙裡の前提とされていた。既製の判断尺度を固定的に当てはめて、白か黒かしかない判断を求めることは、ITリスクの大きさに応じたITコントロールの設定と運用ということの本旨から考えて望ましいことではない。

5.5 IT 保証の水準

このような意味において，IT コントロールの成熟度モデルは，IT リスク評価を前提としたときに生ずる「判断尺度のゆらぎ」という課題を緩和するための一つの手掛りを提供していることは間違いない。

IT 保証サービスはじつにさまざまであるが，これまでの議論のなかで検討の素材として取り上げた具体的な保証サービスの位置関係を，事実型保証か準拠型保証か，そして画一水準型保証か段階水準型保証という2つの切り口を重ね合わせて整理し直すと図5-3のようになる。

図5-3を参考にしながら，結論的にいえる主だったポイントを整理すれば，次のようになるだろう。

① 事実型保証は，保証対象（サイト，公開鍵，時刻）の性質と保証手続の厳格さによって保証水準に差が出る可能性があるが，保証尺度の適切さはそもそも問題とならない。

② 事実型保証と準拠型保証は，この区別だけをもって保証水準に高低をつ

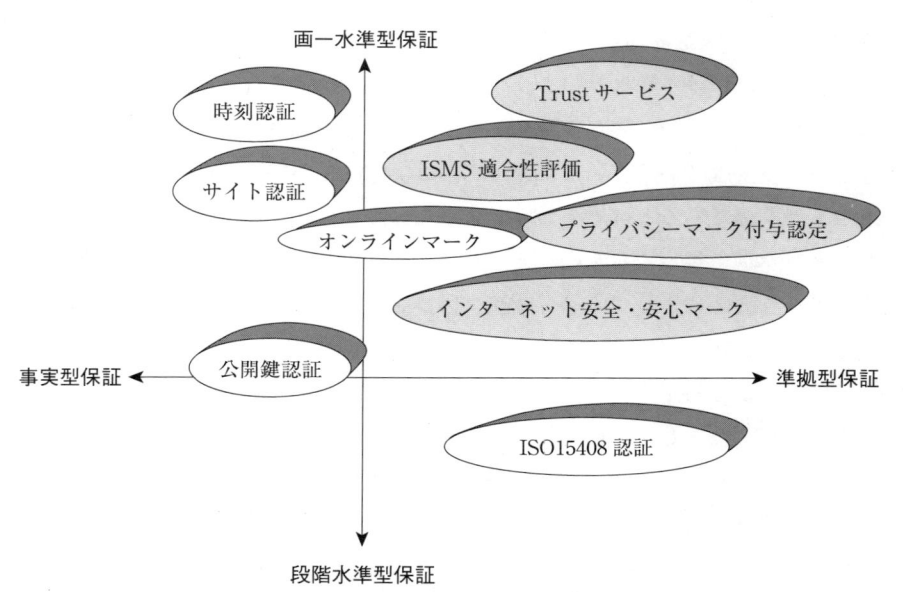

図5-3 保証のタイプからみた各種 IT 保証サービス

けることはできない。また，事実型保証と準拠型保証とを組み合わせた保証サービスもある。
③ 事実型保証は，画一水準型保証とだけ結びつくわけではなく，保証手続の厳格さによってグレードをつける段階水準型保証として展開されることもある。
④ 「画一水準型保証・準拠型保証」という区画にある保証サービスは，保証水準の決定において保証尺度の明確さが大きく影響する。これに対して「段階水準型保証・準拠型保証」という区画にある保証サービスは，保証対象と保証手続によって保証水準にグレードを付けることになる。
⑤ 保証尺度は，その性質に着目すると技術型と管理型があるが，管理型が使われる場合（図の網掛けが該当する）でも，「画一水準型保証・準拠型保証」という区画にすべての保証サービスが位置するとは限らない。管理型の保証尺度が用いられる段階水準型保証もありうる。

IT保証水準の決定要因

それでは，保証水準はどのような要因によって決定されるのだろうか。どれほど厳格な保証手続が実施されたかは，おそらく保証水準にもっとも重要な影響を与える要因であろう。また保証水準は，保証主体の専門能力や独立性の程度とも無関係であるとは思えない。さらに保証ニーズや保証コストは，当初より，保証水準を規定する制約的要因となるであろう。このように保証水準は，さまざまな要因によって直接・間接に影響を受けると考えられる。しかもその影響要因が複雑に絡み合っているようにも思える。

そこで「ある特定のモノやコトを対象として，その正否または適否を，特定の判断尺度に照らして，検証行為を行う」というように，保証サービスをもって，その「対象」，用いられる「判断尺度」，実施される「検証行為」の3要素に分けて考えると，保証水準に影響を与える要因として次の3つが抽出できる[25]。ここでは，保証主体の要件（専門性と独立性），保証のニーズ，保証のコストといった要件は，所与のものとする。

- 保証対象の明確さ
- 保証尺度の適切さ
- 保証手続の厳格さ

　第1は，保証対象の明確さの程度である。一般論としていえば，客観的に認識可能な金額または物量データで表現される対象は，質的属性でしか認識できない対象に比べて，保証の水準は高くなると考えられる。また，すでに発生した過去の事象を対象とする方が，将来の予見に基づく事象を対象とするよりも，保証の水準は高くなると考えられる。決算財務諸表を保証の対象とする場合と，システムあるいは予測情報を保証の対象とする場合とを比較すれば，この違いは明らかであろう。

　ただ，ここでいう明確さには，保証の対象範囲なり保証の主題をどこまで限定的に規定できるかということもあるだろう。たとえば「事業体で運用されているITシステム全般」といった場合と，「Webサーバに格納されている顧客情報の機密性」といった場合とでは，保証対象の限定度が大きく異なる。このように保証対象の性質を別にすれば，保証の対象をどこまで限定できるかは，保証水準に影響を与えると考えられる。

　第2は，保証尺度の適切さであって保証対象を検証する際に用いられる判断尺度の規定度と合理性の度合いである。ここでいう規定度とは，尺度としての実質要件であって，保証対象の正否または適否の判定に際して用いられる尺度

---

(25)　職業会計士が提供する保証サービスにおける保証水準の問題にアプローチした国際会計士連盟の調査研究報告書がある。その報告書では，確定的な結論を得るところまで行かなかったが，保証水準に影響を与える主要要因として，「保証の対象」，「保証の尺度」，「保証の手続」という3要因を抽出していた。この調査研究報告書は保証水準の問題に多角的な検討をくわえているものの，全体としてみたときに，高水準保証と中水準保証の区別に焦点を当てて，その違いにアプローチするといった性質のものとなった。IFAC［2002 d］

　　また，鳥羽・秋月両教授は，保証水準ではなく，「監査硬度」（audit hardness）という概念を創出している。監査硬度とは「監査認識の枠組みの強さ」と定義され，①監査の主題が対象とする領域，②判断基準の精度，③証拠形成の方法，④免責基準の確立度の4つが識別され，重み付けのモデルとして展開されている。

の要求水準，尺度に保証主体の主観的な判断がどれほど含まれる余地があるかどうかということである。保証尺度の要求水準が高く，かつ保証主体の主観的な判断が入り込む余地が小さければ，それだけ保証の水準は高くなると考えられる。また，保証尺度の形式的要件として，保証の判断尺度に客観的な合理性があって，一般に広く承認されたものであれば，そうでないもの（たとえば事業体独自で作成した尺度）に比べて保証尺度の適切さが増し，結果として保証水準は高くなると考えられる。

第3は，どこまで深く，厳密に検証行為を行ったかの度合いである。簡易な限定された保証手続に基づいて保証を付与する場合に比べて，確証度の高い証拠を入手する保証手続を適用すれば，保証水準は高くなると考えられる。この保証手続の厳格さが，保証水準の決定要因として決定的なものであることにおそらく異論はないだろう。

ところが，上記3つの要因が保証水準に影響を与えるものとしても，これら3つの影響要因の相互影響関係を無視してしまうと，次のような不具合が起こる。

仮に，3つの要因に以下のような評点を与えたとしよう。そうすると，〈ケース1〉と〈ケース2〉で，総合評点としての保証水準が同一となってしまう（ケース1：3×2×1　ケース2：2×1×3）のである。これは明らかに実感とかけ離れたものである。

	〈ケース1〉	〈ケース2〉
保証対象の明確さ：	3ポイント	2ポイント
保証尺度の適切さ：	2ポイント	1ポイント
保証手続の厳格さ：	1ポイント	3ポイント

それでは，これら3つの影響要因の相互作用なり，相互の影響関係を考えると，どのようになるだろうか。保証対象，保証尺度，保証手続という3つの変数の相互関係を関数関係として描くと図5-4のように表現できそうである。

5.5 IT保証の水準　349

保証対象の明確さ
高

保証尺度の適切さ　高

低
低
高　保証手続の厳格さ

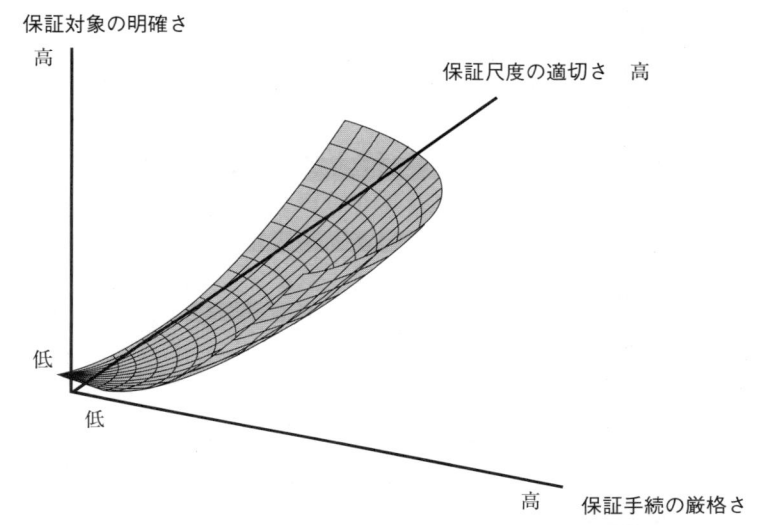

図5-4　保証対象・保証尺度・保証手続の相互影響関係

　もしこのように考えることができれば，保証対象，保証尺度，保証手続は，それぞれの明確さ，適切さ，厳格さが高まれば，それに伴って保証の水準が高くなるといえよう。保証対象，保証尺度，保証手続という3つの影響要因が，具体的にどのように作用しあっているかということまでは明らかにならないものの，3つの変数が相互に影響を与え合う関係は認識できる。
　保証対象が保証尺度と保証手続の影響を受けないものと考えた場合に，決算財務諸表に対する保証と，ITシステムに対する保証とを比べて，直観的な判断を求められたとき，前者の方が保証水準が高くなるように思われる。ところがこのような判断には，じつのところ，その裏に，適用できるあるいは適用される保証尺度と保証手続の性質が見え隠れしている。
　抽象的な言い方をすれば，仮に物量表現された情報を定点で止めて把握したとき，その「正否」を判別するための判断尺度は客観的な規準またはベンチマークを使うことができ，しかも確証的な裏づけをとることのできる手続を適用しやすいことが多いということである。これに対して，連続的に動いている

ITシステムやプロセスでは，その「適否」が判別できるにすぎず，したがって判断尺度にもいきおい主観性が入り込む余地が大きくなる[26]。しかも確証的な証拠を得るための手続を適用する局面は限られてくる。

そこで問題の整理の仕方として，まず保証水準は保証手続の厳格さによって決定されるものと考え，その場合の制約的要因として，保証対象の明確さと保証尺度の適切さを位置づけることはできないだろうか[27]。

保証サービスを提供する保証主体からみたとき，みずから制御できるのは保証手続の厳格さである。保証対象と保証尺度は，もちろん保証サービス契約の締結に際しては考慮されるだろう。しかし，保証主体が保証対象の性質を変えたり，保証尺度を変更することはできない。また3つの影響要因の相互関係に着目したとき，保証手続の厳格さは，保証対象および保証尺度の性質によっても制約を受けると考えられるからである。このような考え方を示したものが図5-5である。

保証主体がその保証手続の適用に際して，保証水準を高めようと思えば，証明力の強い手続が量的にも多く選択されるであろう。適用される手続の証明力という観点でみれば，ITシステムの外部からの攻撃に対する堅牢さを確かめたければ，ファイアウォールのログ解析といった回りくどい手続をとるよりも，実証力の強い侵入テストを適用する方が確証的な証拠を入手でき，結果と

---

(26) 量的で過去的な対象であれば，質的で将来的な対象に比べて，保証尺度の規定度が高い規準を使うことができる。たとえば量的で過去的な対象であれば，極端な場合「×××は×％以下であること」あるいは「×××は×××円以上であること」といった表現で尺度を規定することもできないわけではない。これに対して質的な対象が選択されれば，そこで使われる尺度の多くは「×××は適切であること」といった曖昧な表現とならざるをえない。

(27) 保証水準の差別化問題に取り組んだ先の国際会計士連盟の調査研究報告書では，保証水準の決定モデルとして，「変数の相互作用決定論」（interaction of variables view）と「業務量決定論」（work effort view）の2つを考えた。当該報告書は，結論的には，対象事項（保証対象），規準（保証尺度），そして業務量（保証手続とその結果としての証拠）という変数の相互作用による決定モデルを支持することを明らかにしている。IFAC [2002 d], pp. 112-123. 本書も，変数の相互作用による決定モデルを支持するものであるが，ただし保証対象，保証尺度，保証手続を**並列しない**モデルを構想している。

5.5 IT 保証の水準　351

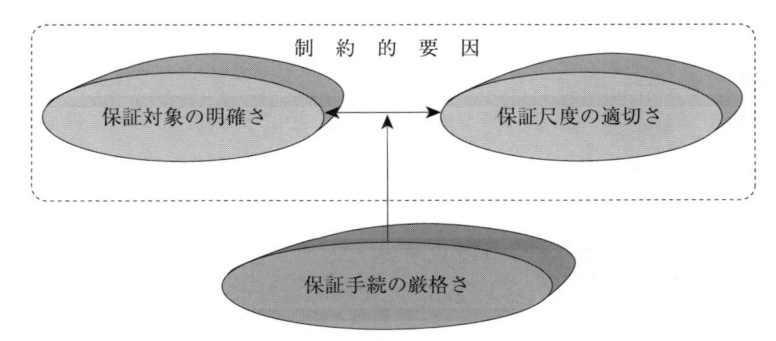

図 5-5　保証手続の厳格さと制約的要因

して保証水準を上げることができる。ファイアウォールのログ解析では，異常なアクセスが存在すること，またはしないことについての証拠を入手することはできる。しかし，これにかえて侵入テストを実施すれば，少なくとも「この手段を用いたこのレベルの攻撃であれば耐えられる」ことについての確証的な証拠を入手することができるからである。

このように保証主体は，その保証手続をみずから調節することによって，保証水準を高めたり，逆に低くすることができる。

しかし，保証対象として IT コントロールが有効性を選んだ場合と，保証対象としてサイトの実在性を選んだ場合とでは，適用できる（あるいは適用すべき）保証手続は異ならざるをえない。いくら厳格な保証手続を適用しようと思っても，保証対象の性質によっては，それができる場合とできない場合がある。

保証尺度も保証手続適用の制約的要因となるだろう。保証尺度で要求されるITコントロールの種類や内容は保証手続の適用に事実上の縛りをかけることになる。また，一般的な承認を得た国際規格を保証尺度として用いる場合であっても，技術型の性質をもつ ISO 15408 を用いる場合と，管理型の性質をもつ ISO 17799 を用いる場合とでは，適用すべき保証手続に違いが生ずる。技術型の保証尺度を用いるときには，セキュリティ機能の強度分析として動作確認や実装分析まで求められるが，管理型の保証尺度ではそこまで要求されない。

このように考えてくると、次のような概念モデルを構想できそうである。概念上は、ある保証サービスが提供されたときに、その保証水準は0から100までの連続する線上の「ある一点」として認識することができるが、保証水準を比較相対的なものとして、「高」・「中」・「低」という3段階の判別モデルとして構想してみよう[28]。

まず、制約的要因としての保証対象を、先に述べたように、①量的に表現される対象か質的に表現される対象か、②過去の事象を対象とするか将来の事象を対象とするかによって類別化すれば、図5-6のように表わすことができる。

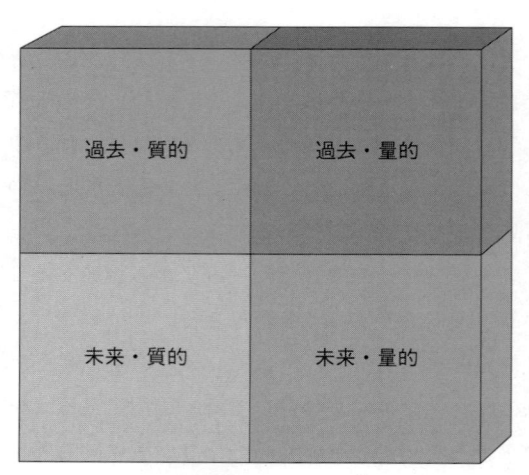

過去・質的	過去・量的
未来・質的	未来・量的

図5-6 保証対象からみた保証水準

---

[28] なお、保証水準を連続する線のイメージで捉える考え方に対して、保証水準の区分論理をとるとき、連続体としての保証水準をいくつかの段階に区分けする形で落とし込む考え方ができる。すななち、<u>　低　|　中　|　高　</u>という切り分けである。ただしこの場合、どこで仕切線を引くかというややこしい問題がある。

これとは別に、保証水準の段階区分といった場合、文字通り、階段を一歩一歩上がるというイメージで区切ることもできるだろう。たとえば、保証手続の厳格さを上げてゆく過程で、あるところまで上ったところで一段上の保証水準に上がり、またしばらく上げたところでさらに一段上の保証水準に上がるといったイメージである。保証サービスの受け手が保証水準を認識するときに、このようなイメージが生成される可能性がある。このような議論は、保証水準の「認識問題」として別途、理論的な検討が必要であろう。

もしこのように仕分けできれば,「過去・量的」がもっとも保証水準が高くなり,「未来・質的」がもっとも低くなるだろう。ただしこのモデルでは,「過去・未来」という時間軸と,「量的・質的」という性質軸に優先度をつけていない。よって,「過去・質的」と「未来・量的」を比べたときに,どちらの方が保証水準が高くなるかを判別することはできないまでも,「過去・量的」と「未来・質的」との間に入る中程度の保証ということになる。すなわち保証対象を独立変数として考えたときに,その保証水準は,

- 高水準保証：「過去・量的」
- 中水準保証：「過去・質的」および「未来・量的」
- 低水準保証：「未来・質的」

と整理できる。

次に,もう一つの制約的要因としての保証尺度を,先に述べたように,①保証尺度の実質要件として,尺度の要求水準が高いか低いか,保証主体の主観性が入り込む余地が大きいか小さいか,②保証尺度の形式要件として,一般的な承認を得た客観的な尺度かそうでないかによって類別化すれば,図5-7のよう

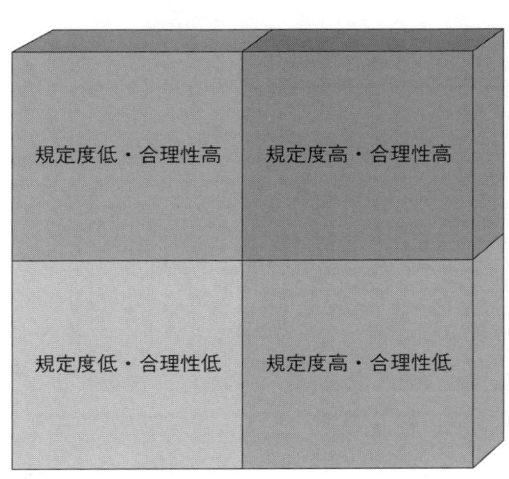

図5-7　保証尺度からみた保証水準

354 第5章 IT保証の理論的基礎

に表わすことができる。

もしこのように仕分けできれば,「規定度　高・合理性　高」がもっとも保証水準が高くなり,「規定度　低・合理性　低」がもっとも保証水準が低くなる。ただしこのモデルでは,客観性の高低の軸と,合理性の高低の軸に優先度をつけていない。よって,「規定度　低・合理性　高」と「規定度　高・合理的　低」を比べたときには,どちらが保証水準が高くなるかを判別することはできないが,「規定度　高・合理性　高」ほど保証水準は高くないが,「規定度　低・合理性　低」よりは高くなるものと判別できる。すなわち,保証尺度を独立変数として考えたときに,その保証水準は,

- 高水準保証:「規定度　高・合理性　高」
- 中水準保証:「規定度　低・合理性　高」および「規定度　高・合理的　低」

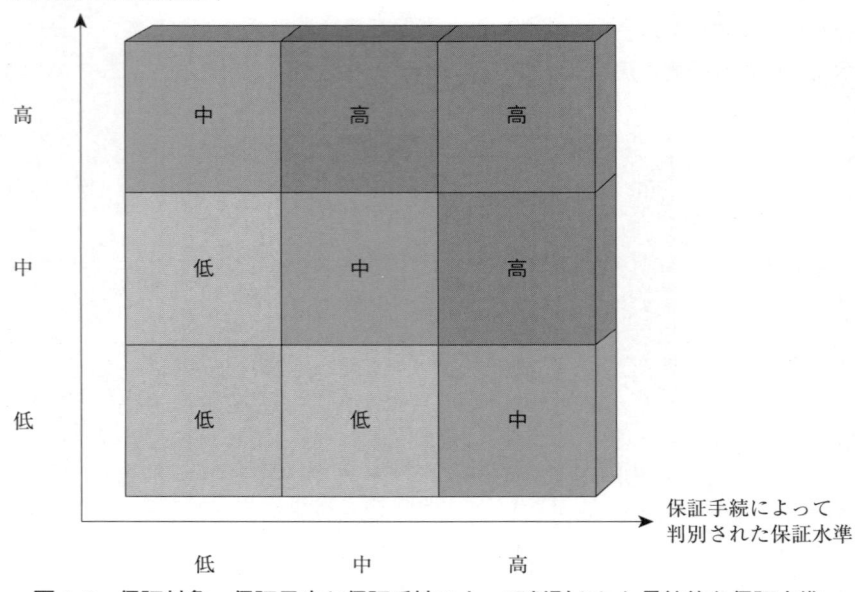

図 5-8　保証対象・保証尺度と保証手続によって判別された最終的な保証水準

- 低水準保証:「規定度 低・合理性 低」

と整理できる。

そして，保証主体が独自に制御できない性質をもつ「保証対象と保証尺度」という2つの制約的要因によって判別された保証水準を，保証主体が独自に制御できる性質をもつ「保証手続の厳格さによって判別された保証水準」と重ね合わせてみると，図5-8のように表わすことができる——縦軸に保証対象と保証尺度によって判別された保証水準をとり，横軸に保証手続によって判別された保証水準をとっている——。

したがって，この2つの軸の組み合わせによってできたそれぞれの升目にある「高」,「中」,「低」が，最終的な保証水準を表わしている。

結 章

総括と展望

ITリスクに基づくITコントロールの解明

　内部主体によるIT保証であれ，外部主体によるIT保証であれ，その評定・検証アプローチを特徴づける鍵概念は，ITリスクである。IT保証は，ITリスクに基づく評定・検証アプローチがベースとなっている。

　IT保証では，ITコントロールが評定されるが，ITリスクという概念を介在させた場合，ITコントロールの評定の意味をどう理解すればよいのだろうか。また，「IT保証＝ITコントロールの評定」と単純に割り切ることができるだろうか。

　どのようなITコントロールが必要とされるかは，ITリスクによって決定される。したがって，ITコントロールが適切かどうかは，ITリスクの大きさ（発生可能性と影響強度）に応じて決定されるべきものである。そうではあるが，このことの意味を厳密に考えるためには，ITリスクという概念を分解的に考え，その議論を受けてITコントロールの評定がどうあるべきかを，できる限り緻密に検討しておく必要がある。本書の第1章および第2章で相当に重い議論を展開したのは，そのような理由があったからである。ITリスクとITコントロールという2つの概念の詳細な検討を飛ばして，地に足のついたIT保証の概念フレームワークを描くことはできないと考えたからである。

　第1章におけるITリスク概念の検討を通じて明らかとなったことは，次の諸点である。

　第1に，ITリスクは，原因となる事象が，特定の状況と結びついて，どのような帰結をもたらすかという意味での「原因－誘因－帰結」のつながりを意識して把握することで成立する概念であることを明らかにした。ITリスクを

どのようにコントロールするかという観点からみたとき，リスク概念を構成する原因または誘因（これらをリスク要因と呼ぶ）にどのように働きかければ，帰結を変動させることができるかを明確にする必要がある。

　リスクを特定するということは，そういうことである。単にどこにどのようなITリスクがあるかということを明らかにすることではない。ITシステムへの不正侵入だとか，個人情報の漏洩といったことをいくら列挙しても，ITリスクを特定したことにはならない。コントロールの対象と，適用すべきコントロールを明らかにするためには，ITリスクをもって「原因－誘因－帰結」のつながりが分かるように，一つひとつのリスクを特定する必要がある。これがITリスクの特定である。

　リスクは帰結の大きさをもって測定される。ITリスクの大きさがわからなければ，経営者は適切なITコントロールを設定することもできなければ，ITコントロールが適切かどうかを見きわめることもできない。リスクの測定は，個々のITリスクが受容領域に収まっているかどうかを経営者自らが判定するために行われる。

　第2に，ITリスクは，他のリスク（他のITリスクまたは他のビジネスリスク）へと連鎖し，また常に変動しているという性質をもつことを明らかにしてきた。IT保証の対象となるITコントロールは，ITリスクのコントロールに他ならないから，このようなITリスクの性質を十分に踏まえておく必要がある。

　「原因－誘因－帰結」として特定されたITリスクは，その帰結が別のリスクの原因となることがある。このことは，ITリスクをもって技術のリスク，業務活動レベルで生ずるリスクという狭い枠に押し込めて理解してはならないことを意味する。また，ITリスクをもって「原因－誘因－帰結」として把握すれば，原因または誘因，あるいは両者が変動すれば帰結も変わる。

　なぜ，このような概念的な検討が必要であるかといえば，今日，内部主体によるIT保証であれ，外部主体によるIT保証であれ，その評定・検証アプローチはITリスクを鍵概念としているにもかかわらず，ITリスクの発生メカニズムとITリスクの基本的な性質にまで踏み込んで説明されることがなかっ

たからである。ITリスクの連鎖性と変動性という性質は，何を，どこまで保証するか（できるか），という議論と無関係ではない。IT保証の対象はITコントロールである。端的にいえば，そうなる。ところがITコントロールは，その前提となるITリスクの性質によって大きな影響を受ける。リスクとコントロールとの密接不可分な関係を考えると，国際的に通用するITコントロール規準であるとか，権威ある規格であるという理由だけで，IT保証の判断尺度としてそのまま利用することは危険である。ITコントロール規準にITリスクの連鎖性と変動性という性質をつよく反映させればさせるほど，判断尺度のゆらぎが生ずるからである。

　第3に，ITリスクの複合的な性質を明らかにするために，①事業体の戦略計画レベルで考慮すべきITリスクと，日常的な業務活動レベルで考慮すべきITリスクとを切り分けるための断面，および②情報通信技術手段によって生ずるITリスクと，それを動かす人と組織のあり方によって生ずるITリスクを切り分けるための断面を区別し，それらの影響関係を「ITリスクの影響関係モデル」として明らかにした。

　このような切り分けによって，ITリスクは，業務活動レベルに限定されるリスクではないこと，そしてITリスクの原因または誘因は，技術を実際に動かす人の技能，役割，倫理観にも求められることといった，ITリスクの多面的な性質が明らかになる。それはITリスクの連鎖性と変動性を裏付けるものでもある。この点を無視して，あるITリスクをピンポイントでつかまえて，いくら厳密に測定してもITコントロールの評定では意味をなさない。

　ITコントロールは，このようなITリスクの特性を踏まえた上で評定されなければならないが，それを保証の対象という角度からみたときに，どのような性質をもったコントロールとして理解されるべきであろうか。

　この点に関連して，第2章における検討を通じて明らかとなったことを要約すれば，次のようになる。

　第1に，ITリスク管理プロセスのなかで，ITコントロールが，概念上，どのような位置づけにあるかを明らかにした。これまでITコントロールについ

ては，個々のコントロールの紹介やその体系化は行われてきたが，ITリスク管理プロセスや，具体的なITリスク処理方法との関係は明らかではなかったからである。

　ITリスク管理プロセスは，通例，「ITリスク管理方針の策定」，「ITリスクの特定」，「ITリスクの測定」，「ITリスクの判定」，「ITリスク処理の実行」，「コミュニケーションとモニタリング」という構成要素からなる。これらの要素をつなげた一連のプロセスは，コミュニケーションとモニタリングを通じたフィードバック構造になっている。このなかで，コントロールと呼ばれる機能は，厳密には「ITリスク処理の実行」という構成要素のうち「ITリスクの制御」と呼ばれる部分と，「コミュニケーションおよびモニタリング」である。

　このときに重要な点は，コントロールの基本機能を，予防機能，発見機能，情報提供・共有機能の3つに区別すれば，ITリスクの制御が予防機能，モニタリングが発見機能，そしてコミュニケーションが情報提供・共有機能に，それぞれ該当する。つまりITリスク管理プロセスのうち，どの構成要素がコントロールに該当し，どの構成要素がコントロールに該当しないかということは，コントロールの機能とも関連づけられるのである。

　また「ITリスク処理の実行」で用いられる手法の基本は，リスクの制御，回避，移転の3つである。もちろんITコントロールは，直接的には，リスク制御に該当する。しかしここで重要なことは，この3つの処理方法は並列的で排他的なものではなく，また手法の適用に当たっては定期的な見直しが必要であるということである。ITリスクの測定およびITリスクの判定によって，ITリスク処理の選択が行われるが，どれか一つが選ばれるといった単純なものではない。さまざまなバリエーションとしてITリスク処理が実施されるのである。また，ITリスク要因の変化によって，ITリスク処理方法の組み合わせは見直されなければならない。

　第2に，第1章で展開した「ITリスクの影響関係モデル」を「ITコントロールの影響関係モデル」として置き換えて考えてみることで，ITコントロールの多面性を明らかにした。「ITコントロールは技術のコントロールに限定さ

れない」ということを明らかにするためである。

　ITコントロールは，ITリスクの連鎖性と変動性を反映したものでなければならない。すなわち「戦略計画レベルのコントロールと業務活動レベルのコントロール」，そして「技術手段のコントロールと技能・役割のコントロール」とを概念上ひとまず区別した上で，相互の依存関係のもとでITコントロールが設定され，運用されていることの理解が重要である。

　とりわけITコントロールをもって業務活動だけでなく，戦略計画とも密接に関連づけてみる考え方は，ITガバナンスがなぜ議論されるようになったのか，またその本質は何かということを理解するためにも欠かせない。旧来からのIT管理と区別されるITガバナンスは，IT管理という概念ではカバーできない，経営者層に対する規律づけと，外部利害関係者との影響関係を含む概念である。ITガバナンスは，IT管理という概念にとって代わるものではなく，IT管理でカバーできない部分に焦点を当てる概念なのである。

　第3に，ITコントロールの評定に際して，ソフトウェア開発プロセスの能力評価で使われている「成熟度モデル」の応用について考えてみた。

　このモデルは，そもそもITコントロールは段階を追って成熟してゆくという発想で作られたものである。段階ごとに要求特質を定義し，それが達成されていることをもって，ITコントロールの水準がどの段階にあるかを判別する。成熟度モデルの基本は，事業体で採用しているコントロールを「全体として段階的に」引き上げてゆくという点にある。もちろん，一つひとつのコントロールごとにみれば，それはITリスクの帰結の大きさを織り込んで設定されたものでなければならないことはいうまでもない。

　成熟度モデルのおもしろさは，IT保証への応用にある。段階水準保証という考え方とつながってくるからである。このモデルが，第3章以降で議論したITコントロールの保証に適用できれば，白か黒かの判定ではなく，「現行のITコントロールの水準が，コントロールの成熟度段階（通例，3段階から5段階程度に切り分ける）のなかで，ある特定の段階にある」というかたちの保証が可能となる。これは，従来のITコントロールの保証にはみられなかった発想で

ある。

内部主体によるIT保証の展開――内郭的概念としてのIT保証――

　事業体はITリスクに応じてITコントロールを設定し運用する。しかしITコントロールは常に正しく機能しているとは限らない。また，もともと間違ったコントロールが設定されているかもしれない。そこで，ITコントロールがITリスクに応じて適切に設定され，予定された機能を果たしているかどうかを客観的に確かめ，信頼を付与するための手立てが必要となる。それがIT保証である。

　第3章では，事業体の内部監査部など，内部主体によって行われるIT保証の最近の展開をにらんだ保証のフレームワークについて，ITリスクのコントロールとの関係を踏まえて考察した。本考察を通じて得られた結論を整理すれば，以下のとおりである。

　第1の結論は，内部監査人協会の機関誌 Internal Auditor 誌のサーベイを通じて，主に北米におけるIT監査の実務を跡付けてみると，IT監査は情報システムに組み込まれたITコントロールの評定であることを確かめることができた。

　IT監査は，第1ステージ（一般業務監査との区別も明確ではなく，内部監査人はコンピュータ処理部分のブラックボックスに何とか光を当てようとした手探りの段階），第2ステージ（エクイティ・ファンディング会社事件が発覚したこともあって，適用業務システムを対象とした保証という実務が根付いた段階），第3ステージ（マイクロコンピュータ技術，データベース技術，そしてネットワーク技術に着目し，技術的な観点を重視して情報システムに保証を付与してゆこうとする実務が根付いた段階）を経て成長をとげてきた。そこには一貫して変わらないものがあった。IT監査は情報システムに組み込まれたITコントロールの評定である，との理解である。

　ところが1990年代中頃からインターネットを中核とするオープンネットワーク技術，さらにはマルチメディア技術やモバイル技術の急速な普及によって，IT監査の様相は一変する。ここで2つの大きな流れができたのである。

一つは，業務プロセスの再構築，あるいは新しい事業モデルの創出を目指す経営戦略支援に焦点をあわせたIT監査である。これによって，ITシステムがその最低限の機能を発揮するためのコントロールの「後向き品質属性」に着目する保証から，ITシステムの戦略支援効果を重視したコントロールの「前向き品質属性」に着目する保証への重点移行が起こった。

　もう一つは，事業体のセキュリティ対策を対象としたIT監査である。事業体のセキュリティ対策に特化して保証を付与するという監査である。ただし，アクセス制限技術，ユーザ認証技術，暗号技術などを個別的にしかも技術的観点から保証するというものではない。むしろ，それらの技術がどのように運用されているか，あるいは全体的な観点からみたときに適切であるかどうかという管理的視点からする保証である。

　このような流れのなかで，ITリスク指向の保証という考え方が生まれた。それは，一つには，ITリスクに基づくITコントロールの評定に重点を置く保証であり，いま一つはITリスク管理プロセスの全体をカバーしようとする保証である。

　第2の結論は，内部監査としてのIT保証を，ITリスク評価に基づくITコントロールの保証として実施する場合には，次の2つの意味が確認されるべきことである。一つは，本来リスクの大きさによって相応のITコントロールが適切な場所に設定され，運用されているかどうかが評定されることである。もう一つは，ITコントロールを採用しても残ってしまうリスクが許容リスク水準に収まっているかどうかの確認，すなわち残存リスクの判定が行われることである。

　この2つの意味を反映したITコントロールの保証を行うためには「ITリスク－コントロール・マップ」の利用が有効である。ITリスク－コントロール・マップとは，発生可能性と影響強度のそれぞれに段階的なスコア（通例，1～3の3段階ないしは1～5の5段階）を与えてITリスク値を表現するモデルである。横軸に発生可能性を，縦軸に影響強度をとり，それぞれにスコアをつけて，個々のITリスクを座標上に当てはめてゆく。この手法によれば，本来リ

スクの位置関係だけでなく，それに対応するITコントロールとの関係を認識することができる。すなわち，それぞれの本来リスクの位置によって，発生可能性のコントロールに重点が置かれるべきか，影響強度のコントロールに重点が置かれるべきか，あるいはその双方が考慮されなければならないかを判別できる。そして，一つひとつの本来リスクごとに，それに対応するITコントロールの現行水準を明らかにすることができるのである。ITコントロールが適切であるかどうかの評定を，①コントロール強度の判定と，②コントロール機能の判定に分けて考えるとわかりやすく，リスクマップを使ったITコントロールの評定の意味が生きてくる。

それでは，内部主体によるIT保証のいま一つのあり方，すなわち「ITリスク管理プロセスの保証」は，いかにあるべきだろうか。この答えが第3の結論である。すなわち，ITリスク管理プロセスの保証では，①ITリスク管理プロセスの最終ステップに検証手続を組み込む構造（縦型組み込み構造と呼ぶ）と，②ITリスク管理プロセスの段階ごとに検証手続をすり当ててゆく構造（横型組み込み構造と呼ぶ）の2タイプが区別できる。

「縦型組み込み構造」では，ITリスク管理の最終点検のために保証という職能が組み込まれることになる。ITコントロールを対象とした保証としての性質が強くでる。一方，「横型組み込み構造」では，ITリスク管理プロセスの構成要素ごとにその妥当性を確かめ，次の段階へと進むための保証としての色合いが濃くなる。すなわち，横型組み込み構造によれば，ITリスク要因の連鎖と変動という性質を取り込んだ保証となる。

以上で述べたようなリスク指向保証のための手法に着目してみると，ワークショップ型CSA（コントロール自己評価）が注目される。

ワークショップ型CSAを活用すれば，①ITリスクを部門横断的に把握できる，②コントロール環境の評価を効果的に行うことができる，さらには付随的効果として③ITコントロールの重要性についての非監査部門に対する教育的な効果が生まれる，といった利点が期待できる。

しかし，ワークショップ型CSAをIT監査の手法として用いることは，内

部監査人の視点を,「保証」から「改善勧告」に向かわせることになる。ワークショップ型 CSA が, IT リスクの連鎖性に着目したリスクの業務横断的把握と,それに基づく IT コントロールの欠陥や弱点をあぶり出すだけにとどまらず,被監査部門に対するダイレクトな改善点のフィードバックへと重点が移行する可能性が高い。ワークショップ型 CSA の利点を生かそうとすればするほどこの傾向は強まるだろう。したがって,内部監査人が「IT 保証」という枠組みのなかでワークショップ型 CSA を使うときの鍵は,監査人の独立性確保にある。

ワークショップ型 CSA が被監査部門の責任のもとで行われており,内部監査部門の関与がなければ(または関与がきわめて弱ければ),ワークショップ型 CSA のプロセスや成果物に対する保証の提供ということもありえないわけではない。要するに CSA の導入そのものが,そのまま内部主体による保証職能の否定につながるというものではない。

外部主体による IT 保証の展開——外郭的概念としての IT 保証——

第 4 章では,第 3 章の対極にある外部主体による IT 保証について検討をくわえてみた。

1990 年代の末に,米国公認会計士協会とカナダ勅許会計士協会は,財務諸表監査以外の新たな保証サービスの構想を打ち出した。その一つに「Trust サービス」と呼ばれる IT 保証がある。Trust サービスは,消費者保護という視点が盛り込まれている点,および職業会計士がその専門技能と,確立された監査規範に基づいて IT コントロールを保証する点において,第 3 章で展開した事業体の経営管理目的として行われている内部主体による保証とはその目的も違えば,性質も異なる。

Trust サービスは,公認会計士または監査法人という職業会計士による保証であるから,まずもって会計情報システムがどのような方向に舵を切ろうとしているかという観点から,財務諸表監査の延長線上に登場した IT 保証の意味を考究してみた。そこで得られた結論は,次のとおりである。

第1に，会計情報システム（AIS）は，財務諸表の作成を主たる目的とした定型型・繰返し型の運用モデルから，経営意思決定支援を目的とした統合型の運用モデルに置きかわりつつあることである。このことは，概念上，AISと他の適用業務システムとの境界線が不明確になりつつあること，そして会計情報の信頼性がITシステム全般にかかわるITコントロールに依存しつつあることに端的にあらわれている。

伝統的なAISのモデルは，それを「技術・運用の視点」からみたとき，財務諸表の作成を主たる目的とするものであって，定型型・繰返し型の取引処理を優先した運用が前提とされていた。これに対して，AISもクライアント/サーバへの移行が進み，その技術的特性をうまく生かした機能拡張が進んでいる。また，AISの業務プロセス指向が高まり，他の適用業務システムとのより自然な形での統合を目指すものへと変わってきている。AISへの役割期待も意思決定支援へとその重点が移りはじめ，業務プロセスへの適合を目指す新しいAISモデルが出現するようになってきたのである。

さらに，AISのモデルを「概念・設計の視点」からみたとき，写像対象たる経済事象をシステムに取り込むためのレンズとして，伝統的なモデルでは，取引事象に基づく過去的で貨幣的測定が可能なデータを複式簿記のルールによって処理・蓄積するというレンズを使ってきた。これに対して，新しいAISモデルが前提とする概念・設計思考は，経済事象をより多面的に捕捉，処理，蓄積，利用しようとするアプローチをとる。

このようなAISの転換に目を向けたとき，財務諸表監査はどう変わるべきかを考えるとき，大きく分けて2つの見方がある。

一つめは伝統的な財務諸表監査の枠組みのなかで対症療法的な解決を探る道である。あくまでも「情報の保証」という枠組みを前提とした解決策である。ITシステムを財務諸表監査における内部統制評価の一環としてみるにすぎず，ITシステム自体について職業会計士が心証固めを行い，監査意見を表明するわけではない。この考え方によれば，AISのモデルがいかように変容しようと，あくまでも財務諸表監査という基本枠はさわらない。

しかし見方を変えるといま一つの道がみえてくる。それは AIS の信頼性の保証，あるいは AIS を含めた包括的な IT システム自体の信頼性の保証である。これは情報自体の保証とは切り離された「システム自体の保証」という枠組みを使うことになる。

第2の結論は，IT がディスクロージャに与える影響に目を移すと，Web 開示の進展によって，「プレタポルテ型の定期開示モデル」が崩れ，「オーダーメイド型開示モデル」へと移行してゆく可能性が高いことである。

Web 開示の利点を生かそうとすれば，開示の目的観は受託責任の解除から意思決定有用性へとシフトしてゆくであろう。また開示内容は，会計情報の「平面的拡張」（非会計情報の追加提供と，会計情報から読み取れる解釈情報の追加提供）と，「深層的拡張」（会計情報の裏に隠れている背景情報の追加提供）へと進むだろう。そして，開示の時間軸は「連続開示」へと移行する。

これらのことは，財務諸表という集約化された情報の定期的な保証から，IT システムの連続的な保証へと変わらざるをえないことを意味する。

以上の検討を通じて，第3の結論としていえることは，AIS のモデル転換が進み，かつ Web サイト上で非会計情報をも含む連続開示へと移行してくるという前提で，IT 保証のあり方を考えるとき，もはや伝統的な財務諸表監査の枠組みを維持しつつ，対症療法的な解決策の切り貼りで，IT 保証の枠組みを模索するには限界があるということである。AIS を含めた包括的な IT システムを対象とした IT コントロールの保証という新しいフレームワークが構想されなければならない。

「Trust サービス」がそもそも想定したのは，直接的には，従来，未監査とされてきたシステムの保証であった。開示される情報そのものの保証ではない。正確にいえば，システムに組み込まれた IT コントロールが適切かどうかの保証である。とりわけ連続開示モデルを前提としたとき，開示される情報に対して保証を与えるということになると，刻一刻と変わる情報にいちいち保証を与えるということはとてもできない。そこで，システムに組み込まれた IT コントロールの評定を通じて保証を付与しようとする接近法がとられることに

なる。このような意味において，Trust サービスは，高度な IT に支えられた今後の AIS と開示モデルの進展を射程に入れたとき，一つの参考とすべき IT 保証のモデルであるといってよい。

しかしそれでもなお，情報の信頼性保証というフレームワークを維持しようとすれば，IT コントロールによって IT システムの信頼性が確保され，IT システムの信頼性が情報の信頼性の確保へとつながるロジックが成り立たなければならない。すなわち，①情報の信頼性は，情報を出力するシステム作動の良否・適否によって規定されること，そして②システムが予定された機能を果たすかどうかは，当該システムに組み込まれたコントロールの目的達成度によって規定されること，という条件が成立していなければならない。

開示制度の運用との絡みを考えると，情報の監査とシステムの監査をまったく別のフレームワークとして構想すべきか，あるいは連携を視野に入れたフレームワークとして構想すべきかという問題は，別の次元で議論すべき問題として残る。だが今後，AIS がさまざまな業務システムとの統合を強め，かつ，過去的で高度に集約された情報のワンセット型開示の枠組みが崩れてくるようなことがあると，システムの信頼性の保証へと大きく舵を切らざるをえなくなることは間違いないように思う。

IT 保証の理論的基礎の構築に向けて

今日，電子商取引に参加する取引主体が安心かつ確実に取引を行えるようにするために，取引当事者とは別の機関による第三者保証サービスが提供されている。このような保証サービスは，第 4 章で検討した職業会計士による「Trust サービス」だけでなく，認証サービス機関や認証サービス会社等によってさまざまな保証サービスとして展開されている。

このような各種の保証サービスの展開に目を向けてみると，あらためて監査と保証との関係をどう考えるべきか，ということを考え直してみなければならないように思える。保証の主体として職業会計士という限定を外せば，「デジタル認証（証明）」，「プライバシーマーク認定」，「ISMS 適合性評価」「インタ

ーネット安全・安心マーク」等々，さまざまなサービスがみられる。いずれも保証を付与していることに間違いない。しかしこれらは伝統的な「監査」という概念ではとても包みきれない。

そこで第5章においては，広い括りでIT保証サービスをつかまえて，IT保証の本質的な部分についての検討を試みた。各種のIT保証サービスを具体的に検討してみると，「何を保証しているのか」，「どこまで保証しているのか」という肝心な点がきわめて曖昧なままになっているからである。

保証の付与という問題に接近しようとするとき，その理論上の核心は，おそらく「何を保証しているのか」という保証の主題と，「どこまで保証しているのか」という保証の水準に集約されるように思う。このもっともややこしい問題に，少しでも道筋をつけておくことは，IT保証の概念フレームワークを構想する際に避けて通れない。

第5章で取り扱った各種のIT保証サービスには，保証の前提として内部監査の実施が要求されるものがあったり，職業会計士による財務諸表監査のロジックをそのまま援用したものもある。その意味で，第5章の内容は，第3章で展開した内部主体によるIT保証，および第4章で展開した外部主体によるIT保証についての議論を踏まえた上での最終的なIT保証概念フレームワーク構築のための仕上げとしての意味ももっている。

保証の主題から確認してゆこう。保証の結論として「何を保証しているか」を端的に表現したものを保証の主題という。たとえば「Webシステムは安全であること（かどうか）」というのは，ここでいう保証の主題である。保証の主題は，通例，保証の「対象」（ここではWebシステム）と，それが備える「属性」（ここでは安全性）を組み合わせて表現される。

たとえばTrustサービスで使われる判断尺度（ITコントロール目標のセット）は，安全性，可用性，完全性，機密性，個人情報の保全性の5つである。ただし，モジュラー適用といって，5原則のうちの一つまたは複数の原則を任意に選択して保証を付与できるようになっている。

このとき理論的に厄介な問題が起こる。それは，Webシステムという一つ

の対象について，複数のITコントロール目標が対応させられて，「Webシステムの安全性，完全性，および機密性」といった保証の主題が設定されたときに，それに対する保証は一体何を意味しているか，ということである。選択された各原則にはどのような関係があるだろうか。選択されなかったITコントロール目標とはまったく関係がないのであろうか。

このように考えてくると，「保証原則」にみられるコントロール目標の多層性を明らかにし，保証の主題の括り方を確立する必要があるだろう。決して「お好きな組み合わせでどうぞ」というものではないはずである。

そこで本書では，ITコントロール目標について，コンテンツ層，システムサービス層，プラットフォーム層という3つのレイヤーを区別した上で，ITリスクの連鎖が対応づけられるようなモデルを考えてみた。これによれば，少なくともITリスクの連鎖性を取り込んだITコントロール目標の括りが可能となる。

なお，このような考え方に基づいて，保証の主題とされるコントロール目標の括り方についての理論上の課題を整理すれば，次のようになるだろう。

第1は，たとえば処理の完全性原則と安全性原則など，きわめて密接に関連する属性が保証の主題として選択されたとき，この2つの属性の間に仕切り線を入れながら確証の度合いを高めてゆくことが現実に可能かどうかということである。

第2は，複数の属性（ITコントロール目標）を保証の主題として選択し，保証の結論として併記することがもたらす意味である。複数の属性を選択する場合，大別して，2種類の組み合わせができる。一つは，各階層をまたがない，階層を統一した組み合わせである。いま一つは，階層をまたぐ組み合わせである。このような組み合わせについての理想を描くとすれば，①階層が同じ属性ごとに，そのなかから保証の主題を選択して整合性を図るか，あるいは②ITリスクの連鎖に着目して，階層をまたいで結びつく属性を一つのセットとして選択するかのいずれかになるだろう。

第3に，たとえば安全性原則だけを保証の主題として限定するとしても，保

証の結論を記載した報告書の読者がそれをどのように解釈するかという，伝達の曖昧さが残ることである。たとえば「ITシステムの安全性についての有効なコントロールを，すべての重要な点において維持しているものと認める」とする表現で，保証の主題を限定していること，そして評定の対象としたコントロール目標を限定していることが正しく伝わるかどうかという問題がある。

次に，保証の水準について考えてみよう。保証の水準とは，保証を受ける側からみたとき，それは保証対象についての「確信の度合い」を意味する。一方，保証を提供する側からみると，「保証の誤謬可能性の補数」が保証の水準である。ところが，IT保証の領域では，「どの程度の確実さをもった保証か」についての検討がなされたことはなく，保証水準の問題はブラックボックスに近い。

そこで第5章では，各種保証サービスを俯瞰した上で，保証水準を2つの切り口から整理してみた。そうすると，第1に，客観性の高い物理的/論理的事実または状況の保証（事実型保証と呼ぶ）と，ITコントロールが何らかの判断尺度に準拠しているかどうかの保証（準拠型保証と呼ぶ）によって保証の水準に差がでること。そして第2に，画一的な保証水準を措定しそれが満たされているかどうかの判断を行う保証（画一水準型保証と呼ぶ）だけでなく，保証水準にグレードをつける保証（段階水準型保証と呼ぶ）もありうることがわかった。

このなかで注目したのが，段階水準型保証である。この段階水準型保証を検討してみると，おもしろいことがわかる。

第1に，段階水準型保証のグレードのつけ方に着目すると，①保証対象を固定して保証手続でグレードをつける方式と，②保証対象と保証手続を対応づけてグレードをつける方式の2つがあることである。これは，保証水準の決定要因を考えるときのヒントになる。

第2は，段階水準型保証は，第2章で検討したITコントロールの成熟度モデルとの親和性が高く，しかもリスク評価を組み込んだ判断尺度に生ずる「ゆらぎ」（ITコントロールの適正水準の決定にリスク評価を組み込むと，判断尺度がぐらつくこと）を克服するための有効な手段となる可能性があることである。

それでは，保証水準はどのような要因によって決定されるのだろうか。保証サービスをもって，保証の対象，判断尺度，検証行為に分けて考えると，①保証対象の明確さ，②保証尺度の適切さ，③保証手続の厳格さ，という3つの影響要因が抽出できる（ここでは，保証主体の要件，保証のニーズ，保証のコストといった要件は所与のものとする）。

ところが，上記の3要因が保証水準に影響を与えるものとしても，これらの相互関係を無視して，3要因を同列に並べることはできないであろう。そこで第5章では，保証水準がまずもって「保証手続の厳格さ」によって決定されるものと考え，その場合の制約的要因として，「保証対象の明確さ」と「保証尺度の適切さ」を位置づけるという考え方をしてみた。

保証サービスを提供する保証主体からみたとき，自ら制御できる要因は保証手続の厳格さである。保証主体が保証対象の性質を変えたり，保証尺度を任意に変更することはできない。またなによりも，3つの影響要因の相互関係に着目したとき，保証手続の厳格さは，保証対象および保証尺度の性質によって大きな制約を受けると考えられるからである。

そこで，保証主体が制御できない保証対象と保証尺度を組み合わせてできる保証の水準と，保証主体がみずから制御できる保証手続を重ね合わせることで，最終的な保証水準が決定されるモデルを構想してみたのである。

以上のように，本書では「IT保証」という新しい領域を構想し，鍵となる概念について詳しい検討をくわえ，そこから抽出されたエッセンスを積み重ねてゆくことで，IT保証の輪郭を描こうと試みてきた。筆者がとったこのような接近法を「概念フレームワーク」というタイトルに込めたつもりである。

IT保証は，ITリスクの大きさに基づいて設定され運用されるITシステムやITプロセスに組み込まれたITコントロールの保証である。本書でもこの議論を中心としてきた。IT保証の本流となるのは，事業体が設定し運用するITシステムやITプロセスを対象とした保証であろう。ところが，Webサイトの実在証明，公開鍵と本人との一致証明，時刻証明などのデジタル認証も，

IT保証である。また，IT製品の機能や性能を対象としたIT保証もある。そこで本書では，論理展開のブレを少なくするために，ITシステムやITプロセスを対象としたIT保証をまずもって議論展開の本流として位置づけつつ，デジタル認証などのIT保証を議論展開の支流として取り込むというスタンスをとった。

　将来的には，まったく新しいタイプの保証が登場してくるかもしれない。情報と通信の技術進歩ももちろんだが，その関連技術の進展は，IT保証の対象拡大を想起させるだけでなく，その手段的側面においてもIT保証の世界を大きく変える可能性を秘めている。

参　考　文　献

邦文文献

iDC イニシアティブ次世代基盤検討部会［2002］『iDC 活用ガイドライン』
アーサーアンダーセン ビジネスコンサルティング［2001］『業績評価マネジメント―ミッションを実現する戦略的手法』生産性出版
青木茂男［1981］『現代の内部監査』中央経済社
―――［1984］『現代の業務監査』中央経済社
青木昌彦・安藤晴彦編著［2002］『モジュール化―新しい産業アーキテクチャの本質』東洋経済新報社
板倉正俊［2002］『インターネット・セキュリティとは何か』日経 BP 社
伊丹敬之［1986］『マネジメント・コントロールの理論』岩波書店
―――［2000］『日本型コーポレートガバナンス』日本経済新聞社
今井秀樹・松浦幹太［1999］『情報セキュリティ概論』昭晃堂
伊豫田隆俊［2003］『制度としての監査システム―監査の経済的機能と役割』同文舘
インターリスク総研編著［2002］『実践リスクマネジメント―事例に学ぶ企業リスクのすべて―』経済法令研究会
OECD 閣僚理事会・OECD 民間諮問委員会編　奥島孝康監修［2001］『OECD のコーポレートガバナンス原則』金融財政事情研究会
大矢知浩司［1989］『監査論概説』白桃書房
岡部孝好［1993］『会計情報システム選択論』中央経済社
学術情報センター編［1999］『ネットワークセキュリティ―学術情報の発信と保護―』丸善
片方善治監修［2004］『IT セキュリティソリューション体系　上巻・下巻』フジ・テクノシステム
河﨑照行［1997］『情報会計システム論』中央経済社
古賀智敏［1990］『情報監査論』同文舘
國領二郎［1999］『オープン・アーキテクチャ戦略―ネットワーク時代の協働モデル』ダイヤモンド社
亀井利明［1985］『危険管理論』中央経済社
関西情報・産業活性化センター 情報セキュリティマネジメント研究会［2002］『企

業活動と情報セキュリティ』経済産業調査会
監査法人トーマツ編［2003］『リスクマネジメントと内部統制』税務研究会出版局
危機管理マネジメント研究会［2002］『実践危機管理マネジメント―理論・戦略・ケーススタディ』ぎょうせい
木嶋恭一・出口　弘［1998］『システム知の探求1　決定するシステム』日科技連
金融情報システムセンター［1999］『金融機関等におけるセキュリティポリシー策定のための手引書』
―――――［2001］『統合的リスク管理勉強会（第3部）報告書』
経済企画庁経済研究所編［1999］『日本のコーポレート・ガバナンス』大蔵省印刷局
経済産業省　リスク管理・内部統制に関する研究会［2003］『リスク新時代の内部統制―リスクマネジメントと一体となって機能する内部統制の指針―』
経済産業省商務情報政策局監修［2005］『新版　システム監査基準/システム管理基準　解説書』日本情報処理開発協会
経済産業省リスク管理・内部統制に関する研究会［2003］『リスク新時代の内部統制―リスクマネジメントと一体となって機能する内部統制の指針―』
KPMGビジネスアシュアランス/吉川吉衞編［2003］『企業価値向上のためのコーポレートガバナンス』東洋経済新報社
甲賀憲二・林口栄治・外村俊之［2002］『ITガバナンス』NTT出版
久保田音二郎［1974］『現代内部監査』千倉書房
古賀智敏・河﨑照行［2003］『リスクマネジメントと会計』同文舘
小西一正［1997］『内部統制の理論』中央経済社
櫻井通晴［2001］『ソフトウェア管理会計』白桃書房
社会安全研究財団［1998］『情報セキュリティビジョン策定委員会報告書』
情報サービス産業協会［2000］『情報資産活用のための情報セキュリティガイドライン』
情報処理振興事業協会セキュリティセンター［2001］『情報システム部門責任者のための情報セキュリティブックレット』
島田祐次・榎木千昭・満塩尚史［2000］『ネットビジネスのセキュリティ―セキュリティポリシーの上手な作り方―』日科技連
情報処理振興事業協会セキュリティセンター［2001］『プロセスアセスメント技術を適用したシステムセキュリティ評価技術の開発』
―――――［2003］『情報セキュリティ監査制度に関する調査報告書』
新日本監査法人編［2003］『統合リスク管理』金融財政事情研究会
ソフトウェア資産管理コンソーシアム［2002］『ソフトウェア資産管理基準 Ver. 1.0』

参考文献 377

武井　勲［2002］『リスク・マネジメントと危機管理』中央経済社
武田隆二［1991］『企業パラダイムと情報システム』税務経理協会
―――［1971］『情報会計論』中央経済社
竹谷仁宏［2003］『トータル・リスクマネジメント』ダイヤモンド社
通商産業省（現経済産業省）［1999］『企業のITガバナンス向上に向けて―情報化レベル自己診断スコアカードの活用―』
通信・放送機構　情報通信セキュリティ技術に関する研究開発プロジェクト［2000］『共通鍵ブロック暗号の選択/設計/評価に関するドキュメント』
津田秀雄編著［1999］『コーポレートガバナンスと内部監査機能』中央経済社
電子商取引推進協議会［2000］『認証のレベルと本人確認方式に関する提言』
―――［2000］『セキュリティマーク制度についての検討報告書』
鳥羽至英・秋月信二［2001］『監査の理論的考え方―新しい学問「監査学」を志向して―』森山書店
友杉芳正［1992］『内部監査の論理』中央経済社
中林真理子［2003］『リスクマネジメントと企業倫理』千倉書房
中野民夫［2003］『ファシリテーション革命』岩波アクティブ新書
長尾　真他［2000］『情報の組織化』岩波書店
日経コンピュータ編［2002］『システム障害はなぜ起きたか―みずほの教訓―』日経BP社
日本会計研究学会スタディ・グループ［1999］『電子メディアによる情報開示に関する研究（中間報告書）』
―――［2000］『電子メディアによる情報開示に関する研究（最終報告書）』
日本コーポレート・ガバナンス・フォーラム編［2001］『コーポレート・ガバナンス―英国の企業改革―』商事法務研究会
日本公認会計士協会次世代会計士保証業務研究会［2000］『公認会計士保証業務（最終報告書）』
日本工業標準調査会適合性評価部会［2003］「管理システム規格適合性評価専門員会報告書（案）」
日本工業規格 JIS Q 2001［2001］『リスクマネジメントシステム構築のための指針』日本規格協会
―――JIS Q 15001［2001］『個人情報保護に関するコンプライアンス・プログラムの要求事項』日本規格協会
―――JIS X 5080［2002］『情報技術―情報セキュリティマネジメントの実践のための規範』日本規格協会
日本情報処理開発協会［2000］『プライバシーマーク制度における監査ガイドライン

　　　　　（Ver. 1.0）』
―――――［2002］『情報セキュリティマネジメントシステム適合性評価制度―ISMS認証基準（Ver. 1.0）―』
―――――［2002 a］『ISMS ガイド（Ver. 1.0）』
―――――［2002 b］『ISMS 審査登録機関認定基準（2003 年部分改訂）』
―――――［2002 c］『情報セキュリティマネジメントシステム（ISMS）の国際動向と取り組みの実際』
―――――［2003］『情報セキュリティマネジメントシステム適合性評価制度―ISMS認証基準（Ver. 2.0）―』
―――――［2004］『JIPDEC リスクマネジメントシステム（JRMS）解説書』日本情報処理開発協会
日本セキュリティ・マネジメント学会 個人情報保護研究会編［2002］『経営戦略としての個人情報保護と対策』工業調査会
日本セキュリティ・マネジメント学会編［1998］『セキュリティハンドブックⅠ・Ⅱ・Ⅲ』日科技連
日本内部監査協会編［2003 a］『情報システム監査の基礎と実践』同文舘
―――――［2003 b］『実践的内部監査の実務 新訂版』同文舘
日本リスク研究学会編［2000］『リスク学事典』TBS ブリタニカ
土方 透・アルミン・ナセヒ編著［2002］『リスク』神泉社
檜田信男［1996］『監査要論―インテグレイテッド・オウディテイングを志向して―』白桃書房
古田一雄［1998］『プロセス認知工学』海文堂
三菱総合研究所［2000］『リスクマネジメントガイド』日本規格協会
南方哲也［2001］『リスクマネジメントの理論と展開』晃洋書房
宝月 誠［2004］『逸脱とコントロールの社会学』有斐閣
堀江正之［1993］『システム監査の理論』白桃書房
町田祥弘［2004］『会計プロフェッションと内部統制』税務経理協会
松尾 明［1987］『システム監査入門』日本実業出版社
森宮 康［1985］『リスク・マネジメント論』千倉書房
保田勝通［1998］『ソフトウェア品質保証の考え方と実際』日科技連
山浦久司編著［2000］『会計士情報保証論』中央経済社
山浦久司［2001］『監査の新世紀―市場構造の変革と監査の役割』税務経理協会
山口節郎［2002］『現代社会のゆらぎとリスク』新曜社
山岸俊男［2003］『信頼の構造 こころと社会の進化ゲーム』東京大学出版会
吉田民人［1999］『情報と自己組織性の理論』東京大学出版会

吉見　宏［2005］『監査期待ギャップ論』森山書店
森　實［1976］『監査論研究』白桃書房
─────［2000］『内部統制の基本問題』白桃書房

＊＊＊＊＊＊＊＊＊＊＊＊＊＊＊＊＊＊＊＊＊＊＊＊＊＊＊＊＊＊＊

秋山純一［2000］「戦略的システムレンズを通しての監査」『商学論纂』（中央大学）第41巻第2号，2000年3月
池田公司［1998］「情報戦略とシステム監査―情報戦略の分析枠組みを中心として―」『甲南経営研究』（甲南大学）第39巻第2号，1998年9月
伊豫田隆俊［2000］「監査目的に関する一考察―監査フレームワーク形成との関連で―」『現代監査』第10号，2000年3月
浦崎直浩［1998］「アメリカにおける情報会計論の動向」『商経学叢』（近畿大学）第44巻第3号，1998年3月
大矢知浩司［1985］「内部統制に関する用語の定義―私見」『会計ジャーナル』第17巻第6号，1985年6月
興津裕康［1995］「原価主義会計の論理と会計情報の信頼性」『會計』第157巻第2号，2000年2月
─────［2004］「会計の基本問題の検討―取得原価，時価，そして会計システム」『會計』第166巻第5号，2004年11月
河﨑照行［2000］「会計ディスクロージャーの拡大と情報テクノロジーのインパクト」『會計』第157巻第5号，2000年5月
─────［2001］「IT革命と会計ディスクロージャー」『企業会計』別冊，通巻第27号，2001年6月
─────［2002］「ネットワーク社会と会計ディスクロージャー」『會計』第161巻第4号，2002年4月
菊地和聖［1985a］「会計モデル論小史（一）」『會計』第128巻第1号，1985年7月
─────［1985b］「会計モデル論小史（二・完）」『會計』第128巻第2号，1985年8月
北川浩司［[2000］「危機管理の概念―リスクマネジメントと危機管理の融合―」『日本セキュリティマネジメント学会誌』第13号，2000年3月
古賀智敏［2000］「金融リスク環境と新監査モデル―継続的監査アプローチの適用可能性と課題―」『現代監査』第10号，2000年3月
児嶋　隆［1999］「アメリカにおける公認会計士証明基準の動向」『岡山大学経済学会雑誌』（岡山大学）第31巻第1号，1999年6月

坂上　学［1994］「事象会計報告における中間集約手法の有用性」『経営研究』（大阪市立大学）第45巻第2号，1994年7月
────［1997］「事象アプローチにおける会計事象の認識」『経営研究』（大阪市立大学）第48巻第2号，1997年7月
櫻井通晴［2003］「バランスト・スコアカードと経営品質向上への役立ち」『専修経営学論集』（専修大学）第75号，2003年1月
島田裕次［2003］「情報セキュリティ監査の実務対応」『監査研究』第29巻第6号，2003年6月
────［2001］「情報ガバナンスとシステム監査のフレームワークに関する研究」『システム監査』第15巻第1号，2001年9月
芝野誠一・木嶋恭一［2002］「eビジネス・コンピタンスのベンチマーク型システム監査の基本的考察」『システム監査』第15巻第2号，2002年3月
高田敏文［2003］「一般に認められた内部統制概念の検討」『企業会計』第55巻第4号，2003年4月
武田隆二［1998］「ディスクロージャーの意義と必要性」『企業会計』第50巻第1号，1998年1月
力　利則・藤野喜一・堀江正之［1999］「システム監査における情報システム有効性評価モデルの構築」『経営情報学会誌』第7巻第2号，1999年9月
徳田泰二［2001］「リスク評価に基づく内部監査の実施と今後の課題」『監査研究』第27巻第10号，2001年10月
富山　茂［2001］「ネットワーク時代における個人情報保護の最新動向」『監査研究』第27巻第9号，2001年9月
内藤文雄［1998］「公認会計士の監査・保証業務の拡張に関する調査研究の動向」『JICPAジャーナル』第519号，1998年10月
────［2003］「財務情報に対する中位水準の保証の決定要因」『国民経済雑誌』（神戸大学）第187巻第5号，2003年5月
日本監査役協会［2001］「ITガバナンスにおける監査役の役割」『監査役』第448号，2001年9月
日本内部監査協会［2003］「第47回内部監査実施状況調査結果―2002年度（2002年4月～2003年3月）における各社の内部監査テーマ・要点集―」『監査研究』第29巻第12号，2003年11月臨時増刊号
────［2004 a］「2003年度　監査白書」『監査研究』第30巻第12号，2004年11月臨時増刊号
────［2004 b］「第48回内部監査実施状況調査結果―2003年度（2003年4月～2004年3月）における各社の内部監査テーマ・要点集―」『監査研究』第30巻

第 14 号，2004 年 12 月臨時増刊号
橋本純正［2002］「当社における企業集団管理監査の重点と効果的な実施方法」『監査研究』第 28 巻第 11 号，2002 年 11 月
八田進二［1999］「会計情報の拡大と監査可能性」『會計』第 155 巻第 4 号，1999 年 4 月
濱本道正［2002］「グローバル・ネットワーク時代のディスクロージャーを考える」『會計』第 161 巻第 4 号，2002 年 4 月
林　真理［2002］「リスク概念と STS」『科学技術社会論研究』第 1 号，2002 年 10 月
半田純一［2000］「e 時代の IT マネジメント」『ダイヤモンド　ハーバード・ビジネス』第 25 巻第 4 号，2000 年 7 月
廣本敏郎［2003］「無形資産の蓄積・活用と管理会計」『会計プログレス』第 4 号，2003 年 9 月
古庄　修［2001］「英国におけるビジネス・リポーティングの展開―私的開示問題の検討を中心として―」『會計』第 160 巻第 3 号
堀江正之［1996 a］「情報技術の進展と IS 監査の新たなフレームワーク」『セキュリティ・マネジメント』第 9 号，1996 年 3 月
―――――［1996 b］「情報技術の進展とシステム監査」『會計』第 149 巻第 5 号，1996 年 5 月
―――――［1996 c］「デリバティブ取引のリスク管理と内部統制」『税経通信』第 51 巻第 11 号，1996 年 9 月
―――――［1997 a］「内部統制の概念的フレームワークについての検討」『システム監査』第 11 巻第 1 号，1997 年 9 月
―――――［1997 b］「変革期を迎えた情報システムのコントロールと監査」『監査研究』第 23 巻第 11 号，1997 年 11 月
―――――［1998］「リスク管理監査についての序説的検討―内部統制監査とリスク管理監査の概念的関係についての検討を通じて―」『會計』第 153 巻第 6 号，1998 年 6 月
―――――・島田祐次［1999］「デジタル環境における会計情報システムの意義と方向性」『会計学研究』（日本大学）第 11 号，1999 年 3 月
―――――［2000 a］「情報技術リスクマネジメントの概念的再検討」『会計学研究』（日本大学）第 12 号，2000 年 3 月
―――――［2000 b］「会計情報システムの進展と監査の対応」『會計』第 157 巻第 2 号，2000 年 2 月
―――――［2000 c］「e 監査の 2 つの視点」『税経通信』第 55 巻第 14 号，2000 年 11

月
────［2000 d］「内部監査の新しい潮流―CSA による内部監査の質的転換―」『會計』第 158 巻第 5 号，2000 年 11 月
────［2001 a］「職業会計士による WebTrust 保証プログラムの展開」『情報科学研究』（日本大学）第 10 号，2001 年 3 月
────［2001 b］「電子情報開示におけるシステムの信頼性保証―AICPA/CICA SysTrust の検討―」『企業会計』別冊，通巻第 27 号，2001 年 6 月
────［2002 a］「IT によるディスクロージャ・モデルの変革」『會計』第 161 巻第 4 号，2002 年 4 月
────［2002 b］「IT ガバナンスの概念的検討」『監査研究』第 28 巻第 9 号，2002 年 9 月
────［2002 c］「e コマースにおける保証と監査の概念枠組み」『一橋論叢』（一橋大学）第 128 巻第 4 号，2002 年 10 月
────［2002 d］「e 保証業務展開のひとつの壁―"Trust 業務原則"にみる保証の主題のあいまいさ―」『JICPA ジャーナル』第 14 巻第 12 号，2002 年 12 月
────［2003 a］「内部監査におけるリスク指向監査の意味」『商学集志』（日本大学）第 72 巻第 3・4 号合併号，2003 年 3 月
────［2003 b］「e ビジネスにおける内部統制―情報セキュリティ管理の最新動向と内部統制の課題―」『企業会計』第 55 巻第 4 号 2003 年 4 月
────［2003 c］「情報セキュリティ監査基準の基本的枠組み」『監査研究』第 29 巻第 6 号，2003 年 6 月
────［2003 d］「IT 保証における保証水準についての考察―保証水準をめぐる分析枠組み―」『産業経理』第 63 巻第 2 号，2003 年 7 月
────［2003 e］「成熟度モデルに基づく情報セキュリティ監査の新たな試み」『会計検査研究』第 28 号，2003 年 9 月
────［2004 a］「IT 監査における IT コントロール検証の理論的意味」『商学集志』（日本大学）第 74 巻第 2・3・4 号合併号，2004 年 10 月
────［2004 b］「IT リスクの特定と IT リスクの影響関係モデル」『會計』第 166 巻第 5 号，2004 年 11 月
────［2004 c］「個人情報保護対策の監査」『会計学研究』第 18 号，2004 年 11 月
町田祥弘［1999］「保証業務のフレームワークによる外部監査機能の再編成」『産業経営』（早稲田大学）第 27 号，1999 年 12 月
松井隆幸［1998］「監査リスク・モデルの内部監査への適用」『監査研究』第 24 巻第 4 号，1998 年 4 月

―――――［2003］「企業価値向上に向けた内部統制概念」『企業会計』第55巻第4号，2003年4月

松本祥尚［2005］「わが国証明制度の多様化と保証水準の関係」『現代監査』第15号，2005年3月

松尾　明［1996］「クライアントサーバシステムのコントロール―新しいコントロールのパラダイム―」『システム監査』第10巻第2号，1996年11月

丸山満彦［2001］「先進企業における情報セキュリティマネジメントの実際と公認会計士の役割」『JICPAジャーナル』第548号，2001年3月

盛田良久［2000］「エリオット委員会報告書と保証業務普及および啓蒙活動」日本公認会計士協会次世代会計士保証業務研究会最終報告書『公認会計士保証業務』2000年7月所収

森宮　康［1996］「リスク分析の意義とその手法」『システム監査』第10巻第2号，1996年11月

安富律征［2000］「攻撃的リスク・マネジメントの実践」『ダイヤモンド　ハーバード・ビジネス』第25巻第2号，2000年3月

安本哲之助［2000］「経営情報システムの安全性評価―国際セキュリティ評価基準の適用の効果と限界―」『システム監査』第14巻第1号，2000年9月

山地秀俊・松本祥尚［1998］「職業会計士による保証機能の多層性」Discussion Paper Series, No. J 21（神戸大学）

山本明知［2002］「海外情報　エレクトロニック・システム・アシュアランスおよびコントロール eSAC―エグゼクティブ・サマリー―」『監査研究』第28巻第10号，2002年10月

頼廣圭祐［2001］「変貌するリスクマネジメントにおける内部監査の役割」『監査研究』第27巻第10号，2001年10月

和貝亨介［2000］「公認会計士と電子商取引の証明業務」『JICPAジャーナル』第543号，2000年10月

欧文文献

AAA（American Accounting Association）［1966］, *A Statement of Basic Accounting Theory,* AAA（飯野利夫訳［1969］『アメリカ会計学会　基礎的会計理論』国元書房）

―――――［1973］, *A Statement of Basic Auditing Concepts,* AAA（鳥羽至英訳［1982］『アメリカ会計学会　基礎的監査概念』国元書房）

AICPA（American Institute of Certified Public Accountants）［1994］, *Improving*

Business Reporting—A Customer Focus, AICPA（八田進二・橋本　尚共訳 [2002]『事業報告革命』白桃書房）

────── [1997], Special Committee on Assurance Services, *Report of the Special Committee on Assurance Services"*（CD-ROM）

────── [1999], *WebTrust Principles and Criteria for Business-to-Consumer Electronic Commerce*, Version 2.0

AICPA & CICA（Canadian Institute of Chartered Accountants）[1999], *SysTrust Principles and Criteria for Systems Reliability*, Version 1.0

────── [2000 a], *WebTrust Program for Online Privacy*, Version 3.0

────── [2000 b], *WebTrust Program—Business Practices and Transaction Integrity Principles and Criteria*, Version 3.0

────── [2000 c], *WebTrust Program—Availability Principles and Criteria*, Version 3.0

────── [2000 d], *WebTrust Program—Security Principles and Criteria*, Version 3.0

────── [2000 e], *WebTrust Program for Certification Authorities*, Version 1.0

────── [2000 f], *SysTrust Principles and Criteria for Systems Reliability*, Version 2.0

────── [2003 a], *Suitable Trust Services Criteria and Illustrations*

────── [2003 b], *Privacy Framework—Including the AICPA/CICA Trust Services Privacy Principles and Criteria—*（Revised 2004）

────── [2003 c], *Risk Advisory Services Task Force, Managing Risk in the New Economy*

Allen T. J. & Morton, M. S. S. [1994], *Information Technology and the Corporation of the 1990s—Research Studies—*, Oxford University Press（富士総合研究所訳 [1995]『アメリカ再生の「情報革命」マネジメント』白桃書房）

Anthony, R. H. [1965], *Planning and Control Systems—A Framework for Analysis*, Harvard University（高橋吉之助訳 [1968]『経営管理システムの基礎』ダイヤモンド社）

Anthony, R. H., Dearden, J. & Bedford, N. M. [1984], *Management Control Systems*, Richard D. Irwin

Anthony, R. H. [1988], *The Management Control Function*, Harvard Business School Press

Anthony, R. H., & Govindarajan, V. [1998], *Management Control Systems*, 9th Edition, Irwin McGraw-Hill

――――［2004］, *Management Control Systems,* 11th Edition, Irwin/McGraw-Hill
Anthony, L. C., Jr. ［2002］, *Risk Analysis Foundations, Models and Methods,* Kluwer Academic Publishers
Applegate, L. M. McFarlan, F. W. & McKenney, J. L. ［1996］, *Corporate Information Systems Management : Text and Cases,* 4th Edition, Irwin McGraw-Hill
――――［1999］, *Corporate Information Systems Management : The Challenges of Managing in an Information Age,* 5th Edition, Irwin McGraw-Hill
Arthur Andersen ［1996］, *Control Self-Assessment : Experience, Current Thinking, and Best Practices,* IIA
――――［1998］, *Operational Risk and Financial Institution,* Risk Books, （アーサーアンダーセン訳［2001］『オペレーショナルリスク』金融財政事情研究会）
Basle Committee on Banking Supervision ［1998］, Risk Management Sub-group, *Framework for Internal Control Systems in Banking Organizations*
Bauer, R. A. & Fenn, D. H. ［1972］, *The Corporate Social Audit,* Basic Books（大矢知浩司・道明義弘訳『社会的責任と監査』白桃書房）
Bayuk, J. L. ［2000］, *Stepping Through The IS Audit,* Information Systems Audit and Control Association
Benantar, M. ［2002］, *Introduction to the Public Key Infrastructure for the Internet,* Prentice-Hall PTR
Bernstein, P. L. ［1998］, *Against The Gods―The Remarkable Story of Risk―*, John Wiley & Sons（青山　護訳［1998］『リスク―神々への反逆』日本経済新聞社）
Birkett, W. P., Barbera, M. R., Leithhead, B. S. ［1999］, Lower, M. & Roebuck P. J., *Assessing Competency in Internal Auditing : Structure and Methodologies,* Institute of Internal Auditors Research Foundation
BS 7799, DISC PD 3000 ［1998］, *Information Security Management : An Introduction*
Chambers, A. D. ［1996］, *Internal Auditing,* Dartmouth
Camp, L. J. ［2000］, *Trust and Risk in Internet Commerce,* The MIT Press
Checkland, P. & Holwell, S. ［1998］, *Information, Systems and Information Systems-making sense of the field,* John Wiley & Sons
CICA (Canadian Institute of Chartered Accountants) ［1991］, *Assessing The Effectiveness of Management Control―A Systems Perspective,* Criteria of Control Project Studies and Standards
――――［1995］, Criteria of Control Board (CoCo), *Guidance on Control*（八田進二・橋本　尚共訳［1997］「カナダ勅許会計士協会統制規準審議会公表ガイダンス

第1号 統制に関するガイダンス」『駿河台経済論集』（駿河台大学）第6巻第2号，1997年3月）
——— [1997], Criteria of Control Board (CoCo), *Guidance for Directors-Governance Processes for Control*（八田進二・橋本　尚共訳［1998］「カナダ勅許会計士協会統制規準審議会公表ガイダンス第2号　取締役のためのガイダンス―統制のための統治プロセス」『駿河台経済論集』（駿河台大学）第8巻第1号，1998年9月）
——— [1998 a], *Information Technology Control Guidelines*
——— [1998 b], *Learning about Risk : Choices, Connections and Competencies*
——— [1998 c], *CICA Task Force on Assurance Services : Final Report*
———, Criteria of Control Board (CoCo) [2000], *Guidance for Directors―Dealing with Risk in the Boardroom*（八田進二・橋本　尚共訳［2000］「カナダ勅許会計士協会統制規準審議会公表ガイダンス第4号　取締役のためのガイダンス―取締役会議室におけるリスクへの対処」『駿河台経済論集』（駿河台大学）第10巻第1号，2000年9月）
CICA & AICPA [1999], *Continuous Auditing* : Research Report
COBIT Steering Committee & IT Governance Institute [2000], *COBIT : Governance, Control and Audit for Information and Related Technology*, 3rd Edition（このうち，Management Guideline の翻訳は，松尾　明監訳［2003］『COBIT マネジメントガイドライン』アイテック）
COSO (Committee of Sponsoring Organizations of the Treadway Commission) [1992], *Internal Control : Integrated Framework*, Framework（鳥羽至英・八田進二・高田敏文共訳［1996］『内部統制の統合的枠組み―理論篇―』白桃書房）
——— [2004], *Enterprise Risk Management Framework* : Framework
Dallas, G [2004], *Governance and Risk : An Analytical Handbook for Investors, Managers, Directors and Stakeholders*, McGraw-Hill
Davenport, T. H. [1997], *Information Ecology : Mastering the Information and Knowledge Environment*, Oxford University Press
——— [2000], *Mission Critical : Realizing the Promise of Enterprise Systems*, Harvard Business School Press（アクセンチュア訳［2000］『ミッション・クリティカル―ERP からエンタープライズ・システムへ―』ダイヤモンド社）
Deloach, J. W. [2000], *Enterprise—Wide Risk Management : Strategies for linking risk and opportunity*, Financial Times/Prentice-Hall
Dorfman, M. S. [1998], *Introduction to Risk Management and Insurance*, Printice-Hall

Eccles, R. G., Herz, R. H., Keegan, E. M., & Phillips, D. M. H. [2001], *The ValueReporting™ Revolution : Moving Beyond the Earnings Game*, John Wiley & Sosn (中央青山監査法人/PwCコンサルティング訳［2002］『企業情報の開示』東洋経済新報社，2002年)

English, L. P. [1999], *Improving Data Warehouse and Business Information Quality*, John Wiley & Sons

Enhanced Business Reporting Consortium [2004], *Business Plan*

Garfinkel, S. [1997], *Web Security & Commerce*, O'REILLY (安藤 進訳［2000］『Webセキュリティ＆コマース』オライリー・ジャパン)

Gardner, C. [2000], *The Valuation of Information Technology*, John Wiley & Sons

Hall, J. A. [2000], *Information Systems Auditing and Assurance*, South-Western College Publishing

Harrington, S. E. & Niehaus, G. R. [1999], *Risk Management and Insurance*, Irwin/McGraw-Hill

Harris Interactive [2002], *Privacy On and Off the Internet : What Consumers Want, Harris Interactive*, Study No. 15229

Hawker, A. [2000], *Security and Control in Information Systems*, Routledge

Hayakawa, S. I., *Language in Thought and Action*, 4TH Ed. Harcourt Brace Javanovich, 1978 (大久保忠利訳［1985］『思考と行動における言語』岩波書店)

Hollander, A. S., Denna, E. L. & Cherrington, J. O. [2000], *Accounting, Information Technology, and Business Solutions*, Irwin/McGraw-Hill

Hubbard, L. [1998], *CSA Facilitation Techniques for Auditors : Discussion Leader's Guide*, The Institute of Internal Auditors

——— [2000], *Control Self-Assessment : A Practical Guide*, The Institute of Internal Auditors (眞田光昭訳［2001］『統制自己評価：実践的ガイド』日本内部監査協会)

ICAEW (Institute of Chartered Accountants in England & Wales) [1999], The Internal Control Working Party, *Internal Control : Guidance for Directors on the Combined Code*

IETF [1999], Network Working Group Request for Comments: 2527 Category, *Internet X. 509 Public Key Infrastructure Certification Policy and Certification Practices Framework*

IFAC (International Federation of Accountants) [1997], International Auditing Practices Committee, *Reporting on the Credibility of Information,* Exposure Draft 1, Aug. 1997

―――― [1999 a], International Auditing Practices Committee, *Assurance Engagements*, Exposure Draft 2
―――― [1999 b], Information Technology Committee, *Managing Information Technology Planning for Business Impact*, Information Technology Guideline 2 (日本公認会計士協会訳 [1999]『経営に役立つ情報テクノロジー企画のあり方』)
―――― [1999 c], Financial and Management Accounting Committee, *Enhancing Shareholder Wealth by Better Managing Business Risk* (中央青山監査法人経営監査グループ訳・解説 [2000]『企業価値を向上させるビジネスリスクマネジメント』東洋経済新報社)
―――― [2002 a], Information Technology Committee, *E-Business and the Accountant*
―――― [2002 b], International Auditing Practices Statement 1013, *Electronic Commerce—Effect on the Audit of Financial Statements*
―――― [2002 c], Information Technology Committee, *IT Monitoring*, Information Technology Guideline 6
―――― [2002 d], International Symposium for Research Group, *The Determination and Communication of Levels of Assurance Other than High*
―――― [2003 a], *International Framework for Assurance Engagements*
―――― [2003 b], International Auditing and Assurance Standards Board, ISAE (International Standard on Assurance Engagement) 3000, *Assurance Engagements other than Audits or Reviews of Historical Information*
―――― [2005], *Handbook of International Auditing, Assurance and Ethics Pronouncements : 2005 Edition*
IIA (Institute of Internal Auditors) [1977], *Systems Auditability & Control Study*
―――― [1994], *Systems Auditability and Control Report*, Module 1〜Module 13
―――― [1998 a], *Risk-Based Internal Auditing and Dynamic Control Assessment : Revolutionizing Internal Audit Services, Bank of Canada*, CSA Library Series 98-1
―――― [1998 b], *A Perspective on Control Self-Assessment*, Professional Practices Pamphlet 98-2
―――― [1999], Report of the Guidance Task Force to The IIA's Board of Directors, *A Vision for the Future ; Professional Practices Framework for Internal Auditing*
―――― [2001], *Critical Infrastructure Assurance Project, Information Security*

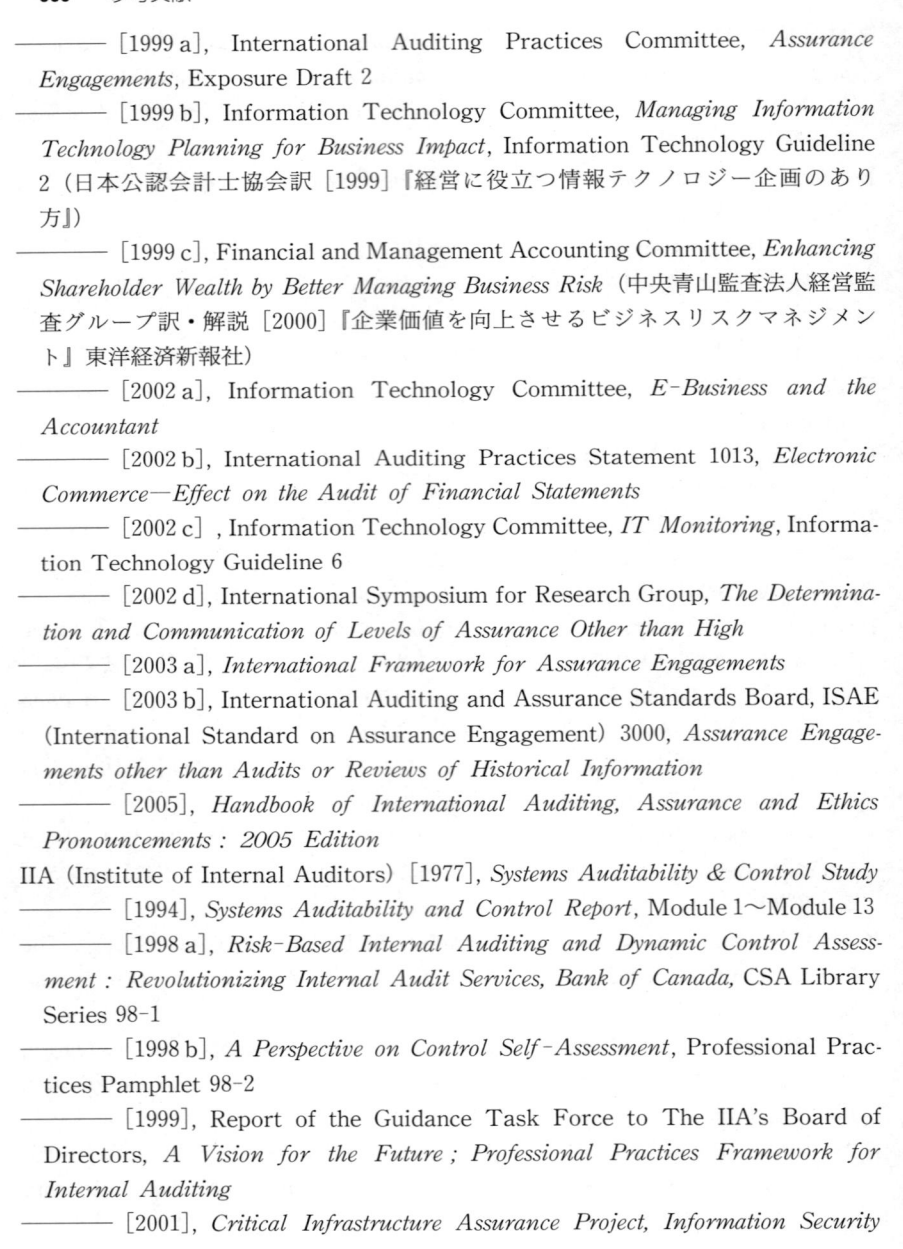

Governance : What Directors Need to Know
─────── [2002 a], *The Professional Practices Framework*
─────── [2002 b], *Electronic Systems Assurance and Control : eSAC*, (CD-ROM)
ISSEA (Information Systems Security Engineering Association) [1999], *The System Security Engineering Capability Maturity Model : Model & Appraisal Method Summary*
ISACF (Information Systems Audit and Control Foundation) [1999], *Control Objectives for Net Centric Technology*, Framework (情報システムコントロール協会東京支部監訳 [2000] 『ネット中心テクノロジー管理ガイドライン』アイテック)
─────── [2000 a], *e-Commerce Security-Enterprise Best Practices*
─────── [2000 b], *e-Commerce Security-A Global Status Report*
─────── [2000 c], *e-Commerce Security-Trading Partner Identification, Registration and Enrollment*
ISO/FDIS 19011 [2002], *Guidelines for quality and/or environmental management systems auditing,* Final Draft
ISO/IEC [1996], TR 13335-1, *Information technology : Guidelines for the management of IT Security*, Part 1 : Concepts and models for IT Security
─────── [1998], TR 13335-3, *Information technology : Guidelines for the management of IT Security,* Part 3 : Techniques for the management of IT Security
─────── [1999], 15408-3, *Information Technology : Security Techniques : Evaluation Criteria for IT Security*, Part 3 (Security Assurance Requirements)
─────── [2000], 17799, *Information technology : Code of practice for information security management*
─────── [2002 a], PDTR 13335-1 (revision), *Information technology : Security techniques : Guidelines for the management of IT Security*, Part 1 : Concepts and models for managing and planning IT Security
─────── [2002 b], Guide 73, *Risk Management : Vocabulary : Guidelines for use in standards*
─────── [2005 a], 17799, *Information technology : Security techniques : Code of practice for information security management*
─────── [2005 b], FDIS 27001, *Information technology : Security techniques-Information security management systems : Requirements,* Final Draft
IT Governance Institute [2003 a], *Board Briefing on IT Governance,* 2nd Edition
─────── [2003 b], *Information Security Governance : Guidance for Boards of*

Directors and Executive Management
────── [2004], *IT Control Objectives for Sarbanes-Oxley*
────── [2005], *COBIT* 4.0
Keen, P. Balance C. Chan, S. & Schrump, S. [2000], *Electronic Commerce Relationships : Trust by Design*, Prentice-Hall PTR
Kendall, R. A. H. [1998], *Risk Management for Executives*, PITMAN
Koonts, H., O'Donnell, C. & Weihrich, H [1984]. *Management*, 8TH Edition, McGraw-Hill（1976年版の邦訳 高宮　晋監修　大坪　檀訳［1979］『H. クーンツ/C. オドンネル 経営管理－1　経営管理の基礎』マグロウヒル好学社）
KPMG Review 1999], *Internal Control : A Practical Guide*, KPMG（八田進二監訳・KPMGビジネスアシュアランス訳［2002］『企業価値向上の条件』白桃書房）
Littleton, A. C. [1933, Reprint 1981], *Accounting Evolution To 1900*, The University of Alabama Press（片野一郎訳［1979］『リトルトン会計発達史』同文舘）
Lupton, D. [1999], *Risk*, Routledge
Marcella, A. J. [1999], *Establishing Trust in Virtual Markets*, Institute of Internal Auditor
McKie, S. [1997], *Client/Server Accounting*, John Wiley & Sons（橋本義一・河合久・成田　博共訳［1999］『インターネット環境下のクライアント/サーバ会計』白桃書房）
McNamee, D. [1998], *Business Risk Assessment*, Institute of Internal Auditor（眞田光昭訳［1999］『ビジネス・リスク評価の実務』日本内部監査協会）
McNamee, D. & Selim, G. M. [1998], *Risk Management : Changing the Internal Auditor's Paradigm*, Institute of Internal Auditor
Moeller R. & Witt, H. [1999], *Brink's Modern Internal Auditing*, 5th Edition, John Wiley & Sons
Morton, M. S. S. Edited [1991], *The Corporation of the 1990s : Information Technology and Organizational Transformation*, Oxford University Press（宮川公男・上田　泰監訳［1992］『情報技術と企業変革』富士通ブックス）
Moscove, S. A., Simkin, M. G. & Bagranoff, N. A. [1999], *Core Concept of Accounting Information Systems*, John Wiley & Sons
Myers, K. N. [1999], *Manager's Guide to Contingency Planning for Disasters*, John Wiley & Sons
National Office for the Information Economy [2001], *Gatekeeper : Criteria for Accreditation of Certification Authorities*（Ver. 9）
────── [2001], *Gatekeeper : Compliance Audit Program*（Ver. 1.0）

National Standards of Canada [1997], General Instruction No. 1, *Risk Management : Guideline for Decision-Makers*, (CAN/CSA-Q 850)

NIST (National Institute of Standards and Technology) [2001], Technology Administration U. S. Department of Commerce, *Computer Security : Security Self-Assessment Guide for Information Technology Systems* (NIST Special Publications 800-26)

───── [2001], Technology Administration U. S. Department of Commerce, *Risk Management Guide for Information Technology Systems* (NIST Special Publication 800-30)

───── [2002], Technology Administration U. S. Department of Commerce, *Computer Security : Guidelines for the Security Certification and Accreditation of Federal Information Technology Systems*, Initial Public Draft (NIST Special Publications 800-37)

───── [2004], Technology Administration U. S. Department of Commerce, *Information Security : Guidelines for the Security Certification and Accreditation of Federal Information Technology Systems*, (NIST Special Publications 800-37)

OECD [2002], *Guidelines for the Security of Information Systems and Networks : Towards a Culture of Security─*

───── [2004], *The OECD Principles of Corporate Governance*

Oppliger, R. [1998], *Internet and Intranet Security*, Artech House

Pier, F., Blake-Wilson, & Mitchell, J. [1999], *Digital Signatures : Security & Control*, Information Systems Audit and Control Foundation

Power, M. [1997], *The Audit Society : Rituals of Verification*, Oxford Univ. Press (國部克彦・堀口真司共訳 [2003] 『監査社会』東洋経済新報社)

PricewaterhouseCoopers [1999], *E-Business Technology Forecast*, PricewaterhouseCoopers Centre

Rejda, G. E. [1998], *Principles of Risk Management and Insurance*, Addison-Wesly

Robbins, M. & Smith, D. [2000], *Managing Risk for Corporate Governance*, British Standards Institution (PD 6668)

Roberts, M. B. [1983], *EDP Controls ; A Guide for Auditors and Accountants*, John Wiley & Sons

Robertson, J. C. & Louwers, T. J. [2002], *Auditing and Assurance Services*, McGraw-Hill/Irwin

Roth, J. [1997], *Control Model Implementation : Best Practices*, The Institute of

Internal Auditors Research Foundation

Shapiro, C. & Varian, H. R [1999]., *Information Rules : A Strategic Guide to the Network Economy*, Harvard Business School Press

Shaw, J. C. [2003], *Corporate Governance & Risk : A Systems Approach*, John Wiley & Sons, Inc.

Simons, R. [1995], *Levers of Control : How Managers Use Innovative Control Systems to Drive Strategic Renewal*, Harvard Business School Press（中村元一・黒田哲彦・浦島史惠共訳［1998］『ハーバード流「21世紀経営」4つのコントロール・レバー』産能大学出版部）

———— [2000], *Performance Measurement & Control Systems for Implementing Strategy*, Prentice-Hall（伊藤邦雄監訳［2003］『戦略評価の経営学』ダイヤモンド社）

Software Engineering Institute [1993], *Capability Maturity Model for Software*, Carnegie Mellon Univ. (Technical Report CMU/SEI-93-TR-024)

Solomon, J. & Solomon, A. [2004], *Corporate Governance and Accountability*, John Willy & Sons

Standards Association of Australia, The Joint Australian/New Zealand Standard [1999], *Risk Management*, (AS/NZS 4360)

Trieschmann, J. S. & Gustavson, S. G. [1998], *Risk Management & Insurance*, South-Western College Publication

Trites, G. [1999], *Strategic Internet Commerce*, Canadian Institute of Chartered Accountants

Vaughan, E. J. [1997], *Risk Management*, John Willy & Sons

VeriSign [2001], *VeriSign Trust Network Certificate Policies*, Ver. 1.0

Vose, D. [2001], *Risk Analysis : A Quantitative Guide*, John Wiley & Sons

Waring, A. & Glendon, A. I. [1998], *Managing Risk*, International Thomson Business Press

Washington Secretary of State [2002], *Digital Signatures/Electronic Authentication*

Weber, R. [1982], *EDP Auditing : Conceptual Foundations and Practice*, McGraw-Hill

———— [1999], *Information Systems Control and Audit*, Prentice-Hall

Williams, C. A., Smith, M. L. & Young, P. C. [1998], *Risk Management and Insurance*, Irwin McGraw-Hill

Wilkinson J. W. & Cerullo [1997], M. J., *Accounting Information Systems*, John

Wiley & Sons

****

Adamec, B. A., Rexroad, W. M., Leinicke, L. M. & Ostrosky, J. A. [2002], "Internal Reflection", *Internal Auditor,* Dec. 2002

Aerts, L. [2001], "A Framework for Managing Operational Risk", *Internal Auditor,* Aug. 2001

Aggarwal, R. & Rezaee, Z. [1996], "EDI Risk Assessment", *Internal Auditor*, Feb. 1996

Anderson, U. & Duke, G. L. [1984], "The Total Auditor: Fact or Fiction?", *Internal Auditor*, October 1984（丸山　清訳［1985］「トータル・オーディターの出現は夢か現実か？」『監査研究』第11巻第2号，1985年2月）

Applegate, D. & Will, T. [1999], "Integrating COSO", *Internal Auditor*, Dec. 1999

Attaway, M. C. [2000], "What every auditor needs to know about e-commerce", *Internal Auditor*, Jun. 2000

Attwell, K. V. Jr. [1965], "Auditing and Data Processing", *Internal Auditor*, Winter 1965

Ayers, S., Frownfelter-Lohrke C., & Hunton, J. E. [1999], "Opportunities in Electronic Commerce Assurance for Information Systems Auditor", *IS Audit & Control Journal*, Vol. 5 1999

Bellman, C. E. & Rees, R. D. [1998], "Reengineering Risk Assessment", *Internal Auditor*, Oct. 1998

Bernens, R. L. [1997], "The Biggest Little Chink in the Corporate Armor", *Internal Auditor*, Feb. 1997

Brancik, K. C. [2003], "The Computer Forensics and Cybersecurity Governance Model", *Information Systems Control Journal*, Vol. 2, 2003

Burr, T., Gandara, M. & Robinson, K. [2002], "E-commerce: Auditing the Rage", *Internal Auditor*, Oct. 2002

Cashell, J. D. & Aldhizer, G. R. [1999], "WebTrust: A Seal of Approval", *Internal Auditor*, Jun. 1999

Chanpman, C. [2001], "The Big Picture", *Internal Auditor*, June 2001

―――― [2003], "Bringing ERM into Focus", *Internal Auditor*, June 2003（土屋一喜訳［2003］「ERMにフォーカスする」『監査研究』第29巻第7号2003年7月）

Chess, D. M., Palmer, C. C., & White, S. R. [2003], "Security in an autonomic computing environment", *IBM Systems Journal*, Vol. 42 No. 1

Colbert, J. L. [1999], "A Consolidated Consulting Approach", *Internal Auditor*, Jun. 1999

Colquitt, L. L., Hoyt, R. E., & Lee, R. B. [1999], "Integrated Risk Management and the Role of the Risk Manager", *Risk Management and Insurance Review*, Vol. 2 No. 3, Fall 1999

Cooper, K. & Flory, S. [1976], "Lessons from Mckesson and Equity Funding", *The CPA Journal*, Apr. 1976

Courtney, H. C., Kirkkand, J. & Viguerie, P. [1997], "Strategy Under Uncertainty", *Harvard Business Review*, Nov-Dec. 1997（平野和子訳 [1998]「不確実時代の戦略と行動」『ダイヤモンド ハーバードビジネス』第23巻第2号，1998年3月）

Currie, W. [1995], "The IT strategy audit: formulation and performance measurement at a UK bank", *Managerial Auditing Journal*, Vol. 10 No. 1

Davenport T. H. & Short, J. E. [1990], "The New Industrial Engineering: Information Technology and Business Process Redesign", *Sloan Management Review*, Vol. 31 No. 4, Summer 1990

Davenport, T. H. [1994], "Saving IT's Soul: Human-Centered Information Management", *Harvard Business Review*, Mar.―Apr. 1994（八原忠彦訳 [1994]「人間中心の情報マネジメント」『ダイヤモンド ハーバードビジネス』第19巻第4号，1994年7月）

Davis G. D. & Weber, R. [1983], "The Audit and Changing Information Systems", *Internal Auditor*, Aug. 1983

Doughty, K. [2002], "Business Continuity": A Business Survival Strategy", *Information Systems Control Journal*, Vol. 1, 2002

Doughty, K. & O'Driscoll, J. [2002], "Information Technology Auditing and Facilitated Control Self-assurance", *Information Systems Control Journal*, Vol. 4, 2002

Dunmore, D. B. [1989], "Farewell To The Information Systems Audit Profession", *Internal Auditor*, Feb. 1989（丸山　清訳 [1989]「情報システム監査担当者への別れの言葉」『監査研究』第15巻第4号，1989年4月）

Egerdahl, R. L. [1995], "A Risk Matrix Approach to Data Processing Facility Audits" *Internal Auditor*, Jun. 1995

Elliot, R. K. [1997], "Assurance Services Opportunities: Implications for

Academia", *Accounting Horizons*, Vol. 11 No. 4, Dec. 1997

Elliott, R. K. & Pallais, D. M. [1997], "Are You Ready for New Assurance Services?", *Journal of Accountancy*, Jun. 1997

Elliott, R. K. [1998], "Assurance Services and the Audit Heritage", *Auditing : A Journal of Practice & Theory*, Vo. 17 Supplement, 1998

Figg, J. [1998], "The Mother of all Risks", *Internal Auditor*, Dec. 1998

―――― [1999], "The Power of CSA", *Internal Auditor*, Aug. 1999

Francis, F. A. [1973], "An Integrated Approach to Computer Audits", *Internal Auditor*, Jan/Feb. 1973

Frownfelter-Lohrke, C. & Hunton, J. E. [2002], "New Opportunities for Information Systems Auditors: Linking SysTrust to COBIT", *Information Systems Control Journal*, Vol. 3, 2002

Funston, R. [2003], "Creating a Risk-intelligent Organization", *Internal Auditor*, Apr. 2003

Garceau, L., Matos, V. & Misra, S. K. [1998], "The Use of Electronic Money in Electronic Commerce Transactions", *IS Audit & Control Journal*, Vol. 3, 1998

Goldstein, L. M. [1991], "As Others See Us", *Internal Auditor*, Feb. 1991 (丸山清訳 [1991]「他人は我々をどう見ているか」『監査研究』第17巻第2号，1991年2月)

Gorry, G. A. & Morton, M. S. S [1971], "A Framework for Management Information Systems, *Sloan Management Review*, Fall 1971

Gray, G. L. & Gray, M. J. [1999], "Internal Auditors and Web Trust", *Internal Auditor*, Jun. 1999

Gray, G. L. & Debreceny, R. [1998], "The Electronic Frontier", *Journal of Accountancy*, May 1998

Greene, F. [2002], "A Survey of Application Security in Current International Standards", *Information Systems Control Journal*, Vol. 6, 2002

Grody, C. E. [1955], "The Auditor Encounters Computers", *Internal Auditor*, Mar. 1955

Guldentops, E, Grembergen, W. V. & Haes, S. D. [2002], "Control and Governance Maturity Survey: Establishing a Reference Benchmark and Self-assessment Tool", *Information Systems Control Journal*, Vol. 6, 2002

Guldentops, E. [2003] , "Statutory Audit and IT Governance", *Information Systems Control Journal*, Vol. 5, 2003

Hamaker, S. & Huntton, A., "Principles of Governance", *Information Systems*

Control Journal, Vol. 3, 2003

Hansen, J. V. & Meissier, W. F. Jr. [1982], "Expert Systems for Decision Support in EDP Auditing", *International Journal of Computer and Information Sciences*, Vol. 11 No. 5, 1982

Hansen, J. V. & Romney, M. B. [1987], "Data Base Management Controls for Microcomputer Systems", *Internal Auditor*, Dec. 1987

Havelka, D., Sutton, S. G. & Arnold, V. [1998], "A Methodology for Developing Measurement Criteria for Assurance Services: An Application in Information Systems Assurance", *Auditing : A Journal of Practice & Theory*, Vol. 17, Supplement, 1998

Helm, G. L. & Mancino, J. [1998], "The Electronic Auditor", *Journal of Accountancy*, Apr. 1998

Hick, W. E. [1980], "Eliminating the EDP Audit Function", *Internal Auditor*, Jun. 1980

Horie, M. (堀江正之) [2002], "An Exploration of Four New Aspects of IT Auditing" *The Study of Accounting* (『会計学研究』), Nihon University, No. 14, Mar. 2002

Houston, R. W. & Taylor, G. K. [1999], "Consumer Perceptions of CPA WebTrust Assurance: Evidence of an Expectations Gap", *International Journal of Auditing*, July 1999 (Social Science Research Network Electronic Library: http://papers.ssrn.com)

Howard, C. J., Jr. [1982], "EDP-izing the Internal Audit staff", *Internal Auditor*, Apr. 1982

Hunton, J. E., Frownfelter-Lohrke, C. & Holstrum, G. [1998], "The Role of Information Systems Auditors in WebTrust℠ Assurance", *IS Audit & Control Journal*, Vol. 3, 1998

ISACA Standards Board [2002], "Continuous Auditing: Is It Fantasy or Reality?", *Information Systems Control Journal*, Vol. 5, 2002

Keyes, E. G. [1972], "The auditor's role in new system development", *Internal Auditor*, Jan./Feb. 1972

Kleffner, A. E., Lee, R. B., & McGannon, B. [2003], "The Effect of Corporate Governance on the Use of Enterprise Risk Management: Evidence from Canada", *Risk Management and Insurance Review*, Vol. 6 No. 1, Spring 2003

Kneer, D. C. [2003], "Continuous Assurance: We Are Way Overdue", *Information Systems Control Journal*, Vol. 1, 2003

Kravitz, P. M. & Pugliese, A. [2000], "Lawmakers Tackle Privacy", *Journal of Accountancy*, Jun. 2000

Krogstad, J. L., Ridley, A. J. & Rittenberg, L. E. [1999], "Where We're Going", *Internal Auditor*, Oct. 1999

Kwan, Wai-king [1999], "Risk management-needed: an integrated approach", *Australian CPA*, Jun. 1999

Leithhead, B. S. [1998], "Managing 'People' Risks", *Internal Auditor*, Dec. 1998

Maynard, G. R. [1999], "Embracing Risk", *Internal Auditor*, Feb. 1999

McNamee, D. [1997], "Risk-based Auditing", *Internal Auditor*, Aug. 1997 (武田和夫訳 [1998]「リスクに基づく監査」『月刊 監査研究』第24巻2号, 1998年2月)

Mehta, R. N. [1998], "Risk and Control in an EDI Environment", *Information Systems Control Journal*, Vol. 5, 1998

Moore, W. & Hendrey, D. [1999], "IT Audit Renewal", *Internal Auditor*, Apr. 1999

Pacini, C., Ludwing, S. E., Hillison, W., Sinason, D. & Higgins, L. [2000], "SysTrust and Third-Party Risk," *Journal of Accountancy*, Aug. 2000

Pederiva, A. [2003], "The COBIT Maturity Model in a Vendor Evaluation Case", *Information Systems Control Journal*, Vol. 3, 2003

Prahalad, C. K. & Oosterveld, J. P. [1999], "Transforming Internal Governance: The Challenge for Multinationals", *Sloan Management Review*, Spring 1999

Prawitt, D. F. & Romney, M. B. [1997], "Emerging Business Technologies", *Internal Auditor,* Feb. 1997

Reding, K. F. & Digirolamo, K. K. [1994], "Allstate's Risk Assessment Approach to Selecting Operational Audit Topics", *Internal Auditor*, Apr. 1994

Reding, K. F., Barber, C. H. & Digirolamo, K. K. [2000], "Benchmarking Against CFIA", *Internal Auditor*, Aug. 2000

Reeve, J. T. [1976], "Lessons From Equity Funding", *Internal Auditor,* Oct. 1976

Roth, J. [2003], "How Do Internal Auditors Add Value?", *Internal Auditor*, Feb. 2003

Santos, R. A. [1999], "Internet Security," *IS Audit & Control Journal*, Vol. 1, 1999

Semer, L. J. [1998], "Disaster Recovery Planning", *Internal Auditor*, Dec. 1998

Smith, R. C. [1974], "Equity Funding: Implications for auditing and data processing", *edpacs*, Vol. 2 No. 4, Oct. 1974

Sobol, M. I. [1988], "Local Area Networks: New Concerns for Audit", *Internal Auditor*, Feb. 1988

Sorter, G. H. [1969], "An 'Events' Approach to Basic Accounting Theory",

Accounting Review, Vol. 44 No. 1, Jan. 1969

Stern, G. M. [1994], "15 Ways Internal Auditing Departments are Adding Value", *Internal Auditor,* Apr. 1994（鈴木栄次訳［1994］「内部監査部門が付加価値を付ける15の方法」『監査研究』第20巻第8号，1994年8月）

Timmers, P. [2000], *Electronic Commerce : Strategies and Models for Business-to-Business Trading*, John Wiley & Sons

Tippins, M. J. & Sohi, R. S. [2003], "IT Competency and Firm Performance : IS Organizational Learning a missing Link ?", *Strategic Management Journal*, Vol. 24 No. 8, Aug. 2003

Tongren, D. [1999], "CoActive Control", *Internal Auditor*, Jun. 1999

Venkatraman, N. [1994], "IT-Enabled Business Transformation : From Automation to Business Scope Redefinition", *Sloan Management Review*, Winter 1994

Walker, P. L., Shenkir, W. G. & Barton T. L. [2003], "ERM in Practice", *Internal Auditor*, Aug. 2003

Williams, B. C., Hood, K. L., Chen, J. C. & Russell, P. O. [1997], "Understanding changes in system, accounting and auditing : the impact of EDI", *Managerial Auditing Journal*, Vol 12. No. 6, 1997

Woda, A. [2002], "The Role of the Auditor in IT Governance", *Information Systems Control Journal*, Vol. 2, 2002

Yetton, P. W., Johnston, K. D. & Craig, J. F. [1994], "Computer—Aided Architects : A Case Study of IT and Strategic Change", *Sloan Management Review*, Summer 1994

索　引

あ　行

アイ・エス・エム・エス（ISMS）
　────審査登録機関認定基準
　　　　　　　　　　　　313, 320
　────適合性評価　　　　313
　────認証基準　　　　　319
アイ・エス・オー（ISO）15408
　認証制度　　　　　　　　339
アイ・エス・オー（ISO）17799
　　　　　　　　　　　　112, 179
IT（情報技術）　　　　　　39
IT運用責任の開示　　　　 156
IT運用手続の開示　　　　 155
IT運用方針の開示　　　　 154
ITガバナンス
　────とIT管理の関係　149
　────とIT管理の違い　151
　────とコーポレートガバナ
　　　ンスの関係　　　　　145
　────とディスクロージャの
　　　関係　　　　　　　　152
　────とモニタリングの関係　157
　────とIT管理の関係　149
　────二層性　　　　　　147
　────の定義　　　　　　145
IT監査
　────［セキュリティ確保
　　　のための］　　　　　197
　────［戦略支援のための］　194
　────によって付与される保証
　　　　　　　　　　　　168

　────の改善勧告職能　169
　────の定義　　　　　172
　────の発展過程　　　189
　────の保証職能　　　166
ITコントロール
　────とITリスク管理の関係　99
　────の影響関係モデル　108
　────の開示　　　　130, 302
　────のガイドライン［CICAの］
　　　　　　　　　　　　110
　────の外部開示　　　125
　────の機能判定　　　210
　────の強度判定　　　209
　────の事業継続への役立ち　131
　────の自己評価　　221, 224
　────の成熟度　　　　343
　────の成熟度モデル　135, 345
　────の設定・運用　　302
　────の定量評価　　　139
　────の2つの目的観　　102
　────の分類　　　　　90
　────の保証
　　　　201, 212, 215, 219, 302, 310, 341
　────保証の段階付けモデル　340
　────目標
　　　　119, 120, 124, 139, 181, 245,
　　　　　　　　　　322, 324, 329
　────目標の層別把握　328
　────目標の多層性　　326
IT資源　　　　　　　　　119
ITシステム　　　　　　　 40
ITセキュリティ　　　　　 41

索引

IT セキュリティ声明書	128
IT セキュリティポリシー	125, 128, 150
IT セキュリティリスク	41
IT 戦略	149
IT プロセス	118
IT 保証の分析枠組み	306
IT リスク―コントロールマップ	208
IT リスク管理	
―――の定義	47
―――の特質	49
―――プロセス	63
―――プロセスの保証	212, 219
―――方針	67, 126, 215
IT リスク	
―――自体の開示	154
―――対策の開示	155
―――情報の開示	154
―――処理の実行	86
―――処理方法	217
―――値	71
―――の影響関係モデル	52, 62
―――の大きさ	71, 343
―――の事業活動への深層的影響	55
―――の測定	71
―――の定義	40
―――の定性測定	73
―――の定量測定	73
―――の特定	70
―――の判定	81
―――のリスク処理方法	82
―――のリスク要因	44
―――の連鎖	328
―――評価に基づく保証	206
アカウンタビリティ	245
新しい AIS モデル	238
イー・オーディター（eAuditor）	299
イーザック（eSAC）	121, 179
維持改善［IT コントロールの］	134
Web 開示	252
Web 開示によるディスクロージャモデルの変革	248
Web 開示モデルによる情報の信頼性確保	253
Web システムの信頼性の確保	262
ウェブ・トラスト（WebTrust）	267, 272
WebTrust 原則	273, 274
WebTrust 報告書	281
後向きの目的観［コントロールの］	103
後向き品質属性	195
影響強度のコントロール	80
エリオット委員会［AICPA の］	5

か 行

外郭的概念としての保証	4
改善意見	185
改善勧告	164
改善勧告職能	221
回避可能原因	26
回避不能原因	25
外部コミュニケーション	66
画一水準型保証	338
拡張的な事業報告	250
可能性［IT コントロール目標としての］	122
可用性［IT コントロール目標としての］	116, 120, 122
監査基準	181
監査基準の乱立	182
完全性［IT コントロール目標としての］	116, 120
感知としてのモニタリング	177

索　引　**401**

機会	27, 67
期間保証	282
期間累積保証	283
危機管理	85, 132
帰結［リスクの］	33
技術指向のITコントロール	117
技術手段のコントロール	108
技術的特性によって生ずるITリスク	58
機能性［ITコントロール目標としての］	122
機密性［ITコントロール目標としての］	116, 120
脅威	27, 67
業務活動レベルのITリスク	57
業務活動レベルのコントロール	111
業務統合パッケージソフトウェア（ERP）	237
業務プロセスモデル	237
業務リスク	47
クライアント/サーバ	237
経営者のアサーション	156, 279, 287, 288, 305, 314
KGIとKPIの関係	105
継続的な信頼性の鎖	269
原因［リスクの］	25
原因―誘因―帰結のつながり［リスクの］	36
限定型保証	307
公開鍵暗号基盤	263
効率性［ITコントロール目標としての］	120
合理的な保証	166, 292
コーポレートガバナンス原則［OECDの］	153
個人情報の保全性	323, 326
個人情報の保全性原則	325
技能と役割のコントロール	108
コビット（COBIT）	117, 145, 179
コミュニケーション	86, 102
コンサルティング［内部監査としての］	162
コンテンツ層［ITコントロール目標の］	327
コントロール	
―――の機能	96
―――の第一次機能	97
―――の定義	94
―――文化	111
―――モジュール	186
―――リスク	80
コンピュータ支援監査技法	294

さ　行

サービスレベル合意	140
サイト認証書	336
残存リスク	80, 202, 206, 210
ジィス・キュー（JIS Q）15001	129, 312, 317
ジェンキンス委員会報告書［AICPAの］	6
事業継続管理	133
事業報告	249
事業目的指向のITコントロール	117
事業リスク管理の統合的フレームワーク［COSOの］	82
時刻認証サービス	336
事実型保証	308, 336
システムサービス層［ITコントロール目標の］	327
システムの自律性	255
システムの信頼性	258
システムの信頼性保証	269

索引

シス・トラスト（SysTrust）	268,272
SysTrust原則	273,274
時点保証	282
住基ネットの監査	223
重要成果達成指標	104
重要成功要因	105
重要目標達成指標	104
受動的誘因	31
準拠型保証	308,337
準拠性監査	315
遵守性［ITコントロール目標としての］	120
純粋リスク	34,51
情報	
―――会計	240
―――セキュリティガバナンス	146
―――の監査	242
―――の信頼性	254,258
―――の保証	259
―――の保証とシステムの保証	257
―――の目的適合性	254
職業倫理規則	183
処理モジュール	186
深層的拡張［Web開示内容の拡張としての］	250
診断型コントロールシステム	106
進捗プロセスの保証	284
人的特性によって生ずるITリスク	58
信頼性［ITコントロール目標としての］	120
スコアリングモデル	75
制約的要因	351
セキュリティ原則	127
セキュリティ声明書	303
戦略	143
戦略計画	53
戦略計画レベルのITリスク	56
戦略計画レベルのコントロール	111
双方向型（対話型）コントロールシステム	107
双方向コミュニケーション	247
即時性［開示の］	251

た 行

対象事項	287
縦型組み込み構造	214
段階水準型保証	339
通信データの信頼性の確保	263
ディスクロージャの目的観	248
データセンターのサービス	140
データの追跡	238
データの要約	238
適時性［開示の］	251
適正に記述	289
適用業務システムモデル	235
適用宣言書	314
デジタル証明書	264
デジタル署名	264,311
デジタル認証	309
デジタル認証書	311
点検としてのモニタリング	177
電子商取引における信頼構築	302
電子商取引の信頼性保証	269
電子認証	265
伝統的なAISモデル	236
投機リスク	34,51
統合データベース	243
統合的ビジネスリスク管理	50
独立性	174,231
トラスト	297,310
Trustサービス	317

索　引　**403**

Trustサービス原則	273, 274, 322
Trustサービス原則および規準	285
Trustサービスの仕組み	278

な　行

内郭的概念としての保証	2
内部監査	
────に対する役割期待	164
────の職能	166
────の定義	160
内部統制の統合的フレームワーク	
［COSOの］	99, 103, 111
人間中心のアプローチ	108
認証局	264, 309, 316
認証局WebTrust	268
認証局運用方針	156
認証のチェーン	310
ネットワーク空間の信頼性保証	270
能動的誘因	32

は　行

バイオメトロニクス	263
発見機能［コントロールの］	96
発生可能性のコントロール	80
判断尺度のゆらぎ	344
ビー・エス（BS）7799パート1	114
ビー・エス（BS）7799パート2	
	114, 313
ピー・スリー・ピー（P3P）	130
ピースミール形式の保証	330
ビジネスリスク管理	50
評価保証レベル	339
フィードバック	86, 87
フィードバック	87

フィードバック情報の提供・共有	
機能［コントロールの］	96
フォローアップ監査	169
不確実性	20
プライバシー声明書	129, 156, 303
プライバシー・フレームワーク	272
プライバシーポリシー	129, 154
プライバシーマーク認定	312
プラットフォーム層［ITコント	
ロール目標の］	327
プロバイダWebTrust	268
並行的監査技法	294
米国商務省のセキュリティ自己評価	
	224
平面的拡張［Web開示内容の拡	
張としての］	250
ペリル	25
変動性［ITリスクの］	54
包括型保証	307
保証	
────意見	184, 333
────サービス	7
────サービスの位置関係	308
────尺度の形式的要件	348
────尺度の実質的要件	347
────尺度の適切さ	347
────主題の規定軸	307
────職能	230
────水準	335
────水準の規定軸	307
────対象の明確さ	347
────手続	343
────手続の厳格さ	348
────の主題	321, 330, 332
────の定義	1
────の付与	334

保全性［ITコントロール目標と
　　しての］　　　　　　　　　　123
本来リスク　　　　　　80, 202, 206

ま　行

前向きの目的観［コントロールの］　103
前向き品質属性　　　　　　　　196
明責性［ITコントロール目標と
　　しての］　　　　　　　　　　123
モジュラー適用　　　　276, 288, 330
モニタリング　　　　　97, 102, 177

や　行

誘因［リスクの］　　　　　　　　29
有効性［ITコントロール目標と
　　しての］　　　　　　　　　　120
横型組み込み構造　　　　　　　214
予防機能［コントロールの］　　　96

ら　行

リスク
　―――移転　　　　　　　83, 140
　―――回避　　　　　　　　　83
　―――コミュニケーション　　66
　―――コントロールマップ　　79
　―――財務手当　　　　　　　83
　―――受容値　　　　　　　　81
　―――受容領域　　　　　81, 114
　―――制御　　　　　　　　　83
　―――の大きさ　　　　　　　22
　―――の定義　　　　　　　　21
　―――の変動性　　　　　　　24
　―――の連鎖性　　　　　　　23
　―――マップ　　　　　　　　77
　―――マトリクス　　　　　　77
　―――誘因としての現況　　　31
　―――誘因としての選択　　　31
　―――要因　　　　　　　　　25
ルートCA　　　　　　　　266, 310
連鎖性［ITリスクの］　　　　　54
連続開示　　　　　　　　　　252
連続的監査モデル　　　　　　259

わ　行

ワークショップ型CSA
　―――のIT監査への適用　　229
　―――の効果　　　　　　　228
　―――の定義　　　　　　　227
　―――の特質　　　　　　　227
ワンセット適用　　　　　276, 330

著者紹介

堀江　正之
Masayuki Horie

　1958年新潟県生まれ。1993年から1994年までカリフォルニア大学ロサンゼルス校（UCLA）経営大学院客員研究員。1996年より日本大学商学部教授。2004年博士（商学）。
　日本監査研究学会理事，日本セキュリティ・マネジメント学会理事，日本内部監査協会参与，Information Systems Audit and Control Association 調査担当常務理事，金融情報システムセンターシステム監査専門委員会作業部会委員，経済産業省情報セキュリティ監査研究会委員，情報処理技術者試験委員，金融庁企業会計審議会臨時委員などを歴任。
　これまで『システム監査の理論』（白桃書房，青木賞受賞図書）をはじめとして，IT監査およびITリスクマネジメントに関する論文を書いている。

IT保証の概念フレームワーク
―ITリスクからのアプローチ―

2006年3月31日　初版発行

著　者　ⓒ　堀江　正之（ほりえ　まさゆき）

発行者　　菅田　直文

発行所　有限会社　森山書店　〒101-0054　東京都千代田区神田錦町1-10 林ビル
　　　　TEL 03-3293-7061 FAX 03-3293-7063　振替口座 00180-9-32919

落丁・乱丁本はお取りかえします　　印刷・三美印刷　製本・永澤製本

ISBN 4-8394-2028-9